瀬野精一郎編

増訂 鎌倉幕府裁許状集 上

関東裁許状篇

吉川弘文館

序

鎌倉幕府が、その政治の據典として制定した貞永式目は、その後の追加法と相俟って、ひとり鎌倉幕府のみならず、室町幕府の基本法として繼承され、中世武家社會統治の基本原則として、大きな役割を果して來た。しかし當時、一方では、律令をその基底におく公家法が効力をもち、莊園公領の法秩序として機能していた。そのため、とくに鎌倉時代では、武家の法理を根據とする武士と、公家の法理を根據とする莊園公領側との相論が絶えず、その相論の解決は、屢々幕府の法庭に求められ、その裁決は、今日の裁判における判例のごとく、先例となり傍例となって、ひとり相論の當事者のみならず、ひろく武家公家兩社會全體に影響を及ぼすものであった。

さきに、佐藤進一・池內義資兩氏によって、鎌倉幕府の式目及び追加が、「中世法制史料集」第一巻として刊行され、われわれ座右必携の書となっている。しかしいかなる法令も、それが如何に社會に機能したかを明らかにしなければ、法は單なる超歴史的存在物たるにすぎなくなる。この意味で、幕府、及びその裁判權を分割行使した六波羅探題、鎭西探題の發した裁許狀は、法の機能の實際面を示すものとして、法制集を補完するものである。今日のこる裁許狀には、武士と莊園との職權に關する裁許、遺領相續に關する裁許、等々その內容は一樣ではないが、いずれの場合も、原告(訴人)と被告(論人)は、あらゆる論理と法理をつくして、自己の主張を有利ならしめようとつとめることは、昔も今に變りはない。裁許狀には、訴人・論人の主張の要點を一々あげてのち裁決が下されている。そこには、武家の法理ばかりでなく、公家法、莊園法、村法、社會慣習法まで論據としてあげられている。中世人の意識をこれほど露呈しているものは少い。

本書の編者は、長年、中世武家社會の研究に從い、さきに「九州地方中世編年文書目錄（鎌倉時代篇）」を刊行して、學界の利用に供されたが、今回さらに、多年の蒐集になる鎌倉幕府裁許狀集を刊行して、學界の利用に供せられた。すでに同氏には、裁許狀による鎌倉幕府の性格を分析した論文があるが、無限の內容豐富な裁許狀を、ひろく學界の人々によって分析を加えられんことを期して本書を刊行された。收むるところ、關東裁許狀三三〇通、六波羅探題裁許狀七七通、鎭西探題裁許狀二二六通、計六三三通。今日のこる裁許狀を網羅してある。中世の政治社會の樣相が、本書によって急速に解明されることが期待されるのである。

昭和四十五年七月

竹内理三

目次

補遺

凡例

一、本書は、鎌倉時代の相論に對する鎌倉幕府の裁決狀である關東裁許狀三三〇通・六波羅探題裁許狀七七通・鎭西探題裁許狀二二六通合計六三三通を蒐集し、關東・六波羅・鎭西に類別し、編年順に收錄した。
一、本書は、「關東裁許狀篇」と「六波羅・鎭西裁許狀篇」に分けて刊行した。
一、本卷「關東裁許狀篇」には、關東裁許狀のほか、將軍家政所・侍所・問注所・雜人奉行等鎌倉幕府諸機關による裁許狀等、及び北條氏執權の家領に對する裁許狀をも併せ收錄した。
一、各文書の冒頭に一連番號を附し、その下に出典を表示した。
一、用字は原則として正字を用い、異體文字は原則として正字に改め、略字は原本・寫眞・影寫本・謄寫本等の使用略字に從って復元することに努めた。
一、原本等の磨滅・蟲喰等による解讀不能の部分はその狀態により□・［　］・［　　］等の記號で示し、改竄のある場合は、本文に改竄前の文字を示し、その左傍に「ミ」印を附し、右傍に改竄後の文字を示し、原本等に補入の文字のある場合は「○」印で補入の場所を示し、右傍行間に補入文字を示した。
一、原本の誤記・誤寫等による解讀不能の文字は（マヽ）と附し、字句に關する校訂註及び人名註は傍註として（　カ）（　）等をもって示した。
一、原本等に花押のあるもの、及び影寫・寫本等に花押影のあるものは共に(花押)をもって示し、案文・寫等のため「御判」「在御判」とあるものはその文字を殘した。
一、頭註は原則として最初に訴人名・論人名・相論內容の要略を示し、末尾に裁許內容の要略を示した。
一、後註は同裁許狀に關聯ある訴狀・陳狀・施行狀・御教書等の文書を主として掲げ、その他參考史料及び校訂者の意見等を記して利用者の參考に供した。

一、引用した文書は、主として東京大學史料編纂所架藏の原本・寫眞・影寫本・謄寫本などを利用し、その他各大學・圖書館・個人所藏文書及び諸種の刊本等によってこれを補った。

一、増訂版の刊行にあたって、新たに補遺として關東裁許状四二通（初版時所收の三通を含む）・六波羅探題裁許状一二通・鎭西探題裁許状一九通合計七三通を蒐集し、各巻末に收録した。さらに、第二刷において、關東裁許状一二通・六波羅探題裁許状一〇通・鎭西探題裁許状六通合計二八通を補遺として追加した。

一、補遺の後註は、その末尾に一括して掲載した。

關東裁許狀

三寶房長安・同舍弟助光等ノ紀伊國阿弖河庄ニ對スル濫妨ヲ訴フ

長安・助光等ノ濫妨ヲ停止ス

備後國大田庄庄官ノ訴申ス兩條ヲ裁許ス

惣追捕使、庄民ノ煩ヲナスヲ停止ス

內裏大番ハ次第月充ヲ

一　（高野山文書又續寶簡集十一）

下　稻毛日庄司所、
可早停止三寶房長安同舍弟男助光妨爲鳥羽宮御領紀伊國阿弖河御庄事、
副下
鎌倉殿御下文
同御教書
右、件御庄者、鳥羽宮御領云々、而彼長安幷助光等、致濫妨由有其訴、事實者、早任彼御下知、可停止濫妨之狀如件、以下
文治二年三月十七日　　　平（北條時政）在御判

二　（高野山文書寶簡集七）（註1）

可早守仰旨致沙汰備後國大田庄訴申兩條事、
一、可停止爲惣追捕使煩庄民事、
右、寄事於惣追捕使之沙汰、猥云煩庄民之由、有其訴、所行之旨、尤以不便、自今以後可停止其煩、
一、可令庄官兼隆・光家等勤仕內裏大番事、
右、依件役、不可致庄家煩、守次第月充、可勤其役、然者此外更不可云煩、

守リ勤ムベシ

以前兩條、依前右大將（源頼朝）殿仰、下知如件、

建久六年六月五日

平（盛時）（花押）

前右京進（中原仲業）（花押）

前因幡守（大江廣元）（花押）

（青方文書）（註2）

尋覺、松浦連ト肥前國宇野御厨地頭職ニツキ相論ス

尋覺理アルニヨリ地頭職ニ補任ス

三

（端裏書）
「一尋覺給本御下文」

前右大將家（源頼朝）政所下　肥前國宇野御厨内小値賀嶋住人、

補任　地頭職事、

僧尋覺

右、件所、尋覺与松浦十郎連相論、召決兩方之處、尋覺得理、仍補彼職之狀、如件、以下、

建久七年七月十二日

案主清原（實成）在判

知家事中原（光家）

令大藏丞藤原（頼平）在判

別當兵庫頭中原（大江廣元）在判

散位藤原朝臣（行政）在判

薩摩國御家人鹿兒島康邦、矢上盛澄ノ後家ト相論ス

四

(薩藩舊記雜錄水引執印氏文書)

薩摩國御家人鹿兒島中務次郎康邦与矢上左衞門尉盛澄後家相論當國(以下缺)

建仁元年十一月廿二日　(北條時政)遠江守在御判

阿蘇大宮司惟次、十郎子息ノ妨ノ條々ヲ訴フ

十郎子息等ノ妨ヲ停止セシムベシ

五

(阿蘇家文書)

(端裏書)「かうの殿へ御くたしふみ」

(北條時政)(花押)

阿蘇大宮司惟次(宇治)申条々事、

一、先御下知狩倉内おゝもり、あつまや、たかやま、ひらた已上四ヶ所、妨可停止事、

一、四面八丁内田畠地元妨可停止事、

一、健軍宮大宮司分佃貳町妨停止事、

已上賜御下文畢、

一、甲佐宮御神事間、御酒爲守朝致妨事可停止事、

件、条々御下知之上、十郎子息等致妨之由、所訴申也、事實者不便事、早可令停止彼妨之□如件、

建仁三年十月十三日

六 （青方文書）（註3）

尋覺、松浦連ト肥前國宇野御厨小値賀島地頭職ニツキ相論ス

松浦連ノ濫妨ヲ停止シ尋覺ニ地頭職ヲ安堵ス

下　肥前國宇野御厨內小値賀嶋住人、
　補任地頭職事、
　　僧尋覺
右、件所、尋覺与松浦十郎連相論、召決兩方之刻、尋覺得理之間、給去建久七年七月十二日故大將殿（源頼朝）政所御下文、知行無相違云々、　爰彼連去年冬比、掠件次第、申給問狀之後、無左右令押領之由、所訴申也、事實者、所行之旨不穩便歟、早停止連之濫妨、任故殿御下文、如本可令尋覺爲彼職之狀、依鎌倉殿仰、下知如件、

元久元年八月廿二日　　遠江守（北條時政）在御判

七 （東寺百合文書ゐ三十二至四十）（註4）

釆女出雲局ノ訴訟ニヨリ、下司重經ヲ攝津國垂水下司職ニ補任ス

（關東御下文）
攝津國垂水下司職事、
右、先下司重經、依爲平家与黨、令沒收是所帶之處、釆女出雲局當庄者先祖開發之地、下司重代之所也、任根本々主之旨、欲宛給之云々者、公人訴訟依難默止、令補任彼職之狀、依鎌倉殿仰、下知如件、

元久元年九月六日　　北條殿（時政）遠江守平判

宗像社社家ノ訴ニヨリ守護使ノ入部ヲ停止セシム

八

筑前國宗像社領可止守護所使事、

右、中(件カ)社領、依社家訴申、被停止守護所使畢者、依鎌倉殿仰、下知如件、

元久元年十二月三日

遠江守(北條時政)(花押)

(宗像神社文書)

伊勢神宮ノ訴ニヨリ右衞門佐某ノ伊勢國大橋御薗地頭職沙汰ヲ停止ス

九

(端裏書)「將軍家御下知案大橋御薗地頭停止事元久二年三―十三―」

下　伊勢國大橋御薗住人等、

可令早停止右衞門佐沙汰地頭職事、

右、當御薗異名棚橋爲山邊馬助領之由、依注申、雖被補地頭、自神宮訴申之上、非彼領之由、領主法橋□尊(繼)所申也、然者、早可停止右衞門佐沙汰之狀、依鎌倉殿仰、下知如件、以下、

元久二年三月十三日

遠江守平(北條時政)在御判

(醍醐寺文書)(註5)

重員ニ安堵ス

一〇

(前缺)

勘彼理非之間、猶(於)文書道理者、重員申狀有其謂云々、仍任勘狀、可令重員爲彼職之狀、依鎌

(石清水菊大路家文書)

倉殿仰、下知如件、

元久二年三月廿二日　遠江守平（北條時政）在判

（武雄神社文書）（註6）

一一

蓮妙、藤原家門ト肥前國武雄社本司職ニツキ相論ス

大宰府ニ於テ道理ニ任セ裁斷セシムベシ

肥前國武雄社本司職相論事、

蓮妙所進去年十一月府宣偁、停止家門狼藉押領、以沙弥蓮妙（貞永）可致武雄社沙汰云々、

件條、於府社者爲宰府之進止、仍任府宣、以蓮妙可社務之由、去年十二月賜御教書畢、

家門所進去年九月守護所牒狀云、任鎌倉殿御教書、欲召決兩方之處、蓮妙不遂參決、其上凌礫守護所使、狼藉希代也、罪科不輕、早停止蓮妙妨、以家門可爲本司職云々、

件條、蓮妙遁避對勘之上、凌礫守護所使、事實者狼藉之企也、

□（以）前條々內、蓮妙者帶宰府之裁断、家門者□（帶カ）守護之成敗、府宣之上、雖不及子細、社司之訴、難默而止之間、且對勘證文、且糺明理非、於宰府、云守護人、云府官等、任道理、可令裁断狀、依鎌倉殿仰、下知如件、

元久二年四月廿五日　遠江守平（北條時政）（花押）

（長隆寺文書）（註7）

一二

藤原家平、舍兄藤原兼平ト伊豫國忽那島西方松吉名ニツキ相論ス
親父俊平ノ讓狀ニ任セ家平ニ領知セシム

可令早任親父俊平(藤原)讓狀可□知行伊豫國忽那島西方松吉名事、
右、如家平(藤原)申狀者、當嶋內東方武藤名者、舍兄兼平讓得之、同西方松吉名者、家平讓得之處、兼平致乱妨云々、事若實者、尤以不便、早停止兼平之妨、任讓狀、可令家平領知之狀、依鎌倉殿仰、下知如件、

元久二年五月六日

遠江守平(北條時政)御判

(高野山池坊文書)

紀伊國粉河寺所司、甲乙輩ノ寺領栗栖庄ニ對スル濫妨ヲ訴フ

甲乙輩ノ新儀ノ妨ヲ停

一三

(端書)「鎌倉右大臣家御下知狀」

下　紀伊國粉河寺所司等、

可早任鳥羽・後白川二代院宣、且守德大寺左大臣(實能)家以下代々領家起請幷下文狀、且依故右(源)大將(賴朝)家御成敗旨、停止甲乙輩濫妨、任先例爲寺進止寺領當國栗栖庄事、

右、如寺家申狀者、當庄則保延之頃、德大寺左大臣家國務御時、被宛催課役於寺家之日、其祟出來之刻、被奉免之地也、仍被成下度々院宣、以來不被補領(預カ)所、爲寺家汰沙(沙汰)之處、寺僧實覺盜取栗栖之證文逃脫之後、寄付彼是、致非論之時、訴申故右大將家、被停止其妨畢、而不知此等之子細、近日成濫妨之輩多以出來之間、爲備證文、所申請御下文也云々、子細見于證文等、先且任二代院宣幷代々領家起證(請)文、且依故右大將家御成敗之旨、停止甲乙輩新儀之妨、任先例、可令寺家領知彼庄也、若此上有子細、(者脫カ)先經奏聞、可蒙裁許之狀、依鎌倉殿仰、下知

止シ寺家ヲシテ粟栖庄ヲ領知セシム

如件、

元久二年五月廿七日　遠江守平（北條時政）在判

後白河院、加賀國井家庄地頭代官ノ自由狼藉ヲ訴フ

地頭代官ノ自由狼藉ヲ停止シ領家ノ下知ニ従ハシム

一四　（前田利建氏所藏文書）（註8）

下　加賀國井家庄地頭代官所、

可早且停止自由狼藉、且致撫民計、從領家御下知事、

右、當御庄者、重役異他御庄也、而地頭代官以新儀非法爲業之間、土民不安堵、公物難濟之由、有其訴、早停止自由之狼藉、任先例可致沙汰之狀、依鎌倉殿仰、下知如件、

元久二年六月五日　遠江守平（北條時政）（花押）

尾張國堀尾庄地頭行直、長岡庄庄官ト堺ニツキ相論ス

長岡庄庄官ノ田地押領ヲ停止ス

一五　（宮内廳書陵部所藏參軍要略抄下紙背文書）（註9）

堀尾庄地頭行直訴申、俄爲長岡庄官越往古四至堺、欲押領田地由事、

右、云堀尾庄、云長岡庄、共以雖爲（近衛家實）殿下御領、庄号各別其地不混合、本自堺四至打牓示、年來更不相論境之處、今以新儀、爲長岡庄官越四至、欲割取堀尾庄々領云々、事實者甚濫吹也、早停止其妨□（如カ）舊可糺定之狀、依鎌倉殿仰、下知如件、

建永元年七月四日

惟（孝實）宗在判
民部丞中原（仲業）在判
散位藤原（行政）朝臣在判
書博士中原（師俊）朝臣在判
散位大江朝臣在判

一六

若狹國國富庄領家、地頭ト所務條々ニツキ相論ス

（壬生文書）（註10）

（前缺）

陸斗雜事等之條、非普通之法、自今以後可令停止、但雜事內、至于蒭薪者、可從省略也、

農時百姓ヲ鮎川人夫ニ召仕フヲ禁ズ

一、可任時貞法師例致沙汰狩鮎川人夫事、

右、件人夫、縱雖有先例、農節之比、無百姓煩之樣、可有沙汰歟、所詮、可依時貞法師之例也、

養蠶ノ時百姓ヲ地頭役ニ召仕フヲ禁ズ

一、可令停止蠶養時狩仕百姓於地頭方事、

右、如百姓解者、蠶養之時、令停止他役者、公物之辨無煩歟云々、如地頭陳狀者、十餘年之間、隨要節雖催仕無其訴云々者、所詮、同可依彼例也、

藍役ヲ停止ス

一、可同令停止藍役事、

右、件藍、國衙之昔、雖爲貳井之所役、庄号之時、領家已令免除畢云々、然者、地頭獨不可致藍沙汰、宜令停止也、

地頭代官ノ飼馬役ヲ停止ス

地頭、百姓ノ麻ヲ苅取ルヲ停止ス

佃所當ノ外京上木津越夫馬役ヲ停止ス

關東夫馬ノ切米ハ地頭得分內ノ米ヲ以テ半分立用スベシ

女房・代官兩人ノ三方役ヲ停止ス

一、可同令停止地頭代官等所飼馬事、

右、正地頭分所飼馬壹貳疋者、百姓不可及訴訟、至于代官等馬者、可令停止也、但地頭下著之時、蒭薪精進雜菜如此之入物勤仕之條、非指煩費、此外於子息及代官等經廻之雜事者、可令地頭名致其勤也、

一、可同令停止地頭苅取百姓麻事、

右、如地頭陳狀者、至于麻畠一切不成妨、於山苧者、一度地頭苅之、一度免百姓、然而苅苧事、自今以後可令停止云々、然則、此上勿論事也、

一、可同令停止除佃所當運上外京上幷木津越夫馬役事、

右、京上幷木津越夫馬事、至于地頭佃所當者、百姓可勤其役、於此外者守巡役、壹年壹度可勤仕、將又以當庄之夫馬、於運送他所物於京都者、頗爲非法歟、但可依先例也、

一、可令地頭得分內募半分立用關東夫馬切米事、

右、如地頭陳狀者、自補任之初十餘箇年令勤仕也云々者、以六石之見米、勤一人之夫役、至于十餘箇年、無優免之條、已爲地頭之苛法、云夫、云馬、件切米自今以後以地頭得分內、可致半分之立用也、

一、可令停止女房幷代官兩人三方役事、

右、云代官禪家法師下人之供給雜事、云目木六郎妻・代官等雜事、房仕等可停止之旨、地頭已承伏畢、勿論也、至于女房上下向送迎者、無披陳之狀、但如百姓訴申者、已多其費、宜從省略也、

逃亡百姓ノ在家幷田畠ハ領家・地頭等分スベシ

地頭ノ新儀非法ヲ停止ス

香取社神主廣房、地頭胤通代信廣ト所務條々ニツキ相論ス

一、可令領家・地頭等分逃亡百姓在家幷田畠等事、

右、壊取逃亡人在家、引籠其田畠於地頭名田事、百姓之訴狀尤有其謂、随又地頭可存公平之由、已以承伏畢、而以逃亡人之屋敷、可爲領家進止之旨、雖令申、逃亡百姓出來之時、在家有二宇者、領家・地頭相半而招居浪人、互可存公平也、

以前條條大略如此、抑件庄爲備進　公家嚴重用途之地、於事無煩、可令士民安堵也、凡地頭庄務間事、所詮、任前地頭時貞法師之例、可致沙汰之狀、依鎌倉殿仰、下知如件、故下、

承元元年十二月　日

惟(孝實)宗(花押)

前圖書允清原(花押)(裏書)「清定」

散位中原(仲業)朝臣(花押)

散位藤原(行政)朝臣

書博士中原(師俊)朝臣(花押)(裏書)「師名」

(香取社舊大禰宜家文書)(註11)

一七

下　下総國□(香取)社地頭神官等、

仰下條々、

一、可停止以相根村爲地頭堀內事、

右、件村、依神主廣房訴、令召決地頭代信廣之處、廣房申狀非無其謂、加之、可令停止地

神主ノ沙汰トシテ所當官物ヲ徵納スベシ

頭押領之由、殿下政所下文明白也、早於自今以後者、爲神主之沙汰、可令徵納有限所當官物等矣、

神官ヲ京都・鎌倉夫役ニ召仕フヲ停止ス

一、可停止以神官等令召仕京都・鎌倉夫役事、

右、同令召決彼此之處、神主幷神官等申狀非無其謂、早任先例、於神官等夫役者、可令停止矣、

地頭ノ押領ヲ停止ス

一、可停止以神官逃亡跡田畠在家恣押領事、

右、同召決彼此之處、神主廣房申狀有其謂之上、以神官逃亡死亡之跡、爲地頭令押領事、可令停止之由、殿下政所下文明白也、早於自今以後者、可令停止地□(頭)之押領矣、

神主ノ進止タルベシ

一、可令停止地頭押領爲神主沙汰大神田幷上分田事、

右、同召決之處、神主廣房申狀非無謂、早停止地頭之押領、可爲神主之進止矣、

地頭ノ押領ヲ停止ス

一、可任先例爲神主沙汰渡田事、

右、同召決之處、神主廣房申狀非無其謂、早停止地頭之押領、任先例可令致沙汰矣、

國行事ハ神主ノ沙汰タルベシ

一、可令停止切取寳殿四面八町大竹事、

右、同召決左右之處、號國行事、任自由令切取件竹之条、地頭胤通之所行甚以非穩便、隨則於國行事者、可爲神主廣房沙汰之由、國司廳宣明白也、而胤通不承引之余令切取之条、可令停止之旨、同所被成下殿下政所下文也、早任彼狀、停止地頭之沙汰、以神主廣房、可致國行事之沙汰矣、

一、可令停止爲地頭糺定神官等座席事、

神主ノ沙汰タルベシ

地頭ノ押領ヲ停止シ有限ノ所當官物ヲ辨濟セシム

地頭ヲシテ燈油田所當ヲ進濟セシム

右、同召決之處、神主廣房訴申之旨、非無謂、早於自今以後者、且任先例、且任殿下政所下文、停止地頭之成敗、可爲神主之沙汰矣、
一、可令早弁濟所當官物柴崎幷神宮寺等事、
右、同召決之處、可令停止件押領之由、殿下政所下文明白也、早且任先例、且任彼状、可令弁濟有限所當官物矣、
一、可同進濟燈油田多俣村所當事、
右、同召決之處、神主廣房申状非無其謂、耕作有限燈油田、爭不致其勤哉、早任殿下政所下文、可令奉備燈油矣、
以前條々、依鎌倉殿仰、下知如件、以下、

承元三年三月十七日

惟（孝實）宗在判
前圖書允清原（清定）在判
散位中原（仲業）朝臣在判
散位藤原（行政）朝臣在判
書博士中原（師俊）朝臣在判

（上妻文書）（註12）

一八

建暦二年

將軍家政所下　筑後國上妻庄住人等、

上妻家宗、資綱・家守等ト筑後國上妻庄北田村・白木山地頭職ニツキ相論ス

家宗ニ北田村地頭職ヲ安堵ス

家宗ニ白木山地頭職ヲ安堵ス

仰下貳箇條

一、可令停止資綱・家守妨任故大將家(源頼朝)政所下文以家宗(上妻)爲北田村地頭職事、

右、如問注所重勘狀者、兩方申狀其詞雖多、所詮、如家宗所進故大將家政所建久四年六月十九日下文狀者、可早令藤原家宗爲當庄內今弘・光友・地久志部・豐福・多久万田・久米・北田境田等柒箇所地頭職事云々、加之、鎌倉殿建永二年八月廿八日後判御敎書狀云、上妻次郎大夫家宗所知柒箇所故大將家御下文顯然也、其內今弘・地久志部・光友・北田如元可令返家宗也云々、然則彼北田村地頭職事、家宗猶可謂有知行之理者歟云々者、早停止彼等妨、可令家宗爲地頭職者也、

一、可令停止同妨以家宗爲白木山地頭職事、

右、如同勘狀者、件山事、爲北田內之由、任上妻庄官等元久元年□日連署狀、成給領家外題於資綱・家守等之上、雖帶鎌倉殿同年御敎書、家宗養父重宗以彼筑紫部被庄号之時、同二年正月日令立券件山畢、仍輙雖難定理非、家宗依帶故大將家政所下文、北田村事、有知行理之由、先條勘申畢、然則、彼北田村事、家宗可蒙裁許者、件白木山事、不可及異論者歟云々者、任此狀、彼山事、可令家宗爲地頭職矣、

以前二箇條、所仰如件、庄官宜承知、勿違失、以下、

建曆二年十二月十三日

(案)安主菅野(景盛)在判

知家事惟宗(孝實)在判

令圖書少允清原(清定)
別當相模守平朝臣(北條義時)在判
右(左カ)近衞將監遠江守源朝臣(中原親廣)在御判
武藏守平朝臣(北條時房)在御判
書博士中原朝臣(師俊)
散位　中原朝臣(仲業)在御判

繼尊ノ訴ニヨリ伊勢國大橋御薗地頭職ヲ繼尊ニ安堵ス

一九　（醍醐寺文書）（註13）

(異筆)「同前」

權律師繼尊申、伊勢國大橋御園一名棚橋地頭職事、故大將殿(源頼朝)御時、依神宮之訴訟、被停止道時法師之沙汰畢、其後去元久二年、重裁断之上、今更不可有相違、早如本可令繼尊領知之状、依鎌倉殿仰、下知如件、

　建保四年二月十五日
相模守(北條義時)平御判
陸奥守(大江廣元)中原御判

若狹國國富庄領家、地

二〇　（壬生文書）（註14）

將軍家政所下　若狹國國富庄、

頭ト所務條々ニツキ重ネテ相論ス

在國ノ地頭代官承引セズ非法ヲ張行ス

先度ノ成敗ニ任セテ沙汰スベシ

仰拾陸箇條

一、可早任前地頭時貞法師例令耕作地頭佃事、
一、可令停止地頭定使月別入物事、
一、可任時貞法師例致沙汰狩鮎河人夫事、
一（□）、可令停止蠶養時狩仕百姓於地頭方事、
一、可同令停止藍役事、
一、可同令停止地頭代官等所飼馬事、
一、可同令停止地頭苅取百姓麻事、
一、可同令停止除佃所當運上外京上幷木津越夫馬役事、
一、可令地頭得分內募半分立用關東夫馬切米事、
一、可令停止女房幷代官兩人三方役事、
一、可令領家・地頭等分逃亡百姓在家幷田畠等事、

右、件拾壹箇條、見去承元元年十二月日當家政所下文、可令停止新儀非法云云、而如建保四年正月日宮御祈願所・官厨家・圓宗寺・庄解等者、在國地頭代官一切不承引、追年張行非法云云、事實者甚不穩便、爭背彼狀可致新儀沙汰哉、早任先度御成敗狀、可致沙汰也、

一、地頭代官有盛召取公文・百姓、令書起請文事、

右、如同解狀者、去承元元年企條條訴訟、蒙裁断之間、雖不承引、成後恐、去承元三年二月廿九日召籠公文家長法師幷百姓等、令責書起請文云云者、不召決兩方之間、難糺眞僞、

起請文ヲ公文・百姓ニ返ヘサシム

過分不堪ノ課役ハ土民ヲ優ゼシムベシ

地頭ノ非法ヲ停止ス

地頭ノ非法ヲ停止ス

證據不分明ナラバ罪科ニ處スベカラズ

地頭ノ新儀非法ヲ停止ス

事若實者、甚不穩便、早可返与件起請文矣、

一、臨時重役無其隟事、

右、如同狀者、閑院造替・關東御堂釘・正地頭宿所燒失之訪・叡山講堂材木引・八條御所用途、其外當國造八幡宮杣入之煩等、公文・百姓等之勤已巨多也云云者、爲地頭職何不下知雜事哉、但於過分不堪之課役者、早可令優土民矣、

一、百姓依無實令行過料事、

右、如同狀者、雖無指犯過、觸事責取過料、剩其身幷緣者等悉令引取云云者、罪科之輩出來者、糺決犯否、可致沙汰之處、觸事行過料於土民之條、甚不穩便、早可令停止非法矣、

一、紙漉恒利依地頭責逃去事、

右、如同狀者、恒利非指百姓、以領家之憐愍、被召仕之處、地頭依令懸課役逃去畢云云、如狀者、已忘公平、如元可令安堵其身、且雖向後、可令停止非法矣、

一、百姓字紀太男犯科間、自餘輩欲令懸被管(官)事、

右、如同狀者、件男企盜犯、令逃去之間、稱同意之由、不誤之輩、令引其身於地頭方畢云云者、犯人逐電之後、雖爲緣者、贓狀不露顯者、爭不糺犯否、猥可處罪科哉、證據不分明者、早可令安堵彼輩矣、

以前條條、且守先御下知狀、且任先例、可停止新儀非法之狀、所仰如件、以下、

建保四年八月十七日

案主菅野(景盛)

知家事惟宗(孝實)
令圖書少允清原(清定)　(花押)
別當陸奥守大江朝臣(廣元)(花押)
大學頭源朝臣(仲章)
相模守平朝臣(北條義時)　(花押)
右馬權守源朝臣(賴茂)
左衞門權少尉源朝臣(惟信)
民部權少輔大江朝臣(親廣)
武藏守平朝臣(北條時房)　(花押)
書博士中原朝臣(師俊)(花押)
信濃守藤原朝臣(行光)(花押)

(中條敦氏所藏文書)(註15)

二一

高井重茂後家尼、子息重綱ト越後國奥山庄幷相模國南深澤郷地頭職ニツキ相論ス
後家尼知行ノ後重綱ニ譲ラシム

(端裏書)「　　　　」

可令早高井兵衞尉重茂後家尼致沙汰越後國奥山庄幷相模國南深澤郷地頭職事、

右、人申云、件兩所者、母尼可知行之地也、而子息太郎重綱給預之條、甚訴訟也、尼知行之後、可讓給之由云云者、任申請、當時者、可爲尼沙汰之状、依仰下知如件、

承久二年十二月十日

峯持、山代固ト肥前國小値賀島地頭職ニツキ相論ス
固不參ニヨリ持ニ地頭職ヲ知行セシム

二二　（青方文書）（註16）

可令早源藤(峯)次持爲肥前國小値賀嶋地頭職事、

右、論人、源(山代)固爲一決、自去年七月、雖被召、已及十一箇月不參上、仍以源持可爲彼職之状、依仰下知如件、

承久三年五月廿六日

陸奥守平(北條義時)(花押)

高野山蓮華乘院、地頭家連ト紀伊國南部庄年貢ニツキ相論ス
地頭ノ沙汰トシテ寺家ニ辨濟セシム

二三　（高野山文書寶簡集二十三）（註17）

高野山蓮花乘院領紀伊國南部庄御年貢事、如寺解者、齋院(頌子内親王)御時、且被分進米百斛、而重又、云庄務、云所殘之年貢、一向被寄附云々、爰地頭家連申云、前々地頭雖請進御年貢、於員數者、未承定之由申之、然者任本願御成敗、米百石之上、相加領家御得分、爲地頭之沙汰、無懈怠可弁濟寺家之状、依仰下知如件、

承久三年十二月廿四日

陸奥守平(北條義時)在御判

二四　（三寶院文書）（註18）

醍醐寺、越前國牛原庄地頭代官ノ非法ヲ訴フ

地頭代官ノ非法ヲ停止セシム

可令早停止爲醍醐寺領越前國牛原庄地頭時盛代官新儀非法事、
副下
承元元年將軍家御下文一通、
本地頭得分注文一通、
右、如訴狀者、庄內村々地頭代九人、惣追捕使幷公文五人、惣從類百餘人、入部庄家、面々供給無隙之上、各吹毛求疵處、無實之咎、土民不堪苛酷、失安堵之計、因之寺家年貢課役雜事、一切不及其沙汰云々、事若實者、甚不穩便、地頭得分者、追行政法師之跡、廣義給注文畢、今地頭須□彼例之處、無是非偏致新儀狼藉之條、甚無道也、自今以後、二人代官內、南方一人北方一人定置之、得分又任本文、無增減可有沙汰也、此上若不拘成敗違犯者、殊可被處過怠之狀、依仰下知如件、

承久四年四月五日　陸奥守平（北條義時）（花押）

石清水八幡宮、河內國甲斐庄地頭爲綱ト神事用途米ニツキ相論ス

二五

（尊經閣古文書纂石清水八幡宮文書）（註19）

可令早停止爲河內國甲斐庄地頭爲綱巧新儀背庄務押取佛神事用途米事、
右、八幡宮所司解偁、女房大貳局爲當宮氏人之間、有由緒知行之、而彼局爲故按察卿室家之故、去年守護人粮米沙汰時、寄事於左右、所令押領也、縱雖爲彼局之私領、於女□者各有免許歟、況依爲氏人、一旦知行之神領、何可有違乱哉、仍宮寺載子細成下文、數度雖遣使者、更

地頭ヲシテ押取佛神事用途米ヲ糺返サシム

不及是非、每度追返之、佛神事用途年貢以下色々物等、併責取之畢云々者、當庄云其地者往古之神領也、又云預所者宮寺氏人也、更非按察家領、地頭爭可進止哉、早相從庄務、有限年貢課役雜事、任先例不可致濫妨、就中所押取之佛神事用途米等、慥可糺返也、地頭存道理者、縱雖無御下知、豈不致御祈禱哉、何況押取神物之條、事若實者甚不穩便、殊可致沙汰之狀、依仰下知如件、

貞應元年五月六日

陸奥守平（北條義時）（花押）

（仁和寺文書）（註20）

仁和寺、地頭等寺領但馬國新井庄ヲ押領スルヲ訴フ

地頭等ノ自由新儀ヲ停止ス

二六

可令早停止爲但馬國多氣（氣多）地頭沼田三郎并三方鄉地頭澁谷三郎・日景鄉地頭越生馬允等巧新儀濫妨御室御領同國新井庄領事、

右、訴狀云、當庄領散在多氣下鄉一丁七段・三方鄉七丁余・日景鄉七段之處、各稱鄉領致妨之間、當庄民等疲兩方之責、失迴土之計、寺領滅亡畢云云者、事若實者、彼傍鄉地頭三人面々押領新井庄領之條、甚不穩便、慥停止自由新儀、如本爲新井庄領、可令安堵土民之狀、依仰下知如件、

貞應元年七月七日

陸奥守平（北條義時）（花押）

宇佐繼輔、糸永昌秀ト豐前國江島別符小犬丸名ニツキ相論ス
繼輔ニ小犬丸名ヲ領知セシム

二七

（益永文書）（註21）

可早停止昌秀(糸永)非論令宇佐継輔領知宇佐宮領豐前國江嶋別符小犬丸名事、

右、如去三月廿八日問注所(大宰府)勘狀者、江嶋別符小犬丸名事、兩方申狀枝葉雖多、所詮、太子者雖不得父昌隆之手継、長寛三年昌隆死去之後、帶本證文之上、得大宮司外題、自長寛三年以降五十餘年之間、云太子、云息女三子繼輔母令知行彼名事、昌秀既承伏畢、此上昌秀始難企相論歟云云者、早任彼狀、継輔可令領知件江嶋別符小犬丸名之狀、依仰下知如件、

貞應元年七月七日

陸奥守平(北條義時)御在判

阿波國櫛淵別宮、地頭代官ノ濫妨ヲ訴フ
地頭代官ノ濫妨ヲ停止セシム

二八

（石清水田中家文書）（註22）

可令早停止爲阿波國櫛淵別宮地頭秋本二郎兵衞尉代官背庄務擇取神民相傳能田濫妨農業事、

右、如訴狀者、爲新地頭秋本二郎兵衞尉代官、擇取神民等相傳之能田、号地頭分、令領作之間、各避所殘之薄田、絕農業畢云々者、事若實者、地頭所行甚自由也、有限本給田、本名分之外、何背庄務恣可擇取他名哉、慥任先例停止濫妨、可令安堵百姓之狀、依仰下知如件、

貞應元年七月廿四(日脫カ)

陸奥守平(北條義時)(花押)

二九

（醍醐寺文書）（註23）

伊勢大神宮、山内景通ノ伊勢國大橋御薗ニ濫妨スルヲ訴フ

景通ノ濫妨ヲ停止シ繼尊ニ安堵セシム

高野山蓮華乘院、地頭家連ト重ネテ紀伊國南部庄年貢ニツキ相論ス

湛增別當、湛政別當ト

(異筆)
「同前」

可令早停止字山内藤二景通濫妨如本以權律師繼尊安堵太(大)神宮御領伊勢國大橋御薗事、

右、如二宮解狀者、當御薗者內城田九鄉最中也、神宮課役連連無隙、云所之嚴重、云役之重疊、實以異他、而故首藤六道時入道自由濫妨、雖及度度、申披子細、被停止其妨畢、爰道時子息字藤二、又擬令押領當御薗之條、言語道断之無道也云々者、早停止景通之濫妨、以權律師繼尊、如本可安堵大橋御薗也、且故右大將家(源頼朝)御時、盛時(平)奉書云、可停止道時濫妨之由炳焉也、更不可有違乱之狀、依仰下知如件、

貞應元年八月八日

陸奥守平(北條義時)御判

(高野山文書又續寶簡集九十六)(註24)

三〇

(端裏書)
「地頭承伏狀貞應御下知案文」

可令早任紀伊國南部庄官百姓注文弁濟高野山蓮華乘院御年貢事、

右、如去年十二月廿四日寺訴者、齋院(頌子内親王)御時、且被分進米百石、而重又、云庄務、云所殘所當米、一向被寄附云々、

爰地頭家連取進當庄百姓注文云、

一、臥見宮(齋宮守子内親王)御時、湛快僧都三百石進濟之、

一、五辻齋院(頌子内親王)宮御時、湛增別當与湛政播磨別當兄弟相論之間、何方仁モ五百石令進濟之方、

相論ス

可賜之由依仰下、湛增別當二百石於増加天、見米如本數三百石、加色代二百石於令請進畢、
一、湛政播磨別當傳領天、同加色代天五百石令請進、
一、快實小松法印相継天、同加色代天五百石令請進畢、
一、刑部僧正御時牛、一向沙汰成候仁幾、
右、件請所次第、五代之間、見米三百石、色代二百石、已上五百石内、見米百石牛、高野蓮華乘院仁運上、殘見米二百石、色代二百石、都合四百石京進也、載起請文加連判者、所詮、任施主御本願之旨、守先例追年無懈怠、可弁濟寺家御年貢之狀、依仰下知如件、

貞應元年九月十三日　前陸奥守平(北條義時)在御判

（益永文書）（註25）

先例ヲ守リ寺家ニ年貢ヲ辨濟セシム

宇佐宮氏人宇佐繼輔、同糸永昌重ト豐前國秩糸永名ニツキ相論ス

三一

可早停止宇佐宮氏人糸永次郎昌重非論令同氏人權守太郎(宇佐)継輔領知當宮領豐前國秩糸永名事、
右、今年七月日、大宰府問注所勘狀云、彼此申狀子細雖區、所詮、件名者、宇佐權大宮司昌職法師法名正元所領也、而云昌重、云継輔、共爲正元餘流之處、通昌昌重父稱得祖父正元之讓、昌重雖進證文、件狀有入筆之上、判形又不相似、類判頗非無僞書之疑歟、然者、於先祖之讓者、不足證驗、只以社家下文外題等、兩方所知行來也、爰昌幸昌重舎弟得大宮司建保二年・同三年下知畢、已帶後判有其謂之處、忠輔継輔父亦可停止公仲濫妨之由、承久二年給關東御下知畢、凡長寛三年昌隆死去之後、通昌・昌重・昌幸等者、惣數三十四箇年領知之、大子幷榮重・三

昌重ノ非論ヲ停止シ繼輔ニ領知セシム

子・忠輔者、都合二十四箇年知行之、其内通昌從養和元年至正治二年、廿箇年知行、通昌死去之刻、昌幸雖得讓狀、不繼其跡、榮重蒙宮裁四箇年知行之、其後昌重・三子・昌幸各得大宮司下文、或三年、或六年、或七年領知之、忠輔給關東御下知、自去年至當時所知行也、雖須以通昌廿年之知行、爲宗其流中絕、云論人之子息、相隔四五人畢、然則、云昌重僞書之難、云忠輔當時知行、繼輔所申非無其謂歟云々者、早停止昌重非論、可令繼輔領知之狀、依仰下知如件、

貞應元年十一月　日

前陸奥守平（北條義時）在判

肥後國住人西山道房ノ娘婿相良長繼、薩摩忠友ト所務條々ニツキ相論ス

三二

（薩藩舊記雜錄末吉羽島氏文書）（註26）

肥後國住人西山九郎道房字有慣、娘紀氏夫相良兵衞尉長繼与薩摩太郎忠友相論條々事、

忠友ニ羽島浦ヲ知行セシム

一、羽島浦事、

右、如承久二年五月日問注所勘狀者、長繼則令進覽手繼以下證文等、所申雖似有謂、忠友且得壽永二年紀氏祖母大藏氏尼之讓、知行經卅餘年畢者、依年來知行例、可令忠友領知彼浦矣、

忠友ヲ牟木浦ノ名主職トナス

一、牟木浦事、

右、同勘狀云、長繼雖有申旨、所詮、如忠友所進承久二年七月日寺家下文正宮公文所施行等者、忠友可爲牟木浦名頭職之旨被載之、仍忠友所申聊有謂云々者、可令忠友爲彼浦名主職矣、

國司ノ沙汰トシテ成敗セラル

一、狼藉事、

右、同勘狀云、先日爲國司之沙汰、被成敗之由、被載之云々者、此上者不及子細矣、

以前三ヶ條大略如此、於勘狀正文者、先日於筑後介秀朝之許、令紛失了、仍以案文所有御成敗也者、依仰下知如件、

貞應二年四月　日

前陸奥守(北條義時)判

仲廣、兼季ト石見國長野庄內飯多鄕地頭職ニツキ相論ス

仲廣ノ非論ヲ停止シ兼季ニ知行セシム

三三　　(益田家文書)

可早且停止掃部助仲廣非論且任先御下知自今右衞門尉兼季如元爲石見國長野庄內飯多鄕地頭職事、

右、如今年二月九日問注記者、彼此申狀子細雖多、所詮、兼季三代知行之旨、仲廣承伏之上、可爲地頭之由、兼季度度給御成敗狀畢、然則、任先御下知之狀等、停止仲廣非論、不可有相違之狀、依仰下知如件、

貞應二年五月廿五日

前陸奥守平(北條義時)(花押)

宗像氏經、下人宗眞男

三四　　(宗像神社文書)(註27)

可令安堵兵衞尉氏經申宗像社領筑前國吉田乙丸名地頭職事、

ト筑前國吉田乙丸名地頭職ニツキ相論ス
氏經ニ安堵セシム

右、如氏經申狀者、件名者、王氏女相傳之私領也、而去承元四年之比、相副次第證文、讓給氏經畢、仍建保五年給故右大臣(源實朝)家御敎書、于今知行無相違之處、氏經相傳下人宗眞男乍爲當社無職之身、号神人、著束帶立大庭、去年十月之比、伺氏經禁忌之隙訴申日、可召決之由被仰下之間、其後暗跡逐電畢、是則不帶一紙證文、謀計之所致也云々、然者、早氏經無相違可安堵之狀、依仰下知如件、

貞應二年九月十三日

前陸奥守(北條義時)平在御判

(廣峯神社文書)(註28)

三五

祇園本社、社領播磨國廣峯社山上坂本ニ守護使亂入スルヲ訴フ
守護使ノ亂入ヲ停止セシム

可令早任先下知停止祇薗本社播磨國廣峯社山上坂本守護使乱入事、
右、如解狀者、任建保四年行光奉書、去年十一月被成御下知狀畢、然間今年四月守護人小山判官朝政令成施行處、代官猶不用之、依令乱入所司神官住房私宅、散々被致煩之條、以外無道也云々、事若實者、背御下知、守護代入部、甚不穩便、早任先下知、可停止彼使乱入之狀、依仰下知如件、

貞應二年十月廿五日

前陸奥守(北條義時)平(花押)

(仁和寺文書)(註29)

三六

貞應二年

仁和寺、但馬國新井庄地頭宇多々家守ト新儀非法ニツキ相論ス

地頭ノ新儀非法ヲ停止セシム

可令早停止爲　御室御領但馬國新井庄地頭致新儀非法事、

右、如訴狀者、惣田數十八町八段三百歩、定田十三町七段百卅歩、畠十二町九段十六歩、定畠八町七段九十六歩也、而新補地頭宇多々四郎家守背傍例、猥任田畠惣員數、譴責加徵之條難堪也云々者、事若實者、甚不穩便、早停止自由新儀、云加徵、云給田、就定田畠之員數、且守　宣下之旨、可引募之狀、依仰下知如件、

貞應二年十二月廿四日

前陸奥守平（北條義時）（花押）

（東寺百合文書京二十八至三十七）（註30）

攝津國垂水庄預所承宣、下司藤原家行・公文藤井重綱ト年貢抑留ニツキ相論ス

三七

（端書）「關東御下知」

攝津國垂水庄預所法橋承宣与下司藤原家行幷公文藤井重綱相論當庄年貢等事、

右、如問注所元仁元年十一月日勘狀者、兩方申狀子細雖多、所詮、承宣如申者、當庄者東寺々務遷替之渡庄、下司・公文者、自本所申給安堵下文、乍全相傳、不敍用預所成敗、猥抑留年貢收納之條、無謂之由申之、如家行申者、爲渡庄之條、無子細、仍寺務雖有遷替、下司・公文者爲重代職而所相傳來也、但申給本所下文者、備于相傳之所見、爲断後代之新儀也、而年貢以下寺役等者、自往代爲下司・公文之沙汰、運上之處、承宣号預所、擬令直納之條非儀也云々、承宣所申聊雖似有子細、渡庄之旨、兩方承伏之上、年貢等事、自往代爲下司・公文沙汰之由、家行雖申、承宣敢無申旨、寄事於安堵下文、雖申子細、寺務者一代管領之、本所下司・公文

承宣ノ新儀ヲ停止シ家行・重綱ヲシテ年貢ヲ沙汰セシム

者重代地下之明鏡也、一旦補任預所等、難改重代地下沙汰歟者、停止承宣新儀之直納、如元家行・重綱等、可致其沙汰之状、依仰下知如件、

元仁二年四月二日

武藏守平（北條泰時）在判

（高牟禮文書）（註31）

三八

宇佐宮官人代氏安、舎兄氏忠ト土器工長職・高村名田畠ニツキ相論ス

地頭・御家人ノ事ニアラザルニヨリ成敗ニ及バズ

氏安ヲシテ本家社家ノ下知ヲ守リ沙汰セシム

（包紙ウハ書）
「鎌倉殿御代武藏守相模守御證判」

宇佐宮官人代氏安訴申土器工長職幷高村名田畠事、去建暦三年之比、其沙汰出來之間、依非地頭幷御家人之事、不及成敗之由、御評定了、而氏忠氏安舎兄寄事於御使雜色宗里、令訴申之間、去五月被成遣問狀之處、以彼狀、無左右押領云々、甚以無道也、自今以後守本家社家下知、可致其沙汰之狀、依仰下知如件、

嘉祿元年十一月廿三日

武藏守平（北條泰時）（花押）
相模守平（北條時房）（花押）

（柞原八幡宮文書）

三九

（包紙ウハ書）
「後堀川天皇

嘉祿二年八月十六日

武藏守平
相模守平

「九十五」(附箋)

豐後國賀來社、地頭鬼丸ト濫行ニツキ相論ス

可令且相從停止、且言上子細、豐後國賀來社訴申地頭鬼丸濫行條々事、

訴申地頭鬼丸濫行條々之事 (朱)「六百五十四年」

中間略之

本主ニ返却セシム

一、押取神人等給田宛行所從事、

右、如同解者、神人等給田者往古舊例也、而恣押取彼給田等、宛行郎從之上、押取御馬所神馬、五月會時不引之、當社草創以來已四百餘歲之間、未有事也云々者、押取神人等往古給田之條、子細何樣事哉、早可令言上、縱有罪科者、相觸社家、可糺断之處、無左右點定給田、宛行所從条、頗非沙汰法、早返与本主、有由緒者、可蒙上裁、兼又押取神馬、違例神事之條、事若實者、罪科難遁、早可令弁申子細矣、

地頭ノ濫行ヲ停止ス

一、押取最勝講幷仁王講田宛給郎從事、

右、如同解者、爲聖朝安穩天下泰平御祈禱、國司奉寄之後、相計器量之輩、所令補也、而鬼丸押取彼講經田、宛行所從之間、已令断絕恒例不退之御願云々者、國司奉免講經田、地頭輙不進退之處、剰宛給郎從之條、甚以自由也、慥可從停止矣、

以前條々、依鎌倉殿仰、下知如件、

嘉祿二年八月十八日

武藏守平(北條泰時)御判

相模守平(北條時房)御判

領家、地頭ト狩倉ニツキ相論ス

地頭ノ非法ヲ停止セシム

利恒、留守家元ト陸奥國鹽竈社禰宜職ニツキ相論ス

四〇　（比志島文書）（註32）

（前缺）

一、狩倉事、

右、如兩方申狀者、云領家分、云地頭分之役、分狩倉事勿論也云々、然則、地頭分之外、不可妨領家分之狩倉矣、

以前條々大略如此、抑當御庄地頭得分事、已去元久元年・承元・建曆下知先畢、而地頭代等各守彼狀、可被沙汰之處、張行新儀非法之間、於事諠譁、爲庄務乱之由、雜掌所訴申也、地頭代等所行甚不隱便、自今以後者、停止自由非法、且守先下知之旨、且任當時成敗、可致沙汰之狀、依鎌倉殿仰、下知如件、

嘉錄（祿）二年十二月八日

武藏守（北條泰時）在御判

相模守（北條時房）在御判

四一　（鹽釜神社文書）（註33）

陸奥國塩竈社右一禰宜職事、

右、利恒則爲宛給所職於利恒下人房冠者眞―（永字有憚）、爲留守家元被追却之由訴之、家元亦利恒依爲一服、令讓子息高眞畢、全不追却之處、被語宮城四郎家業、致濫訴之旨陳之、爰利恒申云、此條無實也、且可被召問高眞云々、高眞申云、令居父之座席、用神事代官之間、令讓与歟

利恒ニ本職ヲ安堵セシム

神官ハ神主ニ相從ヒ神主ハ神官ヲ憐愍スベシ

之由所存也云々、利恒又申云、於令讓与者、云相傳證文、云社家鎰、可附屬高眞也、而利恒當時所隨身也云々、不讓子息之由、親父利恒申之上、高眞不○（帶）指證文、勿論次第歟、早利恒如元安堵本職、云竹城保神田貳町伍段、云同在家、○（任）故大將（源頼朝）家政所下文、無相違可令引募也、但家元依利恒之越訴、更不可○（成）阿黨、利恒誇當時之裁許、不可違背家元、凡神官者相從神主、令神事勤行、神主憐愍神官、任先例可令致沙汰之狀、依鎌倉殿仰、下知如件、

嘉祿三年三月二日

武藏守（北條泰時）平在御判
相模守（北條時房）平在御判

惣地頭蓮沼忠國、小地頭高木季家ト肥前國佐嘉御領得分ニツキ相論ス

四二　（龍造寺家文書）（註34）

下　肥前國佐嘉御領住人等、

可令早停止末吉名惣地頭蓮沼三郎忠國新儀濫妨任先例致沙汰、高木南次郎季家訴申被押取小地頭得分事、

右、季家男季益与忠國、遂對決之處、如季益申者、當御領之習、田壹段別加地子米壹斗內以五升爲惣地頭分、以五升爲小地頭得分之處、忠國補任地頭之後、一向被押取之條、無術事也、且故大將（源頼朝）殿御世以後、伊豆民部入道（天野遠景）・掃部頭入道（中原親能）・神庄司・堀藤二（親家）・天野左衞門尉（政景）・右衞門大夫・中村五郎等爲地頭之時、各令取五升畢、而忠國拜領之今、併企押取之間、去年訴申之刻、且被尋本地頭天野左衞門尉、且依被仰宰府、爲彼奉行、被尋問當御領小地頭幷直人等之

忠國ノ新儀ノ妨ヲ停止ス

鹿島社大禰宜中臣則長、地頭伊賀季村代官光ト常陸國佐都東郡內大窪郷鹽濱ノ神用物沙汰ニツキ相論ス

處、連署申狀如此云々、忠國申云、依勳功給此所畢、不知案內（子細之）間、相尋先例於天野左衞門尉之處、地頭得分壹斗之由、令出證文畢、任彼狀所致沙汰也、且段別壹斗事者、去四月給御下知狀畢云々者、忠國就前地頭政景狀、致沙汰之由、陳申之間、被尋問政景之處、如請文狀等者、件得分事、不知案內、任當御領內自余小地頭等之例、可有御下知歟云々、如此狀者、忠國以政景狀、難爲指南歟、加之、如季益所進小地頭幷直人等嘉祿二年連署狀者、加地子米段別壹斗內、惣地頭分五升小地頭分五升之由載之、如同所進惣地頭方年々加地子米散用狀等者、本得田段別五升、新得田段別貳升五合云々、然者、早停止忠國新儀之妨、任先例無違乱、可令致沙汰之狀、依鎌倉殿仰、下知如件、

嘉祿三年三月十九日

武藏守（北條泰時）御判
相模守（北條時房）御判

四三　（塙文書）

下　鹿島神領常陸國佐都東郡內大窪鄉住人等、

可令早停止地頭伊賀判官（季村）四郎代官光依新儀妨、就手継讓狀等、且任代々下文旨、可致神用物沙汰當鄉同塩濱事、

右、如給主大禰宜（中臣）則長申狀者、亡祖（中臣）則親且爲神用、且傳子孫、所申立當社領也、誠雖狹少之地、以塩濱役奉備每日供祭、以田畠所當宛用大般若經供斷（新カ）、就中右大將殿（源頼朝）最前御寄進之所也、然

問則親讓親盛(中臣)改名則政、親盛讓嫡男則長、々々之父親盛之時、元暦元年之比、兩度給右大將家御判御下文之間、無違乱之處、光依巧新儀煩役民、抑留神用物之間、則長所給貞應元年七月五日御下知云、任前地頭宇佐美平太入道之例、無懈怠、可致其沙汰云々者、任彼狀等、早停止新儀之妨、任先例可令致沙汰之狀、依鎌倉殿仰、下知如件

嘉祿三年六月六日

武藏守平(北條泰時)在判
相模守平(北條時房)在判

地頭代官ノ新儀ノ妨ヲ停止ス

四四

豐受大神宮一禰宜行元、地頭ト下總國相馬御厨ノ上分布ニツキ相論ス傍例ニ任セテ錢四十文ヲ以テ布一段代トシ進濟セシム

外宮一禰宜行元神主申、下総國相馬御厨上分布事、先度地頭令申子細之時、布壹段別募錢參拾文、可弁濟之由、雖有御下知、所詮、停止不法准布、以建久時布、可令進濟、但彼布遍未出來者、早任傍例、以錢肆拾文、募布壹段代、可令濟之狀、依仰下知如件、

嘉祿三年八月十六日

武藏守平(北條泰時)判
相模守平(北條時房)判

(鏑矢記)(註35)

四五

峯持、山代固ト肥前國

下　肥前國宇野厨內小値賀嶋住人等、

(青方文書)(註36)

宇野厨内小値賀島地頭職ニツキ相論ス

可令早停止山代三郎固知行任所帯證文等以峯源藤二持領掌地頭職事、

右、持与固遂對決之處、如持申者、本領主是包(清原)蒙領家勘當之刻、祖父直(松浦)仁平元年得預所下文畢、其上云源連(値嘉)直息男持叔父之讓狀、云僧尋覺是包甥息男通澄(藤原)之讓狀、自兩方令相傳畢云々、如固申者、直者爲清原三子固祖是包姪夫之間、爲夫妻之名代得預所下文畢、仍親父圍(山代)給御下文畢、固又追父跡所給也云々、爰如持所進證文等者、直壽永三年二月七日以當嶋讓男連、文治四年三月八日連給鎌倉殿御下文、又依預所之妨、建久三年五月七日給同御教書之由、載同年七月守護所施行、而建久七年七月十二日僧尋覺宗房給右大將家(源頼朝)御下文、如狀者、尋覺与連召決之處、尋覺依得理補任云々、如正治二年八月日連申文者、親父直入道有由緒所令知行也、而讓与直子息連、云清・披・圍等加連署之由申之、建仁三年十月廿五日連給關東御下知、其狀云、件地頭職相違之由訴申、事實者不便也、如元可令安堵云々、元久元年八月廿二日尋覺給關東御下知、如狀者、建久七年給下文後無相違云々、爰去年冬比給問狀御教書押領之由訴申、事實者所行之旨不穏便、早停止連之妨、任故殿御下文、可(爲脱カ)令尋覺彼職云々、如建永二年五月三日問注所(大宰府)勘狀者、是包前妻藤原氏号後家之条、頗無其謂、又圍雖有申旨、尋覺給故大將家政所下文之上、給鎌倉中將(源實朝)殿御下文畢、尋覺所申聊有其謂歟云々、同年六月四日尋覺給關東御下文早、承元二年七月日尋覺讓息男通高通澄本名歟、建保七年六月三日連讓甥持此時連不知行、承久元年十二(一カ)月二日通澄同讓持此時通澄不知行、同三年五月廿六日持給關東御下知、其狀云、源固爲一決、自去年雖被召、及十一箇月不參上、仍以持可爲地頭職云々者、如同所進證文等者、仁平元年八月七日直得預所下文畢、而清原三子直前妻壽永二年三月廿二日讓男圍狀偁、讓与小値賀嶋地頭職事、右、三子可令知行嶋也、其故者、是包好狼藉、致民煩、依移高麗船、仁平二年蒙御勘當、被解却之刻、三子爲領主之間、直依夫妻、直給御下文知行之處、離別三子之後、相具平戸蘇船頭後家間、以彼宋人子息十郎連、稱直子息讓与之条、無其謂、乍置實子、何可讓繼子哉、仍讓与六郎圍畢云々、如狀者、夫直令知行之處、前妻三子以不知行之所、讓息男圍之由所見也、如元久二年二月五日遠江國司(北條時政)奉書者、云圍、云是包後家、云尋覺、召決三方(清原三子)、任道理可沙汰付一方云々、元久二年閏七月十四日大宰府勘狀偁、父直兩度領掌之上、爲母相傳之由、圍申狀雖明白、依不備進本劵幷重收公之文契、不審相貽欤、爲收公及相傳之地(云脱カ)、圍云可領掌之由緒、是包子息清五郎云讓得之實否、召問庄官幷嶋住人等、可有沙汰歟云、大監、惟宗爲賢署之外、自餘不載之、太(大)宰少貳(武藤)資能所進嶋住人等元久二年申狀偁、當嶋事、是包知行之間、是包移取高麗船之故、依其科被沒官之、御厨執行源四郎大夫直賜弁濟使知行十三年、其後是包還補處、平家御時直又給御下文知行之刻、於平戸被打殺害畢、然而直知行無相違、其身死去之後、同子息連知行之間、玄城房尋覺稱是包之甥、給之知行、仍連与尋覺替々知行畢、但是包後家之腹子松法師得是包之跡、知行事更々不候、又讓得之由住人等不承及、件童者、後又小平太於安藝國、爲敵被打之時、松法師同被打殺畢云々、固所進建保元年十二月廿七日將軍家政所下文云、先年以僧尋覺補任地頭職之處、近日死去畢、而如圍所帶證文者、云本領家下文、云母清原三子讓狀、云宰府守護所勘狀、理致明白也、仍以圍可爲彼職云々、建保六年固任父圍讓給政所下文、貞應二年任右大將家御下文如元給之、爰如持申者、宰府問注之後、是包前妻藤原氏幷尋覺・圍相共參關東、就問注所勘狀、尋覺建永二年給御下文畢、而固經七箇年之後、稱宰府勘狀、備進無判形位所(署)之讓書、掠給御下文云々、如固陳者、父圍之時、經沙汰蒙御下知畢、仍不知

固ノ知行ヲ停止シ持ヲシテ領掌セシム

子細、但爲賢者、爲宗府官也、今者死去畢、有御不審者、可被尋資頼朝臣（武藤）云々、嘉祿三年十月十日資頼申狀偁、三十餘年之間、各以自筆勘申之故、依無不審不加判形、雖然勘狀叶道理之日、成与成敗下文之時、守護人加判之上、直人皆以加署判、私成敗難及事者、所令進上問注記許於關東也、不相副資頼之書狀、以直人一人之勘狀許、被引載御下文事、若久罷成事之中、自然相交事哉候覽、如當時者、一切不覺悟、又於不相副資頼書狀之直人勘狀者、不足證文歟云々、略之、如狀者、爲賢一人勘申之条、相貽疑殆之上、可被尋問嶋住人等之由、勘載之間、尋問彼住人等之處、如申狀者、或尋覺与連相知行之由載之、或是包前妻号後家訴申條、無謂之旨稱之、然而所不載圉相傳之子細也、所詮、清原三子壽永二年雖讓男圉、非當知行之由、見彼狀之上者、直所得仁平元年預所下文之外、不相副本證文之間、證據不分明焉、尋覺則建久七年給右大將家御下文畢、圉又建保元年得尋覺之死闕之境、無子細掠給之条、頗可謂矯餝歟、於持者、云尋覺之流、云連文書、共以得讓畢、然則、持所申非無其謂者、早停止固知行、可令持領掌彼嶋之狀、依鎌倉殿仰、下知如件、

安貞二年三月十三日

武藏守（北條泰時）在御判

相模守（北條時房）在御判

（三島神社文書）

四六

地頭伊豆局、郷司久盛

下　三島宮領伊豆國玉河鄕住人、

ト伊豆三島宮領同國玉河郷ノ沙汰ニツキ相論ス

散田ハ地頭ノ沙汰トシ所當收納ハ郷司ノ沙汰タルベシ

可早爲地頭伊豆局沙汰散田事、

右、當鄉者、元久二年閏七月、被寄進當宮之間、於鄉司職者、盛重神主知行來之處、承久二年二月、伊豆局補地頭之日、盛重依爲彼局舍弟、內々申付代官職之間、盛重・光盛・盛忠等皆爲代官、一向沙汰來歟、而今地頭与久盛向背之刻、地頭屋敷二町七段大之外、不可相交他事之旨、久盛張行之由、地頭所訴申也、然者、一向沙汰之時与各別知行之今、爭無差別哉、早且任傍例、於散田者、可爲地頭之沙汰、至所當收納者、可爲鄉司沙汰也、兩方可存此旨之狀、依鎌倉殿仰、下知如件、

安貞二年三月卅日

武藏守平（北條泰時）（花押）
相模守平（北條時房）（花押）

中臣政親、國井政俊ト常陸國鹿島社領橘郷ニツキ相論ス

四七　（鹿島大禰宜家文書）（註37）

下　常陸國鹿嶋社御神領橘鄉住人等、

可早停止國井八郎太郎政俊非論、且守故右大將家（源賴朝）御寄進狀幷元暦度々御下文旨、且任右大臣家（源實朝）元久二年御下文及承久三年下知狀等、令中臣政親一向進退領掌勤行神事等事、

右、彼此申詞枝葉雖區、所詮、兩方互稱相傳由之處、如政俊申者、先祖證文者、源八政廣（政俊祖父）蒙參河守（源範賴）勘當之刻、追捕之庭令紛失畢、但國領之時、政廣屋敷國役免除外題如此云々、如政廣仁安二年・同三年請留守所裁之解狀者、可被免除橘鄉屋敷萬雜事之由雖載之、爲地頭職

之旨、無指所見歟、而如政親所進承安四年國司廳宣者、可令早鹿嶋社領橘鄉事、右、依宿願、奉免日次御供、以大祢宜則親(中臣)可令知行云々、又如安元々年國司廳宣者、可令停止廣幹妨大祢宜則親訴申鹿嶋神領橘鄉幷吉景鄉事云々、同年十二月廳宣云、可令停止廣幹地頭沙汰、糺返鹿嶋社訴申橘・吉景兩鄉損物事云々、如此等狀者、停止廣幹地頭職之由、雖有所見、政俊先祖爲地頭職之旨、頗無證據歟、加之、故大將家治承五年十月日御寄進狀云、奉寄鹿嶋社神領、在常陸國橘鄉、右、爲心願成就、奉寄如件云々、又治承七年(壽永二年歟)三月十日同狀云、奉寄神領壹處事、常陸國立花鄉、右、件鄉、限永代所奉寄鹿嶋御社也、爲大祢宜則親沙汰、殊可祈申御息災之由云々、又元暦元年十二月廿五日同御下文云、可早爲中臣親廣(則親男政親父)沙汰、令勤仕神事橘鄉事、右、件鄉、任先例、於所當者、一向爲神事用途、可令勤仕神事也、且又任先例、可令停止地頭之妨云々、又元暦二年八月廿一日同御下文云、可早停止地頭妨、爲中臣親廣沙汰、令勤仕神事橘鄉事、右、件鄉、任先例停止地頭之妨、一向可令勤仕神事之由、先日成下文畢、而下河邊四郎政—(義字有憚)依補南郡地頭、号郡內張行之間、無指由緒、追籠百姓妻子、可隨地頭進止之由、取起請畢云々、所行之旨、神慮有恐事也、早任先例、停止地頭之妨、一向可令勤仕神事云々、如此等狀者、云則親之時、云親廣之時、停止地頭沙汰、一向領知、可勤行神事之由具也、而左衞門督家(源頼家)建仁二年五月卅日下文云、補任常陸國橘鄉地頭職事、源政景(國井)、右、人、可爲彼職、但當鄉者鹿嶋社領也、有限所當以下神役、任先例可致其沙汰云々、右大臣家建仁三年十一月十七日下文云、補任立花鄉地頭職事、源正景、右、於地頭職者、正景先日給御下文畢、而預所正近寄事於左右、押妨地頭之沙汰云々、事實者自由狼藉也、正近者爲預所、不可相受地頭沙汰云々、政俊所進同日御下文案云、補任立花鄕預所職事、中臣正近、右、人、爲預所職可致御祈禱、相受地頭沙汰事、可令停止云々、爰政俊申云、故右大臣家御時、政親依訴申、重遂對決、政俊者給地頭御下文、政親者所給預所御下文也云々、如政親陳者虛言也云々、政俊所進建仁三年二通御下文者、已以爲同日之處、如彼狀者、政親寄事於左右、押妨地頭沙汰之條、事實者、自由狼藉也云々、遂對決、於被成分御下文於兩方者、事實者之由、何可被載其狀哉、仍政俊申旨、聊以有矯餝歟、但政俊所進建仁四年二月廿八日下文云、可早任傍御神領等例、致有限地頭得分沙汰橘鄕事、右、當鄕預所政親与政景止種々相論、早任當國本神領等例、云預所得分、云地頭得分、相互可致沙汰云々、而又政親所進、右大臣家元久二年八月廿三日下文云、可令早停止國井八郎正景地頭職橘鄕事、右、當鄕者、去治承五年爲故大將殿御沙汰、被寄進鹿島社之地也、其後停止地頭之妨、一向爲中臣親廣沙汰、可令勤仕神事之由、同以被成度々下文畢、就中爲神領之條、非新儀、去安元年中停止地頭廣幹、可爲鹿嶋社領之由、被成國司廳宣畢、而左衞門督家御時、正景橫申補地頭職、妨神事用途云々者、爲神領之上、任證文之旨、停止正景地頭職、一向爲權祢宜政親沙汰、可令勤仕神事云々、又承久三年五月卅日下知狀云、橘鄕事、給故右大將殿御下文之後、父祖并政親已三代相傳知行無相違云々、然者成安堵之思、可令勤行御祈禱云々者、謂故大將家御寄進之始者、自治承五年至于當年四十八年、謂地頭停止之事者、自元曆元年以降四十五年也、而左衞門督家御時、政景一旦雖補地頭職、不載指相傳由緒之上、右大臣家御時、元久二年被停止政景地頭職之後、廿四ヶ年也、前後下文重疊之上、忽難改本願御素意歟、然者依政俊申狀、今更不能子細焉、是一、次政親依令刀傷大番舎人之罪科、改易大祢宜職、被補則長(中臣)之由、政俊雖申之、如同所進建保四年關白(近衛家實)家政所下文者、不被決兩方、就則長解狀被成下之由所見也、隨又政親無誤之由、鹿嶋郡地頭幷神官・供僧連署狀及守護人知重(小田)申狀顯然也、而政俊以神主則行(中臣)幷當大祢宜則長書狀、雖備證文、依爲論人申狀、不足證據之由政親申之、守護申狀幷地頭・神官・供僧等連署狀与論人則行・則長書狀、非無用捨之上、爲守護所沙汰、糺返則長追捕物於政親、令取進請文畢、其上不及異儀、是二、次建保五年稱遂對決、政俊雖進問注記案、就彼狀不蒙裁許、空送四、五ヶ年之處、承久三年政親重給下知狀畢、是三、次政親失出來之時、可返給之由、蒙右大臣家仰之旨、政俊雖申之、不給指證文之由同申之、以胸臆之詞、輙不足信用矣、是四、次以前信濃守行(二階堂)光法師書狀等、政俊雖備證文、如彼狀等者、或申入子細之由載之、或可返給之旨、有御氣色之由、雖載之、非指奉書、併爲私返事之間、輙難備證據歟、是五、者、早停止政俊非論、且守故大將家御寄進狀幷度々御下文旨、且任右大臣家元久二年下文及承久三年下知狀等、可令政親一向進退領掌、勤行神事等之狀、依鎌倉殿仰、下知如件、

安貞二年五月十九日

武藏守平(北條泰時)(花押)
相模守平(北條時房)(花押)

(賀茂別雷神社文書)(註38)

政俊ノ非論ヲ停止シ政親ヲシテ沙汰セシム

四八　丹波國私市庄務事、

賀茂社家、公文胤行ト

寛喜四年

丹波國私市庄務張行ニツキ相論ス

胤行ノ新儀非法ヲ停止セシム

右、如社解者、公文胤行如地頭令張行之間、社家訴申子細之日、追本公文跡、可致沙汰之由、嘉祿三年十月廿五日成給下知狀畢、而去年胤行任新補傍例、可致得分沙汰之由、申給御教書、重又致非法云々者、事實者甚不穩便、早守嘉祿之成敗、本公文跡之外、可停止新儀之狀、依鎌倉殿仰、下知如件、

寛喜四年四月十七日

武藏守平(北條泰時)(花押)

相模守平(北條時房)(花押)

宗像社、地頭中原季時ト宗像社修理料筑前國東郷內曲村ニツキ相論ス

四九

（宗像神社文書）（註39）

可令早停止地頭非論爲本所進止宗像社修理料筑前國東郷內曲村肆拾町事、

右、如社解者、當社修理料者、以破損之船被宛置事、往古之例也、而近年往阿弥陀佛觸申關東、經奏聞之日、停止彼船、隨社家申狀、可寄進用途料之由、被宣下之間、以往代神領東郷百五十町雖注申之、僅被寄進彼鄕內曲村許事、神官等所貽欝訴也、而地頭代濫妨之間、給御下知狀、雖付地頭駿河入道(中原季時)、可任先例之由稱、給六波羅下知狀、擬破宣旨幷關東御下知之條、未曾有次第也、社則七十五所也、村亦僅四十町也、縱雖爲一圓之領、〇十分之一(不及)云々、如地頭季時法師(法名行阿)陳狀者、東鄕事、自親父親(中原)能入道之時、爲請所、以米伍拾石・錢伍貫文、濟國衙之後、經數十年畢、行阿相續又歷年序畢、縱雖被寄進社家、爲往古請所之間、任先例以所請之所當、可致沙汰之由相存之處、不論是非、引率社使、乱入鄕內、新補率〇(法)之外、不可相交

季時ノ非論ヲ停止シ本所ノ進止タラシム

地頭之由、張行之間、申六波羅、可○任先例之旨、雖給下知狀、社使依不承引、如無地頭、停止彼濫妨、如元可爲請所之由、欲被仰下云々者、爲○多年請所○之間、可依先例之旨、行阿所申雖有其謂、地頭相逢國司令申請畢、仍爲國司進止之条、可謂勿論、而今可爲當社修理新之由、召國司聽宣、被下宣旨畢、社家則追國司之跡、可進退之仁也、地頭何不得社家之和与、暗稱先例可号請所乎、然則、多年之間、雖爲請所、社領之今、宜爲本所進止之狀、依鎌倉殿仰、下知如件、

貞永元年七月廿六日

武藏守平朝臣(北條泰時)在御判

相模守平朝臣(北條時房)在御判

賀茂別雷社、地頭伊北時胤ト社領出雲國福田庄地頭職ニツキ相論ス

五〇 (賀茂別雷神社文書)(註40)

可令早任右大將家(源頼朝)御下文幷先下知狀停伊北又太郎時胤知行賀茂別雷社領出雲國福田庄地頭職事、

右、如社解者、右大將家御時、於當社領者、被奉免地頭職之後、代々將軍家任累代之例、無一所之煩、而承久逆乱之時、不慮之外被補地頭之間、有限年貢更無進納之實、無止神事偏有闕乏之愁、社家悲歎何事加之哉、尤任本免欲被返付云々、如時胤陳狀者、件地頭職事、依親父胤明之勳功、度々所給御下知狀也、而承久之時、始被補地頭職之由、載社解之條、以外虛誕也、文治二年依社家之訴訟、可停止宗遠幷實法々師濫妨之旨、見社家所進(右脱カ)大將家御下知等、

仍前々社使之外別沙汰人知行之條勿論也、就中名字相違之由、社家訴訟之尅、尋明實説、安貞二年時胤給御下知狀畢、如彼狀者、縱雖非大西庄司之跡、依爲神主能久之領、入沒收注文之條炳焉也、停止社司之濫訴、可令胤明子息時胤爲地頭職之由被載之、此上不及陳狀、□以地頭停止之狀、備他人知行例之條、時胤陳□書也、爰如社家所進右大將家文治二年九月五日御下文者、可令□(早カ)停止宗遠知行勤仕神役出雲國福田庄事、右、依宗遠□(之知行カ)神役闕怠之間、以社家申狀、所被下院宣也、早□(可令カ)停止宗遠知行云々、又如同年同月廿六日御下文者、可早停止□實法々師濫惡、從社家進止、勤仕神役事、右、押領庄務、□(抑留カ)御供米之由、依社司之訴、所被下院宣也、停止彼濫行、宜隨社家進止、若違背此旨者、召取其身、可處重過云々、如此等狀者、或被停止地頭職、或以公文職、可爲社家進止之由被成下畢、而貞應元年被補地頭之間、社家所進貞應二年七月下知狀者、可令早停止胤明每給出雲國猪布・飯野兩庄下文、乱入賀茂社領福田庄致狼藉事、右、胤明初者、以大西庄司跡猪布庄下文、乱入福田庄、申返子細之間、今年又給飯野庄、同濫妨追出社使、抑留御供米、且當庄非大西庄司口入之地、又無庄官罪科、依何可押妨哉、事實者、胤明所行甚不穩便、早可停止彼□(狼藉カ)云々、如同所進嘉祿二年十二月下知狀者、可令早任貞□□(應二カ)年下文、停止胤明每給出雲國猪布・飯野兩庄下文、乱入大西庄司跡之由被載之間、非彼跡之旨、社司雖申之、所詮、於福田□(庄カ)者、縱雖非大西庄司之跡、依爲神主能久之領、入沒收注文之條炳焉也、然則、停止社司濫訴、可令時胤爲福田庄地頭職云々、已上略之、如狀者、時胤追亡父之跡、已蒙裁許之間、所申聊雖有其謂、如御家人連署狀者、爲大西庄司跡之由不申之、只依神主能久之科、被沒收之旨載之、當庄非指能久之私領、爲代々神領之間、付社務令知行之許也、何依能久之罪科、無左右可被沒收社領哉者、早任右大將家御下文幷先下知狀、可令停止彼地頭職之狀、依鎌倉殿仰、下知如件、

貞永元年八月十九日

（北條泰時）武藏守平朝臣（花押）

（北條時房）相模守平朝臣（花押）

（神護寺文書）（註41）

播磨國福井庄西保預所有全、地頭藤原氏代頼康ト所務條々ニツキ相論ス

五一

（端書）「福井西保」

下　神護寺領播磨國福井庄西保住人、

仰條々、

一、下司・公文兩職事、

右、預所法橋有全与地頭藤原氏代右兵衞尉賴康遂對決之處、如有全申者、地頭補任以後、庄官等不從領家之所務、經七箇年之間、申宛新給田於庄官等畢、而地頭不帶指證文、只以院使久永之私計、備證據之條、胸臆之狀也云々、如賴康陳者、領家久我內大臣家御時、院使久永下向之剋、定置地頭得分之上、（源頼家）左衞門督家御時、於富士御狩御所、蒙御定之後、雖無證文、卅余年色々得分無相違、其內於庄官職者、兼帶七箇年之後、自領家宛給新給田之時、可相計之旨、數篇問答之後、庄官等拜領新給田之間、兩方所□仕也云々、不帶證文、以久永之計致沙汰之由、賴康申狀難信受之處、如有全申狀者、不載自餘事、訴申下司・公

東保ノ例ニ任セ沙汰スベシ

早ニ勘定ヲ加ヘ濟否ヲ明ニスベシ

東保ノ例ニ任セ沙汰スベシ

證據ナキニヨリ理非決シ難シ

東保ノ例ニ任セ沙汰スベシ

薩摩國阿多郡南方地頭

文給田屋敷許之條、頗雖有疑殆、追東保地頭經光法師之例、可致沙汰之旨、重時《(北條)》朝臣幷時盛《(北條)》等加下知畢、爰東保先例事、無相違於經年序者、限本給屋敷、何及子細哉○者、早任東保之例、可令致沙汰焉、

一、地頭名所當未濟事、

右、彼是申狀子細雖多、如兩方所進結解之狀者、參差之間難決實否、号地頭名者永安名也、而以新田恒光・武末・有久等、被懸未進於地頭之條、所貽不審也、若令抑留平民名者、○尤可被糺返本名歟、將又爲永安名內者、不及異儀、所詮、早加勘定、可明濟否矣、

一、役夫工米未濟事、

右、如問注記者、不載其詞之處、如庄官等申狀者、各雖有子細、非新儀之由所見也、仍且任東保之例、且守舊符、可致沙汰焉、

以前三箇條大概如斯、此外條々雜事等、雖載巨細之詞、依無證據之狀、暗難決理非歟、早任東保之例、同可致沙汰也者、依鎌倉殿仰、下知如件、

貞永元年九月廿四日

武藏守《(北條泰時)》平朝臣（花押）

相模守《(北條時房)》平朝臣（花押）

（二階堂文書）（註42）

五二

可令早停止相論守繪圖判形致沙汰薩摩國阿多郡南北境事、

鮫島時景、北方地頭鮫島家高ト阿多郡南北堺ニツキ相論ス

南路ヲ以テ境タルベシ

右、對決之處、如時景(鮫島)申者、當郡內南方者時景讓得之、北方者家高(鮫島)領之、其境則出自觀音寺大門、過高橋藥師堂之前、通濱路之由載讓狀、且又爲絕向後之違乱、殖置松木於件路之旨、同載讓狀畢云云、如家高申者、自觀音寺大門、通藥師堂路者在兩方、而時景所立申之北路者新路也、當時別當能登阿闍梨公嚴爲亡母孝養、去年造出此路、所造立万本率都婆也、仍不可爲境歟、家高所申南路者、傍于河流、爲往古之路、然者以南路所爲境也、次殖松木之由載讓狀事、極虛言也、早可被召出彼狀、若殖松木之旨、書載其詞者、家高可蒙罪云(云脫カ)、時景又申云、如祖父宗家法師讓宗景(時景親父)之狀者、殖松木之由不載之、載于宗家法師讓時景之狀云云、家高次申云、雖爲時景所得之讓狀、殖松木之旨於書載者、同可蒙其科云云、爰時景申云、爲文盲身之間所申違也云云者、以自身所帶之證文、申違之由稱申之條、頗有矯餝之疑歟、次家高自身断本鳥之由事、問注之時者、時景一人見知之間、無證人之由申之、直被召問之時者、以亡者等立申證人之條、甚不足信用歟、抑惡口幷構虛言致讒訴罪科事、有被定置之旨、而如時景申狀者、已以似惡口、又可謂虛言歟、仍家高所申非無其謂、然則、於觀音寺大門前之論所者、以南路可爲境、至于其以西者、任宗家法師讓狀之境、各停止相論、可致其沙汰、且加判形於繪圖、下給兩方畢、早守其旨、可令領掌之狀、依鎌倉殿仰、下知如件、

貞永元年十一月廿八日

武藏守平朝臣(北條泰時)御判

相模守平朝臣(北條時房)御判

東大寺、周防國椹野庄地頭時廣ト地頭職ニツキ相論ス

地頭職設置ノ子細明ラカナラザルニヨリ地頭職ヲ停止ス

領家、藤原國重ト伊豫國忽那島地頭職ニツキ相論ス

度々ノ成敗ニ任セ沙汰セシム

五三

（東大寺要録）（註43）

可令早停止東大寺領周防國椹野庄地頭職事、

右、如寺解者、承久乱逆之時、當庄住人等、無指科之處、被補地頭之條、難堪次第也、且小郡幷賀河郷者、當庄一所也、而右大將（源頼朝）家御時、建久九年四月白松藤二資綱雖掠給地頭職、依寺家之訴、同五月召返御下文、下給寺家畢、盛時奉行云々、如時廣法師陳狀者、貞應元年給地頭職之由雖載之、根元之子細分明不申之、仍寺家所申非無其謂歟者、早任先例、停止地頭職之狀、依鎌倉殿仰、下知如件、

天福元年七月九日

武藏守（北條泰時）平在判

相模守（北條時房）平在判

五四

（長隆寺文書）（註44）

伊豫國忽那嶋地頭職者、元久二年兼平給右大臣（源實朝）家御下文畢、承元二年左馬允國重、任父讓給同御下文畢、加之、地頭分松吉名不可有相違之由、建永（承久カ）三年蒙下知畢、爰今年國重押領松吉名、不濟年貢之由、就領家訴訟、駿河守（北條重時）・掃部助（北條時盛）下遣問狀歟、而以件狀、爲雜掌被濫妨當名云々、如國重陳狀者、祖父俊平令寄進長講堂之後、田畠所當二百余石弁濟之、然而松吉名田參町、畠拾參町、之外、令募加徵給田云々者、今更不及改行歟、早任度々成敗、無違乱可令致沙汰之狀、依鎌倉殿仰、下知如件、

天福元年十二月十日

武藏守平在判(北條泰時)

相模守平在判(北條時房)

熊谷資直、舍兄熊谷時直ト武藏國西熊谷鄉幷安藝國三入庄三分一地頭職ニツキ相論ス

五五　（熊谷家文書）（註45）

可早停止熊谷平内左衞門次郎時直(直時)濫妨令同三郎資直(祐直)爲武藏國西熊谷鄉幷安藝國三入庄三分一地頭職事、

右、訴陳之趣參差之間、召決兩方之處、如資直申者、熊谷鄉者、亡父直國相傳之屋敷也、三入庄者、勳功之勸賞也、而時直一向領知之間、去年秋比訴申之刻、可去与當鄉內田三町在家三宇於資直之由、依被仰下、雖分給之、閣十余町余田、可勤仕公事之由、令申之間、依爲若宮神領、社使乱入之條、無術事也、且如直國書狀者、千虎時直童名者、早令出家、可知行所領、㫋虎資直童名者、可爲養子也、屋敷者少々分給之由載之、而背彼命元服之條、無其謂之上、申与兩所御下文於時直事者、外祖父恩田太郎入道蓮阿之沙汰也、其間事、非無子細、可被召問蓮阿云々、如時直申者、熊谷鄉者、神役異他之上、余田不幾之間、雖少々可勤仕公事之旨、令申之時、社家使令入部歟、所詮、於當鄉者、時直一向宛給之、至三入庄者、可分給資直歟、給預兩所御下文之時者、幼少之間、不知是非者也、但、證文顯然之上、不可被問證人之由、有被定置之旨歟云々、如母尼申狀者、於所領者、爲尼之計、可分与子息之由、直國存生之時、所申置也、而時直違背老母之命、令侘傺資直之條、非據之至也云々、起請之詞略之、如蓮阿請文者、吉見

資直ニ地頭職ヲ安堵ス

平成忠・重秀、薩摩國揖宿郡地頭豊後忠綱ト地頭代官ノ狼藉ニツキ相論ス

尼（蓮阿継母）申蓮阿云、千虎・旀虎者、自幼稚之時、令収養之間、鍾愛之處、直國夭亡畢、早云熊谷之屋敷、云勳功之勸賞、可申与御下文於千虎也、其後爲尼之計、三分之二者宛給千虎、三分之一者可分与旀虎也、孝養之志、只可有斯事之由、懇望之間、申沙汰之處、時直背彼尼幷蓮阿之教訓、一向押領之條、頗爲無道歟、但云時直、云資直、共以爲孫子之間、更雖不存親疎、今就御尋所注申也云々、（起請之詞略之）者、以胸臆之詞、難破證文之由、時直所陳、聊雖似有其謂、於宛給御下文事者、幼少之間、不知給之旨、令申之上、母尼幷蓮阿起請文炳焉也、然則任吉見尼之計、於西熊谷郷及三入庄三分之一者、可令資直爲地頭職之狀、依鎌倉殿仰、下知如件、

文暦二年七月六日

武藏守平（北條泰時）（花押）
相模守平（北條時房）（花押）

五六

（薩藩舊記雜錄指宿文書）

可令早平重秀領知養父忠秀跡薩摩國揖宿郡々司蕨野同内九所大明神宮司秋富名田畠名主職等各半分事、

右、當郡地頭豊後四郎左衞門尉（島津）忠綱代官殺害忠秀以下親類所從等之間、如忠秀舍弟字小次郎忠成・同養子平次郎重秀（本名二郎法師忠秀甥）訴申者、非主人忠綱下知者、爲代官身、爭致如然狼藉哉云々、而忠綱一切依不知子細、或召進下手人於六波羅、或斬首之旨披陳之處、如忠綱梶取同郡山河

住人字綾三郎延元男申狀者、忠綱上取忠秀・同親類等跡名田畠、宛行代官高四郎行重男之由承及云々、忠綱陳詞之趣、涉矯餝之間、被改補所職早、爰忠成企參上、不訴申子細者、何今可及御沙汰哉、且爲忠秀爲奉公欤、仍可宛給其跡所職名田之由申之、重秀亦稱有養父忠秀讓狀、可惣領之旨、雖令申子細、不分明之上、忠成所申一向難被弃置欤者、件所職・名田畠、重秀・忠成各半分令領知、任忠秀之例、可相從地頭所務之狀、依鎌倉殿仰、下知如件、

文暦二年八月廿八日　　武藏守平（北條泰時）（花押）
相模守平（北條時房）（花押）

忠綱ノ地頭職ヲ改補ス
忠秀ノ所職・名田畠ヲ重秀ト忠成ト各半分知行セシム

五七（高野山文書寶簡集七）（註46）

高野山、地頭三善康連ト備後國大田庄庄務十箇條ニツキ相論ス

備後國大田庄務間十箇條事、

右、如寺解者、本地頭大夫屬康信法師（三善）法名善信建保五年載子細定置畢、今子息康連・孫康遠・康綱傳領之後、一々令違犯云々、如康連等陳狀者、於善信置文者、更不可致違乱云々者、所謂加徵事、關東人夫役事、長日菜𣃥事、百姓逃亡跡名田事、吉方行方違事、桑事、佃事、勸農事、過𣃥事、殺生禁断事、

善信ノ置文ニ任セ沙汰セシム

已上十箇條、子細具狀、自今以後、兩方守此旨、可致沙汰之狀、依仰下知如件、

嘉禎元年十月廿五日　　武藏守平（北條泰時）（花押）

相模守（北條時房）平（花押）

預所僧盛尊、地頭重俊ト備後國地毗庄所務ニツキ相論ス
和与状ニ任セ沙汰スベシ

五八

可令早任和与状致沙汰蓮華王院領備後國地毗庄内本郷所務條々事、
右、預所僧盛尊与地頭中務丞重俊法師（法名西妙）條々相論之間、擬遂對問之處、相互出和与状畢、早任彼状、可致沙汰之状、依鎌倉殿仰、下知如件、

嘉禎二年九月四日

武藏守（北條泰時）平（花押）
修理權大夫（北條時房）平（花押）

（山内首藤文書）（註47）

備後國大田庄預所僧覺傳、地頭三善康連等ト所務ニツキ相論ス
地頭ノ進止タルベシ
預所訴訟ニ及ブベカラズ

五九

高野山領備後國大田庄預所僧覺傳与地頭桑原方康連（三善）、大田方康遠（三善）・康綱、相論條々、

（高野山興山寺文書）（註48）

一、公文職事、
右、地頭善信（三善康信）入道存生之時、可爲地頭進止之由、被成御下知状畢、今更不及改成敗也、
一、地頭違背御下知由事、
右、一庄内、一年中兩方鎌倉下向人夫四人、（一方各二人、）自同善信之時雖令宛之、正員地頭下向之間、或八人或十人（具下之由）邂逅下向也、預所强不可及訴訟歟、
一、地頭庄官未進所當事、

結解ヲ遂ゲ沙汰スベシ

検注目録ニヨリ沙汰スベシ

善信ノ置文ニ背カズ相互ニ沙汰スベシ

山代固女子源氏、固後家尼ト固ノ遺領ニツキ相論ス

源氏ノ濫訴ヲ停止シ後

右、早遂結解、随進未可有其沙汰也、

一、田畠在家事、

右、差遣左衛門尉茂平幷僧頼圓遂撿注、覺傳等共被因目録畢、云預所、云地頭、各守彼狀可致沙汰歟、

一、此外條々事、

右、不背同善信置文之旨、相互可致沙汰也、

以前條々、依鎌倉殿仰、下知如件、

嘉禎三年七月七日

左京權大夫平(北條泰時)（花押）

修理權大夫平(北條時房)（花押）

六〇

（松浦山代文書）（註49）

可早停止源氏（山代三郎固女子）濫訴任固讓狀後家尼一期知行後令源廣（固猶子）傳領所領事、

右、對決之處、兩方申狀枝葉雖多、所詮、源氏所進十二月七日（付貞永元年）・十月八日・同十三日（付同二年）・十二月五日（付嘉禎二年）固狀四通內、於三通者他事也、至一通者、雖載子細、分与所領之由無所見歟、如後家所進亡夫固安貞三年正月廿五日讓狀者、固自筆也、縦雖載所領之字、讓狀与消息可有用捨歟、但後家改嫁之由、源氏依訴申、直召決之處、問答之詞參差之間、可書進起請文之旨、依被仰下、爲無實之旨、後家所書進也、然則、停止源氏濫訴、任固讓狀、後家尼

家尼ニ一期知行セシム

一期知行之後、可令廣相傳之狀、依鎌倉殿仰、下知如件、

延應元年五月廿五日

前武藏守（北條泰時）平（花押）
修理權大夫（北條時房）平（花押）

（武雄神社文書）（註50）

藤原家門、實直ト肥前國武雄・黒髮社司職ニツキ相論ス

實直ノ非論ヲ停止シ家門ニ武雄・黒髮社司職ヲ安堵ス

六一

可早停止實直濫訴令家門（藤原）領知肥前國武雄・黒髮社司職事、

右、實直去年九月比、於京都、捧大府宣、訴申之間、任狀可致沙汰之由、被仰守護所畢、仍如資能（武藤）今年三月五日請文者、以實直令沙汰付畢、有子細者、可弁申之旨、被仰下之間、家門所參向也云々、爰如家門所帶證文者、建仁二・三兩度遠江國司（北條時政）下知、元久元年資賴（武藤）外題、建永元年九月・建保三年十月政所下文、天福二年正月御教書、嘉禎三年九月政所下文任家門讓狀、子息能門給之、已上炳焉也、而實直祖父蓮妙法師建永元年七月雖給關東御教書、同九月被破畢、捧其狀掠給大府宣之條、甚以不穩便、早停止實直非論、可令家門爲彼職之狀、依鎌倉殿仰、下知如件、

延應元年六月廿七日

前武藏守（北條泰時）平（花押）
修理權大夫（北條時房）平（花押）

（小鹿島文書）（註51）

六二

橘公員、父公業ノ女壻頼定朝臣ト出羽國秋田郡湯河澤內湊地頭職ニツキ相論ス

可早任前薩摩守公業法師法名公蓮後判讓狀令男公員領知出羽國秋田郡湯河澤內湊地頭職事、

右、如公蓮今年六月日讓公員狀者、件所者、奥州合戰之時、依軍功、自故大將殿(源頼朝)所給也、雖讓給伊豆守(頼定朝臣)妻公蓮二女藥上、不孝公蓮死去早、彼女房子共非可知事、悔返之、立公員於嫡子、所讓給也、被載式目早、公蓮計定事、聊不可有相違云々、以和字略漢字、如頼定朝臣所進狀者、公蓮元久元年九月廿九日成給下文於亡妻藤原氏女、承元四年七月廿九日藤原氏讓女子藥上頼定妻助局狀者、公蓮所加判也、就彼狀、貞應元年十二月廿三日言上二位殿(北條政子)之間、不可相違之由給御返事、寛喜三年四月所給御下文也、爰助局去四月八日俄令他界早、雖無讓置之狀、三人子息見存也、尤可相傳之處、公蓮忽讓他子之条、難治之愁也、二位殿御時被定置事、不可改之由有御沙汰歟、何限此事可有相違哉云々者、如被定置狀者、代々將軍・二位殿御成敗事、本領主与當給人事也、更非父与女子之篇、凡處分男女子等事、可依後狀之旨、具載同狀早、然且任被定置狀、且任傍例、可任公蓮後判讓狀、令公員領知湊地頭職之狀、依仰下知如件、

延應元年十一月五日

前武藏守(北條泰時)平朝臣御判

修理權大夫(北條時房)平朝臣御判

公員ニ湊地頭職ヲ領知セシム

(大友文書)（註52）

六三

帆足家近、舍弟帆足通綱ト豐後國戸幡・菖蒲・

帆足清三郎家近与舍弟五郎通經(綱)相論豐後國戸幡・昌蒲(菖)・佐古地頭幟(職)幷斗加利屋敷事、

右、對決之處、子細雖多、戸幡・昌蒲・佐古爲家近母領之條勿論也、而道西令勘堂(當下同ジ)家近、雖

佐古地頭職等ニツキ相論ス
地頭職ハ家近知行スベシ
道西ノ遺領五分一ハ家近ニ知行セシメ殘リ五分四ハ通綱・廣通ニ知行セシム

分譲通綱等、西(道脱カ)存生之時者、父子相論之間、可為道西進止之由御成敗早、但依家近奉公、云道西、云通綱・等(廣)道、京方科之處、家近安堵本屋敷之時、令追出道西之由、依愁申、于今無御成敗、然道西已令死去云々、云母領、云道西跡、家近之外雖無知行之仁、家近終不被免道西勘堂欤、然則、於戸幡・昌蒲・佐古者、家近一向可領知之、至道西遺領者、割分五分之一、家近同可領知者、殘五分四者、通綱・廣道可分領之、京方之科已後之間、就寛宥之儀、如此所有御計也者、依鎌倉殿御(仰カ)、下知如件、

延應元年十二月九日

前武藏守(北條泰時)在御判
修理權大夫(北條時房)在御判

預所藤原尚成、地頭高井時茂ト越後國奥山庄所務ニツキ相論ス

六四　(中條敦氏所藏文書)　(註53)

越後國奥山庄預所右近將監(藤原)尚成与地頭(高井)兵衞三郎時茂相論条々、

一、検注事、
一、年貢納法事、
一、大津問事、
一、口米事、
一、地頭別進幷夫領綱丁志不可為例事、

右、条々、雖遂對決、尚成与時茂令和与畢、如尚成去九月廿七日和与狀者、京定御米佰石

和与狀ニ任セ沙汰スベシ

肥前國御家人佐志增、地頭清親ト筑前國怡土庄内篠原・安恒兩村ニツキ相論ス

清親ノ非分ノ濫妨ヲ止メ增ニ兩村ヲ知行セシム

鴨御祖社領家使康憲、地頭小早川茂平代親康ト安藝國都宇・竹原兩庄ノ所務ニツキ相論ス

色代時者、石別錢陸百文、・御服□拾兩別錢捌佰文、、先例依爲請所、不可有預所入部之狀、□令停止畢、地頭志不可爲例、夫領綱丁以同□地頭成和与儀、申上領家之處、被聞食之由、被仰畢、□子々孫々不可有相違云々取詮、者、任彼狀、可致沙汰之狀、依鎌倉殿仰、下知如件、

仁治元年十月十日

前武藏守（北條泰時）平朝臣（花押）

（廣瀨正雄氏所藏中村文書）

六五

筑前國怡土庄内篠原・安恒兩村事、

□（右カ）兩村、如肥前國佐志九郎增申者、妻女草部氏爲相傳私領条、無異儀之處、地頭清親無故押妨云々、事實者尤不便也、無指其科御家人等所領、爭可有其妨哉、早止非分濫妨、任重代相傳之道理、可令知行增彼兩村之狀、依鎌倉殿仰、下知如件、

仁治元年潤十月二日

前武藏守平（北條泰時）在御判

六六

（小早川家文書）（註54）

鴨御祖社領安藝國都宇・竹原兩庄領家使刑部丞康憲与地頭前美作守茂平（小早川）代官刑部丞親康相論條々、

一、所當事、

兩方證據不分明

右、對決之處、兩方申狀證據不分明、早被遂實撿、隨田數、云舊未進、云向後所當、可被定也、

檢注ノ後、落居セシムベシ

一、地頭・公文・惣撿校・田所等有限得分外押領神田由事、

右、康憲者、地頭・庄官有限得分外、押領百姓名之由申之、地頭・庄官等者、不然之旨陳之、兩方不備證文之間、暗難被是非、以庄官等注文、預所末宗雖備證據、爲壓狀之由、庄官等書起請文之間、不足指南、被遂撿注之日、實否不可有隱歟、所詮、云領家・地頭得分、云押領田等、撿注之後、可令落居也、但百姓跡參町引募地頭給田之由、親康又令承伏歟、以本司跡可引募之處、此所無本司跡之由、見末宗申狀、仍以百姓名令引募之條、不及支申歟、若員數令過分者、可令停止矣、

地頭ヲ補任セラルノ上ハ沙汰ノ限リニアラズ

一、下司職事、

右、親康雖申和与之子細、於下司職事者、無指陳答、本自無下司名田畠之由、載先段畢、仍以氏人・神人等、令補下司職事、爲實事歟、然而、被補地頭之上、非沙汰之限矣、

公文職ハ地頭ノ進止ナリ

一、公文職事、

右、一向地頭沙汰之間、社家使庄務之條、可爲何事哉之由、康憲雖申之、被補地頭之根元、依公文京方之咎也、且見于寛喜二年三月廿一日關東御教書、仍地頭兼帶公文職之條、不及異儀歟、但如康憲申者、信廣者、爲地頭依有內緣、出書狀者也、且放免等申狀顯然之由、雖申之、圖守等出變々申狀於兩方之間、難被指南之上、康憲所進者、私執進、親康所進者、以御教書所被召之狀等也、爭無用捨哉者、公文職地頭進止之條勿論也、但隨領家之所務、

恒例課役ハ領家ノ所務ニ随フベシ

惣追捕使職ハ地頭ノ進止ナリ

預所・地頭半分ノ沙汰ヲ致スベシ

預所・地頭半分ノ沙汰

恒例課役等、任先例可致其沙汰矣、

一、惣追捕使職事、

右、一向可爲地頭進止旨、載親康所進和与状畢、康憲已以承伏者勿論也、

一、河事、

右、如康憲申者、一向爲地頭沙汰之間、社家使庄務、可爲何事哉云々、如親康陳者、七月一日以前者、領家地頭一切不差影於川鰭、然後七月一日・同七日、号御贄魚、自領家方被取之、次爲預所之沙汰、同令取之後、三番自地頭方所令取也、一向沙汰之由、極虚言也云々、康憲又申云、三箇日自領家方令取事實也、但其内猶以地頭相交之上、稱地頭・公文・惣追補(捕)使分、相交領家使、一年中併取魚云々、親康又陳云、領家預所分三箇日中相交事、公文分也、其後稱地頭・公文・惣追補(捕)使分、一年中令取之由、僻事也、自七月十二三日比、至于八月上中旬、令取魚、地頭令取之中、爲百姓之沙汰、号白于(干)魚、皆以所進也、是自領家非被取哉云々者、領家預所三箇日令取魚之上、地頭令取魚之時、号白干、百姓進領家事、康憲不論申、然者、非地頭一向押領歟、彼御贄二箇日、幷白干魚者、爲本年貢歟、此外預所・地頭可致半分沙汰矣、

一、山事、

右、兩方申詞變々、共以不進證文之間、難被是非、但如平均御下知者、有限本年貢之外、可致半分沙汰云々、於本畠者、云領家所當、云地頭加徴給畠、不可有違乱、至山畑新畠者、依所不同也、任國例、可致沙汰、其外事、預所・地頭可致半分之沙汰、但材木者、三分之

ヲ致スベシ

兩方ヲ召決スノ後左右アルベシ

二自領家方令取之由、親康承伏之上、不及子細矣、

一、預所末宗申爲地頭代被損亡百姓由事、

右、如末宗所進寛喜二年十月廿七日員弘・家包等起請文者、末宗所申、雖似有子細、如親康所進同三年四月日員弘・家包起請文者、爲壓狀歟、員弘等与起請文於兩方之條、非無不審、然則、以此等狀、難被成敗、於六波羅、被行科之輩幷末宗与親康被召決之後、可有左右矣、

一、兩庄地頭職事、

右、社家所進寛治・應保・元暦・文治等者(マヽ)、依爲乱逆以前、不足(為脱カ)承久沒收之證文、爰康憲者、守家承久三季(季)四月比被召禁、至六月中旬、在西京中先生許之由申之、如末澤丸幷圖守等狀者、四月之比預守家禁獄、六月十五日以後、爲物取被打破獄舍之間、令放免云々、涉兩樣之條、貽狐疑之上、此等之狀者、私執進歟、親康所進信廣朝臣狀者、就御教書申子細之狀也、隨而守家申狀可被問信廣之由申之、方々可有用捨歟、又如同所進末澤丸狀者、安貞二年八月五日安藝六之親者出來、不獄定之由、可給證文之旨、依歎申、其證文許者、可然歟之由申之、而末澤丸不聞耳之間、任思令書之畢、此次第一切不知給云々、取詮、不(載脱カ)起請文詞之間、難被信用之處、如康憲所進末澤丸狀者、雖載起請、以里下部末澤丸、爲圖守之由、令書載之條、如末澤丸申狀、非自發之狀歟、又如同所進守家起請文者、巡撿使下向時、加判之狀者、雖不知子細、依地頭之命加判畢、後承候者、守家出合戰之由事、極無實也云々、如康憲申詞者、守家相交京方之由、可申之旨、被責勘之間、依申其旨、以之爲奉公、令安

守家ヲ庄内ニ安堵スルヲ停止ス

堵庄內、所令賞翫也云々、綷涉變々、尤以不審、如親康所進巡撿使盛綱三月十一日付貞應二年、書狀者、守家有咎之由、載之畢、其上如寛喜二年御教書者、被載子細畢、仍輙難被止地頭職、如康憲申者、守家有京方合戰之科者、追却其身之、可被行罪科之處、無其儀、於令安堵庄內者、何可被沒收神領哉云々、如親康陳者、守家依京方合戰之科、雖被沒收所職、爲案內者之間、成優如之儀、所令安堵也、如然罪科之輩、令安堵本所之條、不限黨(當)庄一所歟、然而、自社家可有訴訟者、令追却庄內之條、有何痛哉云々、被補地頭職事、依守家之科也、此條康憲所申非無其謂、然者、可令停止守家安堵庄內之儀矣、

以前條々、依鎌倉殿仰、下知如件、

仁治元秊閏十月十一日

前武藏守平朝臣(北條泰時)(花押)

(大東家文書)

嚴幸阿闍梨、舍兄頼曉得業ト大和國山邊東庄・同西庄及件寺別當職・同寺領池庄ニツキ相論ス

四分ニ割分シ三分ハ嚴幸分、一分ハ頼曉分タルベシ

戒場寺ハ姉女房分タルベシ

六七

(端裏書)「西山邊庄事關東御下知狀案仁治元年」

可早令頼曉得業領掌大和國山邊東庄肆分一幷同西庄及件寺別當職・同寺領池庄事、

右、山邊庄肆分壹事、如嚴幸阿闍梨去月廿七日和与狀者、雖有兄弟相論事、割分肆分、於參分者可爲嚴幸分、所殘壹分者可爲舍兄頼曉得業分、但除當庄內戒場寺、爲姉女房分之故也、向後更不可致異論云々、爰頼曉同日和与狀子細同前也、且二位家(北條政子)御時明遍僧都給御下知狀了、次件寺別當職同寺領池庄事、依秀康子息事、雖被沒收、聞食披子細所被返付也者、早可令頼

件寺別當職・同寺領池庄ハ頼曉領掌スベシ

曉領掌之狀、依鎌倉殿仰、下(知脱)如件、

仁治元年十一月二日

前武藏守(北條泰時)平朝臣

（大川文書）（註55）

大河行元代行友、大山寺俊幸・大河行則ト肥前國大河西郷ニツキ相論ス

行則ニ領知セシム

六八

□(大河)五郎行則申肥前國大河□(西郷)事、

大河新太郎行友代父□(行元)□(与)(大山寺)俊幸・(大河)行則等被召決處、俊幸□(乙姫夫給)御下知畢、行則同任親父□(之讓)狀案幷一家之輩連署、可□(令領)知之狀、依鎌倉殿仰、下知如件、

仁治二年五月二日

前武藏守(北條泰時)平朝臣□

（大川文書）（註56）

大河行元代行友、伊福道行代大山寺俊行ト肥前國大河・伊福兩村ニツキ相論ス

六九

□(肥前)國大河次郎行元代□(息カ)新太郎行□(友与同伊福カ)三郎道行代大山寺五郎俊行相論大河・伊福兩村事、

□(右カ)、對決之處、如行友申者、件兩村者、曾祖父(綾部)行房法師□(法名淨心)□(相)傳私領也、而子息行明法師法名西念讓得畢、西念建保三□(年二月十)五日配分彼兩村於子息之時、書与讓狀於庶子等之後、於□(殘所者)、嫡子行元可領知之由、得讓狀畢、且任彼狀、分讓舍弟等□(之外、欲)宛給云々、如俊行申者、彼兩村淨心爲相傳私領之條勿論也、仍文治二年淨心讓与件兩村於西念畢、亦正治二年割分伊福村、

淨心取道宗・西念・行元・元村等連署、讓与道行畢、其後西念建保三□(年)以大河空閑限四至、取行元・道行連署、讓与四男行則畢、此外□(乙姫)幷江三郎行吉等、限四至差所名讓得之畢、如此無殘所讓与男女□(子)等者也、而於殘所者、行元可領知之由、西念建保三年爭可書与□(讓)狀哉、已以謀書也、且於守護所豐前々司(武藤)資能之許、依訴申、被下□(訴)狀之間、綾部五郎行秀法師(法名長秀)・行西等爲道行・乙姫方人、罷□(大)山寺別所擬令書陳狀之處、行元追跡目馳來云、一旦雖出訴□(狀カ)和与云々、爰長秀尤可和平之由、兩方令教訓之間、寬□(喜元年□月書契)狀、行西者爲乙姫代官加判形、行元・道行同令連署、去与田參町・園□(伍箇所)行元畢、且資能加判形於件□(去)文、給与行元畢、就中於建保三□(年讓狀者、於資能前)沙汰之時、全□(不出帶、今)備進之條、爲謀書事顯然也、其上□(安貞)二年行元爲西念被義絕畢、且一□(家之)輩連署在之云々、如行友申者、□(文治)二年淨心讓与大河・伊福於西念之條無異儀、次淨心取道宗・行元・行村□(等)連署、正治二年讓与伊福於道行事、不及子細、然而西念建保三年二月分讓兩村於庶子之後、於殘所者、令書行元分、一期之間令(者)知行死去畢、正治二年讓狀者前判也、建保三年讓狀者後判也、隨破正治二年讓狀、貞應三年讓与伊福內於女子乙姫事明白也、就後判讓狀、道行分者殘所也、行元爭不宛□(給)哉、次被義絕由事、極僻事也、次去与田參町・園伍箇所事勿論也、但田參町貳段・園陸箇所也云々、如俊行申者、寬喜元年契狀已承伏畢、次田園員數相違事者、可被召出去文□(云々、者)、道行所帶之正治二年讓狀行友不論申之、所殘坪々不注申之上、寬喜元年於資能前致訴訟之時、不出建保之讓狀令和平、得田參町・園伍箇所令沽却他人之後、稱有建保三年讓狀之條、不足信用、次義絕狀事、謀書之由、行友依令申、雖可被尋連署之輩、所相論不貽御不審之間、不及沙汰、然則、停止行元

ノ如ク道行ニ領知セシム

之濫訴、早任讓狀之旨、如元各可令領知之狀、依鎌倉殿仰、下知如件、

仁治二年八月廿二日

前武藏守平朝臣（北條泰時）（花押）

（相良家文書）

明定女子坂上氏女、舎弟明胤ト濱地并旗・鎧ニツキ相論ス

濱地ハ明胤ノ妨ヲ停止シ氏女ニ進退セシム

旗幷鎧ハ明胤ニ返サシム

七〇

（端裏書）「御けちのあんもん」

市右衞門尉明定女子坂上氏女与舎弟三郎兵衞尉明胤相論濱地幷旗・鎧等事、

右、對決之處、子細雖多、如氏女申者、亡父明定之地二ヶ所內、廿繩地者、分讓于明胤幷同妹福壽畢、彼濱地者、自存生之時、依宛給氏女、所漏明胤所帶之讓狀也、次於旗・鎧等者、依爲父之遺物、欲令進退之、但至旗者、强不及論申、可返与也云々、如明胤陳者、鎌倉家地之由、載明定讓狀之間、件地爲讓狀內之条顯然也、縱父雖漏處分、乍閣嫡子明胤、不帶指證文、氏女難及競望歟、又鎧事、同爲讓狀內之處、恣抑留之条、無其謂云々、爰如明胤所進明定壽（嘉）禎三年十月四日讓狀者、讓渡鎌倉家地雜具事、但東寄福壽分除之、雜鎧幷物具事云々略之、者、如狀者、濱地漏讓狀之由、氏女所申非無其謂歟、仍停止明胤之妨、可爲氏女之進退矣、次旗幷鎧事、於旗者、可返与之由、氏女承伏之上、不及子細歟、至鎧者、任明定之讓狀、可令糺返明胤之狀、依鎌倉殿仰、下知如件、

仁知（治）二年十一月廿五日

前武藏守平朝臣（北條泰時）在御判

帆足廣道、舍兄帆足家近・道國ト親父道西遺領ニツキ相論ス

道國ノ知行ヲ停止シ廣道沙汰スベシ

雜掌盛景、地頭代眞念等ト越前國牛原庄ノ検斷・所務ニツキ相論ス

七一　（大友文書）（註57）

豐後國住人帆足兵衞尉廣道与舍兄清三郎家近・同清五郎道國改綱字用國字、等相論親父道西遺領幷京方及狼藉事、

右、對決之處、兩方申調（詞カ）、号他事略之、取詮、所論（詮カ）、先度以家近所分給之道西遺領五分一、爲鳥羽多・菖蒲・佐古之替、道國可令領掌也、但、爲守護人泰直（大友）之奉行、道國分給田畠屋敷等者、所被停止道國知行也者、於所殘者、廣道守親父道西之讓、可致沙汰之狀、依鎌倉殿仰、下知如件、

仁治三年二月十八日

前武藏守（北條泰時）平朝臣在御判

七二　（報恩院文書）（註58）

下　醍醐寺領越前國牛原庄住人等、

仰三箇條

一、検断事、

右、對決之處、如雜掌盛景申者、前地頭土左（佐下同ジ）三郎廣義之時、検断沙汰者、領家三分二、地頭三分一也、且承久乱逆以後、當地頭補任之刻、前代官助基、如前々領家方、相共可致沙汰之由、令成下知狀畢、然而又代官等不敍用之間、訴申地頭之處、可追前地頭例之由、貞應三年雖被成下知狀、助基得替、政範・眞念等被補地頭代之後者、都以不承引、仍去年十一月言上關東之處、被遣御敎書於地頭許之間、如去年二月地頭下知狀者、尋明前地頭之時

地頭ノ進止タルベシ

例、可有左右之旨、雖被載之、猶不事行、早任先例、領家三分二、地頭三分一可致沙汰之由、欲被仰下云々、如地頭代眞念・同使者心蓮等申者、當庄者、故遠江入道(北條時政)・山城入道(二階堂行村)・土左三郎三代知行之時、檢断事、領家不相交、一向爲地頭進止之由、庄内故實之者重圓法師令明申之間、自承久至當時二十餘年、地頭一向之沙汰也、次助基下知狀事、非地頭下知之上、爲南庄之代官、非一庄奉行之仁、只依一旦之阿容、令書出歟、隨如前々可致沙汰之由、載狀之間、依無先例、不及敍用、次不可有新儀沙汰之旨、貞應三年地頭被成下知狀畢、若有先例者、就此狀、領家方年來何不相交哉、故實之重圓被殺害之後、今如此掠申之条、尤無其謂□者、盛景則備地頭前代官助基下知狀、領家三分二、地頭三分一之由申之、眞念等亦重圓法師明申先例之間、地頭一向致沙汰之旨、雖申之、不出對重圓書置狀之上、如地頭度々下知狀者、可追前地頭例之由、令書載之處、彼例不分明歟、爰有山城入道知行時之文書者、可令進覽之由、被尋下信濃民部大夫行盛法師之處、如去五月一日請文者、故信濃前司行光法師之時、古文書等依令朽損、令取棄之間、如然之文書不傳持云々、仍載起請詞、可注申□法之由、仰相模守(北條)重時朝臣、被尋問前地頭土左三郎廣義法師(法名實念)之處、如去六月廿四日實念誓狀者、當庄檢断事、遠江入道・山城入道知行之時、一向地頭進止之由、依承及、實念任彼例、致沙汰畢云々(起請詞略之、)者、早任先例、如元可爲地頭之進止矣、

一、殺害人跡所職家地田畠等事、

右、如盛景申者、南庄住人字太郎別當重圓法師、本者爲浪人、被召仕前公文明豪畢、而件法師携文書之間、自預所方補庄官召仕之、地頭代亦爲文書同召仕之、仍違背本主人、蔑如庄

官等之間、庄官百姓幷收納使幸暹等十三人令与力、仁治元年四月令殺害重圓畢、於彼殺害人者、被行其身於罪科、可被收公資財物歟、而眞念苅取田畠百餘町作物之上、令沒收件下地幷二十餘ヶ所職之条、極僻事也、彼田畠家地所職等注文進覽之、殺害人之跡如此、於被沒收者、向後之寺領不可相殘歟、且盛長・々光・友助・公俊・氏平以下輩、前々雖有殺害之咎、不被沒收其跡歟、然者以器量之仁、如元撰補庄官職、領家・地頭兩方相共欲召仕之、若猶可被沒收者、領家三分二、地頭三分一、任檢断之先例、可被分付也云々、如眞念・心蓮等申者、重圓者、爲故實者之間、代々爲地頭又代官、明申庄務之處、爲晦地頭之所務、領家收納使幸暹以下四ヶ庄官百姓等、一味同心、令夜討重圓妻子五人畢、且爲地頭又代官之条者、幸暹白狀以下數通證文明白也、彼殺害人等、或令逐電、或被召下關東、被行流罪畢、其跡之田畠者、爲地頭之沙汰、所令勸農也、且就寺家之訴狀、如被成下之御教書者、至殺害人跡者、地頭縱雖領知其地、任本主等之例、可相從領家之由、被載下畢、任此狀、可隨有限領家所務之旨、地頭被加下知之間、年貢課役無一事懈怠、何及訴訟哉、而殺害人跡三分二可被付領家由事、自領家方令殺害地頭又代官之後、彼与力人跡三分二於分取者、傍輩定積習歟、亦前々不被沒收犯人跡由事、相憑其例、令殺害重圓一類之条、甚重科也、就中如庄官所司解幷領家御札者、悋惜張本幸暹之条顯然也、沙汰人掠申之間、領家者不令知子細給歟、如式目者、雜掌以下爭無其咎哉云々者、重圓法師縱雖爲地頭又代官、彼殺害人等被處其身於罪科之上、地頭爭私可沒收數多所職・家地・田畠哉、但至殺害人跡者、縱雖令領知其地、任本主等之例、可相從領家之由、被載仁治二年十一月御教書之間、地頭既令給殺害

器量ノ仁ヲ庄官職ニ補任シ領家・地頭相共ニ召仕フベシ

眞念ヲ改易ス

六波羅ノ左右ニヨリ沙汰アルベシ

香取社權禰宜有助等、織幡・多田郷地頭千葉胤平等ト神官等自作田幷神田ニツキ相論ス

人跡之由、眞念等雖申之、糺決以前爲未断之狀欤、然者、停止沒收之儀、撰器量之仁、如元定補庄官職、領家・地頭兩方相共可令召仕矣、

一、可被改易地頭代眞念由事、

右、盛景則備度々訴狀四通八十五ヶ條、眞念有非法之旨、訴申之上、百姓皆逃散之間、可被改易之由申之、眞念亦進覽条々陳狀、無非法之旨申之者、如眞念陳狀者、或令承伏、或雖相論、令煩庄民之条頗過法欤、仍改易眞念、爲向後、就訴陳狀、可令計成敗之由、所被仰下地頭也、次如眞念追進三通狀十五ヶ條者、百姓等或追捕地頭代下人之資財、或燒拂彼住宅之由載之、以件訴狀、相尋國中、可注申實否之由、所被仰遣六波羅也、隨彼左右、可有其沙汰矣、

以前條々、依鎌倉殿仰、下知如件、

寛元元年七月十九日

武藏守平朝臣（北條經時）（花押）

七三

（香取社舊大禰宜家文書）（註59）

下総國香取社神官權祢宜有助・檢非違使千与房（權次郎貞家カ）□永等与當社領織幡・多田郷地頭胤平（千葉）・有朝・有胤法師母尼代常忠等相論神官等自作田幷神田事、

右、對決之處、如神官等申者、當社神田者、自往昔神官等令耕作之、有限神事勤行之外、地頭全無違乱、而自有胤法師胤平等亡父之時、始令押領之間、与賄賂之刻、一旦雖返付之、又押取之條無其謂、且号逃死亡之跡、不可押領神官等名田之由、承元三年御下知狀炳焉也云々、如地

地頭二十箇年以後押領ノ地ハ神官領知スベシ

神人ニアラズト雖モ領作セシム

相良頼重、伯父相良長

頭等申者、於織幡・加符・多田三箇所者、至有朝等之時、四代相傳之所領也、以所當雖勤神役、地本者一向地頭進退也、且同訴人權次郎祝貞家者、爲地頭□(進)止之由、出押書畢、所詮、當社領十二郷、其内九箇郷者、千葉介之領也、令進退地本之條、有御尋無其隱歟、又承元御下知狀者、可被召出正文云々、爰如神官等所帶承元三年下知狀者、可令停止神官逃死亡跡田畠押領云々、加之、依地頭申請、被問千葉介之處、如去八月十五日請文者、神官等有限之自作田畠、爲地頭無違乱云々、如地頭等追進七月廿七日御教書不記年号、者、神官名田事、守大須賀四郎經有之例、可致沙汰云々、如彼狀者、可進退之旨、無所見歟、但不知行過廿ヶ年者、不論理非、不及改□沙汰之由、被定置畢、然則、神官等廿ヶ年於不令領作之坪々者、非沙汰之限、地頭又至于廿ヶ年以後押領之地者、任承元三年下知狀、神官等可領知之、次非神官之輩、屬神人致濫訴之條、無謂之由、地頭等支申之處、神官等申云、雖非神官、爲神田跡之間、可返給之由、所訴申也云々者、於爲往古神田者、縱其身雖非神人、令領作之、可勤行神事之狀、依鎌倉殿仰、下知如件、

寛元元年九月廿五日

武藏守平(北條經時)朝臣(花押)

(相良家文書)(註60)

七四

(端裏書)「三郎ひやうへのさたの御けちのしやう」

相良三郎兵衞尉頼重与同伯父三郎長頼法師法名蓮佛相論條々、

頼ト所務條々ニツキ相論ス

頼重ヲシテ山井名半分ヲ領知セシム人吉庄半分ヲ長頼ヨリ没收ス

一、肥後國泉新庄內山井名事、

右、對決之處、兩方申詞子細雖多、所詮、如頼重申者、件名者、祖父頼景法師之所領也、親父宗頼讓得之、四十余季知行之處、去嘉祿三季三月宗頼書置讓狀幷契狀、死去之間、任彼狀、頼重可傳領之處、舍兄頼元濫訴之剋、安貞二季十二月本主頼景讓給頼重之時、嫡子蓮佛加判畢、而仁治二季十二月頼重密懷頼元妻女之由、申付無實、令押領之云々、如蓮佛申者、宗頼未處分死去之間、頼景令配分所領於頼元・頼重之時、蓮佛加判之条勿論也、如彼頼景讓狀等者、頼元・頼重不和之時者、悔返件所領、長頼可知行之由載之畢、而頼重令密懷彼妻女之間、蓮佛所入代官也云々、爰如頼重所進頼景安貞二季十二月十七日讓狀幷寛喜元季八月廿二日安堵御下文者、山井名爲頼重所領之条、無異議歟、如蓮佛所進頼景讓于頼元安貞二季十二月十一日狀者、頼元・頼重不和之時者、長頼可知行之云々、如同所進頼景讓于蓮佛同三季正月日狀者、長頼一期之間、背命之時者、山井・山北內貳所々知者悔返之、可爲長頼之沙汰云々以和字模漢書、者、如此等狀者、雖似有子細、頼重已帶御下文之處、不言上事由、私沒收之条、其科難遁歟、然則、停止蓮佛之押領、頼重一向雖可領掌件山井名、密懷頼元妻女之間、依彼科、當名半分者、所被補他人也、今半分者、頼重可領之矣、次蓮佛押領當名之上、依他事致狼藉之間、所被割召所領當國人吉庄半分也矣、

一、高橋內作田參町、早瀨・小中嶋兩所畠拾余町事、

右、如頼重申者、蓮佛娘者、自幻(幼)少、頼重母堂令養育之處、父宗頼死去之後、爲蓮佛之計、宗頼勳功所領高橋內割分之、令讓彼娘畢、而蓮佛取返件娘之上、管領所領、不及公事沙汰

長頼ノ知行ヲ停止シ娘ニ領掌セシム

長頼ニ領掌セシム

之条、甚自由也、早頼重母堂可領知之由、欲被仰下云々、如蓮佛申者、宗頼見存之時、可分譲彼村々之旨、依申之、蓮佛所計宛也、次取返娘由事、虚言也、嫁于夫罷出之處、離別之間、成尼畢、至于成人之時、爭可相從哉、次所領年貢者、頼重私用之、不宛給女子之間、去々季所入別代官也、於公事者、全不可懸頼重云々者、蓮佛不取返娘之由、令申之上者、早可返屬件娘於頼重母堂也、於所領者、停止蓮佛之知行、件娘可領掌之矣、

一、多良木內古多良・竹脇・伊久佐上・東光寺以上四箇村事、

右、如頼重申者、件四箇村幷田地四十町者、去建保二年頼景以自筆讓与宗頼之處、先于父令死去畢、仍頼景一期之後者、頼重可傳領之處、蓮佛令押領之云々、如蓮佛申者、件四箇村宗頼全不讓得之、彼多良木者、蓮佛讓得之、給安堵御下文畢、又頼景讓与所領於宗頼、同申成安堵御下文之時、件四箇村不書入之歟云々、爰頼重所進頼景建保二季讓狀者、爲先判之上、不帶御下文歟、蓮佛所進安貞二季八月頼景讓于蓮佛幷宗頼之狀者、爲後判之上、同季十二月安堵御下文明鏡也、彼四箇村宗頼若於讓得者、何不書入安貞讓狀哉之旨、蓮佛所申有其謂歟、早停止頼重之濫訴、蓮佛可令領掌件四箇村也矣、

一、京地綾小路京極事、

右、如頼重申者、件地者、頼景讓与京女房之處、彼女房入置出擧質、欲流入之剋、宗頼請出之、可知行之旨、女房令申之間、請出之畢、件證文等者、頼重傳領之處、去寛喜二季之比、蓮佛可見證文之由申之、乞取之後、所押領也、此等子細可被行起請歟云々、如蓮佛申者、件地者、以蓮佛米參拾石、親父頼景買取畢、使者眞―房字有憚、法師也、而頼景讓京女房由事、

長頼ノ押領ヲ停止シ頼重ニ領掌セシム

守護所ニ尋究メシムル後左右アルベシ

釜ハ本主ニ返サシム

宗頼請留由事、蓮佛乞取文書由事、併虚言也、於起請文者、一人雖書之、不可及合論起請歟、其上宗頼未處分死去畢、若雖爲宗頼地、頼重爭閣嫡子頼元、可領知之哉云々者、件地事、以蓮佛之直物、頼景号買取之由、不帶指手継、不可領掌之上、遁申起請之間、旁不及子細歟、但頼重閣嫡子頼元、爭可知行哉之旨、蓮佛雖申之、如頼重所進蓮佛遣平左衞門尉盛綱許七月廿七日付安貞二年書狀者、親存生之時者、頼元仁波可預給所領之由、不申之云々以和字模漢字、者、乍書此狀、何可變詞哉之由、頼重所申有其謂歟、然則、停止蓮佛之押領、頼重可令領掌件地矣、

一、損物事、

右、如頼重申者、去年正月蓮佛入代官於山井名之上、頼重下人四人、百姓弥藤別當一類四人并馬四疋・釜壹口令抑留畢云々、蓮佛申云、蓮佛不知子細、代官清元可申云々、如清元申者、彼弥藤別當一類者、清元妻女之下人也、逃失之後不知行方之處、見在山井之間、所召取也、次釜壹口者、百姓弥藤ニ逃召人之間取之畢、此外人馬全不知及之云々者、件弥藤別當一類、爲清元妻女下人否事、又其外人馬令抑留否事、仰守護所被尋究之後、可有左右也、次釜壹口令取事、清元承伏畢、早可返与本主矣、

以前五箇条、依鎌倉殿仰、下知如件、

寛元元年十二月廿三日

武藏守平朝臣(北條經時)(花押)

(松浦山代文書)(註61)

肥前國御家人盆田通廣、山代固ノ後家尼ト改嫁ノ實否ニツキ相論ス

通廣ノ濫訴ヲ停止ス

雜掌盛遠、地頭高井時

肥前國御家人通廣(盆田六郎入道子息)与山城(代下同ジ)三郎固後家尼相論改嫁事、

右、對決之處、兩方申詞子細雖多、所詮、通廣則以泉女辨濟使妻福・大宮司末時・藤大夫家—(次字有憚)・治部房長有・源三廣・有田三郎究等爲證人、固後家尼改嫁之由訴之、後家尼亦此条今始非申出之儀、先度同訴申之間、委經御沙汰、尼蒙御下知畢、其上者不及御信用之旨陳之、爰被尋問通廣注申輩等之處、治部房長有之申狀、聊雖似有子細、前後之詞涉兩段之上、自餘輩申狀皆以無指證據、就中被問當國御家人等之間、進覽連署起請文二通歟、其內如寬元元年四月廿九日狀者、九人加署判、而峯三郎入道・同源藤二持・同弥次郎勝・左近將監並已上四人者、以御厨目代吉弘之說、雖承及之、不知一定云々、執行廻・志佐六郎貞(自脫カ)・志岐宮司家安・相神浦三郎家—(忠字有憚)・小佐々太郎重高已上五人者、令風聞之由雖承之、實正不知誰人之說云々、如同五月十一日狀者、五人加署判歟、其內波多源二郎入道・石志々次郎潔二人者、下人等中雖令申沙汰之、實正不知誰人之說云々、佐志源二郎仰・値賀餘三健・吉富右近太郎資業三人者、程遠之間、不知及云々者、通廣就注申、數輩之證人面々雖被尋問、爲一人證據不詳之間、非沙汰之限、早可令停止通廣濫訴之狀、依仰下知如件、

寬元二季四月廿三日

武藏守平朝臣(北條經時)(花押)

(中條敦氏所藏文書)(註62)

七六

越後國奥山庄雜掌彈正忠盛遠与地頭高井兵衞三郎時茂法師相論檢注問事、

茂ト越後國奥山庄檢注ニツキ相論ス

右、盛遠訴狀云、就前雜掌尚成（藤原）和与狀、如所被成下仁治元年十月十日御下知狀者、檢注以下五箇條內於四箇條者、不可有違乱之由、具被載之畢、至于檢注事者、不被載仰詞之間、自領家可被遂行初任檢注之條顯然也云々、如時茂法師陳狀者、檢注以下五箇條、就和与狀、被載御下知狀之上、依爲請所、至于子々孫々、不可有相違之由、所被載下也、若可被遂檢注者、爭不可有子々孫々相違之由、可被載下哉云々者、就尚成和与狀、如時茂法師所給仁治元年御下文者、檢注事、被載名目之上、請所事、至于子々孫々、不可有相違云々、仍雖不被載仰詞、入篇目之間、非沙汰之限歟、早停止盛遠濫訴、任先下知旨、爲地頭請所、永不可有檢注狀、依鎌倉殿仰、下知如件、

盛遠ノ濫訴ヲ停止シ地頭ノ請所トシテ檢注アルベカラズ

寛元二年七月廿一日

武藏守平朝臣（北條經時）（花押）

（尊經閣古文書纂）（註63）

七七

雜掌藤原康久、地頭代國繼法師ト感神院領越中國堀江庄內西條村年貢ニツキ相論ス

感神院御領越中國堀江庄內西条村雜掌藤原康久与地頭代左兵衞尉國継法師法名心佛、相論年貢事、

右、對決之處、如康久申者、以當村御年貢、所被宛置六月御靈會用途也、而去仁治二年七月康久補預所之後、僅六石八斗余之外、一切不致其弁、令抑留之条、無道之至也、早任本數可令究濟之由、欲被仰下云々、如心佛陳者、當村者、小泉村內小村也、而前預所圓印法橋之時者、依令一圓知行、無所當弁濟之煩、爰近年預所職被處分數子之間、面々使者等令入部之条、依可有其煩、如先例、就小泉領家方可弁年貢也、康久可爲西条村預所職者、於小泉領家之許、

康久補任以後ノ年貢ハ究濟セシムベシ
佃米增減ハ庄例ニ任スベシ

可分取其分之由、所令申也、無其故非抑留□(之)儀云々者、令處分所領於子息等者定法也、然而不加增年貢之本數者、何可有面々所濟之煩哉、爰心佛背當預所、可弁他方領家之由、令申之条、甚以自由也、早於康久補任以後年貢者、任本數可令究濟也、但公田定數者、可依圓印目錄、又佃米增減事、兩方雖有申旨、所詮、可任庄例之狀、依鎌倉殿仰、下知如件、

寛元二年十二月廿四日

武藏守平(北條經時)(花押)

（新田神社文書）（註64）

新田宮所司神官、薩摩國阿多郡北方地頭鮫島行願ト所務條々ニツキ相論ス

社家ノ進止トシテ地頭相交ハラズ
行願無道ノ科遁レ難シ

七八

（前缺）

任彼例付代官畢、地頭給田參町參段也、有御不審者、宣澄親類幷宣澄舅平權守忠景子孫多之、可被尋問歟、康和紛失狀、建久圖田帳事、依爲往昔、不知及之、宣澄之時結解狀事、當國之習目代相交之所者、稱公領、不相交之所者、稱不輸領、就彼狀、本地頭何不致沙汰哉、國分寺御下知事、依爲非勘、所訴申也云々、永慶等申云、西迎爲行願(鮫島家高)代官之由虚言也、西迎請作公田之時、行願召仕之許也、社家代々任符進之云々、行願申云、西迎爲行願代官否事、地頭給田有無事、可被尋問國云々者、如社家所進康和立券紛失狀・宣澄治承四年結解狀・建久八年惣圖帳・年々取帳目錄者、爲社家之進止、不相交之由所見也、如行願所帶御下文以下狀者、不令領知神領歟、而行願任自由押領地本之条、難遁無道之科矣、

一、年貢事、

行願ノ科遁レ難シ

右、如御前檢校生西申者、一向爲社家之進止、遂檢注、令收納之處、行願去年始企濫妨、行檢注納取所當之間、本所年貢闕如、恒例神事退轉、去々年者、百廿余石徵納之處、去年者弁五十余石之条、無謂云々、如行願申者、毎年自宮方遂檢注、收納所當之處、寄事於左右、爲致煩、依不遂其節、爲全年貢、郡司代吉行遂檢注、收納所當、下行梶取畢、百廿余石事、滿作之時者不知之、去年分五十九石余也、依質之高下、有進未之相違云々、前々自社家遂檢注、令收納之處、行願去年始行檢注、遂收納、減失年貢之条、承伏已畢、難遁其科矣、

敷地ハ社家ノ進止ナリ

一、社家政所敷地幷宮薗白苧・桑・藍事、

右、如座主觀宗申者、行願背先例、押取彼色々物畢、可被糺返云々、如行願申者、社家政所事、無先例、以執印安貞二年下知狀備證文事、新儀之条顯然也、宮薗白苧・桑・藍者、自本取畢云々者、彼敷地等社家進止之由、見先段、然者子細同前矣、

一、神王面事、

右、如生西申者、彼面者、往古之靈物大菩薩之御躰也、寛元四年八月爲明所當之濟否、罷向神領之處、奪取一神王面、奉置百姓下平太之許、打破二王面畢、承久之比、依正八幡宮領帖佐郷事、御家人良西奪取彼宮王面之間、關東有御沙汰之上、公家被行仗議之處、所奪取之罪、當大辟之由、議奏畢云々、如行願申者、神王面何物哉、不知名字、若王舞面形歟、大菩薩御躰之由、有何所見哉、不及破損、無奪取之儀、奉置下平太許之由事、不知之、神人寄事於左右、打皷合聲、響郡內之間、不知手足之所措、若打落歟云々、打破二神王面事、

行願ノ罪科遁レ難シ

以問注奉行人康連（太田）・基氏等、被實檢之處、不知之旨行願陳詞、非無矯餝歟、行願或押領不輸神領地本、或遂自由檢注、令減失年貢之間、狼藉事、雖論申、不足信用、然者難遁罪科矣、

行願ノ放火ノ科遁レ難シ

一、燒拂社家政所事、

右、如權太（大）宮司末綱申者、寛元三年十二月廿八日行願差遣子息三郎家用・郡司代吉行・四郎丸、爲燒政所、雖令放火傍在家、無風難之間、政所者令殘之處、其後行願加下知、令燒畢云々、如行願申者、燒拂政所由事、極無實也、自本無政所、安貞二年執印下知狀事、新儀也云々者、不燒社家政所之由、行願雖論申、自余條々行願所行、旁爲無道之間、放火之条、無所遁歟、

行願ノ科遁レ難シ

一、打破神人福万法師頭、折宗清指、搦□（友安・末光等事）

右、如宗清幷福万法師申者、行願苅取神領田之間、爲□（尋）子細、罷向彼所之處、郡司太郎景吉・越後房・二郎大夫以下□遣數多人勢之間、福万者以杖被打破頭也、宗清者、被折□中指畢、友安・末光者被付繩畢云々、如行願申者、打破頭、折指、付繩由事、極無實也、且先年國分寺神人令付之□、小門逃出、訴申事由間、給御教書畢、交名注文如此、□（景吉）・越後房・次郎大夫罷向之由申之、然者隨仰可召進也、可有□（御）尋歟云々者、打破神人福万頭、折宗清指、搦友安・末光等□論申之、可被召對交名輩之由、行願雖令申、被實檢之□（處）、其疵見在之間、爲勿論歟、然者行願旁難遁其科矣、

一、被運取西迎稻由事、

右、如行願申者、西迎請作郡領田之處、所當未進五十余石、爲明子細、立點札於西迎稻畢、

行願ノ所帯ヲ改易セラルノ上ハ沙汰ニ及バズ

枝葉タルニヨリ沙汰ノ限リニアラズ

行願知行分ノ地頭職ヲ他人ニ改補ス

下手人ハ京都ニ召上ゲ斷罪スベシ

雜掌定宴、地頭若狹忠清代定西法師ト若狹國

而神人藤平太幷定使發神□取畢云々、如末繩申者、田所二郎吉忠子西迎耕作宮領之處、□收稻、爲弁所當、依苅置宮薗運取畢、有未進者、可被責□歟云々者、被改易行願所帶之上、不及沙汰焉、

一、兩方惡口事、

右、如行願訴狀者、行願還俗之身、不可參侍所之由、師久令申□(畢)、可被糺明也云々、如師久陳狀者、師久祖父爲嶋津豐後前司忠久小舍童之由、令申畢、尤可被糺也、如行願甥二郎左衞門尉□(申者)、行願還俗之由依申之、申子細畢云々者、彼此申狀爲枝葉之間、非沙汰之限矣、

以前條々子細如斯、行願所行旁難遁罪科之間、於阿多郡北方行願知行分地頭職者、被改補他人畢、至下手之輩者、召上京都、可被斷罪之由、令下知六波羅畢者、依鎌倉殿仰、下知如件、

寶治元年十月廿五日

左近將監平朝臣(北條時賴)在御判

相模守平朝臣(北條重時)在御判

七九

(東寺百合文書ヱ一至十三)

(端裏書)「關東御下知案」

若狹國太良庄雜掌僧定宴与地頭若狹四郎忠清代定西法師相論条々、

一、勸農事、

太良庄所務ニツキ相論ス

地頭ノ違亂ヲ停止シ斗代增減ハ保司ノ進止タルベシ

兩方半分ノ沙汰ヲ致スベシ

定西ノ狼藉全ク所見ナキニヨリ沙汰ノ限リニアラズ

右、對決之處、如定宴申者、當任之初、延應元年爲令滿作、預所下農析減斗代、遂勸農畢、其後守彼例、不上斗代之間、寺用所令闕如也云々、如定西申者、勸農事、本自不及地頭○之沙汰、公文○之計也、而請領家使、致其沙汰也、全不令減御年貢云々、爰如定西所進年々勸農帳者、爲保司計之由所見也、而地頭不致沙汰之由、定宴令申之上勿論也、早停止地頭之違乱、斗代增減宜爲保司之進止矣、

一、檢断事、

右、定宴則當保或時國領、或時庄号也、然而一向爲領家・國司進止之由申之、定西前右大將(源頼朝)家御時以來、爲地頭沙汰之旨申之、爰召問百姓○之處、如彼申狀者、先地頭中条右衞門尉家長○之時、檢断事、預所○之沙汰也、於過析○物者、令進于何方之由、不知之、當地頭忠淸者、一向所致沙汰也云々者、如狀者、預所進止之由、雖載之、又地頭不相交之旨、不申之、然者兩方共以可致半分沙汰矣、

一、令默取御年貢六石由事、

右、如定宴申者、嘉禎元年二月當地頭令進借上錢壹貫文於國方、收納之時、默取御年貢內○之条無道也云々、如定西申者、當國之習、國領者、出吉書來納之徵符、令催促之間、每年進濟之、爲借上令押取歟、又爲吉書令募歟、可被披見返抄歟云々、爰如定西所進返抄者、非借上之條顯然也、引募來之条、非過分沙汰、而默取○之由定宴雖申之、狼藉全無所見之間、非沙汰之限矣、

一、不出舊《古》帳事、

尋問セラレ左右アルベシ

右、如定宴申者、以古帳糺明坪々者例也、而以能藥〔高明〕田、立替薄田之間、可出古帳之由、雖申之、令拘惜云々、如定西申者、當保內無圖師無古帳、往古自國衙圖師・書生等令入部□（所遂）檢注也、可被尋百姓等云々、爰如百姓勸心・時澤・眞利等申者、嘉禎二年檢注之時、定西付公文帳云々者、地頭悋惜古帳之条勿論、而如六波羅寛元□年十二月廿一日下知狀者、於國□〔召〕古帳遂坪、令立替○〔之〕有無可令注申云々、而守護代遂其節否事、不進散狀之間、非無不審、被尋問可有左右矣、

一、以公文給引募地頭給否事、

右、如定宴申者、公文給五段之外、所無地頭給也、而領家土御門少將之時、先地頭家長代時國爲領家之家人、被奉公之間、宛給公文職早、又本給五段之外、所引募貳町五段也、其後家長得替若狹次郎（忠季）兵衛入道不知實名、所令還補也、時國代公文禪珍猶致公事沙汰早、承久三年春二郎兵衛入道令押領馬上免田畠柒町余之刻、禪珍雖訴申領家、兵乱出來之間、地頭可搦取禪珍之由、張行之間、逃失早、仍云公文○〔職〕、云馬上免、所令押領也、其上貞永年中、公文給三町掠募〔券于〕地頭給之條、無其謂云々、如定西申者、地頭給者、本自三町也、又公文職事、爲地頭進止、所令補任于禪珍也、可被尋問在廳官人歟、馬上免事、同爲地頭○〔之〕計所宛行也云々、爰如定宴所進建保五年目錄者、公文給三町并馬上免之外、地頭給所不見也、而如定西所進嘉禎三年目錄者、地頭給三町之由、雖載之、橘內大夫不記實名、判形之外、無余人連署之上、令相語之旨、定宴申之、而嘉禎目錄事、公文職事、馬上免事、已上三箇条自六波羅令尋問之處、如御家人・在廳連署起請文者、不及知云々、如地頭忠清六月三日不記年号、書狀者、有田

公文職ハ年序ヲ經ルニヨリ沙汰ノ限リニアラズ

給田ハ重ネテ尋究メ左右アルベシ

地頭賀來維綱、妙念法師ト豐後國賀來庄所務ニツキ相論ス

新畠ハ地頭有限ノ地子

三郎・鳥羽右《左》衞門尉載起請文之詞、注進之由雖申之、有田三郎者爲地頭家人之旨、定宴○《令》申○《之上、忠清取進之ヽ》間、不足信用、次以橘內大夫加判目錄、國中令敍用否、不知及之由、○《及》起請文条、非無不審者、公文職事、承久以前地頭兼帶之間、經年序早、今更非沙汰之限○《矣》、至公文給○《田》者、重被尋究可有左右矣、

以前五箇条、依鎌倉殿仰、下知如件、

寶治元年十月廿九日

左近將監（北條時頼）平朝臣在御判

相模守（北條重時）平朝臣在御判

（柞原八幡宮文書）（註65）

八〇

（前缺）

弁之由、妙念雖令申之、不及沙汰歟、次□先例歟、早可致沙汰、次惡口事、無指證

□

一、麥撿畠算失事、

右、如惟綱申者、寄事於新畠、抑留有限地頭□陳者、地頭給參町者勿論也、而苅取預所下人作麥、壹□令立用畠云々者、爲地頭身、令苅取預所下人作麥之□由所行歟、於作毛者、可被糺返、雖須有其咎、預所不欝申之間、不及沙汰歟、次預所以有限地頭給、押募新畠之条、所行之至、頗忘沙汰之法歟、所詮、於新畠者、地頭令○《取》有限地子、

ヲ取リ預所ハ領家得分ノ沙汰ヲ致スベシ
地頭給畠ハ元ノ如ク三町ヲ引募ルベシ

今更沙汰ノ限リニアラズ

蒲原次郎丸地頭蒲原泰房、名主吉田能茂ト筑後國上妻庄所務ニツキ相論ス

預所亦可致領家得分沙汰歟、於地頭給畠者、如元可引募參町矣、

一、妙念致京方由事、

右、承久兵乱之時、妙念父葦妙法師、參籠當國一宮（賀來社）、奉呪咀關東之上、妙念祗候按察家（藤原）光親卿之間、致京方早云々、如妙念陳者、云京方、云奉呪咀關東事、共以無實也、但令祈天長地久云々者、妙念爲祗候按察家光親卿之身、令祈天長地久之由、自稱之上、奉呪咀關東之条、非無疑殆歟、然而縡既及違期、今更非沙汰之限矣、

一、被准新補、可宛賜給田加徵由事、

右、惟綱者、則雖爲先祖相傳本領、爲勳功之賞、惟時令拜領畢、然者可被准新補傍例云々、妙念亦所職懇望之時者、号本領之、望申給田加徵之時者、新補之旨遁之事、爭以乎（以下缺）

（寶治二年五月十六日カ）□

左近將監平（北條時賴）朝□
相模守平（北條重時）朝□

八一

（室園文書）

筑後國上妻庄内蒲原次郎丸地頭主殿助泰房与名主吉田三郎能茂法師（法名足阿）相論條條、

一、蒲原次郎丸名主職事、

右、對決之處、如泰房申者、當所者、寛元二年令拜領畢、而足阿任自由押領所務之條、無

其謂、且可爲地頭進止之由、見足阿所進代々惣地頭等私下文、仍雖可改易其職所言上也、早任證文之旨、可爲地頭進退云云、如足阿申者、蒲原次郎丸地頭職者、右大將家(源頼朝)御時、文治二年祖父家秀・親父家職等宛給之畢、其後藤内民部大夫遠景(天野)幷掃部頭親能(中原)法師雖被補惣地頭、於家職小地頭職者、無其煩、仍家職建久八年給政所御下文早、但駿河前司季時(中原)法師傳領之後、建保三年家職郎從家村男名主職競望之時、家職令申子細於駿河前司入道之處、右大將家御下文明白也、早可停癈家村非論之由、就御下文被施行早、自尓以來任右大將家御下文、無相違令知行之上、雖爲惣地頭下文、何可有後日違乱哉由、相存所得私下文也云々、泰房申云、右大將家建久八年地頭職御下文者前判也、且親能・季時・陰陽頭忠尙朝臣地頭三代之間、得名主職下文、乍令安堵、小地頭者号地本進退之地主、不相交地頭、依令張行、惣地頭有名無實也云々、足阿申云、建久御下文者、親能拜領地頭職之後、被成下早、是小地頭御下文也、且西國之習、被補惣地頭之所々、皆成置小地頭者傍例也云々、爰如泰房所進寛元二年十二月廿二日御下文者、泰房可爲蒲原次郎丸地頭職云云、如同所進次郎丸名住人經村訴狀者、次郎丸名主職事、經村參上關東、言上子細之處、此事不及上裁、可爲地頭成敗之由、被仰下之旨、雖載之、經村者爲足阿敵人之間、不足指南歟、如足阿所進右大將家文治二年五月六日御下文者、家職可爲蒲原次郎丸地頭職云々、如同所進建久八年十一月七日同御下文者、蒲原地頭職事、家職令補任彼職云々、如同所進親能法師建仁元年十一月日下文者、家職可爲蒲原次郎丸地頭代職云々、如同所進季時法師建保三年四月三日下文者、次郎丸名主職事、大將家御下文幷親父家秀讓狀明白也、停止家村之沙汰、任先例家職

足阿ヲシテ名主職トシテ惣地頭ノ所勘ニ従ハシム

泰房ノ訴訟沙汰ノ限リニアラズ

可致沙汰云云、就右大將家御下文、令成施行之由所見也、如同所進貞應元年七月日同下文者、次郎丸名主職事、能茂足阿俗名任相傳、可爲彼職云々、如同所進嘉祿三年六月日同下文者、能茂可爲蒲原次郎丸地頭代職云々、如同所進忠尙朝臣仁治二年八月下文者、足阿可爲蒲原次郎丸名主職云々、守此等狀、名主職者地頭進退職也、右大將家文治・建久地頭職御下文者、爲先判之由、泰房雖申之、家職依給彼御下文、雖被補惣地頭、於小地頭職者、代々無違乱之旨、足阿所陳非無其謂、隨又右大將家御時、拜領地頭職御下文之輩、被補惣地頭之日、令安堵名主職、号小地頭者鎭西之例也、然則、足阿爲名主職、相從惣地頭所勘、於有限年貢以下課役者、任先例可致沙汰矣、

一、地頭屋敷給田事、

右、如泰房申者、地頭引募屋敷給田者、所々之例也、而蒲原者給田壹町、無屋敷、次郎丸者屋敷給田無之、早召出目錄、可有御尋也云々、如足阿申者、件給田屋敷事、地頭五代無訴訟新儀也云々者、爲新儀訴訟之由、足阿令申之處、泰房不論申歟、仍非沙汰之限矣、

一、得万名貳町壹段四杖事、

一、高良神田拾捌町肆段除若宮田肆町陸段定、事、

一、宇佐宮別宮神田・岩崎八幡別宮神田拾肆町柒段事、

一、太郎丸壹町陸段事、

一、國分寺供田貳町陸段事、

一、勢得名玖町壹段肆杖事、

七箇條尋問セラルル後左右アルベシ

泰房ノ訴訟沙汰ノ限リニアラズ

一、若宮田肆町陸段事、

右、七箇條被尋問之後、可有左右矣、

一、可令算勘田數由事、

右、泰房雖申子細、爲枝葉之間、非沙汰之限矣、

以前條條、依鎌倉殿仰、下知如件、

寳治二年九月十三日

左近將監平朝臣(北條時頼)(花押)

相模守平朝臣(北條重時)(花押)

久米田寺別當僧祐圓、和泉國山直郷四箇里地頭代沙彌西生ト同國久米田寺免田ニツキ相論ス

八二

(久米田寺文書)

和泉國久米多寺別當僧祐圓与同國山直郷四箇里地頭代沙弥西生相論當寺免田肆町參段餘事、

右、對決之處、如祐圓申者、當寺免田貳拾陸町餘散在六箇郷、代々國司無妨、承久以後爲守護人逸見入道奉行、被尋在廳之時、承久以前往古本免之由、進勘狀之間、六箇郷地頭去退畢、其後輕部郷新地頭波多野弥藤二左衞門尉令破之日、經種々沙汰、令落居畢、爰山直四箇里地頭代不叙用度々御下知、去年召上下司、遂問注之處、退之畢、今年又不遂問注以前、責取地頭米之條、以外之次第也、餘郷已落居、何限當郷一所、可張行無道哉云々、如西生申者、件寺建立之始、免田壹町肆段百歩者、指坪不入勘、國司依無御綺、地頭亦不相交、此外於郷郷散在之浮免者、不指坪、爲人用浮免之間、彼祐圓每年進勘料於國司、相語百姓所取見米也、全

不可遁地頭役、仍承久前後之相論、傍鄉例事、無其詮、次不遂問注以前、責取地頭米由事、本自取來之處、所司給問狀御教書、不遂其節以前、押取一兩年所當、剩下人幸珍法師幷中務丞盛高下人十余人、去十一月二日押入地頭宿所、破損私財、致種々狼藉之条、以外之僻事也、次地頭代遁問注由事、西生進申事顯然也、次在廳勘狀事、本免与浮免不書顯、其足所掠申也云云、

祐圓申云、免田壹町肆段百步者、國司・地頭不相交之由、承伏之上者、不能陳答、次人用浮免者、每年進勘析於國司、相語百姓取見米由事、如此浮免不限當寺、進段別肆文勘析於國衙之上、檢注雜事入之、鄉々地頭蒙御成敗之後、于今無違乱、次給問狀、押取所當、致狼藉由事、去々年寬元二年者、守輕部鄉例、刀祢等依出去文、百姓等濟所當、去年者爲對決參洛之處、西生不遂問注、被納所當於當寺之上者、不及訴訟、當年者地頭上洛也、可遂問注之處、以前責取所當之間、定使幸珍相具盛高下人、問注以前者、不可濟所當於地頭方之由、觸廻百姓等之時、雖積量所當於兩方使前、大略濟地頭方之間、寄付彼百姓之許、致其責許也、非地頭宿所云々、

西生申云、壹町肆段百步爲當寺本免田之由、備前守(源)行家外題明白也、且壽永二年三箇鄉百姓等申狀具也、而聖鑒法師以謀書付强緣、以神社・佛寺・權門勢家・百姓等私領、俄号寺領、擬庄号之間、八木・山直・加守三箇鄉百姓等訴申之處、不可有庄号之由、同守成外題畢、次人用浮免不限當寺、地頭不相綺由事、法隆寺以下或依靈驗、地頭奉免之、或依宣旨・關東御下知、以如此之例、擬押領地頭得分之條、不足言也、且當寺本主者、筑後藤內仲尙也、其時者隨地頭所勘、百姓等濟地頭得分、貞永之比自仲尙之手、祐圓雖買取之、存先例、百姓等令弁地頭得分之處、寄進最金剛院之刻、所令張行也、且勘析檢注雜事濟國方之由、承伏上者、爭可抑留地

頭得分哉、且木嶋新庄當寺免田參町餘被倒畢、人用者非本免之故也、加之、當四箇里內包近
領地頭遠江前司盛連後家被顚倒畢、加守寺免田・秦寺免田等如此、次依刀祢去文、百姓濟所當
由事、爭依刀祢申狀、相論未断之處、可押取地頭得分哉、次幸珍乱入事、彼百姓宅者、地頭
所從等所令宿也云云、祐圓申云、壽永二年聖鑒爲建立庄園、注入百姓所領於寺領歟之間、百姓
痛庄号、号當寺領者、敷地壹町肆段也、此外者、百姓等私領也、所詮、承久以後新免之由、
證文出來者、可尋沙汰之旨、被仰下之處、被取出承久以前四十餘年證文之條、前後相違也、
如文治・正曆(マヽ)廳宣等者、田數貳拾陸町肆段余之由、明白也、被除國惣勘文畢、次人用浮免事、
或依靈驗、或被成宣旨、被免地頭役者、盍備進彼狀哉、次當寺免田本主仲尙之時、從地頭役
由事、承久以後當國中、不限當寺免田、宛行地頭役之間、貞永之比、給六波羅御教書、被免除
地頭役畢、次木嶋鄕免田事、庄号之間、被引國領畢、又包近領者、爲遠江入道後家領之間、
不能免田、又秦寺事、不及陳答云云、西生申云、壽永年中百姓解國司外題者、當寺領田壹町
肆段余爲本免之證據、此外人用者、所從地頭之所勘也、又代々國司廳宣田數貳拾陸町肆段余
事、木嶋鄕被庄号之刻、被顚倒參町餘之間、不備田數哉、次當國神社佛事免田事、於證文者、
彼寺社帶之、依御下知狀募申歟、爲地頭免否事、有御尋無其隱歟云云者、如西生所進壽永二年
十二月日八木・山直・加守三箇鄕百姓解國司・備前守(源行家)外題等者、自行基菩薩建立以降、寺領
田壹町肆段百步也、其外無寺領田、而今聖鑒法師構謀書、付强緣、以神社・佛寺・權門勢家・
百姓等私領、假号隆池院庄領、或九十人、或五十人・六十人、度々付呵法使、令責勘之條、言
語道断事也云云、如狀者、寺領敷地壹町肆段百步事者、祐圓承伏之上、本免之外、人用浮免者、

免田ニ於ケル地頭役ヲ停止セシム
承久以後ノ新免ト自今以後ノ浮免ハ自由ノ募ヲ停止ス

爲國司進退之間、祐圓毎年進勘新於國司、相語百姓、取見米之由、西生令申之處、勘新事、祐圓同雖不論申、爲承久以前本免否事、就六波羅問狀、在廳進勘文之日、爲承久以前本免云云、而本免与人用不書顯其足之旨、西生令申之處、如祐圓所進文治元年留守所廳宣者、可早任先例停止久米多寺免田貳拾町肆段佰貳拾歩所當官物段米幷勅事院事大小國役等事云云、如同所進同四年殿下政所下文幷同五年廳宣等者、以久米多寺、爲九條御堂末寺、免除他役、備進二月壇供餠貳拾枚事云云、如同所進元曆二年同廳宣者、可早任先例停止久米多寺免田貳拾陸町肆段佰貳拾歩所當官物雜事幷院御熊野詣及恒例臨時大小國役等事云云、如同所進文曆二年田所注文者、久米多寺免田在鄉田數事、貳拾町陸段肆拾歩（但本數貳拾陸町肆段小、）内輕部鄉壹町伍段小、坂本鄉陸段、山直鄉拾壹町柒段小（加新庄、分定、）八木鄉伍町佰步内（壹町者承久以後、）加守柒段、木嶋鄉内埴生村壹町陸拾歩、任承久三年以前引付注進云云、如同所進同年同日在廳等勘文者、所被尋仰下之久米多寺免田、建立承久三年以前免田之條勿論哉云云、如同所進寛元二年六波羅下知狀者、久米田寺所司申、當寺免田内輕部鄉分壹町伍段事、所司等則爲承久以前往古免田之由申之、地頭跡爲承久以後新免之旨陳之、爰如文曆三年在廳等勘狀者、往古免田也、爲承久三年以前之條勿論云云、停止地頭濫妨、爲新免之由、出對證文之時者、可有沙汰之由、去年加下知畢、而承久以後新免之旨、無證據歟、早守傍例、可停止地頭之妨云云、如此等狀者、久米多寺本免散在鄉々當時相論山直鄉四箇里免田肆町參段餘、可停止地頭役之由、雖不被載之、文治・元曆免田輙難被顚倒之上、六波羅下知狀已爲炳焉歟、然者、於彼免田者、可停止地頭役、但承久以後新免与自今以後浮免者、可令停止自由之募者、依鎌倉殿仰、下知如件、

寳治二年十二月五日

左近將監（北條時頼）平朝臣（花押）
相模守（北條重時）平朝臣（花押）

（相良家文書）

八三

尼命蓮代相良頼氏、相良頼重ト所務兩條ニツキ相論ス

尼命蓮代相良弥五郎頼氏与相良三郎兵衞尉頼重相論兩条、

一、田壹町貳段事、

右、對決之處、如頼氏申者、件田事、寛元・寳治兩度御下知明白也、而背彼御下知、命蓮分田參町內壹町貳段、爲頼重之計、居置百姓、令耕作之間、可弁所當之由、加催促之處、依不弁之、致苛法責之刻、寳治二年九月十七日搦取政高所從二人畢、其內一人字源太郎男於鎌倉擬令賣買之間、同十二月廿三日逃來頼氏之許畢、背二箇度御下知之条、狼藉也、於田壹町貳段事者、任兩度御下知狀、欲蒙御成敗、至所從事者、有尋御沙汰、欲被行所當罪科云々、如頼重申者、於名田者、任彼御下知狀、命蓮知行所領之上、令居住養母頼重母堂之許畢、何可有違背御下知之儀哉、而忽改母子之儀、命蓮成敵對之上、母尼廿餘年耕作來畠ニ令居置年來下人之處、寳治二年九月比、以卅餘人之勢、切壞母尼下人宅、令搦置下女一人云々、其子細見守護所幷預所返狀、爭無狼藉之咎哉、次擬賣買下人由事、彼奴者爲狼藉張本之間、爲被尋聞食、母尼依令進上件下人、以彼申狀、頼重寳治二年十一月比令付武藤左衞門尉畢、件男逃失之間、相尋之處、頼氏許有之云々、注載交名副進畢、爭可擬賣買哉、所詮、母子

田一町二段ハ命蓮知行スベシ
狼藉ニツイテハ沙汰ニ及バズ

畝對事、御式目分明也云々、如賴氏申者、不違背御下知由事、虛誕也、寶治二年十一月十二日夜、以賴重代官小藤二幷定使伴藤、令苅取作毛畢、不押領件田者、爭如然可致沙汰哉、次搦取女一人由事、不可弁件田所當於命蓮方之由、以小藤二被相觸之間、不及力之由、作人依令申、爲身代令取女壹人畢、次切破母尼下人宅之条、見守護幷預所返狀云々、件田者爲命蓮所領內之条、賴重承伏之處、何母尼耕作之由可申之哉、且切破下人宅事、虛誕也、又守護幷預所返狀事、就上御尋不申子細之間、不足證文歟云々、如賴重申者、夜中苅取由事、虛誕也、且母尼下人耕作之間、可弁所當之由、加下知畢、次畠事、爲命蓮所領內之条勿論也、雖然、可優如母尼之處、命蓮押取之、令苅取之条、無其謂云々者、命蓮分早瀨・小中嶋事、寛元・寶治兩度命蓮蒙御成敗畢、而押作件田之条、無其謂、所詮、彼壹町貳段田事、命蓮不可有相違、此上猶令違背御下知者、可被處罪科也、次或搦取下人、或切破宅由事、爲枝葉之上、爲相互狼藉歟、仍不及御沙汰矣、

一、被押懸命蓮分所當公事由事、

右、如賴重申者、高橋鄕者爲半不輸之地、云國方所當公事、云八幡宮寺所當公事、勤仕兩方所當公事者也、爰命蓮分早瀨・小中嶋者、爲當鄕內之間、同所勤仕兩方所役也、而命蓮一向不致其沙汰之間、依被押懸賴重、令弁勤彼跡所當公事之条、難治之次第也云々、如賴氏申者、當鄕者、以同日讓狀、面々被配分畢、仍無惣領輩、何可被懸命蓮分所當公事哉、但賴重押領彼兩村之間、其間所當弁勤之歟云々、如賴重申者、彼兩村全不押領之、命蓮事、可見沙汰之由、母尼令申之間、隨分不見放之、仍所當公事間事、賴重所致沙汰也、但寶治二

頼重ハ惣領ニアラザルニヨリ命蓮分所當公事ヲ懸クベカラズ

年分、云八幡宮寺加徵米并國方所當米、云同年冬祭、命蓮不致其沙汰之間、所訴申也云々、如頼氏申者、去年所當米同年冬祭事、命蓮代官則澄可弁申云々、如則澄申者、争不弁件所當哉、但則澄去年九月十六日出國間、濟否事、不知之、可相尋也、次同年冬祭事、爲巡役、仍去年冬祭者、非命蓮役之間、所不勤仕也云々者、去年所當米事、争可有對捍哉之由、則澄令申之上者、不及子細歟、且遂結解、有未進者、可令究濟之、但、頼重非指惣領之仁、不可懸命蓮分所當公事之由、頼氏所申非無其謂歟、次冬祭事、爲巡役云々、然者、守彼巡可勤仕之矣、

以前兩条、依鎌倉殿仰、下知如件、

建長元年七月十三日

相模守平朝臣(北條時頼)(花押)

陸奥守平朝臣(北條重時)(花押)

(狩野亨吉氏蒐集文書)(註66)

地頭朝貞、公文源尊ト周防國与田保所務條々ニツキ相論ス

在家人等屋敷外田畠ノ公事ヲ對捍スベカラズ

八四

(前缺)

□(一)、在家十五字外田畠事、

右、如朝貞申者、件□任和与狀、無違乱之處、他所田畠等令耕作之、不從公事云々、如源尊申者、彼在家人等敷地之外、他所田畠於○〈令〉耕作者、有限公事争可令難澁哉云々者、在家人等於○〈令〉耕作屋敷外田畠者、争可對捍公事哉之由、源尊承伏之上、爲勿論歟矣、

地頭、免田ニ加徴スベカラズ

一、本田畠加徴事、

右、如朝貞申者、當保定田五十五町七反小畠九町一反等也、而安貞二年預所重喜法橋以當保内給田三丁、令替□進退外之新田了、如此交替之上者、於定田畠者、雖爲國司奉免之地、可被加徴之處、天神田五反、惣社宮田四反、同社三反、御館講田二反、野寺一町、一宮一町五反、驛家□町令除之、源尊出□条、無其理云々、如源尊申者、以給田三町令替地頭進退也、新田事勿論也、但定田畠内令除諸免田事、源尊非自由之例、任國文書除之云々者、如朝貞所進安貞二年保司重喜法橋狀者、与田保本田五十五丁七反小之外、以加作畠九町一反、奉替于給田三丁了、但爲申立尊光院領也、若不立申彼御領者、加作之證文、更不可爲證文、可任地頭之心云々、重喜縦雖出和与狀、給田三丁之外、可徴納諸免田等加徴之由、訴申之条、頗忘沙汰之法歟、所詮、就同文書、可除諸免田分加徴之由、源尊所陳非無其謂、然者、件免田等者、地頭不可被加徴矣、

一、源尊擬違背地頭事、

右、如朝貞申者、源尊与朝貞爲對決在京之處、源尊注申条々於國司之刻、被成下知狀歟、是則爲違背地頭也、有子細者、可令言上武家歟云々、如源尊陳者、朝貞親父覺念与源尊寛元三年遂對決之、如關東御下知者、公文職不可有相違、苅田稲并屋敷可糺返云々、又仁治三年六波羅御下知云、保司佃五反公文田一丁作毛并百姓農具牛馬可糺返云々、而不糺返之間、所訴申也云々、朝貞申云、○公文名田耕作事、不及違乱、次苅田稲以下物等覺念沙汰也、次六波羅下知事、覺念令參洛、雖被下召文、源尊不上洛之間、默止了云々、源尊申云、覺念与

朝貞ヲシテ苅田以下損物ヲ返却セシム

朝貞親子也、爭可不糺返哉、六波羅召夫(符カ)事、其年依國万公事□參也、次年雖上洛、覺念在國之間、不及申云々者、如源尊所進寛□御下知者、□沙汰付公文職於地頭之旨、乍給御下知、不披露之、嘉禎四年讓地頭職於朝貞、給安堵御下文之後、去年追出源尊之条、覺念所行奸謀也、次追捕物事、於覺念領狀、苅田稻幷家々□可糺返云々、而覺念不敍用御下知、不糺返損物者、源尊□可令言上關東之處、無左右訴申國司之条、雖無其謂、朝貞爲顧覺念之所犯、還致濫訴之条、事与意相違歟、且背關東・六波羅下知。狀不被□以下損物之条、所行之至招罪科歟、然者、可糺返苅田以下損物等矣、

一、榎田五反幷小□田一反事、

右、如朝貞申者、件名□用也、而建保之比、云所當、云國物、令難濟逃散之間、地頭致其弁領掌之處、文暦年中依源尊訴訟、自保司二三ヶ年、雖被押作、于今地頭所令進退也、且貞用還住之時、有子細者、源尊可致沙汰之處、無其儀死去之後、令濫妨之条、無謂云々、如源尊申者、建保之比、貞用云所當米、云國物、難濟之間、地頭致其弁、令進退由事、極虛言也、貞用引与于源尊證文進之、建保以後源尊進退來之處、嘉禎之比、成濫妨之間、賜國宣被止其妨之後、自寛元々年地頭所令押領也、而自建保地頭進退之由、令申之条、今案也云々者、如源尊所進建保五年貞用引文者、与田保百姓越智貞用相傳私領田事、在林榎田五反在江泊一反□各坪付略之、曳進元者、爲弁償二ヶ年官物、熊野山分米私領田二ヶ所、限永代造新券、所曳与正義公文假名也、若此後本文書出來者、在地不可用云々、如同所進國宣不記年月、者、榎田五反被押領朝兼由事、如申狀者、源尊相傳之處、朝兼無由緒令押領云々、相尋子細、任

源尊ニ名田ヲ領知セシム

道理可成敗云々、如此等狀者、源尊進退之条所見也、且朝貞弁替貞用之肙𥝱、領知彼名田等之由、雖申之、帶證文否、被加覆問之處、〇〔爲〕訴人之身、不知及證文有無、朝兼現在也、可相尋子細之由、遁申之後、自去年于今不進覽之条、無其謂歟、然者、源尊帶證文之上者、可令領知件名田矣、

一、船門田三反幷本折田畠七反同山田一反事、

右、如源尊申者、件□源尊相傳也、而所從延友下作之間、延友宛給延友下人爲重之時、可賣永地之由、結構之時、親父湛与令取返之日、爲重依令書起請文、如本預給之處、□田畠年貢未進代、限永年引進保司重喜法橋了、源尊申子細之時、重喜書狀進之、就狀請取直物、源尊進退之處、地頭自仁治三年押領之条、無其謂云々、如朝貞〔申〕者、彼田畠等爲重引渡保司之剋、源尊申子細之時、雖被召決之、保司請取件名田等之後、地頭可致勸農之由、書狀(付文暦三年)進之、而重喜得替之後、令取持沽文幷書狀之条、姧謀也云々者、如源尊所進承久四年爲重起請文者、件船門坪〇〔内〕本折坪二ヶ所坪々田、自今以後永地不□張行他所他庄正義事、一言愚不可申云々、如同所進▨安貞二年爲重引与保司狀者、爲重名田畠事、二丁三反内(坪付略之)、依二ヶ年所當未進、限永代引進安房殿實也、但公文正義少々被押領事僻事也、雖向後不可有相違云々、如狀者、爲重書与起請於源尊之後、稱未進代、以彼名田、引与保司之条、爲自由所行歟、如同所進十一月八日(付仁治三年)重喜書狀者、船广（マヽ）本折田淨光房限永代宛給了、武者入道致押領云々、事實者無謂云々、如同所進延應二年三月安淸(保司下人歟)請取者、六丈布十段云々、旁非無由緒歟、而如朝貞所進三月十五日(付仁暦三年)重善書狀者、名田事、

源奝本名主トシテ名田ヲ領作セシム

久遠壽量院領駿河國宇都谷郷今宿傀儡、雜掌僧教圓ト雜事ニツキ相論ス

旅人雜事ヲ傀儡ニ宛行フヲ停止ス

段別糯白米ヲ傀儡ニ宛催スコトヲ停止ス

能々可有沙汰、適爲地頭之身、四郎房耕作之外、併可令勸農云々、以和字模漢字起請詞略之、就狀朝貞耕作之条、頗雖似有其謂、爲重爲下作之身、引渡所當未進代之条、奸謀之企也、源奝爲本名主、任先例可令領作彼名田等矣、

以前八ヶ条、依鎌倉殿仰、下知如件、

建長元年七月廿（日脱カ）

相模守平朝臣（北條時頼）在御判

陸奥守平朝臣（北條重時）在御判

八五　（奝經閣古文書纂寶菩提院文書）

久遠壽量院領駿河國宇都谷郷今宿傀儡与寺家雜掌僧教圓相論條々、

一、旅人雜事用途事、

右、對決之處、如傀儡等申者、岡部權守自領知岡部・宇都谷兩郷以來、代々如此雜事一切不被宛行之處、當預所始張行之間、可被停止新儀之由、所愁申也云々、如教圓申者、當郷預所四代内三代預所代者、爲榮耀尼聟之間、雖令免除之、當預所者、依無其儀、隨田地令配宛雜事之條、何可爲新儀哉云々者、宛行旅人雜事於○傀儡之條、爲新儀、宜令停止矣、

一、段別糯白米事、

右、如傀儡等申者、号正月修正料、段別被召糯白米之條、同新儀也、可被停止云々、如教圓申者、此白米者、爲御持仏堂執行弁僧都沙汰之處、可爲當郷役之由、始被仰下之間、隨

田地之分限、少々所省宛也云々者、教圓陳旨甚無其謂、同可令停止矣、

新儀タルニヨリ停止ス

一、二所詣人夫傳馬事、

一、湯詣人夫兵士事、

右、兩條、如傀儡等申者、同新儀也云々、如教圓申者、當鄕百姓不足之間、或先預所雇之、或隨田地宛催之、强不可及訴訟云々者、教圓陳狀之趣、同爲新儀、早可令停止矣、

自今以後停止ス

一、過粁事、

右、如傀儡等申者、草萱次郎々從小次郎入道依有所緣、來住榮耀尼許之處、雖無指誤、被行過粁云々、如教圓申者、彼次郎入道及母開令放言尼妹聟紀藤次事、召決之處、依不論申、行貳貫文過粁畢云々者、如訴陳者、非重科之處、号過粁、令取貳貫錢之條、教圓所行甚爲過分歟、自今以後可令停止矣、

教圓ヲ改易スルニヨリ沙汰ノ限リニアラズ

一、阿曾尼作稻事、

右、如傀儡等申者、自前預所代玄海之手、請作百姓田之處、無指罪科教圓入部之時、無左右令苅取云々、如教圓申者、依爲預所名、玄海令散田阿曾尼之間、教圓爲新司入部之時、苅取之、沙汰進所當云々者、前預所雖令散田、尤可徵納所當之處、教円無左右及苅田之條、頗無其謂歟、依非法等、可改易教圓之由、載狀之右、其上非沙汰之限矣、

一、在家間別錢事、

右、如傀儡等申者、毎月在家間別可弁錢拾文、不敍用者、可追却鄕內之由、被成敗之間、抛耕作所訴申也云々、如教圓申者、御持仏堂御油者、前々爲政所沙汰之處、可爲當鄕役之

教圓ノ所行無道ナリ

教圓ヲ改易シ穩便ノ輩ヲ補スベシ

由、依被仰下、當鄉無畠地之間、在家間別可進拾文錢之由、雖宛催、未致其沙汰云々者、御油爲政所沙汰事者、無御領以前也、尤以當鄉得分、可有其沙汰之處、以新儀、令宛在家間別錢之條、教圓所行頗以無道也、

以前七箇條、大略依爲新儀、所被停止也、於教圓者、条々非法難遁之間、改易教圓、可被補穩便輩也、預所者不可行新儀非法、傀儡者亦不可闕怠先例所役、兩方可存此旨者、依鎌倉殿仰、下知如件、

建長元年七月廿三日

相模守(北條時頼)平朝臣(花押)
陸奥守(北條重時)平朝臣(花押)

(入來院家文書)(註67)

八六

名主寄田信忠、地頭澁谷定心ト薩摩國入來院内塔原名主職ニツキ相論ス

(端裏書)
「御下知狀塔原事」

薩摩國入來院内塔原名主寄田弥太郎信忠与地頭澁谷五郎房定心相論名主職事、

右、對決之處、如信忠申者、當職者父信俊重代職也、當國御家人雖不帶御下文、知行所領之条、爲傍例之間、故右大將家(源頼朝)御時、千葉介(常胤)雖給惣地頭、至名主職者、無相違之處、寛元四年上総介秀胤蒙御勘氣之刻、名主等爲訪下向之時、信忠稱不訪、被押領所職畢、仍欲言上事由之處、當地頭定心可和与之由、依令申、書与起請文畢、而定心變和与、令濫妨云々、如定心申者、件名主職者、爲地頭進止之間、秀胤之時、信忠自代官之手、雖令補任之、同時又被改易畢、

名主職ハ地頭ノ進退タルベシ

爰定心拜領件院之日、信忠出來書起請文之間、令還補畢、而依成向背、令改易畢云々、爰如定心所進寶治元年八月五日信忠起請文者、入來院地頭得分不可對捍、又如此宛給之上、背地頭、不可申子細於上云々者、非地頭進止之由、信忠雖申之、秀胤押領之時、不致訴訟、沒收之後、書与起請文於當地頭定心、令還補之間、可爲地頭進止之由、定心之所申、有其謂歟、然則、於彼名主職者、且任秀胤時例、且依信忠起請文、可爲地頭進退之状、依鎌倉殿仰、下知如件、

建長二年四月廿八日

相模守(北條時頼)平朝臣(花押)
陸奥守(北條重時)平朝臣(花押)

(橘中村文書)

肥前國長島庄東福寺住僧良慶、地頭橘薩摩公義ト所務條々ニツキ相論ス

公義ノ押領ヲ停止セシム

八七

肥前國長嶋庄東福寺住僧良慶与地頭薩摩十郎公―(義字有憚)、相論条々、

一、東福寺院主職事、

右、對決之處、如良慶申者、當寺者相傳知行之處、仁治二年十月公―押領之、所宛給郎從爲恒也、仍師匠道覺雖訴申之、令死去畢、(中間略之)、然則、停止公―之押領、任先例領家成任符、可令相從地頭之所務矣、

一、釋迦寺幷正光明寺院主職事、

右、如良慶申者、當寺者前院主應秀讓道覺之間、給領家下文、主寛喜年中知行之處、前地

頭駿河入道（中原季時）代不糺是非、令補延高早、今又公―郎従爲恒寺務之条、佛法破滅之基也云々、
如公―申者、道覺打四一半之間、前地頭令改易畢、宛給郎從事者、可爲延高之訴訟歟云々、
子細ニ及バズ
良慶申云、四一半事虚誕也云々、公―申同前云々者、問注以後先佛号當寺院主、雖申事由、
所詮、云所進之證、云證人申状、相同先條間、不及子細矣、
一、（地脱）久布留村内平倉名田事、
地頭ニ進止セシム
右、兩方共以雖申子細、所詮、如公―所進嘉祿二年七月四日御下文者、諸明分領地本數伍
拾ヒ町町除道直妻分拾町定、也、而以此田地恣沽却要人、給關東御下文、令領知之地、雖爲私領、輙不可賣渡
他人、賣買之主罪科雖遁（難カ）、仍於賣地肆拾町者、可爲當庄惣地頭沙汰之由、御下知先畢、所
殘拾町同可被收公之處、自今以後不可沽却之旨、諸明依書進起請文、所被免許也、中間略之、
然者、任嘉祿御下知狀、可令地頭進止矣、
以前四ヶ条、依鎌倉殿仰、下知如件、

建長二年七月七日

相模守平朝臣（北條時賴）在判
陸奥守平朝臣（北條重時）在判

（入來院家文書）

八八

（端裏書）「白濱又五郎具書案」

地頭澁谷重秀、雜掌資

薩摩國嶋津庄薩摩方高城郡吉枝名地頭澁谷六郎重秀与雜掌左近將監資通并前名主弥伴太師

通・前名主彌伴太師永ト薩摩國島津庄薩摩方高城郡吉枝名下地ニツキ相論ス

―永字有憚、相論吉枝名下地事、

右、對決之處、如重秀申者、吉枝名下地者、先例爲地頭進止之間、前地頭上総介（千葉秀胤）跡六十餘年無其沙汰、代々地頭下文等師―令帶之處、少々所引隱也、東郷左衞門尉不知實名、令知行四郡之、車內地頭所者、吉枝名也、宛給下人等給田九ヶ所有之、而資通与師―令同意、一向領家進退之由、令申之條虛言也、且地頭進止當名之条、見師―与舍弟高重相論時師―陳狀、同進六波羅狀并同起請文云々、如資通申者、當名者、爲弁濟使名分、領家進止之間、無各別之儀、師―代々御下文、領家進止之由、正直申早、非同意之儀、而當名下地者、一向地頭進止之条、見左（源賴家）衞門督家和字御教書、寛喜二年關東御下知并廣光奉書案文等、今号惣領下文師―所帶承久四年狀者施行也、車內地頭所者、隨便宜雖立之、領家不被支仰、九ヶ所給田者、爲領家進止之處、地頭押取之間、可返給也、又郡司狀進之、師―間事、師―可申云々、師―申云、兄弟相論時、陳狀進之條勿論也、但、四ヶ所詞者、師―不申之、隨彼執筆者、重秀後見也、進六波羅狀事、一向不覺悟之、起請文事、判形者師―判也、且於他所令書之、越前房持來之間、加判早、上総介時得分不可隱之由、重秀令申之間、所書其由也、雖有訴訟、不可言上之旨、不申之云々、重秀申云、承久四年下文者、爲前地頭時之間、不知及之、師―所進地頭下文等進之、郡司者、爲重秀敵人之間、不足證文、九ヶ所給田事、任先地頭之例、所致沙汰也、師―起請文事、乍承伏判形、至于狀內之詞者、不申之由、構出之条、可有御遏迹、於師―并子息件二郞之前、令書之、可被尋執筆、又四ヶ所詞不申由事、於伊勢前司之前、令披見之、奉行人明石左近將監兼綱預置早、次六波羅狀事、可被尋安富民部大夫、於御下知者、可被召出

所務ハ先例ニ任セ兩方沙汰スベシ

師永ノ名主職ヲ改易シ穩便ノ輩ヲ補セシム

正文云々、資通申云、於所務者、云當名、云余名、領家・地頭致沙汰之条、當庄例也云々、師―申云、陳狀正文幷起請文執筆事、尤可被尋也、於師―前、全不書之、進六波羅狀事、同可被尋安富民部大夫云々者、弁濟使職事、可爲領家進止之由、資通備進代々御下知狀案文等之處、可被召出正文之旨、重秀不論申欤、吉枝名下地者、爲弁濟使名之間、無各別之儀之旨、資通令申之處、如建保七年三月預所下文者、於弁濟使職者、所宛補他人也、但、至高重者、任相傳之旨、定補吉枝名主職早云々、如狀者、雖似有各別之儀、預所々成之下文也、非地頭進止之證據、又如承久四年・天福三年兩通狀者、爲地頭下文之旨、重秀雖申之、承久狀者、就領家下文之施行也、天福三年狀者、無正文上、天福者二年改元、三年之条、有其疑、旁不足證文、所詮、就承久狀、領家被成下文、地頭成施行、於所務者、任先例兩方可致沙汰焉、次同名主職事、如師―所進證文等者、師―相傳之由所見也、仍師―如元爲彼職、可相從兩方所務之處、云起請文判形、云兄弟相論時陳狀、乍承伏、地頭入筆之由、令申之間、披見其狀之處、無入筆之證據、以土民之身、猥地頭構謀書之由、稱申之条、難遁罪科、然則、改易師―所職、領家被成下文、地頭成施行、被補穩便之輩、於所務者、可依先例也者、依將軍家仰、下知如件、

建長四年六月卅日

(北條時頼)
相模守平朝臣在御判
(北條重時)
陸奥守平朝臣在御判

小井弖師能、舎弟宮熊代保信ト信濃國春近領小井弖・二吉郷内田ニツキ相論ス

師能ノ申状其謂ナシ自餘條々ハ立申ス證人ニ尋問シ左右アルベシ

八九

（工藤文書）（註68）

信濃國春近領小井弖弥次郎師能与舎弟宮熊ヵ代馬允保信相論小井弖・二吉郷内田事、

右、如師能申者、件田堺至（四至、下同ジ）四讓得之内、云堺外本河原作田、云堺内細田并桑木田、背亡父之讓状被押領云々、如保信申者、師能所讓得堺内本河原作并近邊有之、仍加本河原田於近邊之田由、所令書載也、次細田事、師能伯父小井弖三郎爲兼之詞云、小大（太）郎實綱之作者、今細田名也、師能所申立所（衍カ）細田者、爲兼昔之細田之由、令申間、令和与于師能畢、而剰至桑木田、何可致違乱哉云々、師能申云、堺至四於令讓得者、縦（雖）爲堺内河原田、何可令書載作人於讓状哉、況彼田非河原田、号柳原之荒田云々、保信申云、限四至今之上堺内之作人等於不令書載讓状者、師能所讓得之重數（マヽ）、雖限四至、其内作人等令書載讓状等、次河原田号柳原荒田由事、師能父能綱開發件田之後者、号河原之作、師能所申立之堺外河原田者、令相傳于他作田、師能耕作四ヶ年也、堺内河原田者、師能令耕作事五ヶ年也、仍加本河原田近邊之田、所令讓也云々者、彼河原田事、師能者以堺外之田、爲本河原田之由稱之、保信又以堺内田、爲本河原田之旨号之、爰亡父能綱讓状云、本河原之作田仁加所置之近邊田、南限戸澤乃溝乃北乃葦原池之中遠登仁、加細田上仁、舊堀遠大河井之末遠下山五郎田乃頭乃切堤万天度云々、如状者、件田相籠堺内田由所見也、而爲堺外田之由、師能申状甚無其謂、次細田并桑木田事、保信相論之申之、如讓状者、爲堺内間、非沙汰限矣、自余条々者、尋問兩方所立申證人等、可有左右之状如件、

建長四年八月七日

（北條時頼）在判

詫磨能秀・一萬田時景、大友泰直ト相模國大友庄内名田在家ニツキ相論ス
泰直避文ヲ出スニヨリ異儀ニ及バズ

九〇　（詫摩文書）（註69）

（異筆）「校正畢」

詫磨別當能秀并大友太郎（一萬田）兵衛尉時景与大友式部大夫泰直相論相模國大友庄之内名田在家事、

右、欲召決之處、今月廿四日泰直出避文畢、此上不及異儀歟、早任彼狀、可令致沙汰之狀、依將軍家仰、下知如件、

建長四年十二月廿六日

相模守平朝臣（北條時頼）在判
陸奥守平朝臣（北條重時）在判

岩崎尼妙法代岡本親元、岩崎隆泰ト陸奥國岩崎郡皮成村ニツキ相論ス
和与狀ニ任セ沙汰スベシ

九一　（秋田藩採集文書岡本又太郎元朝家藏）（註70）

岩崎尼妙法代子息岡本又太郎親元与岩崎小三郎隆泰相論皮成村內條條事、

右、被仰下問注之處、建長四年十一月廿四日・同五年正月十八日兩方出和与狀畢、守彼狀等、各可令致沙汰也者、依將軍家仰、下知如件、

建長五年二月十一日

相模守平朝臣（北條時頼）（花押）
陸奥守平朝臣（北條重時）（花押）

詫磨能秀・一萬田時景、大友泰直ト相模國大友庄內名田在家ニツキ相論ス
深妙讓狀幷泰直ノ避文ニ任セ能秀・時景ヲシテ知行セシム

九二

（詫摩文書）（註71）

（異筆）「校正畢」

詫磨別當能秀幷大友太郎兵衛尉時景（一萬田）与大友式部大夫泰直相論相模國大友庄內名田在家等事、

右、去々年正月、能秀・時景等、得母堂尼深妙之讓、各欲申給安堵御下文之處、泰直支申之間、可遂問注之由、被仰下畢、而泰直去年十二月廿四日令出避文畢、此上不及異儀歟、早任深妙讓狀幷泰直之避文、可令知行之狀、依將軍家仰、下知如件、

建長五年七月卅日

相模守平朝臣（北條時頼）在判

陸奥守平朝臣（北條重時）在判

岩永重直、橘薩摩公義ト肥前國長島庄所務ニツキ相論ス
重直ノ訴ヲ棄捐ス

九三

（橘中村文書）

肥前國住人岩永三郎重直法師法名寂心与薩摩十郎公―義字有憚、相論条々、

一、當國長嶋庄惣公文名事、

右、件職爲地頭公―被濫妨之由、寂心依訴申之、先度雖被召決、自領家被補他人之間、彼名田事、不及沙汰之旨、被成御下知畢、而今寂心捧越訴狀、雖申子細、先御下知無相違之間、不及改沙汰矣、

一、當庄內勢智名事、

右、件名者、本主諸明依賣買之咎、召上之、嘉祿之比、被付前地頭駿河守季時（中原）法師之間、

重直ノ訴ヲ棄捐ス

肥後國鹿子木庄五郎丸名地頭詫磨能秀代幸阿、長浦秀元ト所務條々ニツキ相論ス

追其跡、薩摩前司公業法師幷子息公―令知行之處、爲地頭公―被押領之由、寂心依訴申之、先度同被召決之處、公―給御下知狀畢、而今寂心猶雖企越訴、所詮、前地頭季時法師・公業法師二代之時、寂心得地頭下文、乍知行當名、令敵對公―、可給各別御下文之旨、令申之条、甚無其謂之間、不及別子細矣、中間略之、

以前條々、依將軍家仰、下知如件、

建長五年八月廿七日

相模守平朝臣（北條時頼）在判

陸奥守平朝臣（北條重時）在判

九四

（詫摩文書）（註72）

肥後國鹿子木庄五郎丸名地頭詫磨別當能秀代沙弥幸阿与長浦大（太）郎秀元相論條々、

一、當名事、

右、如幸阿申者、當名地頭職者、秀元祖父遠貞法師法名行西去建永元年、令讓豐前々司能直（大友）之間、子息能秀相傳之、貞應二年所給安堵御下文也、於代官職者、宛給行西子息遠秀法名西願秀元父、畢、而行西令讓小河右衞門尉資能之旨、西願稱之、寬元三年以來、不弁地頭得分加地子之條、甚無其謂云々、如秀元申者、件名者、行西令讓能直之後、能秀申給安堵御下文事、今更不及陳答、加地子者、依有旱損、少分令未進歟、次寬元三年、西願与舍弟勢阿令相論友吉名之時、行西讓當名於資能之旨、所載西願申詞也云々、爰如能秀所進行西讓能直建永

元年八月狀者、讓進肥後國鹿子木東庄村々田畠等村々名略之、事、件私領者、元五十九町餘也、此內於長浦村田地十六町者、寄進菊池永富畢、其殘至村々田地者、所讓進豐後左衞門尉能直也云々、如能直貞應二年讓狀者、五郎丸名以下田地、令讓能秀云々、如狀者、爲能秀所領之條明鏡也、而寬元三年、西願・勢阿相論之時、行西令讓与當名於資能之由、西願雖申之、如資能所進證文者、子細不分明之上、資能不及訴訟歟、能秀二代相傳處、秀元令非論之條、甚自由也、早任讓狀并御下文旨、停止秀元違乱、可令能秀領知矣、

秀元ノ違亂ヲ停止シ能秀ニ領知セシム

一、當名加地子未進事、
一、秀元爲御家人否事、
一、不相從地頭所勘由事、
一、惡口由事、
右、四箇條、兩方共以雖申子細、所詮、西願依友吉名事、罪科出來之間、可令追放之由、先度御下知畢、其上不及沙汰矣、

西願追放セラルルニヨリ沙汰ニ及バズ

以前條々、依將軍家仰、下知如件、
建長五年八月廿七日
相模守平朝臣(北條時頼)御判
陸奥守平朝臣(北條重時)御判

九五　（忽那家文書）（註73）

忽那重俊、舎弟忽那重康ト伊豫國忽那島地頭職ニツキ相論ス

和与状ヲ守リ西浦ハ重康、東浦ハ重俊知行スベシ

雑掌進士高村、地頭高知尾政重ト日向國高知尾庄所務ニツキ相論ス

左衛門尉重俊(忽那)与舎弟左衛門尉重康相論亡父左馬允國重法師法名西信跡伊豫國忽那嶋付松吉名、地頭職事、

右、重康所帯西信譲状等爲僞書之由、重俊訴申之間、被召決之處、如去月十四日和与状者、西浦者可爲重康分、東浦者可爲重俊分於後家并自余兄弟等分者、本知行不可有相違之由載之、云云、此上不及子細、早任代代御下文、且両方守和与状、相互無違乱、可致沙汰之状、依仰下知如件、

建長六年三月八日

相模守平朝臣(北條時頼)(花押)

陸奥守平朝臣(北條重時)(花押)

九六

熊野山領日向國高知尾庄雑掌進士五郎高村与地頭高知尾三郎政重相論条々、

(田部文書)(註74)

一、不因在家目録事、

右、對決之處、如高村申者、寳治二年□御教書、令實撿之處、政重隠密□ □目録、且當庄内伊登・比良・彼□(北瀧内カ)三ヶ所在家依隠□ □在家一宇之由、政重令申之条□如政重申者、高村背安東法橋明尊時□、或令顚倒神免人給等在家、一宇別三貫文勘斫之由申之、或注入庄屋於在家、加增在家員數之条、地頭土民等雖安堵、所不因目録也、次三ヶ所在家事、爲之追猶令□屋許也、有不審者、可見知之□申、高村□(○紙繼目脱アラン)所詮、承置懸公事、或召仕否、以起請文、可致□地頭等古老人等也云々、高村申上致□人給等由事、可□ □付取帳、不因目録之間、不入本在家明尊之例、可致沙汰

高村實檢ヲ遂グベシ

檢注使ニ寄附スルニヨリ關東成敗ニ及バズ

也、次勘糺間事、□習免田畠在家等隨有之、弁勘糺事、常法□一宇別錢二貫文可令弁之由、加下知畢云々、政重申者、任明尊時之例、可致沙汰由、尤所庶幾也云々、若政重寄事於左右、不因目錄之條、(其カ)□無謂、早高村存普通法、可因目錄也、次勘糺事、在家別可令出二貫文之由、高村雖申之、於往古免分者、傍例不及勘糺歟、而如安東法橋明尊安貞三年目六者、十社大明神幷神主・下司・公文・水手免等者、已爲本免歟、然者、至彼分者、不及勘糺沙汰、次隱置三ヶ所(伊登・比良・彼北瀧内)、在家之由、高村令申之處、非在家之儀、爲令追徵撿造置不及之由、政重申之者□　□高村可遂實撿也、□

(一カ)□若王子門田事、

右、如高村申上者、爲熊野山末社之間、領家□也、仍擬遂實撿之處、一向稱政重之進止、支申之条、無其謂、且如政重所帶建久九年正月廿六日領家使奉免狀者、領家進止之条無異儀云々、如政重申者、彼若王子者、政重之祖父政綱、自本社所勸請、建久九年撿注之時、件門田被奉免以來、地頭五代更領家無隱、次建久九年奉免狀事、就地頭寄進、撿注使一旦加判之許也云々者、如建久九年寄進狀者、下司雖加署判、爲本家之祈禱、撿注使寄附之由所見、然者不及關東御成敗矣、

一、致減納年貢由事、

右、政重申者、於熊野山令濟年貢之時、以油一斗七升、減納于一斗五升、以白布十七反、減納于三反之条難堪也、云々、如高村申者、立用未進分減納三斗、布者不作之時減納之条勿論也、但以十七反、減納于三反之条不實也、且不限布之間、絹不作之時減納之条、岩門三

庄家ニ於テ其沙汰アルベシ

政重今ニ於テハ違亂ナキ旨申スニヨリ沙汰ニ及バズ

郎太郎政康狀顯然也云々、政重申云、未進事不實也、且於關東者、可令遂結解云々、高村申云、結解事、於本公文所可令遂上者、立用未進之由、高村申之、然者、當方任申請遂結解、有未進者、任被定置之旨、可辨償之、但政重則於關東可遂結解之由申之、高村弁於領家方可遂其節旨申之者、爲本所年貢之間、於庄家可有其沙汰矣、

一、致押領壬生上村田事、

右、如政重申者、當村就亡父政—信字有憚、讓狀安堵御下文、知行無相違之處、寶治・建長兩度領家之沙汰、成与下文於又太郎入道眞佛政重舍兄、令押領之条、無其謂、且如建長元年下文者、當村皆以所給与眞佛也、但一向押領事者、至于建長二年□月押沙汰畢云々、如高村申者、寶治下文事、宛給屋敷一所於門内之条勿論也、次建長元年下文事、領家不成与之、子細見政重母堂書札、眞佛構出謀書歟、將又公文所之所行歟、領家被糺實否之處、眞佛□畢、此上不及□、而寶□細欤云々者、寶治・建長兩度成与下文於眞佛之上、如建長元年下文者、一向宛給當村、令押領之由、政重令申之處、於御下文者、湛順不知及之、眞佛構出謀書欤之由、高村令申之間、尋問眞佛者、乍爲在國身、遣田邊公文沙汰人備前房正讃許之處、爲彼正讃建長下文事、湛順成与之條不分明欤、加之、高村所進政重之母堂狀者、湛順不知及由所見也、隨而又於今者、無違乱之旨、政重令申之上者、湛順死亡之間、不及沙汰矣、

一、狼藉事、

右、如政重申者、押領壬生上村之間、政重下人四人搦取、致追捕畢、云追捕物、云下人交名、別紙注進之、加之、政重母堂罷通路次之處、或奪取引馬、或自馬引落、郎黨男擬殺害

之条狼藉也、眞佛幷光命等者、爲政重敵人之處、捕下之、致狼藉之条、領家之結構也云々、如高村申者、件狼藉間事、眞佛分者、不能□　□領家返答上、光命分者、於奥州方有其沙汰之間、高村不及被申上候云々、彼是召上尋政重与眞佛・光命等、可有左右矣、

政重・眞佛・光命等ニ尋ネ左右アルベシ

以前条々、依將軍家仰、下知如件、

建長六年四月廿六日

相模守平朝臣（北條時頼）在判

陸奥守平朝臣（北條重時）在判

九七

（後藤家事蹟）

藤木行元女子藤原氏代塚崎後藤長明、繼母藤原氏代藤木行重ト肥前國藤木村屋敷・名田等兩條ニツキ相論ス

藤木右衛門尉行元女子藤原氏代塚崎後藤二郎長明与継母藤原氏代藤木右衛門四郎行重相論兩條、

一、肥前國藤木村内屋敷・名田事、

右、對決之處、如長明申者、行元讓与件屋敷名田於氏女之後、至死期之時、及十七箇年之處、行元死去之中陰、継母引隱氏女分之讓狀、令押妨之条、無其謂、依継母讒言、氏女縦雖漏處分、非指不孝之身、爭無御計哉、何況自先年乍讓得、忽令侘傺之条、何不垂御哀憐哉、且被尋男子等讓狀、且付継母被召出氏女分之讓狀、欲蒙御成敗云云、如行重申者、先年雖讓与屋敷名田於女子、全不知行之、至女子者、事現不調之間、令儀絶、悔還件讓狀、追出所領内、早於讓狀者、同可返之由、雖譴責、拘惜之間、父死去之時、依其責、以子息長明、返出讓狀早、継母企讒言、引隱證文之由、致濫訴之条、無實者、如後家分最後讓狀、現不調之

間、悔還之由載之早、被糺不孝之日限無異儀歟云々、長明申云、女子不調何事哉、一切不覺悟、次儀絶事、有狀文者、可被召出也、追出所領内由事虚言也、次取返讓狀事者、行元以綾部屋敷、讓嫡子之處、被召彼所之間、讓給藤木屋敷之時、爲致彼讓狀之沙汰、取寄之早、至悔還者、爭不破却哉、次後家所帶建長四年四月十日讓狀者、云手跡、云判形相違也、構謀書、悔還女子分讓狀之由、令申之条無其謂、所勞之時、子孫看病早、此讓狀事、一切不承及、行重申云、女子不調子細者、數度直雖申遣、今論申歟、後家者建長元年得讓之上、同四年四月十日以自筆書与讓狀早、爲謀書之由事、類書類判多多也、被比校可有御沙汰歟云々、長明申云、建長元年讓狀事、令破却之上者、可足證文否、可爲上裁歟、同四年狀尤可被比校類書類判之、次儀絶由事、女子与父令同居早、其後造小屋之時、父見沙汰之、所勞之時者、至死期令看病之間、臨終之時、女子勸飲食早、爲儀絶者、爭如此可致沙汰哉云(云々カ)、行重申云、同居幷造小屋之時、見沙汰由事虚言也、次死期勸飲食由事、獲麟之時、女子押入之間、後家强不及制止云云者、如後家所帶行元建長元年十二月五日讓狀者、讓渡藤原氏女仁藤木仁所給女子之由、坪之薗之爲親不思議那留仁依天、悔還天讓渡氏女、一期之間可領掌、一期之後者、能當良牟子弥三郎仁天毛四郎仁天毛可給、乍二人能當良牟二人仁分天可給云々、如同所帶同四年四月十日狀者、讓渡狀於和御前腹立之時、雖令引割給破毛候、猶々毛其仁可爲證文、所給女子讓狀坪取天進之、爲親不思議候倚波、鎌倉仁雖持來候、可思直之事云云者、建長四年狀爲謀書之由、長明雖申之、比校兩方承伏之行元自筆狀等之處、云手跡、云判形、無相違之間、難處謀書、次建長元年狀事、令破却之間、不足證文之由、同雖申之、如建長四年

後家藤原氏田畠・在家等ヲ進退スベシ

淵底ヲ究メ左右アルベシ

越後國小泉庄牛屋條地頭色部公長、同國荒河保地頭荒河景秀ト堺ニツキ相論ス

狀者、雖令破却彼狀、不可有相違之由、書載之間、不及子細、早任彼狀等、以後家可令(脫アルカ)件
田畠・在家等矣、
一、宰府地貳所事、
右、後家則彼地者、父行元買領之間、書載女子分讓狀畢、所載件狀者、後家不漏一分、可
知行之仁也、而女子盜取□劵、令沽却之由承之、早可被糺返之由申之、女子亦彼地者、
女子母自他人手買取畢、父蒙御勘氣之時、豐前々司資能(武藤)雖稱沒收之地、女子捧賣劵、申子
細之間、令案堵(安カ)畢、證文等者、所留置鎭西也、資能沙汰事、有御不審者、可被尋問之、賣
劵爲顯然之旨、陳之者、後家讓得之由、雖申之、不帶本劵之間、不審所相貽之、早仰資能、
被召出證文、被究淵底之後、可有左右矣、以前兩条、依將軍家仰、下知如件、

建長七年九月十三日

陸奥守平朝臣(北條重時)判
相模守平朝臣(北條時頼)判

九八

(古案記錄草案〔色部文書〕)(註75)

越後國小泉庄内牛屋〇(条)地頭色部右衞門尉公長与同國荒河保地頭(荒河四郎)□景秀与相論之事、
右、對決之處、如公長申者、牛屋条南境者、爲大川之間、在家畠等(追年)□令河成畢、景秀稱河
成、令押領之条、無其謂、或所者稱古川跡、越當時河知行之、或所者雖無河跡押妨之、早停
止新儀、可守往古境之由、欲被仰下云々、如景秀申者、件境者、自祖父義秀時、一切無相論、

□（稱河成）被押取之由、被申之条、何所哉、當保上境者、限古河北岸、自昔更無違乱處、年來件境古河跡、始企耕作之間、欲訴申之處、如此被申之条、無其謂歟、下境者以二兒塚爲之間、去々年景秀代官令立鹽屋之刻、自牛屋条破棄彼鹽屋之条、理豈可然哉、無左右押越他領、致狼籍（藉）之条、未曾有次第也、雖又於荒河流者、景秀三代相傳之知行也、仍云古河境、被訴河流（云新）、自往古無相違之處、始企相論之条、如式目者、有御禁制歟云々、公長申云、以古河可爲境由事、有證文者可備進、以何證據、令稱境哉、所詮、云古河、云新河、揭兩樣、被押領之条、無術事也、然者、就一方、欲蒙御成敗、次二兒塚境爲荒河內由事、存外申狀也、如保元立劵狀者、押境枯松出路云々、雖然此河崩入之間、以何令存境哉、年來被押領之条、不力及之處、剩越河立境之条、尤可立申其證據、次東境者、自菟牟（マヽ）禮至鱒澤之處、今名境澤、立新境、押領牛屋条桑・漆条無道也、景秀申云、東境鱒澤者荒河保最中也、以境澤、爲兩方境之条、不及子細、漆・桑者境澤以南也、非牛屋条、被實檢、不可有其隱、次古河新河崩入牛屋条也、河以南河底者、公長可令進退、往年古河跡者、就年紀景秀可令領知也、次二兒塚事、爲荒河內、三代令知行之条、見九月六日（不記年号）、安東兵衞尉忠—（家字有憚）、奉書、閏十月十五日（同）遠江入道狀、次保元立劵狀云、押境枯松出路、崩寄二兒塚之間、不及相論之由、令申之上者、何隨要用、可致古河・新河之論哉云々、公長申云、以兩樣、於被押領者、牛屋条不可有其殘、次二兒塚事、以奉書備證文之条、不足證據、於公長者、以仁平・建久立劵狀、所備申也、次鹽屋事、踏入牛屋条、令作鹽屋之間、加制止之時、歸道理壞取畢云々、景秀申云、立劵狀事、非荒河与小泉庄之境、一庄立劵狀也、如申先段、三代相傳之上、始不及相論、次鹽屋事、被壞棄之間、

河流ノ北端ヲ境トシ相互ニ違亂ナク領知セシムベシ

運歸畢云々、爰如公長所進仁平三年十二月廿八日立券狀者、東限甕坂、但大山、南限千松出路〔土〕云々、自余略之、如建久二年十二月日同狀者、南牓示荒河北端云々、同如景秀所進九月六日不記年号、遣西保余二行忠□〔之〕奉書者、荒河保地頭時秀訴申、爲牛屋郷地頭進三郎入道、以新儀被妨二子塚由事、相尋子細、可止其妨、有子細者可令參決云々、如閏十月十五日遠江入道狀于時式部丞者、荒河保与牛屋保境相論事〔条〕、於二子塚者、先年被付荒河畢云々、其上不可有異儀之處、重押領可停止云々、如狀者、爲問〔同〕狀歟者、云古河、云新河流、兩樣被押領之由、公長訴申之處、三代知行之旨、景秀雖陳之、如建久立券狀者、荒河北端云々、然者、就一方、可蒙御成敗之由、公長所申非無其謂、仍於向後者、隨河流、以北端爲其境、相互無違乱、可令領知之狀、依將軍家仰、下知如件、

建長七年十月廿四日

相模守平朝臣（北條時頼）判形

陸奥守平朝臣（北條重時）判形

預所安藝重宗代盛景、下司伊作則純代孫有純ト薩摩國伊作庄所務條々ニツキ相論ス

九九

（島津家他家文書）（註76）

嶋津庄薩摩方伊作庄預所安藝右衞門尉重宗代盛景法師法名淨空与下司伊作平四郎則純法師法名念西代孫有純相論条々、

一、下司職事、

右、對決之處、如淨空申者、文治三年則純叔父重純寄進之間、被庄号畢、於下司者、爲領

家進止之處、元久二年守護人忠久（島津）稱關東御勘氣、追出重純、令知行下司職畢、爲領家依無違乱、至寶治之比、自然走過之處、惣地頭常陸後家忠久女子令押領之旨、有純書送種々狀於預所之間、年來忠久知行者爲押領之由、領家始被驚思食之處、有純掠給御下知狀、違背領家云々、如有純申者、則純幼少之時、爲重純之沙汰令寄進畢、重純給御下文押領之間、元久比重純与則純於關東被召使之、則純給御下知歸國之時、於門司關令入海之剋、正文紛失畢、承久三年地頭忠久以當庄書生檢非違所幷自名田尻・和田・大野三ヶ村万雜事、令相博下司職之間、至嘉祿年中、不相違之處、忠久死去之後、常陸後家令押領畢、訴申事由之時、可爲能登前司光村沙汰之由、後家依載陳狀、光村尋問子細、就出和与狀、則純寶治二年雖蒙御下知、不違背領家、元久以前者爲領家進止之間、所申其由也云々、爰如淨空所進重純文治三年三月寄進狀・同年四月十四日廳宣・同十五日政所下文者、重純子孫可爲下司郡司之旨、任（注カ）之、如有純書送預所七月十九日・八月十六日・五月廿日各不記年号書狀者、伊作庄下司職數十年常陸後家押領之間、爲領家進止之由、有純訴申之時、可參決之旨、被仰下之處、地頭出避文云々、如撿注使加判建長元年十一月解狀幷有純進領家寶治二年訴狀者、依寄進奉公、給御下文、可備向後證文云々、如此狀者、領家進止之由、所見也、如有純所進天永三年國司任符・治承元年廳宣・元暦二年外題下文者、爲則純相傳所帶歟、如同所進元久二年十二月御下知・御教書案者、不帶正文之間、所相貽不審也、如寶治二年四月十日御下知者、常陸後家押領之由、有純訴申之間、付本職可令則純領掌云々、如狀者、雖有子細、不帶補任本御下文、乍書与種々大望狀、於預所以地頭濫妨停止之狀、令違背領家之条甚奸謀也、且召問常陸後

領家ノ進止タルベシ

下司職ハ領家ノ成敗タルノ上ハ沙汰ノ限リニアラズ

建長七年

後(家カ)之處、領家進止之条、不論申欤、然者、可爲領家進止焉、

一、惣公文・田所兩職事、

一、公文田・御給田浮免事、

一、下司管(算カ)失事、

一、公文給田事、

一、七見崎并崎田兩坪二町事、

一、冨永名事、

一、苧事、　一、桑事、

一、預所日別雜事等事、

一、下司苅取領家下部等作田事、

一、未進事、

一、下司親類縁者未進事、

一、下司下人等盗取收納使代則吉作田否事、

一、百姓三十人內下司抑留七人由事、

一、悪口事、

右十五箇条、下司職可爲領家成敗之上、非沙汰之限矣、以前條々、依將軍家仰、下知如件、

建長七年十二月廿五日

相模守(北條時頼)平朝臣在御判

陸奥守平朝臣(北條重時)在御判

帆足道員、伯父帆足家近代子息家俊ト守護領豐後國玖珠郡大隈・中島兩所割分ニツキ相論ス

家近給分五分一內半分ヲ高道ニ返付セラルニヨリ沙汰ニ及バズ

一〇〇 （大友文書）（註77）

帆足六郎兵衛尉道員与伯父清三郎家近(今者死去)、代子息四郎兵衛尉家俊相論條々、

一、道員背御下知狀、不割分守護領太熊(玖珠郡大隈)・中島兩所由事、

右、問注以後、兩方雖有申旨、所詮、於强盜幷栖鷹事者、尋究淵底、可注申之由、可被守(脱アルカ)護人賴泰(大友)、於太熊・中島者、就道西(家通)跡五分一、家俊雖申子細、被返付家近給分五分一內半分於高道之間、不及沙汰焉、自餘條々略之、

以前條々、依將軍家仰、下知如件、

建長八年八月十一日

相模守平朝臣(北條時頼)在判

陸奥守平朝臣(北條重時)在判

越中國石黑庄院林郷雜掌家時、地頭小野澤實綱・實重・盛實等ト地頭職ニツキ相論ス

一〇一 （醍醐寺文書）

(端裏書)「關東下知案」

円宗寺領越中國石黑庄院林郷雜掌右衛門尉家時与地頭小野澤大次郎實綱・同四郎實重・五郎盛實相論地頭職事、

右、對決之處、兩方申狀雖多子細、所詮、元久二年被停止地頭職畢、而承久兵乱之時、公文

當郷地頭職ヲ停止ス

政家企京方之間、依彼罪科、太海・院林兩郷所被補地頭也、爰太海郷地頭職者、先度有沙汰、被避進本所早、院林若可爲沒收者、可被補地頭職於公文跡之處、公文・惣追捕使兩職、共以貞應以後度々被付領家早、雖有罪科、公文之跡猶以被避之、况無其誤之處、何可被補地頭哉之由、家時所申非無其謂、然則、任元久二年御下知狀、所被停止當郷地頭職也者、依將軍家仰、下知如件、

正嘉元年八月廿二日　　武藏守平朝臣（北條長時）御判
相模守平朝臣（北條政村）御判

（春日神社文書）（註78）

興福寺僧綱、千福丸ト攝津國吹田庄下司職ニツキ相論ス

一〇二

（端裏書）「關東御裁許狀吹田庄事　正嘉二年十二月廿五日」

南都興福寺僧綱等与千福丸相論攝津國吹田庄下司職事、

右、先度對決之上、重被召決兩方之處、彼是申旨、子細雖多、所詮、如元久元年十一月御下文者、下、攝津國吹田庄住人等、可早如元以豐前守宗季朝臣爲下司職事、右、去文治乱之比、宗季舍弟左衞門尉宗時依相具平家、爲追討使梶原平三景時、被沒收當庄地頭職畢、其後盛（平）時補之、次又孝能爲地頭職之處、依興福寺申狀、殿下仰頭辨、奉書到來、於今者、優如宗季、如元令補任下司職云々者、宗季帶此狀正文、所令子孫相傳也、而千福丸親父宗有之時、自本所被改易乎、宗有依訴申之、度々經沙汰、建長三年・同五年千福丸爲下司職、可令相從寺務

寺家ノ進止タルベシ

肥前國御家人峯湛、鷹島滿ト宇野御厨內小値賀島地頭職以下條々ニツキ相論ス

覺圓ハ各別ノ下文ヲ帶セザルニヨリ敍用サレ難シ

之由、成敗先畢、爰寺家越訴之間、今被尋究之處、如元久御下文者、前後之句(マヽ)補任宗季之由、雖裁之、如右狀者、就本所擧狀、被成下歟、寺家所訴、頗有其謂、然則、任彼狀、可令爲寺家進止者、依將軍家仰、下知如件、

正嘉二年十二月廿五日

武藏守平朝臣(北條長時)在判
相模守平朝臣(北條政村)在判

一〇三

肥前國御家人峯又五郎湛与鷹嶋源三滿相論當國宇野御厨內小値賀嶋地頭職以下條々、 （靑方文書）（註79）

一、浦部爲當嶋內否事、

右、如滿申者、浦部者、覺円(藤原家高)自親父玄城房(尋覺)之手、所相傳也、曆仁年中持(峯)成和与儀畢、其以前一切持不知行、且各別之条、持三通狀明白也云々、如湛申者、玄城雖分讓之、悔返也後(之カ)、通澄(藤原)讓得畢、承元二年狀顯然也、湛所帶承元二年讓狀事、相互雖有申旨、所詮、覺円後改西念、不給各別御下文之間、難被敍用歟、自余略之、

正元々年七月十六日

武藏守平朝臣(北條長時)在御判
相模守平朝臣(北條政村)在御判

攝津國枳根庄雜掌仲景・同庄公文僧月性、多田院雜掌光信ト堺ニツキ相論ス

山ハ多田院ノ進止タルベシ

一〇四　（多田神社文書）（註80）

（端書）「關東御下知案、正文者御內在之」

攝津國枳祢庄領家土御門宰相中將家雜掌前大和守仲景幷同庄公文僧月性等與多田院雜掌沙弥光信相論堺事、

右、光信申云、爲多田御領山九万八千町事、國中無其隱之上、枳祢庄々官皆以所令存知也、多田堺者、東立板峯、西者有間堺、北者賀屋關、南者里也、次多田院者、雖不帶證文、任先例可致其沙汰之由、（源頼朝）右大將家御下文顯然也、而間、守舊規致沙汰者也、山野者爲多田進止之間、枳祢庄百姓等至于當時、倂令弁山手於多田方、證據何事如之哉、山手事、不限角尾之百姓、枳祢一庄村々在家不漏一宇、令取之條、御使入部之時、被糺明眞僞之日、不漏一宇在家之條顯然也云云、然則、角尾百姓許弁山手事者、無證據、自枳祢庄弁山手於多田之條、仲景等既自稱、如光信所進大將家御教書者、任先例可致沙汰云云、多田院者依爲沒收之地、雖不帶證文、且依先例、且任大將家御教書、不限當庄、多田之內權門領二十余ヶ所雖有之、至于山者、自（大內）惟義之時、承久御補任以後、御進退之間、以前御代官爲國・奉（泰）綱出山野制符免狀於所々之條、無異儀歟、仲景等者、以天福（暦）以後公劵等、雖申子細狀、文與申詞不符合之條、大概載于狀右、仍至于山者、可爲多田進止、依將軍家仰、下知如件、自余條々略之、

正元元年七月廿七日

武藏守平朝臣（北條長時）

相模守平朝臣（北條政村）

憲長、肥前國住人僧良縁ト河上宮座主職以下田畠・在家ニツキ相論ス

憲長ニ領知セシム

一〇五　（河上神社文書）

□膳亮憲長与肥前國住人僧良縁相論當國一□(宮カ)座主職以下田畠・在家事、

□(右カ)、如憲長訴狀者、去建長六年、良縁爲利錢參拾貫質券、入流件職幷名田在家等畢、且依傍例、□□(且依カ)證文、欲宛給云々、仍度々被尋下之處、如良縁正嘉元年八月九日請文者、今月廿日以前可致其弁、□違期者、可被成安堵御下文云々者、良縁乍□狀、于今無沙汰之上勿論欤、但件所者本主僧良□(顯相傳カ)之私領也、爰良顯死去之後、義海良縁本名与兼□相論之間、雖遂問注、就中分和与狀、建長元年十二月□(被カ)成御下知於兩方畢、然則、於良縁分所職田畠在家等者、任證文、早可令憲長領知之狀、依將軍家仰、下知如件、

弘長元年七月廿九日

武藏守平朝臣(北條長時)（花押）

相模守平朝臣(北條政村)（花押）

越中國石黒庄弘瀬雜掌幸貞・幸圓、地頭定朝・時定・宗定ト所務條々ニツキ相論ス

一〇六　（尊經閣古文書纂仁和寺心蓮院文書）

圓宗寺領越中國石黒庄弘瀬雜掌幸貞□定朝・左近將監時定・藤四郎宗定相論条々、

一、地頭職事、

右、對決之處、如幸圓申者、弘瀬者、山田鄕內也、往古領家進□(止之カ)處、故右大將家(源賴朝)幷左衞門督殿(源賴家)御時、飯埜三郎康家・新□四郎維憲・澁谷三郎有雅雖宛給地頭職、依本所御室御訴

訟、被停止畢、而定朝祖父定直罷成領家房人之間、自領家補任下司職畢、貞直起請文幷怠
狀及名薄(簿)進覽之、且訴訟出來者、可停止地頭職之由、被載元久三年御教書畢、背此狀等、
敵對領家、押領鄕務之上、早任御契約、停止定朝等地頭職、可被付領家、如定朝等申者、弘
瀨者各別之地也、全非山田鄕內、以山田・弘瀨兩鄕、爲一庄、以石黑上・中・下爲一庄、以
吉江・太海・院林・直海・大光寺五鄕、爲一庄、所謂三箇庄是也、何以山田鄕御避文、可備
弘瀨鄕□(避カ)文哉、次貞直者自領家補任下司職由事、平家以往者、不及陳答、木曾(義仲)左馬頭成給
安堵下文之後、爲關東御家人、給代々將軍○家御下文之上、不及子細歟、次元久御教書事、
爲付年号之間不審也、貞直起請文□奉爲領家忠勤也、何以彼狀、可令子孫進退哉、怠狀事同
前、以弘瀨、爲山田鄕內、無地頭之由、令存知者、公文職幷新田事、領家何可爲定朝請文之乞
狀哉、然而地頭不令敍用之、三代相傳之地、輙不□乱欤云々、幸圓申云、弘瀨爲山田鄕
內之条、康和五年平家政□幷貞直起請文以下文書明白也、又遂問注之最中、掠給□
□文之条、甚奸謀也、就中先御教書同令掠給□召出補任御下文云々、定朝□(申)云、山
田・弘瀨爲□山田□職避文、不可押妨之条、元久御教書以下證文明白也、次如貞□(直起
□カ)請文者、山田庄弘瀨之由載之、無內字之間、不足證據、元久御教書者、就先預所弁繼訴
狀、被成下畢、如彼申狀者、端書則山田內之由注之、狀中亦山田・弘瀨兩鄕者、往古一庄之
旨、所令書也、各別之条無異儀、次定直怠狀事、年來不知及之上、判形相違之間、頗僞書
也云々、爰如幸圓所進寺家政所康和元年下文者、越中國石黑庄山田可令橘爲成勤仕廣田內
參百參拾柒町壹段百貳拾□地而雜事云々、如右大將家六月十六日元暦元年・左衞門督家元久元・二

兩年御教書幷□(御)下知狀者、被停止山田鄉地頭職之由、被載之、如貞直建久三年名薄(簿)者、正六以上藤原貞直云々、如建仁三年同起請文者、山田庄弘瀨鄉下司貞直起請文事、自今以後始自本家・領家至京下使、一事□(以上)不可背所命、付內外致腹黑者云々、如弁繼元久二年十二月訴狀□(者)、貞直背起請、所致非法沙汰也、山田・弘瀨兩鄉者、往古一庄也、被停止山田鄉地頭職之日、弘瀨方何可有別地頭哉云々、如二月十四日付元久三年、御教書者、石黑庄山田鄉內弘瀨方中司弁繼解狀如此、条々罪科依難遁、伏(任カ)道理、可停止私新儀之由、書進起請文之□(間カ)、蒙御優免、給身暇下向之後、即巧猛惡、抑留有限恒例臨時御寺役之由載之、事實者、所行之旨、甚以不當也、早任起請文、可從領家御命、猶訴訟出來者、可令停癈其職也云々、如同三月貞直怠狀者、從領家所命、可停止貞直新儀非法条々、子細先進起請文所載也云々、而如定朝等所進留守所治承五年八月・木曾左馬頭同六年二月□者、以定直可爲弘瀨村下司職云々、如比企藤內朝重(宗カ)六月十四日不□(記)年□(號)、者、庄家者依鎌倉殿仰、山田可沙汰也、弘瀨事者僻事也云々、如大田兵衞尉朝季閏十月廿一日狀者、年來有限地頭沙汰事、不可有異儀云々、如建仁三年十一月三日御下知者、朝季郎從頗有謀叛□(企カ)之時、貞直遲參之由、雖令風聞、如國人等申狀者、京上之後、去九月八日令歸國、無遲參之科歟、於今者、可令安堵本所云々、如元久元年四月十七日御教書者、給山田鄉押混令押領云々、早可令停止自由押領也、若又有由緖共(者カ)、企參上可遂對決云々、如同七月十日御教書者、山田鄉地頭惟憲事、自御室被仰下之間、被止其職幷(早カ)、至弘瀨鄉者、無被止地頭事、無指其科御家人等所知、爭無左右可被停止哉云々、如同二年二月御教書者、弘瀨鄉地頭得分幷公文職事、任先例可致沙汰云々、如遠江入道生

山田鄉地頭職ハ領家ニ付セラレ難シ

地頭職改沙汰ニ及バズ

和与狀ハ沙汰ノ限リニアラズ

年序ヲ經ルニヨリ沙汰ニ及バズ

西(于時式部丞)承久三年六月・同八月狀者、所領不可有相違云々、如建長二年十二月御下文者、定朝可爲地頭・公文□山田・弘瀨爲各別否、兩方證文雖爲參差、所詮、如元久元年御教書者、山田鄉地頭惟憲事、被止其職畢、至弘瀨鄉者、不被□無其御家人所帶、爭可被停止哉之由、被載之、已爲各別之条明白也、然者、山田鄉輙難被付地頭職於領家歟、(是一)、次幸圓所進元久御教書事、初句令引載訴狀之間、頗問狀之躰也、終章若猶訴訟出來者、可令停癈其職之旨、被載之間、爲誡之御詞歟、何以此狀、可破建仁・元久兩度安堵御教書哉、(是二)、次書与怠狀幷名薄(簿)及起請文於領家畢、爲領家進止之由、幸圓雖申之、代々給御教書、地頭三代之間、經年序之上、不及子細歟、(是三)、次如式目者、雖帶御下文、於過廿箇年者、不及沙汰云々、何況三代五十余年勤仕御家人役之間、今更難被避歟、(是四)、凡寶治之比遂對決、所務条々被定下之上、地頭職事、不及改沙汰、次和与事、領家三分二、地頭三分一可令分領之由、兩方出和与狀之間、可被叙用否、有其沙汰之處、和与之条、不可然之旨、領家行遍僧正令申之上、幸圓辭當鄉雜掌、屬地頭之間、以教信阿闍梨爲雜掌、就本問注記具書、可蒙御成敗之由、行遍申之、然者、於件和与狀者、旁以非沙汰之限焉、

一、山田鄉惣追捕使職事、

右、如定朝申者、山田鄉地頭・惣追捕使兩職者、定直重代私領也、而兩職共以去給之由、領家号之、宛給他人畢、今披見被避□被止地頭職、至惣追捕使者、不被避之旨所見也、早□給云々、如幸圓申者、代々爲領家進止、宛給他人之後、經年序畢云々者、先々得領家下文之条、定朝承伏之上、爲領家沙汰宛給他人、經年序之間、今更不及沙汰矣、

指シタル悪口ニアラザル間沙汰ニ及バズ

今ニ於テハ其沙汰ナシ

守護人ニ尋究メシム

一、幸圓吐悪口由事、

右、彼是共以雖申子細、所詮、奉行人明石左近大夫兼綱・平内左衞門尉俊職令聞之由、兩方令申之間、被尋問之處、如申狀者、非指悪口之間、不及沙汰焉、

一、定朝京方事、

右、兩方申狀雖多枝葉、所詮、承久京方事、於今者、無其沙汰之間、不及子細矣、

一、定朝・定時籠置强竊二盜事、

右、訴陳狀之外、無別子細之由、兩方申之、而如彼狀者、子細不分明之間、仰守護人所、可被尋究也焉、

一、重松名田數事、

右、如幸圓申者、地頭給田壹町・雜免壹町号重松名之條、見實撿名丸、而實治撿注之時、定朝等不引里坪、掠申之間、重松陸町□取帳畢、遂終撿注節、預所・地頭兩方取帳讀合之後、擬固目錄之處、定朝注十三町作人名字、可結入目錄之旨、雖申之、不能敍用、而自地頭方、号重松之由、進入筆取帳之条、其科難遁云々、如定朝申者、當名自元爲十三町之條、見先預所弁継承久二年名丸、壹町所當者伍石余也、而地頭名所當廿余石之條、見實憲陳狀、於爲雜免者、何可弁貳拾余石哉、實治取帳事、自重松名取初之處、當名者、無其隱之間、注付下作人名字畢、時定分高宮者、撿注之時、重松之由注付也、其外者不可有重松之旨、撿注以後重禪令申之旨、承及之間、且可被注入也、於地頭方取帳者、注付之、讀合之時、可持□之由、□之處、□任意之由、重禪返答之間、注付之、持向之處、雖支申、遂讀合

畢、可被召問也、於構出謀書者、爭可相觸嫡(敵カ)人哉、而先問注之時、爲存知可注給之旨、忠光申送之間、書遣案文畢、全非忠光入筆云々、幸圓申云、如弁繼承久二年名丸者、建久九年實撿之由載之、重松拾參町之旨、一切不載承久帳、構出謀書之間、前後不符合歟、号文書紛失之由、爲雜掌詮用狀者、不進之、如此構出謀書之条無道也、實憲陳狀事、未進已以過分也、然者、先年沙汰之時、未進相續之間、載其次第歟、實治取帳讀合者、實治二年十一月十八日之□兩方取帳一切可書入重松名之由、不申之、而同十二月廿四日可注入拾參町之由、地頭申送之間、爲讀合以後入筆之条顯然也、就中先問注之時、定朝代官忠光始則稱正帳之由、後亦爲存知重松名員數、目安注付之旨申畢、而今所變詞也、實治二年名寄・建長元年損亡注狀進之、被召出地頭方同狀者、入筆可令露顯也、其時一切無入筆、今書入之条無異儀、證文顯然之間、何可被□寺哉云々、定朝申云、建久九年撿注帳者、實撿使有兼上座□致非法、被破之由、載先段弁繼狀、爲謀書否事、不及胸臆相論、類判進之、可被比校也、其上紙色經年序之条顯然也、隨又云手跡、云判形、被召問弁儆者、無隱歟、實憲陳狀事、顯然之上、不及別子細歟、實治取帳事、十一月十八日讀合之条勿論也、同十二月廿四日注文者、讀合以後重松事、重申送之處、給注文可令存知之旨、重禪度々申遣之間、爲公事配分注遣畢、何可爲讀合以後證據哉、名寄幷損亡注文事、可被召問作人之由、令申之上、不及彼狀沙汰歟、忠光申詞事、忠光可申云々、忠光申云、正帳之由不申之、爲存知注給之旨申畢、奉行人定令聞及歟云々、幸圓申云、忠光申詞者、奉行人等令聞之間、不及重申、弁繼注文者、狀文紕繆露顯之上、不能類判幷證人沙汰、書入重松名、至遂實治取帳讀合

定朝ノ申狀子細ナキニアラズ
重松名田數ハ先例ヲ守リ引募ルベシ

者、何号爲公事配分、可召注文哉云々者、承久二年名丸事、件注文与建久取帳、田數雖令相違、如彼名丸者、以他名引入重松名之旨、有所見之間、以建久田數相違、無左右難号有紕繆歟、加之、定朝備進類判之上、可被尋弁儆之由、令申之處、幸圓遁申之間、旁以難處謀書、次實治取帳事、當鄕內定朝分有重松之由、不載領家方取帳之處、定朝以後日書入重松名於自身取帳之条、頗雖似自由所行、書入事、非預所免許者、何重松名御服所當之由、預所可出實治・建長返抄哉之旨、定朝所申非無子細歟、爰就當時押領、納年貢之間、不足證據之由、幸圓令申之条、難被敍用歟、然則、於定朝者、難處罪科、次當名田數事、定朝帶承久名丸幷返抄之上、守先例可引募也矣、

一、苅取高宮村新田作稻由事、

右、如定朝申者、重禪以當他所人勢、建長元年八月廿七日地頭時定正作同名市庭住人等作稻陸百余束苅取畢、背御下知狀、致狼藉之間、可被改易重禪云々、如幸圓申者、爲預所名安丸內之間、代々無相違、實治撿注之時、如元請負預所名畢、兩方取帳明白也、然者、預所下人蒔種子於彼田、令稱作之日、定時率多勢、俄二三十束苅之程、押殖之後、不汲水、不取草、一向弃置之間、幸圓舍弟右衞門尉家時以佐藤次郎爲使者、作人歎申之由、申送之處、可苅取之旨、返答之間、西佛法師苅之、且有安丸名之条、見正治二年々貢散用狀云々、定朝申云、安丸名字不承及之、散用狀者非名丸之間、不足證據、加之、件名事、實治取帳讀合之時、不載之處、今如難掌方取帳者、載安丸名之条、爲入筆歟、撿注之時請負預所名否、可書合論起請之由、時定所申也、苅田員數幷時定免否事、被召問家時之後、可申子細云々、

幸圓申云、寶治取帳者、遂讀合之處、令相違之條、已定朝謀書也云々者、定朝則預所蒔苗令耕作者、可言上子細歟、而無左右押殖之条、無其謂、預所亦定時免許事、無指證據之處、作人稱苅取之由、無沙汰之条、爲非據歟、云彼云此、忘穩便儀之間、不及沙汰、次如幸圓所進正治二年年貢散用狀者、有安丸名之旨所見也、而預所方寶治帳者、安丸名之由載之、如地頭方同帳者、不載彼名之間、相互就件取帳、申子細之處、於地頭方取帳者、重松名事、有入筆之由、幸圓令申之外、無指難申之旨歟、而彼帳与雜掌方同帳令相違之間、幸圓所帶狀聊雖貽不審、至當鄉者、安丸名字之由、定朝令申之處、載正治散用狀之間、爲定朝不實歟、而非名丸之間、難敍用之旨、定朝雖申之、無安丸名者、何可載散用狀哉、至兩方所進寶治取帳者、重松・安丸兩名事、相互令相違之上、非指預所・地頭加判狀之間、難被用捨歟、然則、於安丸名者、任正治散用狀、至重松名者、守承久名丸幷寶治・建長返抄、所被裁許也焉、

安丸名ハ正治散用狀ニヨリ、重松名ハ承久名丸・寶治・建長ノ返抄ニヨリ裁許スベシ

一、弘瀨鄉惣追捕使職事、

右、幸圓則地頭押領之由申之、定朝等亦先例不被定置其職之旨申之者、号先預所能継・利近等狀、問注以後定朝等雖備進之、以彼狀、無左右難被是非、然者、所被尋問先例於庄家也矣、

先例ヲ庄家ニ尋問ス

一、同新田事、

右、如定朝等申者、於新田者、故右大將家（源頼朝）御時可爲地頭得分之由、所被仰下諸國也、件田肆町余者、治承・建久兩度撿注以後、定直令開發荒野之間、先預所弁僘・定心等撿注之時、

地頭ノ濫訴ヲ停止ス

不付取帳、就中可依先傍例之由、被載實治御下知之間、當鄉者預所不相交之上、尋傍例之處同前也、而預所重禪背御下知狀、苅取作稻之条、狼藉之科難遁歟、作人等申狀進之、先々預所交沙汰者、領家何可出乞狀哉、實治撿注之時、不見新田者、不可遂本田實撿之由、預所支申之間、付取帳之處、何背先例、可被結入目錄哉云々、如幸圓申者、縱雖爲新田、撿注之時載取帳之上、不蒙使免許者、爭地頭可籠置之哉、況本田跡也、大將家御下知事、不帶彼狀之旨、被載實治御下知畢、傍輩狀事、私取進緣者等狀之間、不足證據、次苅田事、爲所當沙汰、可令點定歟之由、雖申之、作人等依爲地頭緣者、同下人不敍用之、苅取畢、預所不苅之条、見定朝所進作人等狀云々、爰如兩方所進實治二年七月日御下知狀者、新田事、右大將家御時可爲地頭分之由、被仰下諸國之上、開發之後經數十年之旨、定朝雖申之、不帶御下知狀歟、隨又國々之例必不一樣、且任先例、且依傍例可致其沙汰云々、就此狀、相互申子細之上、定朝等難取進傍輩狀、所詮、不蒙撿注使免許者、縱雖爲新田、爭地頭可令押妨哉、隨又實治撿注之時、已被載取帳畢、然則、停止地頭濫訴、早可因目錄也焉、

一、漆事、

右、如定朝申者、百姓分漆者、地頭雖搔之、領家分者、任先例令進濟之處、當預所搔取之上、地頭名於曾波谷・伊加須谷・加々谷・高宮・開發新田漆等押取之云々、如幸圓申者、漆搔者預所下人也、引募免田、搔漆令進濟預所方事先例也、地頭一切不取得分、次定朝等申四箇所漆事、皆以百姓分也、如彼等申狀者、一向當鄉令押領歟、以件所々、就在家相論段、可令落居之間、不及委細云々、定朝等申云、漆搔者兩方役人也、而爲漆搔役搔之、領

庄家ニ尋問セラレ左右アルベシ

家分四合八撮、預所・地頭各一盃也、重禪押取地頭得分畢、可被尋弁儆也、四箇所漆事、尤可依在家段云々、幸圓申云、弁儆者爲地頭縁者之間、不足證人云々者、漆搔爲兩方役人否并地頭得分有無事、於弁儆者、預所嫌申之間、不足證人、其外無指證據歟、然者被尋問庄家、可有左右、次四箇所漆事、可依在家相論段之由、兩方申之、其上不及別子細矣、

一、千手堂兎田壹段事、

右、如定朝申者、件堂者、百姓延正名內也、彼堂顚倒之間、弁継下人增仙建立畢、兎田者以荒野預所・地頭相共寄附之間、年來柿谷院主明鑒所領作也、而石丸之由掠申之、稱迯夫對捍之旨、苅取之云々、如幸圓申者、增仙建立之条勿論也、爲延正名內之由、令申之條不實也、兎田者石丸名內也、延正与增仙爲各別作人之条、見實治取帳、如建暦寄附狀者、爲預所進止歟、至貞應三年、爲增仙沙汰、居置住僧畢、而貞茂(定朝父)以無道張行鄕內之間、云堂舍、云僧坊押領之、所居置明鑒也、明鑒所從上光法師造小屋於彼田、令居住之處、定朝舍弟侍從房良清招寄三位房(定朝甥明鑒弟子)・并禪良子(同弟)・行妙法師(同所從)・尺王法師以下輩打四一半之間、於下輩者、引過粁、至良清等者、稱御家人可蒙關東裁許之由、定朝依令申之、于今不加禁遏、然者、追却上光法師、點定作稻、所省宛彼堂修理粁也、於良清等者、可被召禁云々、定朝申云、四一半事、不知及之、沙汰出來之時、定朝抑留良清等否、可被尋守護又代官孫太郎也、預所家子難波二郎實治二年於預所宿所打四一半畢、何無其沙汰哉、以上先作毛宛修理粁由事、不實也云々、幸圓申云、孫太郎者爲地頭縁者之間、不足證人云々者、千手堂事、爲延正名內否胸臆相論也、增仙建立之條定朝承伏之間、可爲預所進止也、同兎田事、如定

堂免タルベシ

四一半ヲ打ツ事ハ守護所犯否ヲ尋明ムベシ

土帳ニ任セ糺明シ左右アルベシ

承久以前ノ前例ヲ古老住人ニ尋問シ左右アルベシ

地頭ノ非論ヲ停止シ寳治取帳ニ任セ引募ルベシ

朝所進建暦二年十月十日寄附状者、新田壹段事云々、地頭・預所加判之間、非石丸名内之由、定朝雖申之、寄附當堂之後、經年序之間、不及勘落、早可爲堂免、次同作毛事、宛置修理料之由、幸圓令申之上、不及異儀、次四一半事、相互雖申子細、所詮、良清等者御家人之由、令申之上、尋明犯否、可注申之旨、所被仰守護所也焉、

一、押取高宮村新畠作毛由事、

右、如定朝申者、件畠大豆・小豆・麻・苧・白苧・桑押取畢、年來地頭下人下藤庄司作畠也、畠事、兩方可致沙汰之由、被成御下知畢、況於地頭下人作畠哉云々、如幸圓申者、兩方可致沙汰之旨、被仰下者、平民內逃死○《亡》跡事也、何寄事於左右、可濫妨安丸名內哉、時定下人庄司男皆以苅取件作畠之条、預所訴訟也云々者、爲胸臆相論之間、暗難是非、然者、云作毛、云下地、任土帳被糺明、可有左右矣、

一、山手河手事、

右、如定朝等申者、預所先例不相交之處、建長元年始押取河手材木畢、承久以前預所令取否、可被召問近隣輩云々、如幸圓申者、一向爲領家進止、沙汰來之處、承久以後押領畢、近隣住人等者、爭可知及承久以前事哉云々者、御使入部之次、以起請文、被尋問承久以前例於近隣古老住人等、可有左右焉、

一、預所令落勘佛神田由事、

右、問答之詞子細雖區、所詮、於寳治取帳者、重松・安丸爲入筆之由、相互令申之外、兩方共以不加其難歟、然則、於下地者、停止地頭非論、任寳治取帳、可引募也、次同田地頭

領家ノ進止タルベシ

作毛ノコトハ胸臆ノ相論タルニヨリ沙汰ニ及バズ

加徴事、云彼加徴、云預所方京上幷田率役不可宛催之由、兩方申之、此上不及異儀矣、

一、大萱生名田參段（見作貳段）事、

右、定朝・宗定等則先祖定綱開發之後、依引籠地頭名、父定直〔讓〕宗定之間、寛元年中給安堵御下文之處、預所濫妨之由申之、幸圓亦爲領家恩顧之處、宗定違背之間、可上取之旨申之、爰如宗定所進先預（領）家建久七年十月日下文者、宛給西大萱尾、右、宛給定直之狀如件、招居浪人、可致能治、兼又隨京下使進止云々、如定直法師（法名蓮佛）仁治二年六月日讓狀者、弘瀨名田事、以上壹町柒段大云々、（坪々略之）、如寛元元年九月三日御下文狀者、任貞直法師讓狀、可令領知云々者、爲領家恩顧之条、見宗定所進領家建久七年下文、而當鄕名田等就父讓狀、寛元元年号給安堵御下文、敵對領家之条甚自由也、然則、於件大萱生名田者、宜爲領家進止焉、

一、松本名苅田事、

右、如定朝申者、逃死亡跡者、預所・地頭相共可付作人之旨、見寶治御下知狀、然者、相分松本名之處、自預所方越境押作之上、定朝作田伍拾束苅許預所苅取云々、如幸圓申者、松本田者、預所分也、苅田事不實也云々者、於下地者、止私中分、招居浪人、兩方可召仕也、至作毛者、依爲胸臆相論、不及沙汰矣、

一、柿谷寺事、

右、如定朝申者、先祖定綱建立之間、子息定澄卜屋敷於當寺之上、有墓所、預所者不卜墓所、爲代々氏寺之間、定茂以院主職幷神田、讓与子息僧良清畢、但院主初任之時、如形引進見參新於預所之外、全以預所不相交之處、當預所押居坊舍、令張行地頭建立寺者、預所

庄家ニ尋問シ左右アルベシ

不相交之条、傍例證文進之云々、如幸圓申者、爲泰澄大師建立之間、經數百歳星霜畢、何定綱造立之由、可掠申哉、爲白山末寺之上、藤峯一宿也、院主職者代々領家進止之間、預所令居住畢云々、定朝申云、雖爲私建立、北陸道之習山臥通峯之時、依便宜令定于宿者先例也、然者、當寺雖爲醫王山一宿、何非地頭進止哉云々、幸圓申云、醫王山一宿之由、承伏之上勿論也云々者、地頭建立歟、將又爲預所進退否、共以無指證據歟、然則、被尋問庄家、可有左右焉、

一、加徵事、

右、如定朝申者、領家佃壹町者、自元不取加徵、於預所給田貳町者、自往古取地頭加徵壹段別壹斗、之處、寶治撿注之後令抑留云々、如幸圓申者、承久以前者、地頭不取公田加徵、元久御教書者、所隱持也、況於領家佃預所給田哉、其上無傍例歟、但自領家佃・預所給田、可取地頭加徵者、自地頭給田、可弁領家方御服所當歟、就中領家佃參町壹段參佰步之條、見正治目錄、何其內壹町之外可取加徵哉、預所給田貳町・千手丸貳町者、爲往古除田之間、一切不取加徵云々、定朝申云、公田加徵事、元久御教書一切不隱置之、領家佃壹町・地頭給壹町者、自元被載目錄之間、相互無課役沙汰、預所給壹町并所殘者、雖爲往古除田、爲領家坊人等給恩之間、取地頭加徵事先例也、正治狀者地頭不加判之、領家方所當散用狀也、隨又件狀者、爲高取之間、鄉民等依令逃散、實憲爲新補預所入部之後、免除段別小之時、所定置領家佃壹町也、參町余事、不承及之、但地頭方雜文書者紛失之間、不備進之云々、幸圓申云、定朝者以口臆之詞構申不實、幸圓者進證文、只仰上裁、雖有地頭之号、不相交所務之

地頭定朝等ノ濫妨ヲ停止ス

地頭兼帯シ領家方ノ所務ニ相従フベシ

地頭名ニツイテハ預所ノ沙汰ニ及バズ

間、不加判形於取帳云々者、承久以前地頭不取公田加徴之由、幸圓雖申之、如定朝等所進元久二年二月五日御下知狀者、可取件加徴之条、無異儀、次領家佃員數事、破正治取帳目錄之由、不帶證文、定朝等濫妨之条、無其謂、任彼狀可引募也、次同佃內貳町余幷預所及千手丸給田等事、爲往古除田之處、可取加徴之由、定朝等令申之条、過分所行也、早可令停止彼濫妨矣、

一、公文職事、

右、相互雖申子細、所詮、就元久二年御下知狀、寶治二年被付地頭畢、彼御成敗之趣無指相違之間、不及改沙汰、然者、地頭兼帶之、任先例可相從領家方所務焉、

一、御服綿事、

右、如幸圓申者、件綿者、弁伍段別壹兩之条先例也、而定朝押領公田等、責取參段別壹兩、令進五段別壹兩於領家云々、如定朝申者、重松名拾參町內公田者、進止下地之間、有限領家方御服無懈怠、依爲自名內々沙汰者、何預所可支申哉云々者、於地頭自名者、有限年貢無懈怠者、內々沙汰之趣不及預所訴訟矣、

一、勸農田事、

右、如幸圓申者、爲預所進止、付作人之条先例也、就中預所・地頭所務各別之間、地頭不相交之条、寶治相論之時定朝申詞顯然也、而相共可致沙汰之由、被載同御下知仰詞之条、雖貽訴訟、當時者任御下知、致沙汰之處、定朝等或引籠重松名、或宛給所從等云々、如定朝申者、地頭・公文等致勸農沙汰事、先傍例也、先々勸農狀案進之、正文者作人等所令帶

平民跡ニ浪人ヲ招居召仕フハ傍例ナリ
地頭下人ニ宛作セシムコトハ停止ス

在家撿注ヲ遂グベシ

未進アラバ辨償スベシ

也、兩方可致沙汰之由、被載寳治御下知之處、背彼狀、頭所（預カ）一向張行云々、爰如定朝所進勸農帳者、爲案文之間、不足證據、如寳治二年御下知狀者、勸農事、爲預所沙汰之由、載定朝申詞之處、於不作跡者、預所・地頭相共可致沙汰之旨、被仰下之間、申詞与仰詞參差之由、幸圓雖申之、平民內逃死亡不作損亡跡者、預所・地頭相共招居浪人、兩方召仕事、爲傍例之間、不及改沙汰、但以平民跡、不語付百姓、或地頭引籠之、或令宛作同下人等之条、公役懈怠之基也、早可令停止焉、

一、地頭等押領百姓名由事、

右、如幸圓申者、於平民者四十名、至地頭分者、重松廿字加脇在家十九字定、也、而定朝・定時等押領往古百姓在家并領家開發之地、或召仕之、或爲屋敷、或稱公文分之間、遂撿注、任建久取帳、擬致沙汰之處、定朝等不敍用云々、如定朝申者、領家開發事、不實也、有限百姓十七名所役無懈怠、百姓四十宇并在家撿注事、不承及、仍難申領狀云々、爰如建久取帳者、云田地、云在家、共以遂實撿事勿論歟、而遁使節、押領在家之条、無其謂、然則、可遂在家撿注、但於有限地頭・公文等在家。者、任建久取帳、可除之也矣、

一、御服并所當未進事、

右、兩方任申請、早遂寳治二年以後結解、有未進者、任被定置之旨、可令弁償焉、

一、節粁早初米五節供事、

一、吉方方違并預所下向雜事間事、

右、如幸圓申者、件所役等者、就公田之跡勤仕之條先例也、而定朝等打止之、定朝同母堂

傍例ニ任セ停止スベシ

并子息等責取彼役云々、如定朝申者、預所在國之時、件役等不對捍、地頭方取彼役事先例也、子息斂定事別志也、母堂分事不實也云々者、預所方節料早始米五節供并下向雜事等者、不致妨之由、定朝申之、此上不及異儀、同方違引出物事、号先例、自百姓等之手責取之条、無其謂、早可止之、次地頭方五節供并責取方違引出物事、同以任傍例可令停止之也、次地頭母堂并子息分事、爲不實之旨、定朝論申之上勿論焉、

預所合力セシムルヤ否ヤ尋問シ左右アルベシ

一、天滿・高宮兩所市事、

右、幸圓則件市者、或百姓分、或立預所分地之處、不相交預所之由申之、定朝亦爲地頭沙汰、立地頭開發新田并無主荒野之間、不相交預所、若又預所令立市於荒野者、地頭不可支申之旨申之者、件市下地并立市之時、預所令合力否、被尋問可有左右矣、

雜掌下知狀ヲ燒失スルニヨリ重ネテ寫シ下ス

以前条々大概如此、抑去年十二月成給下知狀於兩方畢、而雜掌方下知狀於參河國八橋宿、令燒失之由申之間、以先度符案、重所被寫下也者、依將軍家仰、下知如件、

弘長二年三月一日

(北條長時)武藏守平朝臣(花押)

(北條政村)相模守平朝臣(花押)

(塙文書)

一〇七

犬石・毗沙石、辰石ト

(前缺)

讓狀於二仁書天、各仁給畢、自今以後弥次郎高重仁讓多留方畠一段大仁天母、須邊天何子共仁母、

常陸國磯部郷半分預所職ニツキ相論ス

犬石・毗沙石等ニ領掌セシムベシ

熊谷祐直、舍兄熊谷直時ト安藝國三入庄倉敷三分一ニツキ相論ス

祐直ヲシテ沙汰セシム

孫子仁天毋、不可讓、爲後代證文、自筆仁天書早、若自今以後子共中仁毋、孫子ヵ中仁毋、爲得讓由、雖有申者、不可有曾自筆、不可用、於他筆者、可爲謀書云々、如高重讓犬石・毗沙石等文應二年五月十二日讓狀者、各可領知云々、如則秀執進寶治元年三月八日良圓起請文者、十月十八日夜大中臣氏繼子左近將監景高申狀仁、弥次郎所領於辰石仁讓給江登申候志加波、大中臣氏者讓満志幾由遠被申天、弥与波良礼候之處、景高口筆仁天、後讓狀於良圓令書候之間、大中臣氏已正念違天、前後不覺仁見江給之時、女房達手於取抑天、後文仁判波世良礼候幾、大中臣氏辰石仁讓覽登云詞一毋不候（誓狀略之、）云々者、辰石帶祖母後判讓狀、可宛給當鄉預所職之由、雖申之、祖母讓高重早、高重分讓犬石・毗沙石等早、讓与高重狀者自筆也、辰石所帶狀者他筆也、閣平生自筆之讓狀、難被用前後不覺之時他筆讓欤、然則、於磯部鄉半分預所職者、任高重讓狀、可令犬石・毗沙石等領掌之狀、依將軍家仰、下知如件、

弘長三年三月十三日

武藏守平朝臣（北條長時）（花押）

相模守平朝臣（北條政村）（花押）

（熊谷家文書）（註81）

一〇八

熊谷左衞門三郎祐直与舍兄圖書助直時相論安藝國三入庄倉敷參分壹事、

右、擬召決兩方之處、於三分一者、祐直可相綺之由、直時令契約之後、知行無相違之旨、直時去五月進請文畢、此上勿論、早任彼狀、祐直可致沙汰也者、依將軍家仰、下知如件、

弘長三年七月廿日

武藏守(北條長時)平朝臣(花押)
相模守(北條政村)平朝臣(花押)

(鰐淵寺文書)

一〇九

鰐淵寺別當賴永代實禪、地頭賴益ト出雲國宇賀鄕山口ニツキ相論ス
和与狀ニ任セ相互ニ沙汰致スベシ

(端裏書)
「關東御下知狀案 宇賀鄕山口事 弘長三年八月五日」

出雲國鰐淵寺別當治部卿律師賴永(賴乘僧正弟子)代法橋實禪与同國宇賀鄕地頭賴益相論山口事、

右、如六波羅去六月十三日注進狀者、任正嘉元年御教書、擬尋決之處、兩方令和与云々、如賴益文應元年十一月廿九日和与狀者、寺中住人等在家別壹人、壹年中廿五日地頭可召仕也、但勸農之時、每日拾伍人(壹字別參人)、三箇日可召仕也、於山口者、可免除之、至狩役者、令停止畢、若相互背此旨者、可被行過怠云々、如實禪同日狀者、宇賀鄕山口事、請取地頭和与狀畢、此上不及訴訟云々、如賴永四月廿九日(不記年号)狀者、爲向後可給御下知狀云々者、任和与狀、相互無違乱、可致沙汰之狀、依將軍家仰、下知如件、

弘長三年八月五日

武藏守(北條長時)平朝臣(花押)
相模守(北條政村)平朝臣(花押)

(宗像神社文書)(註82)

一一〇

宗像氏業、永野氏郷ト肥前國伊佐早庄永野村地頭職ニツキ相論ス

東方氏業、西方氏郷ニ下地中分ス

熊谷直時、舎弟熊谷祐直ト安藝國三入庄・武藏國西熊谷郷ノ所務條々ニツキ相論ス

宗像六郎氏業法師法名浄惠与小太郎（永野）氏郷相論肥前國伊佐早庄永野村地頭職事、

右、本主氏經令分付氏業幷氏郷之處、有相論之間、可尋明之由、被仰大宰少貳（武藤）資能畢、如弘長二年四月十七日請文者、中分當村、東方者氏業、西方者氏郷可令領知之由、令申之間、兩方境引朱筆於繪圖畢、仍資能加愚判所給与也云々、如同所進正元二年二月四日分文者、當村中分内氏業分事、田地參拾陸町壹段貳杖中給田拾壹町柒段貳杖、在家分畠地拾壹町柒段貳杖、井牟田半分宛、山野者、付東限永野河中心可被領、河以東限河上・柏原・横山口跡、下者限同河流末、但薪草漁魚不可制止之、田地在家里坪見資能注文云々者、守彼状、無違乱可令領掌之状、依將軍家仰、下知如件、

文永元年五月十日

武藏守平朝臣（北條長時）在御判
相模守平朝臣（北條政村）在御判

（熊谷家文書）（註83）

一一一

熊谷圖書助直時法師与舎弟左衞門三郎祐直法師相論條々、

一、直時申安藝國三入庄内三郎丸宗弘名事、
一、公文保直屋敷名田同作麥資財牛馬事、
一、同分是松名栗林事、
一、恒松名屋敷事、

一、祐直申同庄山田村畠地事、

一、以畠可爲本名否事、

一、得王丸畠間事、

一、次郎丸名田參段事、

一、狩藏事、

一、河以西有恒久名否事、

一、依弘名事、

一、同名樹木事、

一、号可付本名、不相分古作畠同栗林・桑・荒野・山畠由事、

一、山口原町屋在家參宇事、

一、釘丸名內畠貳箇所事、

一、友近名內畠事、

一、恒貞名內田畠事、

一、是松名內畠事、

一、明禪名內林号八幡林、事、

一、重安名內林事、

一、國重名內林事、

一、荒野事、

右、對決之處、問答之趣子細雖區、所詮、當庄者二位家(平政子)御時、依父直國勳功賞、直時所宛
給也、而文暦二年七月、以參分壹祐直分給之間、任御下知狀、可沙汰付之由、被仰周防前司
親實法師畢、親實以代官盛賴、令分付之後、嘉禎元年進分文之間、修理權大夫(北條時房)・武藏前司(北條泰時)入
道被加判畢、就彼狀、嘉禎以後連々有訴訟之條、相互不論申歟、爰如祐直申者、盛賴依嚴
嶋造營之忩劇、委不相分之間、有條々相論、然者、重差遣御使、皆悉可分給參分壹、不然
者、直時以當庄相分于參分者、祐直撰取壹分歟、將又祐直相分者、直時撰取貳分歟、兩樣
之間、就一方被仰下者、不可有向後違乱云々、如直時申者、祐直不帶一紙狀之處、依母尼
引汲、宛給參分壹之條、雖爲愁訴、相待彼尼之一期、不申子細之處、故武州(北條泰時)禪門成敗事、
不可有改沙汰之由、被定置之條、所歎存也、凡配分之時、祐直者下向當庄、直時者不在國
之間、祐直撰取之畢、而祐直乘勝背彼成敗、可被分直之由、令申之條、忽緒上裁歟、若
猶任祐直申請、改文暦御下知、可被分直者、被止母尼口入、祐直与直時被召決之、任證文
道理、欲蒙裁許云々、祐直申云、得分以下名田給田屋敷等、分別善惡、可分給參分壹於祐
直之由、文暦二年七月被成御教書畢、而違彼御成敗、被押領之間、任御下知、可被沙汰付
之旨、所言上也、配分之時、祐直雖令在國、始下向之間、不存故實之上、爭任雅意可撰取
之哉云々、直時申云、數十年知行無相違、何今更可有改沙汰哉云々者、就條々篇目、各雖
有立申之旨、如文暦御下知者、以當庄參分壹、可分給祐直之由、被載之間、尤立參分壹貳
之境、以壹分可給与祐直之處、如親實分文者、或分名々、或以一名內、相分參分壹、或於公
文屋敷者、不載分文、或古作畠、同栗林・桑・荒野・山畠等、可付本名之由、親實代盛賴

三分一ヲ祐直ニ宛給フベシ

以詞申含之間、如此違乱出來歟、頗非沙汰之法哉、加之、就親實分文、嘉禎以後、相互疲連々訴訟、已爲佗傺之基歟、但、武藏前司入道雖被加判形於件分文、彼時沙汰者、只祐直宛給參分壹事、爲其詮歟、然者、立參分壹貳之境、以壹分宛給祐直者、不違先御成敗、斷向後諍論、兩方爲安堵之計歟、然則、差遣使者、立參分壹貳之境、以壹分可宛給祐直之由、所被仰六波羅也、

一、直時押領武藏國西熊谷鄉祐直給分願勝在家內由事、
一、市場田伍段少事、
一、堂田壹町事、
一、論所久下次郎左衛門尉泰忠論云々天沼田貳段事、
一、同下町壹町壹段事、
一、堂前小池事、
一、堀大道否事、
一、姉分田事、
一、祐直押領直時分市場・在家地由事、

右、條々相互雖有申旨、所詮、直時就父直國狀、二位家御時、所給御下文也、而文曆二年祐直宛給參分壹之間、修理權大夫・武藏前司入道被加判形於御使加治豐後前司家茂法師所進繪圖畢、如彼繪圖者、云田、云畠、大略相同三入(庄)狀配分狀歟、爰如祐直申者、以一坪相分參分壹貳之處、直時分有余田之間、違參分壹御成敗之由、文曆以後連々致訴訟畢、任先

三分一ヲ祐直ニ宛給フベシ

御下知幷直時書狀、可分給云々、如直時申者、於書狀者、不及論申、但、祐直請取件田畠、領作經年序畢、而就祐直連々濫訴幷直時書狀、有御沙汰者、已被改文曆御成敗歟云々者、爲断向後相論、立參分壹貳之境、以壹分可宛給祐直之條、相同三入庄之篇焉、

一、祐直斬殺直時方百姓牛一頭由事、

一、押取榑五千四百余寸、材木三百九十余支否事、

一、賣買鵜舩壹艘由事、

一、打擲平次郎男否事、

一、直時押取三入庄山田村百姓清六・安永妻女等由事、

一、拘惜夜討人政元否事、

所領配分ノ後左右アルベシ

右、彼此申詞子細雖多、所詮、所領配分之後、可有左右矣、

以前條條、依將軍家仰、下知如件、

文永元年五月廿七日

(北條長時)武藏守平朝臣(花押)

(北條政村)相模守平朝臣(花押)

（結城文書）（註84）

一一二

宮城廣成後家尼代景廣、那須資長ト所務兩條ニツキ相論ス

宮城右衞門尉廣成後家尼代子息景廣与那須肥前二郎左衞門尉資長相論條々、

一、鎌倉地一所町事、

右、以訴陳狀、於引付之座、召問兩方之處、如景廣申者、陸奥介景平娘平氏者、資長妻女也、件地者、景平讓氏女、氏女所讓尼也、而資長押領之云々、如資長申者、氏女者資長舊妻也、而建長二年七月讓資長早、爭以尼所帶八月狀、可被悔返哉云々、景廣申云、資長所帶讓狀者、彼地惣領事也、尼分者其內在家二宇也、資長者氏女舊夫也、尼者異姓他人也、何無用捨哉、隨又氏女所領幷鎌倉地同所從資財皆以資長令相傳之間、難号他人歟云々、資長申云、舊妻者外人也、何可悔返資長分讓狀內哉云々、爰如景廣所進氏女建長二年八月日讓狀者、四郞入道幷新屋跡者、氏女一期之後、讓尼之由所見也、如資長所進景平讓氏女延應二年八月日狀者、峯与利通多留道与利直仁辻子口与利南地者、讓鶴石氏女云々、如氏女讓資長建長二年七月日狀者、峯与利通多留辻子於限天、南地者讓之云々者、就氏女讓狀、可蒙裁許之由、景廣雖申之、讓夫之財者、不被悔返之条、云法意、云傍例、分明歟、然者、氏女以件地、讓与資長之後、令分讓于尼之条、難敍用歟、仍尼訴訟不及沙汰焉、

尼ノ訴訟沙汰ニ及バズ

一、資長召文違背事、

右、資長歸國之後、弘長三年五月被下召文早、而依宇都宮頭役難參上之由、進請文之間、可進代官之旨、自同七月至今年七月、被下四ヶ度召文之處、日數違期之後、雖進代官、寄事於資長禁忌、無左右歸國早、資長所行頗雖爲自由、資長參上之間、召問兩方、被裁許之上、任傍例不及沙汰矣、

傍例ニ任セ沙汰ニ及バズ

以前條々、依將軍家仰、下知如件、

文永元年十月十日

左馬權頭平朝臣(北條時宗)(花押)
相模守平朝臣(北條政村)(花押)

(住心院文書)（註85）

中尊・毛越寺衆徒隆覺等、權別當榮賢ト所務條々ニツキ相論ス

一一三

(前缺) 衆□別當進退否事、

右、對決之處、如隆覺等申者、建久・承久御教書者、被下□僧等中畢、非別當進止之条明鏡也、當寺樂人・舞人參拾陸人所帶者、寺家全不致其妨、至寺僧分、爭可令進退哉、右大將家(源頼朝)御時別當理乘房致非例之間、依衆徒之訴訟、被改易畢、代々別當不致濫妨之處、當時馬別當進退令宛行之条、無其謂云々、如榮賢申者、建久・承久御教書事、或被止國中地頭之妨、或給衆徒身暇之由、被載之、非地頭進止之由、所不見也、最初別當賢祐令寄進講田、以來無緣之衆徒歎申之時、爲寺中興隆、寄置講田・給田・祭田事、及百陸拾町歟、是併寺僧之依怙別當之進止也、被召出代々任符、不可有其隱、樂人・舞人所帶事、自上令拜領之問、不足准據云々、隆覺申云、衆徒所帶基衡(藤原)・秀衡(藤原)之時、有補任之供僧、又代々別當之時、有附(寄)之新田、本新不各別、有其闕之時者、依衆徒之擧、撰法器之仁、別當所成下知狀也、准恩顧不可号別當進退、不相論之外、不成任符、如承久元年御下知者、中尊寺供僧四人或本所兼帶之、或一向新供僧也、与別當遂對問、可安堵之由、被仰下之上、不及子細云々、榮賢申云、右大將家御時爲沒收之地、被補別當畢、本供僧一向進退之、況於新供僧哉、又相論之時、依法器任道理令裁許之条勿論也、又無相論之外、不成任符之由、令申之条無實

國中地頭ノ妨ヲ停止シ衆徒ヲ安堵スベシ

寺僧ハ別當ノ成敗ニ相從ヒ別當ハ新儀ノ沙汰ヲ致スベカラズ

別當見參新ヲ取ルコトヲ停止ス

也、可被問衆徒歟云々、爰如衆徒所進右大將家建久二年十月十日御下知狀案者、下陸奥國地頭等、可令早停止其妨任先例致沙汰平泉寺領事、右、地頭等寄望彼寺領致妨事、可令停止也、縱於堂塔者、爲荒癈之地、雖無佛聖燈油之勤、至地頭等者、可令停止押領云々、如建久十年三月廿九日政所下文者、下陸奥國伊澤郡、可早以日高林內中尊帝尺堂寺田參町勤行佛事等事云々、如信濃守六月廿五日不記年号奉書者、當國中尊・毛越寺僧訴訟事、条々聞食披畢、別當職以他人可被改補也、寺僧等歸寺如本可令安堵云々、如圖書允清定承久元年六月十八日奉書者、平泉中尊寺住僧四人依別當法橋之訴訟、遂對決之處、無指罪科之間、給身暇所被下遣也、如元可令安堵云々者、建久御下知者、被止國中地頭之妨、承久御教書者、衆徒無罪科之間、可令安堵之由、被載之歟、次樂人・舞人等所帶非別當進止、寺僧分相同之由、衆徒雖申之、樂人・舞人者、自上拜領之寺僧等分者、或清衡等之時寄附之、或前々別當立置之間、寺僧等令相論之時、別當成裁許狀之条、兩方申狀無相違歟、但相傳師跡之時、先例不取別當任符之由、衆徒申之、而兩方可被問衆徒之由、雖申之、爲寺務之仁、爭不成任符哉、然者、寺僧則可相從別當之成敗、別當又不可致新儀之沙汰矣、次別當取見參新事、兩方共以雖申子細、所詮、得別當任符時、令沙汰任新否、可被問先例之由、雖申之、沙汰之趣頗非正義、自今以後可令停止也矣、

一、顯密兩宗供僧田事、

右、如隆覺申者、當寺者、傳園城寺之法、或顯密共以有供田以下職、或讓他人、或令沽却之後、墮落世間如此、闕分之時、被省無緣衆徒者前例也、而不論宿老若衆、爲寺家進退、

別當ノ成敗タルベシ

別當ノ沙汰トシテ修理ヲ加フベシ

被宛行之条、無其謂云々、如榮賢申者、衆徒有訴訟之時、相尋子細令成敗畢、宗衆徒并慶舜・昌舜・幸俊・長海等申狀進之云々者、有闕分之時、可被省無緣衆徒之處、無其儀之由、衆徒雖申之、相尋子細、別當令成敗之由、榮賢申之、所詮、可爲別當成敗之由、載先条之上、不及子細矣、

一、不加堂塔以下修理事、

右、如隆覺申者、毛越・中尊寺昔者、貳百肆拾余宇令建立畢、今者破壞之間、四十余宇所相殘也、而毛越分社□余宇・堂舍拾肆宇也、中尊寺分白山々王社并堂塔拾陸宇也、或顚倒、或破壞之条見注文、爰寺領捌百余町也、抛他事可加修理處、無其儀、僅修理料田貳町・逃人所料令宛置其用途之間、有名無實也、寺僧者勵微力、雖企修造、當別當者無其儀云々、如榮賢申者、兩方數十宇堂塔前々別當之時、破壞顚倒畢、秀衡代々爲陸奥・出羽兩國大營、或十年、或廿年所造營也、大破之今難及微力、但前々別當修理分者、當時不相違所加修理也、寺領惣田數伍佰余町也、立寺兩分并旁除之外、別當分僅百余町也、以此地利所修理也云々、衆徒申云、當別當不相違僧正之時、令興隆之由、令取衆徒狀之条存外也、如前々令修理者、爭可訴申哉、當別當不法之条、建長六年衆徒進申狀畢云々、榮賢申云、前々朽損事、何可懸當別當哉云々者、寺領者數百町也、而号号(衍カ)修理田、只立置田貳町之条、甚不足也、其上以逃人所料、宛彼用途之条、又非正義、爲別當沙汰、力之所及、可加修理、若貧寺用不成其功者、可被改補所職也矣、

一、配分夫役米事、

自今以後其役ヲ停止スベシ
公事ノタメ相宛ツルコトヲ停止ス

右、如隆覺等申者、云寺僧、云百姓、難堪次第也、初度段別三十文、第二度五十文、第三度七十文、今度百文也、今年又供僧講衆徒被宛之云々、如榮賢申者、宛百姓分事、不能衆徒之訴訟、令宛供田講田者、可被召出其狀云々、隆覺申云、去年權別當榮賢律師成功事、令宛催畢云々、榮賢申云、律師成功事、依爲寺務之仁、隨志所訪也、全非公事之儀云々者、令宛百姓之条、榮賢不論申之、寺僧分者、不催之、榮賢申之、然者、令宛供田講田否、雖可被尋究、自今以後可停止其役也、榮賢權律師成功事、令宛寺僧之由、衆徒令申之處、爲志之旨、榮賢陳之、和与事者、不及沙汰、爲公事令相宛條、自今以後可停止也矣、

以前条々、依將軍家仰、下知如件、

文永元年十月廿五日

左馬權頭平朝臣(北條時宗)(花押)
相模守平朝臣(北條政村)(花押)

(市河文書)(註86)

一一四

中野爲泰、中野忠能後家尼幷女子藤原氏・養子中野長能ト忠能遺領信濃國中野鄉幷志久見鄉地頭職ニツキ相論ス

中野次郎太郎爲泰与中野馬次郎忠能法師(法名寶蓮)後家尼幷女子藤原氏・養子中野弥五郎長能等
相論寶蓮遺領信濃國中野鄉內寶蓮知行分○幷志久見鄉等地頭職事、

右、對決之處、如爲泰申者、件兩所者、寶蓮相傳之所領也、爲泰者寶蓮嫡男也、爰去二月(文永元年)寶蓮病患臨火急之刻、遺跡事、可相計之由、親類等雖令教訓、不弁前後之間、不及書讓狀、未處分而同十九日死去之間、爲泰依爲嫡子、可管領其跡之處、惣領者号讓与女子、押領件兩

所之間、爲泰罷成無足、忽令侘傺之條、無術之次第也、早任傍例欲預御配分云云、如後家幷氏女等申者、爲泰爲嫡子由事、不可說申狀也、爲泰母堂先年寶蓮与廣田弥次郞爲村竊相嫁之處、成爲村之妻女、下向廣田之後、雖令生爲泰以下數子、被離別之後、爲村死去之刻、爲泰爲彼嫡子、所被讓与所領也、而父死去以後經廿餘年、寶蓮無男子之由承及之、爲競望所領、所令來臨寶蓮許之間、爲子息否成不審之處、析(折)節爲泰相尋妻女之刻、爲寶蓮子息者、可取于䂓之由令申欤之間、一旦子息之由、申名之許也、何以一身可持二人父哉、縱爲泰無疑殆雖爲子息、相繼爲村之名姓、讓得所領之上者、如傍例者、寶蓮遺領等不能競望、且氏女依爲一子、可相傳所領之由、父祖之自筆狀等明白也、隨以寶蓮以自筆、讓与所領於氏女之處、養子長能分立際目給与之、至爲泰者、實子息之由、不存之間、爲氏女之計、小分可給与之由、令書置契約詞之許也、早被停止爲泰非分之競望、氏女欲宛給安堵御下文云云、爲泰申云、後家尼幷女子等所帶弘長四年二月十七日和字狀者、非寶蓮自筆、以他筆所相學寶蓮自筆也、其上同狀奧書仁津滿里天不書得之間、判二仕之由、書載之處、端判者書乱之間、爲自筆否不見及之、奧判刑(形下同ジ)者不似端判、判刑以外仁明白也、津滿里天端判不分明者、爭奧判可明白哉、然者、云手跡、云判刑、共以非寶蓮自筆・判刑、後家尼等所構出謀書也、加之、彼狀造直文字之條顯然也、且寶蓮病床之間、爲泰致至于最期之時、相副之處、全不書讓狀、而爲泰不孝之樣仁書載同狀畢、極不實也、寶蓮至死期、令扶持爲泰之條顯然也云云、氏女等申云、弘長四年二月十七日讓狀爲謀書由事、無其謂、寶蓮二月十七日令書彼讓狀之時者、後家幷子息等皆被立其前之間、爲泰者隔遣戸令居住畢、但寶蓮妹尼平出、一人許不立其座所見知也、而廿一日寶蓮葬送之後、令披見彼譲状之處、書紙二枚不継之間、継彼状之處、爲泰并長能加継目判之後、爲泰請取中野内田在家、令知行之、志久見内田在家者、氏女雖計宛之、爲泰所不請取也、而今爲謀書之由、令申之條姧謀也、次造直文字判刑相違由事、爲實蓮自筆・自判之上者、不能陳答歟、且爲類書實蓮自筆状四通進覽之、此外雖有其數、可隨重召云々、爲泰申云、書讓状之時、爲泰被立其座由事、不實也、次継目判事、云手跡、云判刑、爲謀書之間、爲不被取隱彼状、加判刑畢、次加継目判之後、請取中野田在家知行由事、田壹町可請取之由、雖差申、其在所不請取之間、氏女之當知行也、但爲泰爲嫡子之間、且未處分之地也、雖可進退之、依氏女等違乱、不進止之間、爲孝養、彼田壹町内三段者、去年令賣之畢、又爲泰罷向妻女許之時、所召具中野人夫也、全依承伏不請取之、次類書四通事、爲實蓮自筆之條無相違、仍加判畢、所詮、縦彼状雖爲實書、令襲文字上之上者、不及信用、何況顯然之謀書也、次平出尼者、以氏女爲養子、讓与所領之間、不足證人云々、氏女等申云、彼讓状存謀書之由、爲不被取隱、加継目判由事、極矯餝也、爲實蓮自筆之條、依令承伏、加継目判畢、存知謀書之由者、爭加判之後、可令進退中野田哉、次氏女令知行爲泰分由事、極不實也、次爲泰罷向武州廣田之時、馬人召具之上當知行也、次平出尼以氏女爲養子、讓所領由事、不實也、爲顯然證人之間、所掠申也、次爲泰所進類書一通事、爲實蓮自筆之條無相違、仍加継目判畢云々者、如氏女所進弘長四年二月十七日和字状者、中野・志久見依爲嫡女、限永代所讓娘袈裟御前也、弥五郎自幼少養之、計所領之分限可給、四至境之、、氏寺者可付弥五郎、廣田仁波姉之計仁天、中野仁毛志久見仁毛少分登羅須邊志登云々、爰爲泰條々難申内、彼十七日状者、非父實蓮自筆判刑之上、判刑二箇所有之、端判者不分明

氏女・長能等ノ知行相違アルベカラズ

爲泰分ハ惣領ニ付スベシ

小地頭小早川定平、惣

之處、奥判明白也、顯然謀書之由、爲泰雖申之、十七日狀令比挍兩方承伏寳蓮自筆類書等處、云手跡、云判刑、同筆之由所見也、次判刑二箇所内端判不分明之處、奥判明白由、爲泰同雖申之、奥判之上仁津滿里天不書得之間、判二仕之由、書載之處、彼手跡爲寳蓮自筆之間、不及疑殆欤、次十七日狀縱雖爲實書、或造直文字、或襲字上之間、如傍例者、難被信用之由、爲泰同雖申之、彼文字非指肝要之上、又無別私曲欤、次十七日狀者、爲泰承伏之間、加継目判之後、請取中野田在家、令知行之由、氏女令申之處、云加判、云知行、爲泰已令自稱畢、然者令承伏十七日狀之條、無異議欤、如此等條々者、爲泰所難申、旁々無其謂、然則、於中野・志久見兩郷内寳蓮知行分者、任弘長四年二月十七日讓狀、氏女・長能等之知行、如元不可有相違矣、次爲泰分事、爲泰始者爲廣田旅二郎爲村嫡子、令相傳彼遺領、今亦号寳蓮嫡子、以一身兼兩父之條、甚爲猛惡之上、不得各別之讓、爲姉之計、少分登羅須邊幾由、載于讓狀之處、不敍用彼狀、忽令敵對于姉之條、無其謂、仍於爲泰分者、所被付惣領也、次以實書号謀書事、○被付所帶於惣領之上、不及沙汰者、依將軍家仰、下知如件、

文永二年閏四月十八日

相模守平朝臣（北條時宗）（花押）

左京權大夫平朝臣（北條政村）（花押）

（小早川家文書）（註87）

一一五

小早河竹王丸（定平）与同美作前司茂平法師法名本佛代左兵衞尉重兼相論条々、

地頭小早川茂平代重兼ト安藝國沼田庄所務條々ニツキ相論ス

一、安藝國沼田新庄惣地頭職事、

右、對決之處、如竹王丸申者、安直・本庄・新庄以上三箇所者、右大將家(源頼朝)御時、高祖父土肥太郎遠平爲勳功賞令拜領畢、遠平養子小早河二郎景平相傳之處、安直・本庄兩所者、本佛傳領之、新庄者、祖父季平所讓得也、其內福田・椋梨・高崎・大草四箇村者、親父國平知行之間、竹王丸得其讓、給安堵御下文畢、本佛号惣地頭、相交各別領、令張行之条、無謂、可被停止濫妨云々、如重兼申者、件三箇所遠平拜領之条、不及子細、惣地頭事、遠平・景平等讓狀顯然也、惣地頭所務五十余年無相違之間、至小地頭得分者、不及違乱、且任遠平・景平讓狀、可致沙汰之由、右大臣家(源實朝)御下文幷二位家(北條政子)和字御文被載之畢、任先例可相從惣地頭所勘之由、欲被仰下云々、竹王丸申云、如重兼所進御下文・御教書等者、惣地頭字不被載之、今号遠平・景平狀者、令相違御下文間、謀略狀也、於書載讓狀者、爭可不被載御下文哉、爲稱惣地頭之由、令構出歟、次五十余年致所務由事、全非新庄事、凡就各別讓、給安堵御下文之處、号惣地頭、令張行之条、無道也云々、重兼申云、遠平・景平之時者、一圓知行之間、不可有惣字、相分當庄、令處分之時、載惣字畢、而爲謀書之由申之条、爭可遁罪科哉云々、爰如竹王丸所進建曆三年九月三日御下文者、將軍家政所下、安藝國沼田庄內新庄、補任地頭職事、平季平任祖父遠平幷親父景平讓狀、爲彼職、守先例可致沙汰云々、如重兼所進建永元年六月廿日讓狀者、沼田庄惣地頭幷公文檢断沙汰者、以茂平定彼職畢、有何小地頭仁天毛、上乃御公事惣天庄內乃沙汰者、爲茂平之計可奉行、余人全不可有違乱云々、如同二年四月五日御下文者、下、安藝國沼田庄住人、補任地頭職事、任祖父遠平親父景平譲状、補任彼職云々、如同所進二位家和字御書者、故土肥加子共孫共仁譲天有覽所土毛、其万々仁古曾波面々仁沙汰志候波免、何事仁加土加久乃儀波候倍幾、如何仁毛々々土肥加沙汰志置多良牟万々於可沙汰之由、各仁毛可被仰土仰事候云々者、惣地頭幷公文検断事、不被載御下文之間、於彼譲状者、難被信用之由、竹王丸申之、如件状者、公事催促事歟、惣地頭所務事無所見、

茂平、惣地頭ト號シ新庄ニ相交ハルヲ停止ス

所詮、云本佛、云竹王丸、給各別御下文、知行無相違歟、然者、本佛号惣地頭、不可相交新庄歟矣、

茂平ノ知行ヲ停止シ預所知茂朝臣ノ進止トシテ地頭得分ノ沙汰ヲ致スベシ

一、新庄内成富名事、

右、号惣地頭、不可相交新庄之由、載先條畢、而當名者、預所知茂朝臣給宛文之間、於出田者、爲惣地頭門田、令引募之由、重兼申之條、甚無其謂、早止本佛知行、如元爲預所進止、可致地頭得分沙汰矣、

京都官仕ノコトハ尋究ムル後左右アルベシ上司ノコトハ沙汰ニ及バズ

一、京都官仕幷傍官上司事、

右、本佛子息政景參候故今出河入道(藤原公經)太政大臣家之由、竹王丸雖申之、以佐渡前司基綱、申入事由之後、令進之旨、重兼申之、被尋究之後、可有左右、次上司事、本佛令辞申之条、竹王丸不論申之間、不及沙汰矣、

一、比曾三千支事、

右、如竹王丸申者、去康元元年、亡父國平比曾三千支取之、令下沼田河之處、本佛押領之、國平欲申子細之處、令死去畢、可被糺返云々、如重兼申者、當庄爲蓮花王院領之間、爲彼修造、令禁制檜之處、國平云新庄、云本庄、任法伐取之、令与借上人之間、爲懲傍輩、令

茂平ノ抑留ヲ停止シ糺返サシム

停止セシム

茂平ノ妨ヲ停止セシム

各別ニ宛催サル時ハ茂平相交ハルベカラズ

抑留之處、連々洪水流失畢、國平存生之時、顧自科無申旨、竹王丸及訴訟之条、無謂云々者、本佛令押取彼比曾之条、重乖承伏之上勿論歟、有子細者、可言上事由之處、私抑留之条、甚自由也、早可令糺返之矣、

一、紺灰事、

右、本佛閣自分領、押入他領、令燒件灰之間、無謂之由、竹王丸所申非無子細、可令停止之矣、

一、鹽入堤人夫事、

一、狩人事、

一、鷹栖事、

一、牧垣事、

右、四箇條、兩方雖申子細、号惣地頭、本佛不可相交新庄之由、載先条之上、不及異儀歟、早可停止本佛之妨矣、

一、關東御公事支配事、

右、兩方雖申子細、所詮、付遠平之跡、被仰下之時者、隨分限、本佛可令支配其跡歟、各別被宛催之時者、本佛不可相交矣、

一、本佛爲惣公文否事、

右、如竹王丸申者、新庄公文職者、季平・國平等令進退之處、仁治二年本佛望補上司之時、公文季綱・貞家・重運等相從彼所勘畢、而依竹王丸訴訟、正嘉二年本佛令辭申上司之上者、

如元可爲地頭進止之處、猶憚彼權威、不從竹王丸所勘条、無謂、且就關東御教書、自六波羅度々被成下文之處、季綱・貞家者雖相從所勘、至重運者、被相語本佛之間、所令違背也、就中、於遠平・景平讓狀者、令相違御下文之間、爲謀略狀之由、申先條畢、可被尋季綱・貞家歟、又付本公文廣保讓、故遠江禪門(北條時政)成下知狀之由、雖申之、廣保讓者建仁二年也、禪門狀者正治二年云々、前後所令相違也、於新庄公文職者、竹王丸可進止之由、欲被仰下云々、如重兼申者、件職季平・國平進退之由、申条不實也、本佛得遠平・景平之讓、致沙汰事、經年序畢、且至領家・地頭課役者、不致對捍、季綱・貞家・重運・雅高等本佛代官也、而仁治年中付上司令從之由、令申之条矯餝也、於季綱等者、竹王丸同心之上、不相觸正員、進請文之条、自由無極歟、於重運者、存知子細之間、所嫌申也、彼書狀進之、次遠江禪門狀与廣保狀前後相違由事、本佛文盲之間、以越前房定經調進文書之處、奉行人藤左衞門尉康氏無何令記錄歟、是則、定經越度也、且竹王丸不難申以前、以大輔房良全、年紀事、可被書直之由、令申畢云々、問季綱・貞家・政高・重運等者、新庄公文職事、爲本佛代官致沙汰否、依實可弁申如何、季綱・貞家等申云、件職非地頭一方之進退、領家相共所成任符也、本佛補上司之間、相從所勘畢、全非代官儀云々、重運・政高等申云、當庄公文職者、代々地頭進止也、本佛爲一庄惣公文之間、相從彼所勘、經數十年畢、爲代官之条勿論也云々、爰如重兼所進遠平建永元年六月廿日讓狀者、沼田庄惣地頭・公文檢断沙汰者、以茂平定彼職畢云々、付件讓、同二年四月被成安堵之處、公文檢断事、不被載御下文之間、於彼狀者、難被信用之由、竹王丸雖申之、如公文季綱・貞家・重運・政高等申詞者、或本佛進退彼職、經年序

年序ヲ經ルニヨリ改沙汰ニ及バズ

之由申之、或仁治以後致沙汰云々者、竹王丸父祖令進退彼職事、無指證據欤、爲本佛沙汰、經年序之条、無異儀之上、今更不及改沙汰欤、但於領家・地頭課役者、不可致對捍之由、重兼申之、任先例可致沙汰矣、

一、檢断事、

右、如竹王丸申者、季平・國平二代之間、於新庄者、致沙汰之處、竹王丸之時、伺尩弱之隟、本佛押領之条、無謂、且子細申公文段畢、檢断事、爲同篇欤云々、如重兼申者、季平・國平致沙汰由事、不實也、本佛得遠平讓、致沙汰之後、經年序畢、且補代官事、至于重兼之時四人也、就中、去建保之比、新庄住人等致海賊、令取御物之間、依被下御教書、本佛致沙汰畢、彼御教書幷奉行人等狀進之、其外度々給御教書畢、加之、平左衞門入道盛阿巡檢之時、當庄犯科事、觸申之處、出返狀畢云々、竹王丸申云、代官四人事、極虚誕也、且新庄內惣地頭名檢断事、可放免之由、本佛以小早河三郎左衞門尉信平、令懇望間、令優如畢、次御教書等事、依便宜可尋明之由、被仰下欤、所詮、以起請文、可被尋問信平幷新庄古老人等也云々、重兼申云、新庄古老人者、竹王丸爲地頭之間、爭可申實正哉、可有御尋者、可被尋問本庄住人等也、次以信平令懇望由事、一切無其儀、有御尋之条、可爲上裁云々者、

沙汰ニ相交ハルベカラズ

如重兼所進遠平建永元年狀者、可爲本佛沙汰之由載之、如同所進御教書等者、新庄檢断沙汰事、無所見欤、本佛致沙汰之条、無證據之間、不可相交欤矣、

一、相模國成田內北成田郷靍丸名事、

右、竹王丸申云、當鄕者三代相傳之条、御下文顯然也、靍丸名田屋敷者、本主成田五郎入

定平ニ領掌セシム
狼藉ノコトハ裁許ヲ待ツベシ
沙汰ニ及バズ

道榮願建保三年避与季平之間、知行四十余年也、且當名百姓平氏依地頭役事、建長年中申付御敎書之間、両方依和与、被成御下知畢、而本佛子息太郎左衞門尉經平、正嘉二年始可進退當名之由稱之、奪取所當米、致狼籍（藉）畢、早被糺返損物、可被行罪科云々、重兼申云、季平等當郷相傳之条勿論也、於竈丸名者、御下文幷讓狀等不載之、自本主榮願手、承元三年本佛讓得之處、遠平加判畢、季平・國平之時者、爲芳恩所預置也、至于竹王丸者、及敵對之間、本佛擬上取之条、何可有其難哉、次次（行）建保狀事、竈丸名字不載之、建長御下知者、國平爲本佛代官之間、被成下欤、次狼籍（藉）由事、百姓平氏夫眞佛与經平遂問注云々、然者、不及陳答欤、又季平貞應元年正月書狀進之、本佛進止之条、顯然也云々、爰如重兼所進季平貞應元年正月書狀者、本佛可進退事、無所見欤、両方備進榮願書狀、雖申子細、件地非榮願領之間、不足證文欤、但如重兼所進承元狀者、遠平加判之由、雖有所見、季平・國平・竹王丸三代付惣領令知行之条、無相違欤、而彼等知行者爲本佛芳恩之由、重兼雖申之、無指證據、早竹王丸如元可令領掌之、次狼籍（藉）事、經平与眞佛遂問注云々、然者、可待彼裁許矣欤、

一、竹王丸閣本奉行人掠給御敎書由事、

右、両方雖申子細、竹王丸給彼御敎書事、非指私曲之上、不及沙汰矣、

以前条々、依將軍家仰、下知如件、

文永三年四月九日

相模守（北條時宗）平朝臣（花押）

左京權大夫平朝臣(北條政村)(花押)

(薩藩舊記雜錄權執印文書)(註88)

一一六

肥前國長島庄雜掌重幸、同庄下村地頭橘薩摩公義代公村ト下地ニツキ相論ス

下地ハ領家蓮華王院ノ進止トス

同(關東)御下知內取要

蓮花王院領肥前國長島庄雜掌左衞門尉重幸与庄(同脫カ)下村地頭薩摩十郎公義字有憚、代子息左衞門尉公村□条々自余略之、

一、下地事、

所務者、依先例之間、任元久以往狀、於下地者、可爲領家進止矣、

文永三年八月廿六日

相(北條時宗)模守御判

左京(北條政村)權太夫御判

(宗像神社文書)

一一七

筑前國宗像宮雜掌僧隆惠、安樂寺所司圓勝代子息爲濟ト相論ス

本所ノ成敗タルベシ

筑前國宗像宮雜掌僧隆惠与安樂寺所司圓勝法眼代子息爲濟相論條々、

一、蛭田村事、

右、對決之處、子細雖多、所詮、當村天永以後爲宗像社領之条、無異儀歟、而爲濟備文治・建永下文案、爲各別知行之由、雖申之、如隆惠所進建仁・承元・建保・建長御下知・御教書等者、神領等爲社家進止之由所見也、然則、當村事、不及關東沙汰、宜爲本所成敗焉、

本所ノ成敗タルニヨリ沙汰ニ及バズ

一、圓勝擬抑留社務幷検断由事、
一、圓勝○〔擬〕打止社役年貢由事、
一、助廉・氏俊等爲本主否事、
一、隆恵所進文治二年本所下文紕繆事、
右、四箇条、両方雖申子細、蛭田村事、可爲本所成敗由、載先段之上、不及沙汰矣、

子細同前

一、狼籍(藉)事、
右、大宮司長氏致狼籍(藉)之由、爲濟雖申之、非○〔指〕刃傷殺害、就検断事、致相論之間、子細同前焉、

御息仁ニアラザルニヨリ沙汰ニ及バズ

一、爲濟任官事、
右、爲濟乍号御家人任官之条、有其咎之由、隆恵雖申之、非御息(恩カ)仁之間、不及沙汰矣、
以前条々、依仰下知如件、

文永四年十月廿五日

相模守平(北條時宗)朝臣在御判
左京権大夫平(北條政村)朝臣在御判

(山内首藤文書)(註89)

一一八

山内俊家、舎弟山内時通・清俊・藤原氏ト所務條々ニツキ相論ス

山内右近將監俊―家字有憚、与舎弟兵衞三郎時通・四郎清俊・藤原氏相論條々、
一、備後國地毗庄内四ヶ所本郷・河北郷・伊与東村・江木門田、事、

俊家ノ濫訴ヲ停止ス

俊家ニ謀書ノ科ヲ行フ

上原村ノコトハ子細ニ及バズ

狼藉ノコトハ沙汰ニ及バズ

沙汰ニ及バズ

右、如訴陳狀者、子細雖多、所詮、就承久御下知・貞應御教書、難号深念（宗俊）俊―等父別給歟、但、以俊―所進祖父西妙（重俊）深念父書狀、難破西妙讓深念同潤正月狀歟、次深念同十一月十二日・西妙仁治三年讓狀事、爲謀書之由、時通等所申非無其謂歟、然則、於本鄕幷河北・伊与東村・江木門田等者、停止俊―濫訴、任深念建長讓狀幷正嘉御下文、各知行不可有相違、次俊―謀書事、任被定置之旨、可被行其科、次同庄內上原村事、深念・西妙寛喜・仁治讓狀外、不帶證文之由、俊―雖申之、引隱各別讓狀之旨、時通等令申之上、俊―多年知行之条、云俊―、云時通等、不論申歟、其上不及子細歟、狼藉事、俊―入遣使者於當庄、伐不（木カ）致厨沙汰之由、時通等雖申之、俊―論申之上、爲枝葉之間、不及沙汰焉、

一、相模國早河庄多古一得名內屋敷田畠事、

右、問答之趣枝葉雖區、讓狀之眞僞、子細同前矣、

以前條々、依仰下知如件、

文永四年十月廿七日

相模守平朝臣（北條時宗）（花押）

左京權大夫平朝臣（北條政村）（花押）

（飯野文書）（註90）

一一九

預所伊賀光泰、一分地

（前缺）

其外常々荒野者、任承久御下文、通信早可令開作云云、爰泰隆（好島）所領好嶋浦田內公田數拾町

頭好島泰隆ト陸奥國好島庄所務條々ニツキ相論ス

相互ニ打引トシテ其沙汰致スベシ

荒癈之處、号不作、不濟所當之間、年貢闕怠之基也、且當庄東方預所通信已給打引御下知之間、准彼例、光（伊賀）泰所申非無子細、然者、於泰隆知行分公田荒癈跡者、相互爲打引、可致其沙汰焉、

検注使ノ計タルベシ

一、黒葛緒勘析絹事、

右、建長年中實撿之時、始引募給田之間、毎年勘析絹貳疋可致沙汰之由、令契約之旨、光泰雖申之、於勘析者、引募給田之時、致其沙汰歟、重不遂實撿者、何爲毎年之役、可令弁濟哉、然者、今度入勘以前者、不及其沙汰、但爲新給田、令引募之条、更忘公益畢、惣撿之時、可勘落否、可爲撿注使之計矣、

以前条々、依鎌倉殿仰、下知如件、

文永六年十二月十二日

相模守（北條時宗）平朝臣（花押）

左京（北條政村）權大夫平朝臣（花押）

（野上文書）（註91）

清原氏女、舎弟野上資直ト豐後國野上村地頭職ニツキ相論ス

一二〇

清原氏（女脱カ）与舎弟野上太郎資直相論豐後國野上村地頭職事、

右、如宰府注進狀者、子細雖多、所詮、資直者、父資通用子息、令讓所領早、而氏女就前判之讓狀、可宛給也、彼資直者取子也、從女申出此事之間、全殺害畢、罪科之由、雖申之、氏女非他人、已資通子也、背父命、以告言之條、甚不可然、又從女殺害事、令賣失之由、資直

令申之間、無指實證、雖爲實事、爲所從之上、不能訴訟、次背宰府催促之由事、資直進代官申子細之間、非難澁之儀、然則、當村事、資直帶父資通後判讓狀早、今更不可有相違者、依鎌倉殿仰、下知如件、

文永七年四月廿六日

相模守《（北條時宗）》平朝臣（花押）
左京權大《（大）》夫《（北條政村）》平朝臣（花押）

資直ノ知行相違アルベカラズ

一三一

（相承院文書）（註92）

鶴岳八幡宮供僧備前阿闍梨幸□（猷与相模國岡津郷）地頭甲斐三郎左衞門尉爲成相論供米田捌町捌段事、

右、訴陳之趣子細雖多、所詮、右大將家《（源頼朝）》御時、以彼田、被定供僧給田之間、可宛給下地之由、幸猷雖申之、於下地者、地頭代代進上《（止カ）》之間、今更不及子細、次所當事、爲成祖父大宰少貳爲佐法師（法名蓮佐）・前供僧良傳之時者、□之、幸猷之時者、以拾伍石令請畢、仍請所之儀不可變由、爲成雖申之、如良傳寛元二年十月日幷幸猷正嘉二年九月日請文者、思《（岡カ）》津郷供僧給田捌町捌段請所事、或付公私煩出來、或背約束、有違乱者、如元可致沙汰之由載之、且爲私請所之間、難被敍用□段、本所當者、爲地頭之沙汰、每年可令沙汰与于供僧也者、依鎌倉殿仰、下知如件、

文永七年閏九月十日

鶴岡八幡宮供僧幸猷、地頭甲斐爲成ト相模國岡津郷供米田ニツキ相論ス

本所當ハ地頭ノ沙汰トシテ供僧ニ沙汰シ与フベシ

相模守(北條時宗)平朝臣(花押)
左京權大夫(北條政村)平朝臣(花押)

(池田文書)(註93)

地頭甲斐爲成、鶴岡八幡宮供僧幸猷ト同社領相模國岡津郷供米田八町八段所當ニツキ相論ス

幸猷ノ使者ヲ作人ニ引付、百姓ノ許ヨリ作毛ニ隨ヒテ所當ヲ直納セシムベシ

一二二

鶴岳八幡宮領相模國岡津郷地頭甲斐三郎左衞門尉爲成与供僧備前阿闍梨幸猷相論供米田八町八段所當事、

右、訴陳之趣子細雖多、所詮、如今年閏九月六日(マヽ)下知狀者、於八町八段本所當者、地頭每年可沙汰与供僧云云、而爲成則畠成相交之間、每年沙汰送本所當之條、所爲無足弁也、供僧遂檢見、隨作不、可收納之由申之、幸猷所不及遂檢見、任先御下知、爲成可沙汰送之旨、陳之者、不謂作不、每年沙汰与本所當之條、可爲難治之由、爲成所申非無子細、然者、引付供僧使者於作人、於八町八段者、隨作不、每年供僧可直納否、被尋爲成之處、爲成領狀畢、早引付幸猷使者於作人、每年自百姓之許、隨作毛、可令直納所當、次所當口米幷員米事、爲成雖申子細、自作人之許、幸猷可直納所當之上者、任先傍例、可致沙汰也者、依鎌倉殿仰、下知如件、

文永七年十二月三日

相模守(北條時宗)平朝臣(花押)
左京權大夫(北條政村)平朝臣(花押)

(詫摩文書)(註94)

一二三

大友頼泰、詫磨時秀・直秀・長秀幷一萬田時景等ト相模國大友庄内屋敷・名田ニツキ相論ス

建長ノ下知狀ニ任セ能秀跡幷時景ニ知行セシム

船津家重、宗像氏業・長野氏鄕ト肥前國伊佐早庄長野村内浦福地ニツキ相論ス

（異筆）「校正畢」

大友出羽前司頼泰与詫摩（磨）別當能秀子息時秀・直秀・長秀等幷大友兵衛尉時景（一萬田）法師法名蓮景相論

相模國大友庄内屋敷・名田事、

右、訴陳之趣子細雖多、所詮、頼泰者有本主能直（大友）遺言之由、雖帯後家尼（深妙）狀、後日讓能秀・時景之時、彼書狀者、任親秀（大友）申請、令書畢、本主能直讓狀不載其子細之旨、尼出契狀畢、爰建長五年兩方及相論之間、被仰下問注之處、泰直依出去文、能秀・時景等、所給御下知狀也、而今此狀者、尼存生之時也、不可依去文之由、雖構之、本主能直讓狀明白之上者、云尼後判讓狀、云泰直去文、旁不及異儀、然者、任建長御下知狀、能秀跡幷蓮景知行不可相違之狀、依鎌倉殿仰、下知如件、

文永八年二月十日

相模守平朝臣（北條時宗）在判

左京權大夫平朝臣（北條政村）在判

一二四

（宗像神社文書）（註95）

船津次郎家重与宗像六郎氏業法師法名淨惠幷長野小大郎氏鄕相論肥前國伊佐早庄長野村内浦福地事、

右、訴陳之趣子細雖多、所詮、件浦福地者、江大郎大夫高宗正治二年十二月四日讓給養子源三傔仗納之間、元久二年二月六日給御下文、承元二年四月納依讓与舍弟源左近將監達、同

家重ノ濫訴ヲ停止シ氏業等知行相違アルベカラズ

三年十二月十三日達給御下文畢、而達建暦三年閏九月沽却宗像大宮司氏國之處、氏國貞應元年七月十三日給御下文、嘉祿三年閏三月讓給舍弟兵衞尉氏經（浄恵等父祖）之間、氏經依分讓之、浄恵等所知行也、爰家重或本主江大夫助宗加子息高宗署判、治承三年讓給家重祖父高家之間、知行之由申之、或納得高宗正治讓狀之條、不存知之旨、雖稱之、如納并達給元久・承元御下文者、高家与納被召決、被成下之由、所見也、就中納・達以後代々知行經年序之旨、浄恵等申之處、高家・家政（家重父）爲達被押領、經廿餘年之条、家重承伏已畢、然則、於彼浦福地者、停止家重濫訴、浄恵等知行不可有相違、次浄恵・氏鄕非御家人之由、家重雖申之、宗像大宮司氏實（氏國父）以後代々給御下文、勤仕御家人役歟、仍家重訴訟不及沙汰者、依鎌倉殿仰、下知如件、

文永八年十一月十九日

相模守平朝臣（北條時宗）在御判

左京權大夫平朝臣（北條政村）在御判

（高野山文書寶簡集七）（註96）

預所行譽・寺家年預浄任等、地頭松熊丸代常蓮ト備後國大田庄桑原方ノ所務ニツキ相論ス
和与状ニ任セ相互ニ違亂ナク沙汰セシム

一二五

（端裏書）
「關東御下知狀桑原方和与地頭文永九年正月廿日」

高野山根本大塔領備後國大田庄桑原方預所行譽・寺家年預浄任等与地頭松熊丸（今者宗有）代常蓮相論所務事、

右、擬召決之處、文永七年十二月廿一日兩方出和与狀畢、任彼狀、相互無違乱、可令致沙汰也者、依鎌倉殿仰、下知如件、

文永九年正月廿日

相模守（北條時宗）平朝臣（花押）
左京權大夫（北條政村）平朝臣（花押）

飯高胤員、那須資長ト陸奥國八幡庄內萩薗・蒲生兩郷堺ニツキ相論ス
指シタル證據ナキニヨリ胤員ノ訴訟沙汰ニ及バズ

一二六

飯高左衛門次郎胤員与那須肥前次郎左衛門尉資長相論陸奥國八幡庄內萩薗・蒲生兩郷堺事、（秋田藩採集文書小泉藤左衛門昌堅藏）（註97）

右、對決之處、兩方申詞枝葉雖多、所詮、萩薗者、本主景衡貞永元年讓渡右衛門大夫長經、長經又寛元二年讓与胤員之處、不知其堺之間、被差下御使、任景衡讓狀、可被糺明之由、胤員依令申、被差遣山內中務三郎經通・高泉太郎信幹等之處、如經通等取進進士次郎重宗文應元年六月二日起請文者、雖載子細、彼重宗者依所從相論、爲資長敵人之間、不足證人、此外無指證據之間、胤員訴訟不及沙汰、次打越事、資長雖申子細、胤員本自不差申際目之間、不及付打越者、依鎌倉殿仰、下知如件、

文永九年四月五日

相模守（北條時宗）平朝臣（花押）
左京權大夫（北條政村）平朝臣（花押）

峯湛、青方能高ト肥前

一二七

峯又五郎湛申肥前國小值賀嶋內浦部嶋地頭職事、（青方文書）（註98）

國小値賀島内浦部島地頭職ニツキ相論ス

暦仁・建長ノ和与状ニ任セ相互ニ違亂ナク領掌スベシ

預所伊賀光泰、一分地頭好島泰隆ト陸奥國好島庄荒野所當ニツキ相

右、越訴之趣子細雖多、所詮、小値賀嶋本主尋覺承元二年讓當嶋於嫡男通高(藤原)改名通澄之時、二男青方源二家高法師法名西念分浦部嶋悔返之、讓与通澄畢、通澄亦承久元年讓峯源二持湛祖父之間、同三年給安堵御下文之上、山代三郎固濫訴之時、安貞二年持給御下知之後、讓給湛之間、正元々年所給安堵御下文也、如彼狀者、除浦部嶋之由、不被載之、隨又如正元々年御下知者、浦部嶋爲小値賀嶋内云々、而西念改名覺円帶尋覺後判狀之旨、雖申之、不給御下文、於浦部嶋下沙汰者、暦仁元年持避与西念畢、湛亦建長七年同所出避狀也、至地頭職者、持・湛之知行不可有相違之旨、暦仁・建長覺円出狀畢、爰覺円子息能高(青方)与湛就得分相論之篇、文永五年經其沙汰之處、湛則或非西念領之由申之、或不嫌得分旨稱之、申狀變々矯餝也、西念亦雖帶次第證文、不給安堵御下文、和与他人之間、兩方共以不足知行之仁、仍可爲闕所云々、得持・湛之避狀等、西念領知下沙汰之間、被成闕所之条、頗以相違歟、然則、任暦仁・建長和与狀等、云湛、云能高、無違乱可令領掌之狀、依鎌倉殿仰、下知如件、

文永九年五月十日

相模守平朝臣(北條時宗)在御判

左京權大夫平朝臣(北條政村)在御判

(飯野文書)(註99)

一二八

陸奥國好嶋庄預所式部次郎右衛門尉光泰(伊賀)与當庄壹分地頭小三郎泰隆(好島)相論荒野所當事、

右、訴陳之趣子細雖多、所詮、件所當事、如建保三年下文者、開發常々荒野、爲地頭別名、

論ス

地頭、所當ヲ辨ズベシ

代錢ヲ以テ辨償セシム

中尊寺衆徒、中尊・毛越兩寺雑掌有信ト所務條々ニツキ相論ス

寺僧ハ別當ノ成敗ニ相従ヒ別當ハ新儀ノ沙汰ヲ致スベカラズ

三箇年以後免除雑公事、可弁濟町別所當・准布拾段之由載之、而地頭所開發之荒野參町也、寶治以後所當可弁濟之由、光泰令申之處、爲地頭別名之間、預所不可相綺之由、泰隆雖申之、可弁所當之条分明也、仍可弁濟之由、文永六年被裁許畢、爰光泰則諸國用准布之時、當國濟奥布之間、以奥布可弁濟之由申之、泰隆亦諸國被止准布之後者、以代錢弁濟之間、任通例、可弁錢貨之旨、陳之者、當國所當以奥布令弁濟之間、光泰申旨、雖似有子細、可弁准布之由、載建保下文之間、以准布之代、可致沙汰之旨、泰隆陳詞非無其謂歟、然者、云年々未進分、云向後之所濟、以准布代錢、可令弁償也者、依鎌倉殿仰、下知如件、

文永九年五月十七日

相模守平朝臣(北條時宗)(花押)
左京權大夫平朝臣(北條政村)(花押)

(中尊寺經藏文書)(註100)

一二九

陸奥國平泉中尊寺衆徒与中尊・毛越兩寺雑掌有信相論条々、

一、可被停止別當任符事、

右、訴陳之趣、子細雖多、所詮、衆徒一兩輩、帶文治・建久下知狀、寺僧知行領者、數代之間、不取別當任符之由、衆徒雖申之、如文永元年下知狀者、寺僧相傳師跡之時、爲寺務之仁、爭不成任符哉、然則、寺僧則可相從別當成敗、別當又守先例、不可致新儀之沙汰云々者、不及異儀焉、

所見不分明ニヨリ沙汰ニ及バズ

免田ハ行朝領知セシムベシ

雜掌有信、實書ヲ謀書ト稱スルニヨリ寺社修理ニ付スベシ

別當器量ノ仁ヲ撰ビ改補スルノ上ハ沙汰ニ及バズ

一、別當取任新由事、

右、如衆徒所進文永元年下知者、取任新事、被止之畢、而別當背彼下知、取任新之由、衆徒雖申之、如所進證文等者、文永元年以後令取任新之条、所見不分明之間、不及沙汰矣、

一、小山藥師堂免田參町事、

右、如衆徒所進掃部頭親能(中原)建久二年十一月十五日奉書案幷前別當密藏坊同年同月十八日施行・隆近(行朝父)天福二年二月八日讓狀等者、件免田者、衆徒行朝相傳之由所見也、而雜掌帶建保・延應寺領給人注文、彼免田者、自先別當僧正坊之時、宛給坊人、經年序之旨、雜掌雖申之、建保注文者、爲以往狀之間、所見不分明、延應注文者、光契僧都以此狀、不可指南之由、載奧書之間、不足證據歟、加之、坊人知行年紀事、於引付之座問答之處、當別當押領之後十八箇年之由、衆徒令申之處、雜掌陳詞不分明、然則、件免田者、行朝如元可令領知也、次親能奉書者、不備進正文、密藏坊施行者、有疑殆之間、爲謀書之由、雜掌雖申之、密藏坊狀者、比校雜掌所進類書之處、判形無相違、親能奉書者、雖無正文、引載彼施行之間、不及異儀歟、然者、雜掌以實書稱謀書事、任被定置旨、可付寺社修理焉、

一、金色堂供僧職事、

右、衆徒則爲寺僧相傳職之處、別當押領之由申之、雜掌亦以淨行住侶補來之處、行朝得濫僧讓之間、令改補旨、陳之者、榮尊落墮事者、文永元年也、行朝所得讓狀者、寶治元年也、淨行時之附屬難被破之由、行朝雖申之、彼讓狀前々不出帶之、榮尊落墮之後、令披露之条、非無疑殆歟、然者、別當撰器量之仁、改補之上、不及沙汰矣、

永幸ヲシテ元ノ如ク領知セシム

一、帝釋堂免田畠事、

右、如衆徒所進讓狀等者、至于永幸五代相承之由所見也、而年貢以下公役對捍之間、令改補之由、雜掌雖申之、於引付之座問答之處、彼免田者、不濟年貢之旨、雜掌承伏畢、然者、永幸無指難怠之上者、如元可領知之焉、

勝辨ヲシテ元ノ如ク領知セシム

一、金色堂免田、黑澤・白山講田免畠屋敷事、

右、於引付之座問答之處、衆徒則別當宛課新儀所當由申之、雜掌亦黑澤者、爲年貢進濟地之条、本主榮尊（不記年号）八月廿五日狀顯然之處、對捍之間、改補之由陳之者、如文永元年下知狀者、於供田・講田者、不可有所役之由所見也、而件免田者、爲供田・講田之外、可濟所當之条、無指證據之上、榮尊狀者、當別當押領之後、懸新儀所當之間、出彼狀畢、不及信用之由、衆徒所申非無子細、然者、件免田等者、勝弁如元可令領知矣、

永幸ヲシテ元ノ如ク領知セシム

一、白山講田壹町幷屋敷壹所（永幸分）事、

右、衆徒永幸則帶本主印鑁寬元四年十一月廿日幷有賢弘長元年讓狀等、爲相傳所帶之由申之、公賢（別當方寺僧）亦就印鑁寬元二年讓狀、文永五年別當裁許之由、陳之者、如公賢所帶別當下知者、永幸所進弘長讓狀者、有疑殆之間、任印鑁寬元二年讓狀、付于公賢之由、所見也者、永幸所帶本主印鑁讓狀爲後判之上、弘長讓狀疑殆事、無指證據歟、而別當就先判狀、加下知之条、令相違歟、然者、任寬元・弘長讓狀等、永幸如元可令領知焉、

一、白山宮別當職事、

右、如衆徒所進當宮別當忠安讓狀以下手継等者、至于明元、爲四代相承職之由所見也、而明

明元ノ沙汰タルベシ

修理ノ實否ヲ檢見ノ後左右アルベシ

供田・講田ニ臨時課役ヲ宛催スコトヲ停止ス

別當ノ沙汰トシテ懈怠ナク下行セシムベシ

寺役ノ外雜役ニ召仕フヲ停止ス

別當宛取ノ條不分明ニヨリ沙汰ニ及バズ

別當抑留ノ條實證ナキニヨリ沙汰ニ及バズ

元有罪科之間、改補之由、雜掌雖申之、罪科事、不立申實證之間、不及信用、然者、件職者可爲明元沙汰、次同社領貳箇所（聰尻・小前澤）事、爲當社別當分之条、雜掌承伏之上者、不及異儀矣、

一、當寺修理事、

右、衆徒則別當背御下知、不加修理、可被遂撿見之由申之、雜掌亦加隨分修理之旨、陳之者、差遣使者、撿見修理實否之後、可有左右、次同修理用途事、寺僧合力之条、爲先例之由、雜掌雖申之、於供田・講田者、可停止臨時課役之由、載文永元年下知狀之上、不及宛催焉、

一、不下行供米事、

右、別當不法之間、言上子細之處、可觸訴別當之由、被仰下之間、不可事行之由、衆徒所申非無子細歟、然者、自今以後爲別當之沙汰、無懈怠可令下行也矣、

一、別當駈仕承仕公人事、

右、兩方雖申子細、所詮、任文永元年下知、寺役之外召仕雜役事、可令停止焉、

一、宛新儀課役於寺僧領事、

右、不可宛催所役之由、載文永元年下知畢、衆徒帶別當代弘長元年五月廿一日狀、雖申子細、別當背下知宛取之条、不分明之間、不及沙汰矣、

一、當寺修理奉加錢伍拾貫事、

右、寺僧性慶寄進彼錢之處、別當抑留之由、衆徒雖申之、於引付之座、尋問雜掌之處、爲公賢之沙汰、令下行修理用途之由、雜掌令申之上、別當抑留之条、無實證之間、同前、

一、院主職事、

尋究ムル後左右アルベシ

院主分田畠ハ院主ニ返付スベシ

作人等ニ尋究ムル後左右アルベシ

尋究ムル後左右アルベシ

實證不分明ニヨリ沙汰ニ及バズ

右、如文永元年下知者、任先例、寺僧之中撰器量之仁、可補之云々、而補濫僧公禪之由、衆徒令申之處、公禪爲淨行器量仁之由、雜掌申之者、公禪爲濫僧否、尋究之後可有左右、次同院主分領瀨原村河原宿事、爲胸臆論之間、爲院主分否、同尋究可有左右、次別當割取同院主分田畠之由、衆徒令申之間、於引付之座尋問之處、雜掌不論申欤、然者、如元可返付于院主焉、

一、撿注事、

右、衆徒則如文永元年下知者、撿注者、代一度可遂之由、被定下之處、別當不敍用之由申之、雜掌亦依百姓之訴訟、遂損亡撿見之旨、陳之者、爲正撿欤、將又爲損亡撿見欤、尋作人等之後可有左右矣、

一、大長壽院燈油畠壹所事、

一、釋尊院燈油畠貳所事、

右、兩条於引付之座問答之處、衆徒則被割取彼兩所燈油畠之由申之、雜掌亦非燈油畠內之旨、陳之者、兩方所申無指實據之間、爲燈油畠內否、尋究之後可有左右焉、

一、謀書事、

右、衆徒所帶文治五年九月十一日・同六年六月一日狀等事、狀文不普通之間、爲謀書之由、雜掌所申雖似有子細、謀書之条實證不分明之間、不及沙汰矣、

以前条々、依鎌倉殿仰、下知如件、

文永九年六月廿三日

相模守（北條時宗）平朝臣（花押）
左京權大夫（北條政村）平朝臣（花押）

（臺明寺文書）

大隅正八幡宮雜掌永圓・神宮所司等、大隅國御家人税所義祐ト大隅國噌唹郡重枝・重富名・桑東郷松永名以下講經免ニツキ相論ス

神領ハ社家ノ進止タルベシ

一三〇

正八幡宮雜掌法橋永圓并神宮所司等申大隅國噌於（唹）郡重枝・重冨名・桑東郷松永名以下講經免事、

右、當國御家人税所介義―祐字有憚、爲惣領仕之上、帶本主狀之間、於沽却田地者、可宛給之由、依申之、文永七年被成御敎書之處、正八幡宮被官之輩令申子細者、可尋究之、於關東御成敗之地者、非御家人等凡下輩分、可令沙汰付義―由、被載之間、彼□所々者、爲社家進止之處、寄事於御敎書、□押妨神領之条、無其謂之旨、社家訴之、爰承久・寶治安堵御下文并本主遺狀義―雖帶之、就彼狀、難及神領之妨欤、如社家所進建久・嘉禎・建長御下知者、可爲社家成敗云々、然者、至有限神領者、可爲社家進止之狀、依鎌倉殿仰、下知如件、

文永九年十月廿五日

（相模守平朝臣花押）

（左京權大夫平朝臣花押）

（東明寺所藏文書）

走湯山燈油新船梶取等、

一三一

走湯山燈油新船梶取等与千葉左衛門四郎爲胤相論下総國神崎關手事、

千葉爲胤ト下總國神崎關手ニツキ相論ス

爲胤ノ煩ヲ停止ス

右、訴之趣子細雖多、所詮、如治承五年正月日御下文者、仰下諸國御家人幷關々泊々津々沙汰人等所、可令早遣無違乱走湯山五堂燈油䉼船五拾艘內意鏡房船事、右、於五十艘船者、爲御祈禱令寄進事、仍此船梶取等、可令勤仕燈油之役者也者、云御家人等、云關々沙汰人等、仰此旨莫違失云々、帶此狀梶取等不可弁關手之旨申之、而可取關手之由、給御下文畢、件狀者、舍兄義胤令帶之旨、令申之間、被尋下之處、如義胤請文者、不覺悟云々、而以起請文、重可被召尋之由、爲胤雖申之、不足信用之上、當山燈油䉼事、就治承御下文、所々關䉼不弁之、爲胤不及違乱歟、然者、可令停其煩之狀、依鎌倉殿仰、下知如件、

文永九年十二月十二日

相模守（北條時宗）平朝臣（花押）

左京權大夫（北條政村）平朝臣（花押）

河野通時代唯觀、河野通義ト伊豫國石井郷幷土居條々ニツキ相論ス

一三二

伊豫國河野四郎通時代唯觀與同六郎（通脫カ）―義字有憚、相論當國石井郷幷土居問條々、

（正閏史料外編河野六郎所藏）

一、文永五年七月廿五日和與狀事、

右、訴陳之趣子細雖多、所詮、石井郷同別名者、河野九郎左衞門入道敬蓮（通久）通時親父通―祖父所領也、而文永四年八月十日子息通繼通時弟通―父得讓狀之處、通時・通繼相論之間、同五年七月廿五日兩方成和與之儀、以當鄕內八名幷郎從通繼與于通時之間、云通繼總領分、云通時知行分、各所成下文也、而通繼配分之趣、非中分之儀、有玄隔增減、或以八名內分拜領之間、違乱之

通時ノ訴訟沙汰ノ限リニアラズ

時可破和與儀之由、稱載彼狀、雖申子細、如通—所進通時同日狀者、可變和與之由、不載之、然則、先日和與狀幷下文難被改替、仍通時之訴訟非沙汰之限焉、

一、文永四年八月十日讓狀事、

右、如件狀者、石井鄕別名事、依爲勳功之賞、讓渡越智通繼、但此內本土居令配庶子等、所殘分幷所從等通繼可進退領知云々、而石井鄕者、嘉禎三年通時得其讓、別名者通繼讓得之畢、通—以文永狀雖號後判、如彼狀者、石井鄕者嘉禎三年通時得其讓、別名者通繼讓得畢、通—以文永狀雖號後判、如彼狀者、石井鄕別名之由、書載之間、重得別名讓之由、唯觀雖申之、兄弟和与之時、不分別鄕、分別名割分、其內通時得之畢、今更就讓狀加料簡之條、無其謂歟、次爲敬蓮遁世以後狀之間、不能敍用之由、同雖申之、敬蓮致在京奉公之旨、通—陳答之上、至于弘長・文永之比、或六波羅帶狀全使節、或騷動之時馳參之條、無異儀歟、縱雖有前非、爲其子、不可訴之、而通時爲破讓狀、及濫訴之條、告言之科無所于遁、然則、文永讓狀事、今更不及純(繆カ)難、次通時造言科事、被注所領、可被分召也矣、

一、別名內敬蓮女子尼觀阿跡事、

右、唯觀雖申子細、所詮、配分于庶子之外者、通繼可知行由、載文永讓狀之間、通時之訴訟非沙汰之限焉、

一、通繼改姓任官事、

右、通繼改本姓、聽一所昇殿、或任名國司之由、通時雖申之、止召名之旨、通—令申之上、通繼已死去、同不及沙汰矣、

通時ノ訴訟沙汰ノ限リニアラズ

文永ノ讓狀繆難ニ及バズ

通時ノ訴訟沙汰ニ及バズ

和与以前ノ事ハ眞僞ヲ糺明スル能ハズ

唯観ノ訴訟沙汰ニ及バズ

通時別ノ過怠ニ處セラルルニヨリ沙汰ニ及バズ

一、通時被父義絶否事、

右、如通―申者、通時懐抱継母之間、敬蓮令義絶之後、終不免之、且義絶状幷陸奥守時茂(北條)返状・通時自筆起請文等明白也、而通継割与当郷幷所従等之條、為芳恩之處、及不實濫訴之條非據也云云、如唯観申者、継母懐抱幷義絶事、虚誕也、通―出對之状等者、皆以謀書也、時茂状者、不孝事無所見、通時状全非自筆云々者、如通―所進寶治二年讓状者、通時令不孝之由、雖載之、建長年申(中カ)令免許云々、其後正嘉之比、又以称令義絶、雖備進敬蓮誓状幷通時起請文等、敬蓮没後、通時・通継成和与之儀、令分領父跡畢、和与以前事、不能糺明眞僞、然者、云義絶事、云謀書、(以下缺)

一、通継嫁継母否事、

右、唯観則通継奸敬蓮妻妾二人之由申之、通―為不實旨、陳之者、通継死去之間、同不及沙汰矣、

一、通―奸継母否事、

右、両方共以雖申子細、所詮、證人事、於寂佛者、通―嫌申上、向背之所従不能被尋問、其外不立申指證據之間、難被信用歟、奏事不實科事、通時被處別過怠之間、不及沙汰焉、

一、敬蓮女子愛得所領事、

右、如唯観申者、件所帯者、母尼(敬蓮後家)一期之後、可傳領處、彼尼為通継・通―箸(等カ)、被懐抱畢、通時可宛給彼所領云々、如通―申者、非通義所領之間、不及申子細云云、通継・通―奸敬蓮後家否事、於通―者、無其證之條、載先段、至通継者、依令死去、不及其沙汰、仍

後家知行ノ證アラバ其時改嫁ノ實否ヲ糺明スベシ

相傳ノ仁ヲ尋ネ取帳目錄ヲ召出シ六波羅ヲシテ成敗セシム

和与セシムルノ上ハ沙汰ニ及バズ

圓惠、地頭胤員・胤村等ト下總國匝瑳南條西方領家代一度新田檢注

後家改嫁事、眞僞未決歟、然者、先被召出愛得所帶讓狀、有後家知行證者、其時可被糺明改嫁之實否焉、

一、押領通時領分八名内田畠否事、

右、如通時坪付者、八名内十二箇所之田畠被押領之由、雖載之、如通―陳詞者、彼田地或清水尼以下輩得讓狀畢、或爲通―知行名之内云云、然者、且尋相傳之仁等、且召出取帳目錄、可令成敗之由、可被仰六波羅矣、

一、以通時分領可被付總領由事、

右、通時搆不實、及敵對之間、可被返付總領之由、通―雖申之、先度令和与之上、不及沙汰焉、

以前條々、依鎌倉殿仰、下知如件、

文永九年十二月廿六日

相模守平朝臣（北條時宗）判

左京權大夫平朝臣（北條政村）判
（大）

（金澤文庫古文書）

一三三

（前缺）

胤村等相論所務條々、

一、新田檢注事、

ニツキ相論ス

新田檢注ハ停止シ所當一倍ヲ辨償スベシ

右、如訴狀者、領家代一度檢注新田、可定員數之由、被裁許、去年御下知之間、今年欲遂其節之處、地頭不敍用云々、如陳狀者、任去年十二月十八日御下知、今年二月、欲遂其節之處、騷動之間延引、靜謐之後者、圓惠依申、付召文所參上也、更非地頭難澁、但、如曆仁元年御下知者、不可有新田檢注歟云々、爰如胤員等所進曆仁元年十二月十七日御下知案文者、熊野山領下総國匝瑳南條東方新田檢注事、右、預所永海阿闍梨依訴申、可遂行之由、去年被成御下知狀之處、如地頭推(椎)名六郎胤高・小太郎胤義申狀者、被止檢注者、於所當者、寶蓮胤高親父、胤義祖父、之時、所濟之員數以一倍可令弁濟也、不然者、當庄平均可被遂者、限胤高等所領、可被入御使哉云々者、非一庄檢注者、雖被入勘之旨、胤高等所申頗有其謂、但、遂行一庄者、自餘地頭等、定懷愁訴歟、加之、上総・下総兩國地頭等、雖開作新田、預所不及交沙汰、而就永海一人之裁許、〻諸人以之爲證據、訴訟出來之時、用(マヽ)之不可弃彼(破)之間、庄公併被遂檢注者、非啻地頭之愁歎、有煩于成敗歟、然則、於新田檢注者、被停止畢、至所當者、以一倍可弁濟云々者、領家代一度檢注新田、可定員數之由、去年被裁許畢、而今胤員等備進曆仁御下知案之間、重有其沙汰之處、彼狀者東方事也、當鄉者爲西方之間、不足證文之由、圓惠雖申之、如端書者、東方之由雖載之、如右狀者、不限當庄、被停止上総・下総兩國新田檢之由所見也、隨當鄉新田檢注不入勘歟、彼狀雖爲案文、圓惠不論申之上、正文者胤高等跡令帶之由、令申之間、不及異儀、且故武藏前司入道(北條泰時)之間成敗也、輙難被弃置、然則、於新田檢注者、被停止了、至所當者、以寶蓮之時、所濟員數一倍可弁償焉、取要、略自餘了、

文永九年十二月廿七日

相模守（北條時宗）平朝臣

左京權大夫（北條政村）平朝臣

一三四

能登國堀松庄雜掌定盛、地頭淨信ト預所下人藤太郎男ノ船ニツキ相論ス

地頭ノ身トシテ預所ノ船ヲ押取ルハ狼藉タルニヨリ地頭淨信ヲシテ鎌倉中橋一所ヲ互サシム

日吉社領能登國堀松庄雜掌法橋定盛与地頭又二郎入道淨信相論條々、（高野山文書又續寶簡集百四）

一、地頭押取預所下人藤太郎男船事、

右、定盛則淨信或押取件船、或凌礫藤太郎男之由申之、淨信亦彼岸齋日企漁、引上船之旨陳之者、漁事、定盛論申之上、縱彼岸齋日中雖企漁、爲地頭之身、無左右令押取預所船之條、爲狼藉之間、所被互鎌倉中橋一所也焉、

以前條々、依鎌倉殿仰、下知如件、

文永十年十一月十四日

武藏守（北條義政）平朝臣御ー

相模守（北條時宗）平朝臣御ー

一三五

（醍醐寺文書）（註101）

山內通茂・義通、棚橋

（異筆）「同前」

山內新三郎左衞門尉通茂法師法名道專・左衞門三郎義ー通字有憚、与棚橋律師通海代僧禎海相論伊勢

通海代僧禎海ト伊勢國河田郷地頭職ニツキ相論ス

國河田郷地頭職事、

右、於彼職者、先祖通時法師(道)建久八年補任之由、道専等申之間、尋明子細、可注申之旨、文永八年被仰六波羅畢、如所執進申詞記并兩方所進證文等者、枝葉雖多、所詮、至當郷者、通海先師得業行惠跡之条、道専等不論申歟、而弟子継尊相傳之、与嫡弟尊海、々々又讓通海、資(師)師(資)相承數十年之間、爲太神宮領、道専等無申旨歟、如被定置者、今更不能濫訴、但継尊一期可知行之由被載、継尊給同九年御下文之間、存生之程、無沙汰之旨、雖申之、禎海論申之上、彼狀紛失、頗爲胸臆歟、加之、継尊建長二年夭亡、過廿箇年、初申出之由、禎海申之處、道専等初則死去、年紀不知及之旨号之、後亦文應二年逝去之由、有其説之旨稱之、前後之詞渉兩舌、經年序之後、企訴訟之条、無異儀歟者、於河田郷者、所被停止道専・義―濫訴也者、依鎌倉殿仰、下知如件、

道専・義通ノ濫訴ヲ停止ス

文永十一年五月六日

武藏守平朝臣(北條義政)在御判

相模守平朝臣(北條時宗)在御判

（尊經閣古文書纂石清水八幡宮文書）

一三六

山田秀眞、石清水八幡宮所司ト伯耆國山田別宮下司職ニツキ相論ス

山田次郎兵衛尉秀眞与八幡宮所司等相論条々當宮領伯耆國山田別宮下司職事、

右、訴陳之趣子細雖多、所詮、於當職者、爲御口入之地令勤仕御家人役之處、被改補之由、秀眞雖申之、如秀□(眞)所進六波羅貞應元・二兩年狀等并別當法印返狀者、爲私狀之間、難稱

下司職ハ本所ノ進止タルベシ

下司職ヲ本所ニ付セラル上ハ沙汰ニ及バズ

沙汰ニ及バズ

木田見成念嫡女熊谷尼代子息直高、舎弟木田見長家ト成念遺領武藏國牛丸鄉內田畠・在家

口入之地、如關東寛元々年御教書者、依爲問状、不足信用、建長四年御教書等者、非御口入之状、大番以下公事勤仕證文等事、爲重代御家人勤仕之条無所見、秀眞亡父眞蓮始令望勤欤、就此状等輙不能口入、爰如社家備進建長三年御教書等者、本所成敗之条、無異儀欤、然則、至彼下司職者、宜爲本所進止焉、

一、秀眞爲御家人否事、

右、秀眞當職之外、不知行御恩之地欤、而件職被付本所之上者、不及沙汰焉、

一、道直追捕秀眞家內由事、

一、秀眞所進證文摺續目判切放宮寺下知状由事、

右、兩条相互雖申子細、所詮、被棄置秀眞訴訟之上者、同前矣、

以前條々、依鎌倉殿仰、下知如件、

文永十一年六月十九日

（北條義政）武藏守平朝臣（花押）

（北條時宗）相模守平朝臣（花押）

（熊谷家文書）（註102）

一三七

木田見次郎入道成念嫡女熊谷尼代子息圖書助次郎直高与舎弟小次郎長家相論武藏國牛丸鄉內田畠・在家幷越後國北生善村半分事、

右、於成念遺領者、文永元年十一月一日分譲男女子息等、□五日申与安堵御下文之處、彼

并越後國北生善村半分ニツキ相論ス

熊谷尼ニ分付セル所領ノ殘リ及ビ北生善村半分ハ長家ノ進止トス尼一期ノ後ハ長家ノ子息定長ニ領掌セシム

讓狀爲謀書之由、明石孫次郎行景奉行之時、熊谷尼訴申之間、行景問答之刻、長家令惡口直高畢、仍於讓狀者、爲實書之旨、長家預裁許、至惡口之咎者、被付長家所領半分於尼之間、牛丸鄕內長家知行半分者、所去付于尼也、爰直高則當鄕內田畠者(太略)雖打渡之、至北生善村者、一向不致其沙汰之間、御下知違背之条、難遁罪科之由訴之、長家亦吐惡口者、可被付論所云々、　而以非論所之田畠在家、被分付之条、御成敗之趣、令違式目之旨陳□(之)、就此等狀、重有其沙汰之處、如尼先度訴訟者、田五段屋敷一宇、一期讓得之間、不足之由、依相存欤、成念讓狀稱謀書之条、申成未分之地、爲分給□、長家所帶半分事、一切不望申之間、非論所之上者、難被付半分之由、長家所申有其謂欤、仍爲作出論所之分限、以成念遺領、假令被成未處分之儀、有御配分得分親等之處、田二町在家二宇所相當尼分也、然則、尼當知行牛丸鄕內田二町在家二宇(弥源二、弥四郎)、依長(家脱)惡口之咎、□可令領知、於所殘之田畠在家并北生善村半分者、如元可爲長家進止、次尼讓得分田屋敷者、一期知行之後者、任成念讓狀、長家子息定長□(可)令領掌、次長家狼藉事、背御下知、致種々狼藉之由、直高訴申之、□被尋下之後、雖可有左右、先度裁許之趣、令依違之間、有改沙汰之上者、所不及糺明也者、依鎌倉殿仰、下知如件、

建治元年七月五日

武藏守平朝臣(北條義政)(花押)

相模守平朝臣(北條時宗)(花押)

一三八

(高野山金剛三昧院文書)(註103)

法禪、足利家時ト美作國大原保ニツキ相論ス

家時ノ知行ヲ停止シ大佛殿領タルベシ寺用未進ノコト沙汰ノ限リニアラズ

宰相阿闍梨法禪与足利式部大夫家時相論美作國大原保事、

右、訴陳狀幷兩方所進證文等子細雖多、所詮、當保者、足利左馬頭義氏朝臣法名正義所帶也、爰奉爲右大將家(源頼朝)幷二位家(北條政子)御菩提、正義嘉禎四年三月寄進高野山金剛三昧院大佛殿之間、同年五月被成安堵御下文畢、而寄附所領於如此堂舍之條、爲御制一篇之間、以平左衞門入道盛阿、建長元年申入子細之後、改隆禪之知行、補代官之處、法禪文永十年出訴訟之間、過年記之由、家時雖申之、法禪于今取寺用之條、兩方申狀無相違之間、難稱一方之知行、次以盛阿狀、難破嘉禎御下文歟、次建長安堵御下文事、嘉禎狀嚴重之處、相加自余所領、讓与子孫之條、甚不可然、就中、他人和与之物、本主猶以難進退、何況佛陀施入之地、輙難悔返之間、不可拘建長安堵歟、然則、於當保者、停止家時知行、任正義嘉禎寄進狀幷御下文、可爲大佛殿之領也、次寺用未進事、法禪雖申子細、被付下地之上、非沙汰之限者、依鎌倉殿仰、下知如件、

建治二年八月二日

武藏守平朝臣(北條義政)

相模守平朝臣(北條時宗)在判

(田代文書)(註104)

一三九

伊佐有信代有玄、伊佐有政代淨心ト陸奥國泉田村內屋敷・田畠・用水溝代ニツキ相論ス

伊佐掃部助有信代有玄与同八郎有政代淨心相論陸奥國泉田村內紀藤太屋敷壹宇・田壹町・同村內清平入道屋敷畠幷用水溝代事、

右、就訴陳狀、擬有其沙汰之處、於件屋敷名田者、任文永元年十一月廿二日安堵御下文幷有

紀藤太屋敷名田ハ有信知行スベシ
清平入道屋敷・畠ハ有政分領タルベシ
溝代ハ相互ニ和与ス

駿河有政、姉平氏ト亡父時賢遺領武藏國比企郡南方石坂郷内田・在家ニツキ相論ス
姉平氏ニ違亂ナク領知セシム

政相博狀、止有政之押領、如元可爲有信之知行、至清平入道屋敷・畠者、守同相博狀、可爲有政之分領、且以有政之所領内、自有信方、令堀(掘)用水堀之間、爲彼溝代、可打渡田六段三宅内云々、於有政之由、今月廿日建治二年七月、云有玄、云淨心、出證文畢者、相互令和与之上者、不及異儀歟、然則、任彼狀、兩方可致其沙汰之狀、依鎌倉殿仰、下知如件、

建治二年八月廿五日

武藏守平朝臣(北條義政)
相模守平朝臣(北條時宗)(花押)

一四〇　(朽木文書)

駿河彦四郎有政与姉平氏号弥鶴、相論亡父時賢遺領武藏國比企郡南方石坂郷内田・在家事、
右、就訴陳狀、欲有其沙汰之處、如有政去年十二月廿六日避狀者、任女子等所帶讓狀、可去与云々、爰如氏女所進建長六年八月廿四日・文永八年九月十日讓狀者、石坂郷内惠加佐次郎在家・同田壹町五段・右衞門太郎在家・同田壹町云々者、任彼狀、向後無違乱可令領知之狀、依鎌倉殿仰、下知如件、

建治三年正月日

武藏守平朝臣(北條義政)
相模守平朝臣(北條時宗)(花押)

筑前國朝町村地頭清光代教圓、宗像大宮司長氏代僧隆惠ト朝町村田畠下地ニツキ相論ス

寄進地ハ本領主子孫領知スベシ

下地ハ地頭ノ進止タリ

一四一

筑前國朝町村地頭佐々目藏人清光代教圓与宗像大宮司長氏代僧隆惠相論當村田畠下地事、

右、對決之處、如教圓申者、當村地頭職者、清光外祖父上野介資信嘉禎二年宛給之以來、令進止下地畢、本地頭之時、畠少分寄進社家之間、作畠上分送進之、用作人每年五月會・放生會・駕輿(丁)町勤仕之外、無別役之處、近年押妨下地之條、無其謂云々、如隆惠申者、當村者根本神領之条、見代々廳宣・國宣等、地頭補任者建保以後也、何可稱本主寄進哉云々、爰如地頭所進資信給嘉禎二年七月廿八日御下文者、將軍家政所下筑前國朝町住人補任地頭職事、資信朝臣、右、人、可爲彼職云々、如資信息女高階氏并清光給寛元・文永兩通安堵御下文者、子細同前、如社家所進應保二年大府宣・久安三年國司外題・保元二年齋宮廳下文・文治二年八條院廳御下文等者、當村社領之由所見也、如文治・建保・貞應・貞永・正元・文永等關東御下知御教書者、當社領或大宮司可社務執行之由、被載之、或被避進地頭職之旨所見也、而仰大友出羽前司賴泰、被尋問之處、如建治二年二月十日請文者、當村古老沙汰人百姓等七人事、就在國地頭代信阿注文、執進起請散狀處、沙汰人百姓等者地頭同心之間、不足證人、以社家古老人、可被尋問云々、如信阿狀者、皆以長氏恩顧之仁也、難信用云々、此證人等事、相互嫌申上者、不分明、彼沙汰人等散狀進之云々者、如賴泰請文・古老人等申詞者、不分明之間、於引付座、召問之處、取地子之外、社家不相綺之由、地頭令申之處、帶應保以下證文、爲往古社領由、隆惠所申雖似有子細、本名主寄進之条、不論申之間、至寄進地者、本領主子孫可令領知歟、雖爲新補地頭、進止下地之条、不可有異儀、次於下地者、地頭進止之条、爲通例之上、取加

地頭、下地ヲ進止シ年貢・社役ハ社家進止スベシ

徵雇仕百姓之条、頗可謂承伏歟、次如賴泰請文者、證人等申詞雖非無疑殆、如百姓等所進建保以後地頭等下文等者、管領百姓之由所見也、進止下地之条勿論也、次當村内延壽寺院主職事、社家成任補狀之由、雖申之、如賴泰執進建保兩通狀者、社家・地頭共以載外題畢、社家一方非進止之儀歟、次當村者爲半不輸地之由、兩方稱之、領主進止下地於年貢者、濟國衙、至雜役者、可隨社家之間、地頭進止下地之条、又以不可有相違、然者、地頭令進止下地、云年貢、云社役、任先例可致沙汰也者、依鎌倉殿仰、下知如件、

建治三年九月十一日

相模守(北條時宗)平朝臣御判

中野忠能後家尼蓮阿、市河重房ト信濃國中野郷所務條々ニツキ相論ス

蓮阿領掌スベシ

一四二

中野馬次郎忠能法師法名法蓮後家尼蓮阿与市河三郎左衞門尉重房相論条々、

(市河文書)(註106)

一、中野郷堀內・町田幷志久見郷湯山事、

右、訴陳之趣子細雖多、所詮、如蓮阿申者、本主中野馬入道(中野能成)妙蓮延應二年正月廿五日讓妻女藤原氏之處、氏女先于妙蓮死去之間、建長二年四月五日相副彼讓狀、給于蓮阿畢、仍同四年十二月廿四日給安堵御下文知行之、釋阿依爲一子、文永四年雖讓与之、釋阿先于蓮阿令死去之間、可爲蓮阿計之處、重房抑留次第證文、致乱妨云々、如重房申者、就蓮阿之讓狀、釋阿文永四年給安堵御下文之間、雖分讓數輩養子等、蓮阿令悔返之条、重房不及申子細云々者、雖給安堵御下文悔返之条、冝爲父母意之上、重房不論申之間、早可令蓮阿領掌矣、

重房、證文等ヲ蓮阿ニ返シ与フベシ

惣領分證文ハ付渡スニ及バズ

法蓮相博狀ハ沙汰ニ及バズ

田坪付事ハ沙汰ニ及バズ

蓮阿ノ押領ヲ停止セシム

一、代々御下文幷讓狀以下證文等事、

右、如蓮阿申者、本證文以下數通文書等令預置釋阿畢、而釋阿死去之間、可返渡之處、重房抑留之云々、如重房申者、件證文等就蓮阿之讓、釋阿給安堵御下文之間、雖帶之、可返与之由令申之處、依幸重等之語、不請取之、所致僞訴也云々者、於蓮阿所帶證文者、被返付所領之上、重房不拘惜之間、早可返与也、(付箋)「惣領事」至惣領分之證文者、不能蓮阿進止之旨載狀左、仍不及付渡矣、次法蓮相博狀事、件田蓮阿當知行無相違者、不及沙汰矣、次同田坪付事、子細同前矣、

一、釋阿遺領事、

右、如蓮阿申者、釋阿無一子之間、以親類等爲養子、令分讓所領之處、於畠・在家者、面々雖令配分、至田者、可爲重房計由令申置畢、然者任被定置之旨、可爲蓮阿進止之上、重房已嫁他妻之間、難令知行先妻所領、加之、如養子新野太郎景經妻所帶之讓狀者、重房於令嫁新妻者、不可相綺釋阿遺領之由載之處、書改彼二紙讓狀於一紙之条無謂云々、如重房申者、件所領者法蓮讓于釋阿、々々讓与養子盛房之間、重房所令知行也、於田者、可爲重房計之由、讓狀顯然也、次書改女子等讓狀由事、爲釋阿自筆之上虛誕也、次件遺領蓮阿可令進退否、又嫁新妻由事、尤可爲上裁歟云々者、於釋阿所帶者、自父法蓮之手令相傳之處、蓮阿非指本主之上、釋阿已死去之刻、分讓養子之間、蓮阿稱娘跡難令進退、然者早可令停止押領矣、

一、延應二年正月廿四日妙蓮讓狀爲謀書否事、

右、如蓮阿申者、彼讓狀者正月廿五日自筆也、蓮阿分堺分明之處、爲掠取彼內、重房引隱

件狀、搆出謀書了、召出廿五日讓狀、可返給也、至于重房者、欲被行謀書咎云々、如重房申者、謀作何狀事哉、欲被糺明云々者、如蓮阿代西念申者、妙蓮出家者依故修理大夫（北條時房）逝去也、彼逝去者延應二年正月廿四日夜半也、仍同廿五日遂出家之条、云蓮阿所帶之釋阿所得讓狀等、廿五日出家之由載之、加之、如書送聟原兵衞尉之狀者、廿四日未遂出家之處、重房所進狀者妙蓮云々、出家以前爭可書法名哉、爲後日謀書之間、迷前後者歟、且如建長四年十二月廿八日安堵御下文者、任正月廿五日讓狀、可致沙汰云々、而引隱件狀之条奸謀也云々、重房申云、彼逝去者廿四日云々、於時剋者不可有其隱、次廿四日狀俗名事、雖爲一日內、可依時剋歟、所詮、重房可搆出謀書者、日付爭可相違于御下文哉、又廿五日之狀不可出帶之、隨妙蓮自筆之旨、陳之間、比校兩方承伏類書之處、云判形、云筆跡、無相違歟、加之、廿五日讓狀共以出帶之上、彼狀爲重房無其詮之間、難搆出歟、仍不及沙汰矣、

沙汰ニ及バズ

一、盛房敵對蓮阿事、

右、如蓮阿申者、盛房不憚敵對、乱入近江所領、押取得分、致狼藉之間、重房一同訴申之處、讓得釋阿遺領之間、令知行之旨、已載陳狀畢、然則、可被行其咎云々、如重房申者、盛房全不及敵對、就蓮阿非分之訴、重房所陳申也云々者、外祖父母猶以不憚敵對歟、況外戚養祖母不可有其難之上、盛房不申子細之間、不及沙汰矣、

沙汰ニ及バズ

一、蓮阿所領近江國越智郡內主殿七郎入道跡事、

右、如蓮阿申者、爲重代領之間、雖讓与釋阿、々々死去之時、以重房爲子息讓与畢、而押取得分、及敵對狼藉之間、於所領者召給之、可被行重房於罪科云々、如重房申者、件領重房

他人和与タルノ間闕所タルベシ

三箇條沙汰ニ及バズ

德宿綱幹後家尼・同家幹、德宿義幹ト綱幹遺領常陸國鹿島郡内所領ニツキ相論ス

譲得之条勿論也、盛房縦雖令取得分、何可有其難哉云々者、如重房所帯文永二年蓮阿譲状者、先日雖譲釋阿令死去之間、三月廿日譲与重房畢、其状仁後仁波可給左衛門二郎幸重之由、雖載之、何乃子息仁毛爲重房之計可宛之云々、以和字模漢字、而件廿日状者、以重房爲子息譲与之旨、載之間、引隠之由雖申之、自幼少無取養之儀者、難被信用、仍爲他人和与之間、宜爲闕所矣、

一、重房爲蓮阿恩顧由事、

一、打破倉運取米以下由事、

一、不憚時剋致殺生由事、

右、三箇条爲枝葉之間、不及沙汰矣、

以前条々、依鎌倉殿仰、下知如件、

弘安元年九月七日

相模守平朝臣（北條時宗）（花押）

一四三

（烟田文書）（註107）

德宿三郎太郎綱幹後家尼・同太郎次郎家━幹字有憚、等与又太郎義幹相論綱幹遺領常陸國鹿嶋郡内烟田・鳥栖・富田・大和田等事、

右、訴陳之趣、子細雖多、所詮、家━等、則爲未處分之□被配分之由申之、義幹亦就嫡子、可相承之旨稱之、爰如義幹所進寶治元年十一月廿四日義幹祖父朝秀譲于子息綱□（幹）本名幹泰状

義幹ノ知行相違アルベカラズ

者、讓渡私領常陸國鹿嶋郡德宿鄉內嫡男幹(泰)□所畑田・鳥栖・富田・大和田已上四箇村、依有子息等其數、令配分之者、御公事以下旁不可合期之間、相副本文書等、一所被讓与于嫡男幹泰也、且不可背母尼命、且雖向後嫡□□相傳知行讓狀如件云々、同所進綱幹書送母堂尼和字狀云、自然能事毛古曾候江土天、所領能證文土毛進候若能事候者、可□弥王義幹童名候云々者、朝秀狀、限于綱幹兄弟所誡置也、綱幹□狀者、無年号之上、家―未生以前狀也、不足證據之由、家―雖稱之、不帶後狀之間、不及信用、然則、任朝秀・綱幹等狀、義幹知行不可有相違之狀、依鎌倉殿仰、下知如件、

弘安元年十一月三日

相模守平朝臣(北條時宗)在判

（高野山文書寶簡集二十四）（註108）

高野山蓮華乗院雑掌眞算、紀伊國南部庄地頭藤原氏代憲長ト所務條々ニツキ相論ス

一四四

高野山蓮華乗院雑掌眞算与紀伊國南部庄地頭藤原氏代憲長相論兩条、

一、見米三百石內号運賃缺取七十石由事、

右、如解狀者、爲本所一圓之地、建久年中被寄進畢、承久兵乱之時、依下司罪科、以肥前々司家連、雖被補地頭職、有限年貢者、任承久・貞應御下知、無懈怠之處、常陸入道行日(二階堂行久)補任以後、不法之間、寺用闕如之条、無其謂云々、如陳狀者、承久・寶治爲沒收之地、云見米、云色代、守貞應御下知、所致沙汰也、於見米者、於紀伊湊請取之、成返抄条、前地頭之例也云々、爰如寺家所進建久五年四月日寄進狀者、前齋院廳寄附高野蓮華乗院領一處事、

見米三百石ヲ寺家ニ辨濟スベシ

色代二百石ヲ和市ノ法ヲ以テ寺家ニ辨濟スベシ

肥前國御家人佐志房後家妙蓮・孫熊太丸・女子源氏・尼阿經等、佐

在紀伊國字相樂南部庄云々、如承久三年十二月廿四日御下知者、南部庄御年貢事、任本願御成敗、米百〇(石)之上、相加領家御得分、爲地頭之沙汰、無懈怠可弁濟寺家云々、如同所進家連給貞應元年九月十三日御下知案者、爲請所、見米三百石、色代二百石、可弁濟之由所見也者、爲請所年貢之上者、可運〇(上)本所之處、地頭或缺取運賃、或遂置中途之条、不可然之由、雜掌所申、非無其謂歟、然者、且任承久御下知、且任地頭承伏狀、以見米三百石、可令弁濟寺家也、

一、色代分減少事、

右、雜掌則色代分二百石、以和市之法、可請取之由申之、地頭亦任先地頭之濟例、可爲八十貫之旨陳之、爰如寺家所進家連〇(遣)高野檢校房三月十六日不記年号狀者、可爲和市法之由所見也、而當庄事、不載之由、地頭雖申之、當庄之外、家連不知行高野山領之上者、依何可遣檢校許哉之由、雜掌所申、頗有其謂歟、然者、色代二百石、以和市之法、同可弁濟寺家也、

以前兩条、依鎌倉殿仰、下知如件、

弘安元年十二月廿七日

相模守平朝臣(北條時宗)(花押)

(有浦文書)(註109)

一四五

肥前國御家人佐志四郎左衞門尉房後家妙蓮・孫□(子カ)熊太丸幷源氏及尼阿經等申、佐志源三郎留遺□(領)肥前國佐志村内鹽津留・神崎兩村事、

志留遺領肥前國佐志村内鹽津留・神崎兩村ニツキ相論ス

兩村ハ熊太丸ニ領掌セシム

右、如妙蓮申者、房嫁阿經雖生留、自襁褓中□、令收養之間、如實子、而留於戰場殞命之處、無可相□(傳)仁之上者、可宛給彼遺領云々、如熊太申者、祖父房跡□(無可カ)相傳仁之上、阿經宰府遊君也、可宛給之云々、如氏女申□(者件カ)村者、氏女分領内也、依父祖奉公、可宛給之云々、如阿□(經申カ)者、留者阿經子息也、給彼跡可致教養云々者、妙□(蓮)并氏女所望事、兩人共不足相傳仁之上、妙蓮已死去□不能子細、爰母阿經者宰府遊君也、不能領知□(熊太カ)丸雖爲房嫡孫、不相當房跡之条、爲不便歟、而□跡適無主地也、可宛給熊太丸之由、所令申非無其謂、然者、於彼兩村者、可令熊太丸領掌之狀、依鎌倉殿仰、下知如件、

弘安二年十月八日

相模守(北條時宗)平朝臣□(在御判カ)

一四六

肥前國御家人佐志房嫡孫熊太丸代家康、三男勇女子源氏代締ト肥前國松浦庄内佐志村地頭職ニツキ相論ス

（有浦文書）（註110）

肥前國御家人佐志四郎左衞門尉房嫡孫熊太丸代家康与三男勇女子源氏字久曾代締相論當國松浦庄内佐志村地頭職事、

右、如家康申者、當村者熊太丸曾祖父佐志源次郎扇領也、而寛元二年讓与房狀云、房一期之後者、孫子直熊太父可傳領之由載之、仍房一期後者、可爲直分領之處、蒙古合戰之時、房并嫡子直・二男留・三男勇等殞命早、熊太丸者幼少之間、依不向戰場全命也、爰勇母妙蓮以猛惡、引隱房寛元讓狀、稱讓与勇、掠与御下文於氏女之条姧謀也、且房子息三人也、房縱雖書置讓狀、嫡子不可相漏之處、於直分者、無讓狀之由稱之、又留分初者則無讓狀之由、申之間、以懸物可

及對論之由、令申之刻、備進之、姧謀之次第也、且打死跡也、閣嫡孫、只末子女子一人爭可相傳之哉、又氏女之外無可相傳仁之由稱之、掠給安堵御下文早、早被優父祖忠勤、任直遺狀、欲宛給當村云々、如締申者、房一期之後、直可相傳之由事不實也、如扇寶治三年讓狀者、無其所見歟、次房讓狀事、以佐志村々田畠幷牧・桒垣・船木山等、讓与勇童名生子之条、正嘉三年五月十一日讓狀明白也、割分其內鹽津留・神崎・鞆田、文永三年七月廿九日所讓与留童名乙鶴也、至直者、依爲落胤、不思子息列歟之間、所不及讓狀也、氏女者勇一子也、爭不相傳父跡哉、而掠給安堵御下文之由、令申之条、無其謂、次留讓狀事、自始令書置之旨、申之早、爭可引隱之哉云々、如家康所進文永十一年十月十五日直狀者、讓与熊太丸所仁、於直跡者、無他妨可領知、但佐志村地頭職者、祖父扇波房一期後者、直可知行之由、被申置事、無其隱、加樣仁兵仁出礼波何奈留事母阿羅波、上仁子細申開可領知也云々、如締所進扇讓房寶治三年五月十六日狀者、讓与處分狀事、肥前國松浦東鄉幷西鄉庄內佐志村田畠等事、右、件所領者、扇重代相傳私領也、而去寬元二年上洛之時、扇於京都痢病仕之刻、四郎左衞門尉房親母平生之時、共平儀之書手繼、房在國之所仁雖下与、猶又相具次第調渡文(度)書、重所讓与也、但嫡子黑二郎先立於親令逝去之間、爲慰其意、其子彌鶴仁少分所々雖處分、不隨扇所勘問、悔返早、若自是後出來證文者、可被處謀書云々、如房讓勇正嘉三年五月十一日狀者、讓与處分事、肥前國松浦西鄉庄內佐志村々田畠幷牧・桒垣・船木山事、右、件所領者、房八代相傳也、相具次第調渡文(度)書、初子仁所讓与實也云々、如同狀三月十三日和字奥書者、重讓渡買地賣劵相副天一所□無妨生子仁讓渡云々、如鑒文永五年十二月廿七日賣劵・同日和字裏書者、惣領於波惣源次郎勇仁雖給、是者今又買取間、

家康ノ訴ハ信用シ難シ

繼母蓮阿、直分讓狀ヲ引隱スコト實證ナシ

留分讓狀ノコトハ子細ニ及バズ

勇ノ跡ヲ氏女ニ宛行フハ理致ニ相叶フ

勇分領ヘノ熊太丸ノ濫妨ヲ停止シ氏女ニ領掌セシム

同源次郎勇仁所讓与也云々、如建治元年七月八日御下文者、可早以源氏字久曾領知肥前國松浦西鄉庄內佐志村々田畠等事、右、亡父佐志源次郎勇蒙古人等合戰之時、莅戰場殞命畢云々者、任申請之旨、所宛行也、早守先例、可令領掌云々者、房一期之後、直可相傳之由、載扇寬元狀之旨、雖申之、締論申上、如寶治狀者、無其所見歟、縱雖載寬元狀、不載寶治後狀之間、難被信用歟、是一、次房讓狀事、於勇・留兩人分者、雖書置之、至直分者、号無讓狀之条、無其謂、非義絕之上者、繼母蓮阿令引隱之由、家康所申雖似有子細、蜜隱之条無實證歟、是二、次留分讓狀事、初則無讓狀之由、論申之間、以懸物可及對論之由、申之刻、出帶由、家康雖申之、締無其儀之旨、令申之間、不能子細歟、是三、次留分讓狀云、公事者寄合可勤仕云々、是則直・留・勇可寄合之条分明也、爭可引隱直分讓狀哉之由、家康雖申之、就留・勇分可寄合之由、令書置之歟、不及其難歟、是四、次勇分讓狀事、如宰府注進訴陳者、不加其難之處、於引付座問答之時、或勇童名初子与生子相違、或如賣劵者正嘉三年五月也、如奧書者、無年号之間、爲同年三月歟、以後日賣劵、書載先日讓詞之条、爲疑書之由、家康雖申之、不記年号於奧書之間、□書載之歟、仍難稱同年狀歟、是五、次閣嫡孫、被付當村於末子女子由事、熊太丸者房嫡孫也、當村者房讓勇之間、爲勇跡、被宛行氏女之条、相叶理致歟、是六、次勳功賞□(事カ)、云熊太丸父直、云氏女父勇、共於戰場殞命間、熊太兄弟幷氏女預其賞畢、是七、然則、於勇分領者、停止熊太濫妨、可令以氏女領掌之狀、依鎌倉殿仰、下知如件、

弘安二年十月八日

相模守平朝臣(北條時宗)在御判

安原高長・伊達尼妙法、尾張守公時ト但馬國小佐郷内恒富名并二分方地頭職ニツキ相論ス
高長等ノ知行相違アルベカラズ

一四七

（神田喜一郎氏所蔵文書）

安原兵衞尉高長并伊達尼妙法与尾張守公時相論但馬國小佐郷内恒富名并二分方地頭職事、

右、就高長等訴訟、擬有其沙汰之處、公時今年弘安二八月十九日出避状畢、任彼状高長等知行不可有相違者、依鎌倉殿仰、下知如件、

弘安二年十月十三日

相模守平朝臣（北條時宗）（花押）

色部清長、惣領色部忠長ト亡父行忍ノ遺領ニツキ相論ス

清長非分ノ競望ヲ停止シ忠長等ノ知行相違アルベカラズ

飯生庄事

一四八

（古案記録草案（色部文書））（註三）

色部彌三郎清長・同三郎忠長相論亡父右衞門入道行忍（公長）所領越後國小泉庄加納色部・牛屋、讃岐國木德庄、出雲國飯生庄地頭職等事、

右、訴陳之趣雖多子細、所詮、於行忍所領者、存日讓与忠長以下子孫等、申給安堵御下文以後令死去条、無異儀也、清長行忍嫡子之處、忽漏于彼處分畢、是則爲継母計之間、任傍例可有御配分之由、清長［　］（以下數行缺）［　］伊豆久乎在所登毛奈久佐滿世伊阿留賀禮候波牟事、人目見苦候、飯生江於波志滿志候天、石田二郎登申合天、手（マヽ）作波志於毛志天於波志滿志候江賀志登候也云々、如彼状者、於清長者、或被不孝、或不快状之条、爲顯然歟、［　］清長雖申子細、如彼状者、有事、乍嫡子□（依カ）継母讒言、漏于處分事也、於清長者、舍兄見存之上者、猥雖号嫡子歟、然則、至件遺領者、停止清長非分之競望、任本主行忍讓状并案（マヽ）堵御下文旨、忠長等之［　］更不可有相違、次飯生庄事、清長漏于［　］已及侘傺之間、爲継母之計、乞取長茂訴申

清長ノ知行ヲ停止シ長茂ニ返付スベシ

之處、如忠長所進行忍申成于佐々木信濃前司文永八年十月十六日御教書者、色部右衞門入道行忍申、子息彌三郎清長爲不孝之仁、乱入領內、致狼籍由事、訴狀如此、子細見狀、所詮、可被召進彼清長等云々、清長備進、行忍加判、忠長等二月廿五日□(付文永七)地給与于清長時、或致懇望之詞、或出和平之狀歟、而令請取所領以後、忘彼重恩、忽成敵對之条、造意之企、頗以爲不知恩之仁歟、其上不可向背之由、稱載狀文畢、須被召出正文之旨、於引付處、爲置文□之由、清長□(等カ)之、不出帶之条、彌爲姧謀歟、就中於當庄者、自行忍之手、長茂讓得之畢、而依母之命、一旦雖避与于清長、於今者、停止清長之知行、早任行忍讓狀之旨、可返付于長茂也者、依鎌倉殿仰、下知如件、

弘安二年十月廿六日

相模守平朝臣(北條時宗)判形

足利家時、金剛三昧院ト美作國大原保ニツキ相論ス

年貢・保務寺家ノ進止タルベシ

法禪他門ノ僧タルヤ否ヤ沙汰ニ及バズ

一四九　（高野山金剛三昧院文書）（註112）

足利式部大夫家時申、美作國大原保事、

右、故足利左馬入道正義(義氏)、以當保嘉禎四年寄進高野山金剛三昧院之間、同年被成御下文畢、於庄務者、以法眼隆禪可致沙汰之由、被載彼狀之處、隆禪猶可庄務之由、被成御下知之間、家時今致越訴、雖申子細、彼寄進狀難被弃置之間、先御下知無相違、然則、云年貢、云保務、宜爲寺家之進止也、次隆禪弟子法禪爲他門僧否、被付保務於寺家之上、不及沙汰者、依鎌倉殿仰、下知如件、

石原高家、鎌倉住人慈心ト腹巻抑留ニツキ相論ス

沙汰ノ限リニアラズ

澁谷重經後家尼妙蓮等、澁谷爲重ト美作國河會郷・薩摩國入來院內塔原ニツキ相論ス

弘安二年十月廿八日

相模守(北條時宗)平朝臣在判

（新編追加）（註113）

一五〇

一、石原左衞門五郎高家与鎌倉住人慈心相論腹巻事、

右、訴陳之趣枝葉雖多、所詮、以件腹卷、令入置無盡錢質物之處、慈心抑留之由、高家雖申之、一倍已後、經訴訟之間、非沙汰之限矣者、依仰下知如件、

弘安二年十一月卅日

平判

散位藤原朝臣判

沙彌判

一五一

（入來院家文書）（註114）

(端裏書)「くわんとうの御けちのあん」

澁谷五郎四郎重經法師法名定佛後家尼妙蓮・同子息彌四郎重道(通下同ジ)并女子竹鶴等与余一爲重本名重貞相論

美作國河會郷內拾町北村・薩摩國入來院內塔原事、

右、訴陳之趣子細雖多、所詮、定佛所領者、建治三年讓与重道等畢、於爲重者、令義絶之條、定佛自筆狀等明白也、而乱入拾町北村并塔原、致狼籍(藉)之條、甚無謂、爰云澁谷屋敷、云自余

所領ハ重道等領掌セシムベシ

爲重ノ亂妨狼藉ハ沙汰ニ及バズ

惡口ノ科ハ沙汰ニ及バズ

所領等、任定佛自筆讓狀、爲重令知行之間、下向美作所領之刻、妙蓮等押領澁谷屋敷之由、爲重雖申之、件讓者、義絕以前狀者、就後狀并安堵御下文、致沙汰旨、重道等令申之處、爲重無陳謝、隨又爲重帶讓狀者、尤可訴申重道等之處、就重道等之訴訟、書載陳狀之上、度々被下召符之後、適雖參上、不遂問答、逃下奧州之條、無理之至顯然也、以(次カ)重道等弘安元年五月十九日申給召符之處、同六月三日掠給安堵御下文之條、變々猛惡之由、爲重雖申之、定佛存生之時、令付申狀於奉行人伊勢入道(二階堂行綱)行願之間、經御沙汰、成給之旨、重道等陳答之刻、爲重不論申、然則、於件所領者、任定佛讓狀并安堵御下文、重道等可令領掌也、次爲重自六波羅被催促之處、不拘召符、剩破却御教書、打擲刄傷同使者、令析(折)左右指之間、可被行其科之由、重道等雖申之、爲重論申之上、自六波羅不注進之間、當時不及其沙汰、次如妙蓮等代景泰訴狀者、夜討・强盜・山賊・海賊者世常事也、被定罪科畢、爲重之企者、無雙猛惡之由、令書載間、可被行惡口科之旨、爲重雖訴之、爲重押入重道等所領、致濫妨之上、彼詞難處惡口之間、非沙汰之限者、依鎌倉殿仰、下知如件、

弘安二年十二月廿三日

相模守平朝臣(北條時宗)在御判

(海老名文書)　(註115)

一五二

上有智袈裟王丸、播磨國矢野別名雜掌ト下司職ニツキ相論ス

上有智袈裟王丸申、播磨國矢野別名下司職事、

右、當職者、矢野馬次郎盛重知行之時、海老名四郞能季押領間、右大將(源賴朝)家御時、去文治二年成

給安堵御下文畢、而盛重嘉禎元年讓上有智藏人賴保法師法名顧念、顧念亦讓養子袈裟王丸之間、申安堵之處、於備中前司行有奉行、袈裟王丸爲當知行否、尋下守護人小山五郎左衛門尉宗長之處、當知行之條、無異儀之由、所執進御家人等連署狀也、爰當職者、爲本所進止、無武家御口入之處、閣六波羅申安堵之條、無謂之由、雜掌令申之處、如陳狀者、非本所進止云云者、本所進止之由、帶天福・文曆御敎書案文等、雖申子細、如狀者、爲他人事之間、不足證文、次當庄事、於六波羅有其沙汰之由、雜掌申之、爲他事之條、不及子細、且袈裟王丸所進右大將家御下文者、關東御成敗之条勿論、而彼狀者謀書也、於正文者、本所令帶之由、雜掌雖申之、不備進之、爲胸臆之間、不足信用、然則、於當職者、任文治二年御下文、可令袈裟王丸進退領掌也、以實書稱謀書之条、非無其咎之間、可改易雜掌之旨、可被仰本所也〇者、依鎌倉殿仰、下知如件、

弘安五年十一月廿五日

相模守平朝臣（北條時宗）御判

下司職ハ袈裟王丸領掌スベシ
雜掌ハ改易スベシ

一五三

（平川文書）（註116）

肥後國御家人平河良貞・同師時、近衞實春朝臣ト肥後國球磨郡永吉名地頭幷名主職ニツキ相論ス

肥後國御家人平河三郎良貞・同四郎師時（申脱カ）當國球磨郡永吉地頭幷名主職事、

右、越訴之趣子細雖多、所詮、如良貞等申者、件永吉地頭幷名主職者、八代相傳開發之地也、而曾祖父平河三郎師高右大將家（源賴朝）御時、文治三年給安堵御下文、伊豆藤內遠景（天野）令成施行畢、加之、祖父師貞字有慚、可勤仕京都大番之由、給御判御敎書以來、親父師良相繼彼跡致奉公、前武

州禪門(北條泰時)幷極樂寺禪門(北條重時)御時、給數通御書畢、而師良彼所於建長二年讓与于良貞等畢、爰於彼所
預所職者、大膳大夫(大江)廣元朝臣建久三年被拜領以後、至于嘉祿元年、地頭所(預脱カ)各別知行無相違、
而近衞中將實春朝臣相継廣元跡、自嘉祿元年、至建長三年、知行無相違之處、建長三年實春朝臣
始依被押領地頭職、良貞致訴訟處、文永二年又被混領名主分之間、迷是非者也、凡如廣元朝
臣所帶建久御下文者、永吉于時三善幷西村可爲預預(衍カ)職云々、取詮、就幷字云、被知行兩所預職畢、
而今實春朝臣所被出帶貞應・嘉祿御下文者、永吉內被宛西村御文下也、件西村者雖爲永吉內、
給主各別地頭須惠尼令知行者也、依彼尼狼藉之咎、被召上西村畢、以件御下文、被混領永吉之
条、無道之由、良貞等致訴訟之刻、實春朝臣被召上彼西村、賀來又二郎入道念阿拜領畢、件御
下文云、肥後國永吉・西村地頭職事、念阿以彼狀、令知行永吉幷西村兩所之間、實春朝臣被申
云、永吉内西村在之、別之地也、仍永吉下仁幷字不被置、然者、念阿拜領者西村計也、以彼御下文、
爭可令混領兩所哉云々、仍於永吉者、不能念阿知行之由、被仰下畢、然者、念阿所令拜領之御
下文与被帶實春朝臣貞應・嘉祿御下文以同前也、何可有差別哉、實春朝臣日頃非分押領、爲
自稱者也、我欲令押領之時者、永吉与西村者稱爲一所之由、念阿仁被改補之今者、又兩所各
別之由、以文治本御下文言上之条、變々申狀、仰御賢察、彼兩所地頭・預所知行各別之条、
建久御下文分明也、其上廣元朝臣讓狀仁、爲預所職旨之明也、次付知行年紀、令安堵本所之
例、不可勝計、就中當所西村名主者、雖不帶御下文、依申披知行年序、令還住當所畢、不及尋
例於他所者也、依實春朝臣之押領、良貞乍帶御下文等、一類六十餘人令侘傺、交山野、永削
御家人名字事、生涯愁歎也、但難(雖カ)前無以歩所帶、遣子息宰府、勤宿直事、著到無其隱、是隨分

忠節也、可然者、任右大將家御下文幷相傳知行八十餘年々紀、返給彼永吉、欲令勤仕重代御家人役云々、爰如良貞等所進遣于遠景（天野）・盛時（平）六月十六日付文治三年、奉書案者、平河三郎師高謀反勝他人之由、有其聞、然而寃罪程、給暇天所下遣也、早可安堵之由、可下知也云々、取詮、如同所進遠景同年十二月狀案者、下、球磨御領、可早任御教書被安堵平河三郎（良貞）身事、右、去六月十六日御教書今月三日到來、子細云々者、早任狀如本可令安堵云々、取詮、如同所進遣于遠景・盛時七月十七日付文治五年、奉書在御判者、平河次郎師貞爲勤京大番所令上洛也云々、取詮、如同所進當國惣圖田帳建保四年条者、鎌倉殿御領五百町、預所大善大夫（大江廣元）、永吉三百五十町、地頭良峯師高子息平河平二（師貞）、西村百五十町、須惠小太郎家基領云々、如同所進承久二年・暦仁二年永吉檢濟（注）目錄帳等者、地頭良峯師良云々、取詮、如同所進元暦二年・建永二年・建長二年代々手継讓狀等者、職爲先祖相傳私領所讓与也云々、取詮、如同御進（所カ）年々預返抄等者、地頭爲年貢等弁濟之由所見也、如同進預所所帶建久三年八月御下文案者、肥後國球磨庄安富領内三善幷西村預所職事云々、取詮、如同所帶貞應三年正月御下知案者、肥後國球磨郡内須惠莊、是永、依地頭須惠後家狼藉之咎、被召其職畢、於將軍御領永吉・西村者、假名千世松多年地頭知行各別地也、更不可有違乱云々、取詮、如同所帶元仁二年二月沙弥覺阿讓狀案者、別鎌倉殿御下文二通內、一通故（右脱カ）大將殿御時、給永吉・西村云々、取詮、如同所帶嘉祿元年十一月御下文案者、肥後國球磨郡內永吉・西村地頭職事、任外祖父沙彌覺阿讓狀、可爲近衞侍從御沙汰云々、取詮、如同所帶貞永元年九月師良等連署請文案者、領家方年貢爲請所、不可致未進對捍云々、取詮、如同所帶建長五年十二月良貞（平河）狀案者、領家年貢任承（久脱カ）目錄帳之旨、無懈怠可致沙汰云々、取詮、以和字模漢字、者、件永吉者、師高爲相傳私領知行之處、

永吉地頭幷名主職ハ良貞ニ返付ケラルベシ

平家逆乱之時、聊雖蒙御勘氣、文治三年給御免狀、如元令安堵之後、子息師貞爲大番上洛之由、同五年給御狀御判在畢、知行永吉之条、無異儀歟、是一、次如良貞所進建保四年當國物圖田帳案者、永吉地頭師貞、西村地頭須惠小太郎家基云々、師貞地頭之条明鏡也、是二、次如同所進承久・暦仁檢注目錄帳等者、良貞親父師良爲地頭所御代、相共加判形畢、而彼目錄帳等、或切継年号之在所、或位署墨付錯乱申事、封継目裏上位署墨付、非指入筆之間、不能其難歟、仍預所・地頭各別顯然也、是三、次文永御沙汰之時、預所代帶師良・良貞不可敵對預所之由雖申之、如彼狀者、爲請所預(マヽ)家歟、年貢不可有懈怠之旨載之、依請所狀、何憚敵對哉、其上可任承久目錄帳之由書載之間、還爲地頭各別之證文歟、仍預所地頭各別知行之条、無異儀歟、而就貞應・嘉錄(マヽ)御下文等、預所代雖申子細、如覺阿給建久三年本御下文者、非地頭職之、且貞應御下知者、依須惠後家事、被成下之間、爲永吉內西村事歟、嘉祿御下文者、就覺阿之讓被成下畢、如彼讓狀者、別讓建久三年預所職御下文歟、無永吉地頭職所見之間、同爲西村地頭職事之条、無異儀歟、隨嘉祿於被給永吉地頭職者、爭暦仁目錄帳師良爲地頭可加連判哉、且永吉下ニ無幷字之間、貞應・嘉(祿脫)御下文共以非永吉地頭事之条顯然也、如良貞所帶文治五年御狀者、令安堵本領之条、無異儀歟、隨良貞代々爲地頭事、目錄帳等分明也、如覺阿所給御下文者、被除永吉地頭職之由所見也、仍先御沙汰之趣令依違之由、良貞等所申旁非無其謂、然者、於永吉地頭幷名主職者、宛給替於當給人、如元可被返付于良貞等也者、依鎌倉殿仰、下知如件、

弘安六年七月三日

駿河守平朝臣(北條業時)在御判

在（マヽ）御判

筑後國御家人北野家重、北野社雜掌ト筑後國河北庄ニツキ相論ス

地頭職ヲ止メ社家ニ付スベシ

一五四 （北野社文書）（註117）

筑後國御家人北野弥太郎家重（今者死去）、与北野社雜掌相論當國河北庄事、

右、於六波羅相尋兩方、弘安三年令下知畢、而家重越訴之間、同所執進訴陳具書等也、爰如彼狀等者、子細雖多、所詮、以建久・建仁御下文・御下知等、雖申相傳之由緒、如正治・嘉祿御下文者、止地頭職、被避進社家之間、不及子細之處、就寛喜御擧狀、令還補之由、家重雖申之、無正文歟、但正文者、自元付進社家之間、地頭不可帶之、社家御返事正文者、家重嫡孫龜門丸令帶之歟、且文永九年沙汰之時、於寛喜御擧狀者、副進社解之旨、家重女子々息七歳九代快心雖申之、彼社解具書等又以正文歟、凡御擧狀案與御返事案狀文不符合之上者、如嘉祿御下知者、被止地頭職之由分明也、如寛喜御擧狀案者、任道理可計付之旨、被仰之間、縱雖有正文、難稱還補歟、然則、社家所給之弘安三年六波羅下知狀無相違矣者、依鎌倉殿仰、下知如件、

弘安七年三月四日

駿河守（北條業時）平朝臣判

相模守（北條時宗）平朝臣判

一五五 （薩藩舊記雜錄指宿文書）（註118）

弘安七年

薩摩國薩摩郡一分郡司忠能、惣地頭島津久經・舍弟大隅久氏ト所務條々ニツキ相論ス

惡口ノ咎ニヨリ論所ヲ久經ニ付ス

薩摩國薩摩郡一分郡司孫太郎忠能与惣地頭下野(島津)久經幷舍弟大隅七郎久氏等相論条々、

一、成枝名五升米事、

一、名田參町五段下地事、

右、訴陳之趣子細雖區、所詮、島津庄三箇國(日向・大隅・薩摩)內、云本庄、云寄郡、云私領、所務各別也、本庄者領家一圓之地、寄郡者半不輸、私領者領家・地頭不相綺、仍代々給安堵御下文之由、忠能令申之處、代々惣地頭進止之旨、久經雖申之、如忠能祖父忠友給貞應二年四月日下知狀幷寬元四年十月廿九日御敎書等者、郡司進止之条、無異儀歟、而帶忠能父忠國文永十一年四月日切符、先例惣地頭進止之由、久經雖申之、彼切符爲近年狀之間、自往古地頭進止之条、實證不分明、隨如惣地頭代善心弘長三年十一月十二日和與狀者、當名惣地頭不可相綺之由所見也、但依惡口之咎、可被付論所於久經旨、載狀左之上、不及子細、次押領以後得分幷作毛事、忠能雖申子細、依惡口之咎、被付論所於久經之上、子細同前、

一、忠能親類所從等牛馬事、

一、同親類忠證所從乘馬幷身代二人鹿皮及殖竹事、

自餘略之、

以前條々、依鎌倉殿仰、下知如件、

弘安七年七月一日

駿河守平朝臣(北條業時)(花押)

鹿島社前大禰宜中臣頼親、倉員朝政ト常陸國橘郷內倉員村ニツキ相論ス

頼親ニ倉員村ヲ領掌セシム

筑前國朝町村地頭虎王丸代心阿、宗像社大宮司長氏代良圓ト所務條々ニツキ相論ス

一五六　（鹿島大禰宜家文書）（註119）

鹿嶋社前大祢宜頼親(中臣)与倉員五郎朝政相論常陸國橘郷內倉員村事、

右、訴陳之趣子細雖多、所詮、當村者、頼親之親父政親之領也、去嘉禎四年八月讓与次男政家(頼親舎弟)畢、如狀者、件村者、所讓渡中臣政家也、舎弟失出來者、舎兄可知行、有男子者可讓、不可讓他人云々、自餘詞略之、以和字模漢字、如朝政(政家孫子)所進政家弘安三年二月六日讓狀者、右、件村者、所讓与子息五郎朝政也、此內有後家幷女子分、不可有違乱云々、自余詞略之、以和字模漢字、者、爲政家子息、讓得彼村之由、朝政雖申之、爲外孫之間、難被用政家男子之旨、頼親所申非無子細歟、然則、朝政不足當村知行仁之間、任本主政親嘉禎狀、頼親可令領掌、次寛元二年女子得政家之讓、親父存日賜安堵御下文云々、被尋究之後、可有左右者、依鎌倉殿仰、下知如件、

弘安七年十二月廿四日

左馬權頭平朝臣(北條貞時)（花押）
陸奥守平朝臣(北條業時)（花押）

一五七　（宗像辰美氏所藏文書）（註120）

筑前國朝町村地頭虎王丸代心阿(佐々目光重)与宗像社大宮司長氏代良圓相論所務条々、

一、檢畠事、

右、如大友兵庫頭頼泰法師(法名道忍)注進訴陳狀具書幷問注申詞者、子細雖多、所詮、如兩方所進建治三年下知狀者、地頭進止下地、云年貢、云社役、任先例、可致沙汰云々者、地頭依

社家検畠ヲ遂グベシ

社家検畠ヲ遂グベシ

斗代タルベシ

駕輿丁以外ノ社役ヲ停止ス

良圓、堀田ノ地子ヲ沙汰スベカラズ

百姓一人別三升ヲ辨ズベシ

麥地子ノ外社家所務ニ及バズ

令進止下地、社家難遵行之由、心阿雖申之、令取地子之間、社家可遂其節焉、

一、横大路以北畠并在家柒宇事、

右、本領主寄進分者、在家拾肆宇横大路以南野畠壹町也、其外者爲地頭堀內之由、心阿雖申之、無指實證歟、然者、社家同可遂檢畠矣、

一、麥地子斗代事、

右、段別爲五升之由、心阿雖稱之、證據不分明之間、任當時之濟例、可爲壹斗焉、

一、社役事、

右、五・八兩月、駕輿町(丁)之外、社家召仕百姓之条、無實證歟、然者、於駕輿丁者、可致其沙汰、至自余社役者、可令停止矣、

一、堀田事、

右、就堀田之名字、爲畠跡之間、可取地子之由、良圓雖申之、證據不分明之間、不及其沙汰歟焉、

一、栗林事、

右、心阿則百姓一人別、弁參升之由申之、良円亦人別可爲參升之旨、稱之者、人別參升之条、不可然之間、百姓一人別可弁參升矣、

一、檢断事、

右、於當社者、可停止守護人使入部之旨、文治年中賜御下文間、社家可致沙汰之由、良円雖申之、麥地子之外、社家不及所務歟、仍非沙汰之限焉、

一、勘新事、
右、云延壽寺、云佛神人給、六箇年一度可致沙汰之由、良円雖申之、社家非國司之上者、同前、
一、竹林幷菓子事、
一、鎮守祭酒肴事、
一、畑山林木等事、
一、弁濟使事、
一、在家臨時課役事、
右、良円雖申子細、社家不能所務之条、載先段之間、同前、
以前條々、依鎌倉殿仰、下知如件、
弘安八年七月三日
相模守平朝臣（北條貞時）御判
陸奥守平朝臣（北條業時）御判

社家ノ勘新ヲ禁ズ

社家所務スル能ハズ

一五八

（幸田成友氏所藏文書）

伊達資朝、伊達宗朝ト但馬國小佐郷一分地頭職ニツキ相論ス

伊達五郎七郎資朝与同五郎三郎宗朝相論但馬國小佐郷一分地頭職事、
右、訴陳之趣子細雖多、所詮、當郷者、伊達修理亮時綱後家尼妙法（資朝等祖母）所領也、而資朝所帶妙法弘安五年六月十四日狀者、爲讓狀之上、宗朝所帶同十六日狀者、爲謀書之由、資朝雖申

之、如十六日状者、不記年号之上他筆也、名字□非妙法名字、仍不足證文□、如彼状端書者、妙法不用件状、□讓状之条顯然也、隨如十一月廿二日宗朝請文者、帶讓状之由不載之、次資朝所帶讓状者、爲妙法自筆之条、宗朝承伏畢、但於判形者、妙法不加之、資朝搆出謀判之間、墨付相違之由、宗朝雖申之、妙法不加判之条、無指證據之上、爲自筆之間、不及子細歟、然者則於彼職者、任弘安五年六月十四日妙法讓状、可令資朝領知也者、依鎌倉殿仰、下知如件、

弘安九年五月三日

相模（守）□平朝臣（北條貞時）（花押）
陸奥守平朝臣（北條業時）（花押）

資朝領知スベシ

鹿島社大禰宜中臣頼親、舍弟政家女子中臣氏ト常陸國橘郷內倉員村屋敷・名田ニツキ相論ス

一五九

（鹿島大禰宜家文書）（註121）

鹿嶋社大祢宜頼親（中臣）与舍弟七郎政家女子中臣氏相論常陸國橘郷內倉員村屋敷・名田事、

右、如訴状者、頼親父政親者、橘郷給主也、以惣領職者、讓与嫡子頼親、以倉員村者、所讓二男政家也、而政家無男子之間、以頼親子息親俊爲養子、弘長元年六月一日讓与倉員村畢、親俊死去之後、政家悔返之、讓与女子子息朝政之間、任政親嘉禎状、可宛給彼村之由、頼親訴申之時、弘安七年所拜領也、女子非知行仁之上者、同可被返付云々、如陳状者、倉員村者、亡父政家得父政親嘉禎讓状、仁治元年給安堵御下文畢、政家寛元二年十一月以屋敷・名田讓給氏女之間、同十二月被成御下文畢、政家之時、以頼親子息親俊爲養子、雖讓与倉員村、悔返之、所讓与朝政也、頼親掠給當村之後、剰背弘長元年六月一日連署状、可宛給彼屋敷・名田之

頼親ニ領知セシムベシ

旨、及濫訴之条、無其謂云々、爰如頼親所進政親嘉禎四年八月狀者、橘鄕內倉員村事、所讓中臣政家也、舍兄失出來時、舍弟可知行也、舍弟失出來時、舍兄可知行也、有男子者可讓也、全不可讓他人云々、如弘安七年十二月御下知者、倉員村事、爲政家子息讓得當村之旨、朝政雖申之、爲外孫之間、難被用政家男子之由、頼親所申非無子細、朝政不足當村知行仁之間、任本主政親嘉禎狀、可令頼親領掌云々、如中臣氏所進政家寛元二年十一月狀者、倉員村屋敷・名田事、七月十二日臨時御祭十二月日次御供斫可勤仕也、自余御公事幷万雜事一向不可有、以此讓狀、備向後龜鏡、不可有他人之妨云々、如同年十二月安堵御下文者、下中臣氏字曰光可令早領知常陸國橘鄕倉員村屋敷・名田事、任政家去月廿六日讓狀、可令領掌云々、如頼親・親俊等弘長元年六月一日連署狀者、屋敷・名田等事、若女子不可知行之旨、稱申之、若論女子分多少、有限之神役之外、加催促、申煩女子、令致乱妨者、可有別御計也、仍於女子分者、永可停止違乱云々者、帶頼親弘長狀、可被停止彼濫妨之旨、氏女所申、聊雖似有子細、就此狀不被成御下知上、守政親嘉禎狀、可宛給之由、頼親所訴非無其謂、然者、可令頼親領知者、依鎌倉殿仰、下知如件、

弘安九年七月廿九日

相模守平朝臣（北條貞時）（花押）
陸奥守平朝臣（北條業時）（花押）

（薩藩舊記雜錄指宿文書）（註122）

一六〇

薩摩國薩摩郡一分郡司忠能代禪意、惣地頭島津忠宗代本性ト所務條々ニツキ相論ス

忠宗ノ押領ヲ停止シ郡司ノ得分ヲ糺返サシム

忠宗ノ狼藉ハ沙汰ニ及バズ

薩摩國薩摩郡一分郡司孫太郎忠能代禪意与惣地頭嶋津下野三郎左衞門尉忠宗代本性相論
條々、
一、同郡内成枝名下地事、
右、當名所務条々事、先度忠能与忠宗亡父下野守久經(和与脱カ)畢、而忠宗令混領御下知外下地之由、忠能依訴申、相尋子細於忠宗、可注進之旨、被仰大友兵庫頭入道道忍(頼泰)之處、如執進兩方申詞記者、禪意則忠宗寄事於成枝名五升米下知、令押領下地捌拾町、令追出忠能親父忠國以下親類等之由申之、本性亦成枝名代々惣地頭進止之旨、立申之、□依忠能惡口之咎、被付論所於久經之由、被載御下知之上者、(可脱カ)宛給下地之旨、陳之者、守忠能訴狀名目、如所被成下之下知狀者、以成枝名五升米并同名田地山參町伍段下地、爲中嶋村園・鴾栖田地・福(マヽ)代神田・北山寺免田等下地以下所務条々、被付于久經畢、而忠宗就于五升米下知名目、令混領彼下地捌拾町之条無謂、隨惣地頭佃耕作并長日厨雜事等事、可止過分之旨、載同下知畢、一向被付下地於惣地頭者、不可有此儀之由、忠能所申非無子細歟、而爲作人安堵御下知之旨、本性陳答不相叶理致、然則、於先下知外之下地者、云忠能分、云親類等分、所被停止忠宗押領也、但至五升米者、任先下知、可令弁濟、次押領以後郡司得分事、可糺返也、次忠宗令追出忠國以下親類等之条、狼藉之由、忠能雖申之、本性論申之上、被返付下地之上、不及沙汰焉、
　自余略之、
以前條々、依鎌倉殿仰、下知如件、
　弘安九年十一月五日

相模守（北條貞時）平朝臣御判
陸奥守（北條業時）平朝臣御判

一六一

（神田孝平氏所藏文書）（註123）

備前國長田庄雜掌、同庄地頭伊賀頼泰・光藤・紙工保地頭光高ト所務條々ニツキ相論ス
領家任補ヲナシ兩方ノ所勘ニ従フベシ

最勝光院領備前國長田庄雜掌与當庄賀茂郷內中村新山下賀茂地頭式部（伊賀）孫右衛門尉頼泰・鶴峯河內村地頭式部左衛門二郎光藤・紙工保地頭式部六郎光高相論所務條々、

一、庄官職（公文・案主・惣追捕使・押領使・諸社神主）事、

右、六波羅注進訴陳狀具書等子細雖多、所詮、當庄所務條々有其沙汰、弘長二年十月廿五日被裁許之處、於庄官職者、子細不分明、可尋成敗之由、被仰六波羅畢、爰地頭景廉建仁二年四月廿七日定置地頭得分畢、庄官職者、不載景廉注文、且如二位家（北條政子）貞應三年十月廿四日御下知狀者、於庄務者、領家沙汰之旨、被載之、隨又領家建久・建保・承元・貞應・貞永下文等顯然之間、可爲領家進止之由、雜掌所訴申也、而公文・案主以下成給景廉下文畢、加之、兒嶋宮宿直事、爲地頭役、以庄官可勤仕之旨、寬喜二年十二月廿七日被成御下知之由、地頭等陳答之處、件宿直者、一國平均役也、地頭駈催之間、依庄官訴訟、一旦被仰下欤之旨、雜掌所申非無子細、但頼泰等爲本地頭跡、令庄務之上者、彼所職事、一向難稱本所進止、然則、領家成任補、可從兩方之所勘焉、

一、撿断事、

右、如弘長二年下知狀者、不載景廉注進狀之處、頼親等就彼狀、無陳申旨之間、非地頭一向

等分ノ沙汰ヲ致スベシ

兩方其沙汰ヲ致スベシ

沙汰之条、無異儀歟、隨又卿二品爲領家之時、令相交事、賴親承伏畢、但承久以後領家無沙汰、雖經年序、所務者不依年紀之條、爲傍例歟、然則、任卿二品例、領家・地頭相共可致其沙汰也、但所務之分限不分明、仍可令尋成敗之由、同所被仰六波羅也云々、爰不載景廉注文之處、兩方可致沙汰之由、被裁許之条、貽欝訴之旨、雜掌所令申也、而如雜掌所帶左衞門督(源賴家)家正治二年六月御下知者、右大將(源賴朝)家御時地頭得分定色目之由、被載之、号彼色目狀、謀作景廉建仁二年注文畢、爭可被引載後日狀於先日御下知哉之旨、地頭立申之趣、聊雖似有子細、件色目者、被仰景廉畢、任彼御下知、景廉建仁令出侍(得カ)分注文之由、雜掌陳謝非無其謂、隨又弘長二年沙汰之時、地頭不申子細之上者、今更難稱謀書、且撿断事、相互不立申分限之證據、仍可致等分之沙汰、次地頭以實書号謀書事、任式目可被行其咎矣、

一、狩獵幷賀茂鄕小河漁事、

右、如弘長二年下知狀者、山河事、領家令交沙汰之條、賴親等承伏畢、而狩獵幷賀茂鄕河漁者、爲地頭一向進止之由、雖申之、無指證據之間、忽難決是非歟、然者、可尋成敗之由、所被仰六波羅也云々、爰炭・薪・馬蒭幷材木採用事者、賴親等不論申、至狩獵幷賀茂鄕河漁者、爲地頭進止之旨、雖申之、無實證之上者、可被裁許之處、弘長沙汰之時、被貽不審畢、而猶地頭進止之条、不立申證據之上者、兩方可致其沙汰焉、

以前條々、依鎌倉殿仰、下知如件、

弘安十年四月十九日

相模守平朝臣(北條貞時)(花押)

陸奥守(北條業時)平朝臣(花押)

備前國長田庄雜掌、同庄建部郷地頭伊賀妙光女子藤原氏代兼廣ト所務條々ニツキ相論ス

領家任補ヲナシ兩方ノ所勘ニ從フベシ

一六二 最勝光院領備前國長田庄雜掌与當庄內建部郷地頭(伊賀)式部八郎右衞門入道妙光女子藤原氏代兼廣相論所務條々、

(早稲田大學圖書館所藏文書)（註124）

一、庄官職(公文・案主・惣追捕使・押領使・諸社神主)事、

右、六波羅注進訴陳狀具書等子細雖多、所詮、當庄所務條々有其沙汰、弘長二年十月廿五日被裁許之處、於庄官職者、子細不分明、可尋成敗之由、被仰六波羅畢、爰地頭景廉建仁二年四月廿七日定置地頭得分畢、庄官職者、不載景廉注文、且如二位家(北條政子)貞應三年十月廿四日御下知者、於庄務者、領家沙汰之旨、被載之、隨又領家建久・建保・承元・貞應・貞永下文等顯然之間、可爲領家進止之由、雜掌所訴申也、而公文・案主以下成給景廉下文畢、加之、兒嶋宮宿直事、爲地頭役、以庄官可勤仕之旨、寛喜二年十二月廿七日被成御下知之由、地頭等陳答之處、件宿直者、一國平均役也、地頭駈催之間、依庄官訴訟、一旦被仰下歟之旨、雜掌所申非無子細、但賴泰等爲本地頭跡、令庄務之上者、彼所職事、一向難稱本所進止、然則、領家成任補、可從兩方之所勘焉、

一、撿断事、

右、如弘長二年御下知狀者、不載景廉注進狀之處、賴親等就彼狀、無陳申旨之間、非地頭一向沙汰之條、無異儀歟、隨又卿二品爲領家之時、令相交事、賴親承伏畢、但承久以後領

家無沙汰、雖經年序、所務者不依年紀之條、爲傍例歟、然則、任卿二品之例、領家・地頭相共可致其沙汰也、但所務之分限不分明、仍可令尋成敗之由、○同所被仰六波羅也云々、爰不載景廉注文處、兩方可致沙汰之由、被裁許之条、貽欝訴旨、雜掌所令申也、而如雜掌所帶左衞門督（源頼家）家正治二年六月御下知者、右大將（源頼朝）家御時、地頭得分定色目之由、被裁許之、号彼色目狀、謀作景廉建仁二年注文畢、爭可被引載後日狀於先日御下知之旨、地頭立申之趣、聊雖似有子細、件色目者、被仰景廉畢、任彼御下知、景廉建仁令出得分注文之由、雜掌陳謝非無其謂、隨又弘長二年沙汰之時、地頭不申子細之上者、今更難稱謀書、且撿断事、相互不立申分限之證據、仍可致等分之沙汰、次地頭以實書号謀書事、任式目雖可有其咎、氏女被召上當郷云々、仍不及沙汰矣、

等分ノ沙汰ヲ致スベシ
氏女、當郷ヲ召上ラル

一、狩獵事、

右、如弘長二年下知狀者、山河事、領家令交沙汰之條、賴親等承伏畢、而狩獵幷賀茂郷河漁者、爲地頭一向進止之由、雖申之、無指證據之間、忽難決是非歟、然者、可尋成敗之由、所被仰六波羅也云々、爰炭・薪・馬蒭幷材木採用事者、賴親等不論申、至狩獵者、爲地頭進止之旨、雖申之、無實證上者、可被裁許之處、弘長沙汰之時、被貽不審畢、而猶地頭進止之条、不立申證據之上者、兩方可致其沙汰焉、

兩方其沙汰ヲ致スベシ

一、以本田畠混合新田畠由事、

右、如弘長二年下知狀者、令混合本田畠跡新田畠否事、問答趣不分明之間、重尋究之、可成敗之由、所被仰六波羅也云々、爰混合往古本田畠於新田畠、毎年押取所當半分之由、雜

公田跡ハ全ク新田ト號セザルニヨリ別ノ子細ニ及バズ

領家進止タルノ條證據ナキニヨリ沙汰ノ限リニアラズ

高井時茂女子尼意阿、甥和田時連・舍弟長連・和田義基等ト道圓遺領

掌訴申之處、本田畠者、嘉祿・寛元取帳目錄顯然也、公田跡全不号新田之旨、兼廣令申之上者、不及別子細矣、

一、信濃村事、

右、當村者、往昔以來依爲領家進止、不注加景廉得分注文之處、地頭押領之由、雑掌所訴申也、而所務相論雖及數十年、雑掌不申子細、爲今案濫訴之旨、兼廣陳答之上、爲領家進止之条、無指證據、仍非沙汰之限焉、

以前條々如斯、抑當鄉者、藤原氏被召上之、水原兵衞入道持觀宛給之由、令申之間、有可申之旨否、被尋問持觀之處、如今月八日請文者、先司之時及訴陳云々、持觀去年拜領之間、所務先例不存知、相尋子細、若可申者、追可令言上云々、此上不及異儀者、依鎌倉殿仰、下知如件、

弘安十年四月十九日

相模守平朝臣（北條貞時）（花押）

陸奥守平朝臣（北條業時）（花押）

（中條敦氏所藏文書）（註125）

一六三

（追筆）「意阿越訴棄置御下知」

高井三郎時茂法師法名道圓女子尼意阿与甥和田三郎時連本名義頼・舍弟長連本名茂長・和田二郎右衞門尉義基本名義長等相論道円遺領越後國奥山庄・出羽國常枚鄉・讃岐國眞野勅旨・阿波國勝浦山・相

ニツキ相論ス

建治三年ノ讓狀ニ任セ各々領知セシムベシ

薩摩國御家人谷山郡司資忠、地頭山田忠實子息宗久代養父大隅久親ト所務條々ニツキ相論ス

模國津村田在家・鎌倉屋地等事、

右、訴陳之趣子細雖多、所詮、建治三年十一月五日讓狀者、非道円手跡判形、爲謀書之旨、意阿依難申、比校類判之處、四通狀等判形敢無相違、其上就讓狀、茂連等給安堵御下文、經八箇年云々、謀書之由令存者、其時可支申之處、過年月濫訴之趣、不足信用、又如道円先年所領分自筆草案者、女子分無所見之間、□所得之意阿分難稱不足、仍謀書之条無指證據、然則、任建治□(三)年讓狀、各可令領知也、次以實書号謀書罪科事、任被定置之旨、可被付寺社之修理者、依鎌倉殿仰、下知如件、

弘安十年九月一日

前武藏守(北條宣時)平朝臣在判

相模守(北條貞時)平朝臣在判

一六四　(山田文書)　(註126)

薩摩國御家人谷山郡司五郎資忠与當郡内山田・別符兩村地頭(山田)大隅式部太郎忠實字有憚、子息二郎丸(宗久)代養父大隅五郎太郎久親法師法名道知相論条々、

一、當郡内地頭屋敷事、

右、如大宰少貳經資法師法名淨恵弘安三年十二月五日注進狀幷所取進訴陳具書等者、子細雖多、所詮、資忠則於下地者、郡司進止也、地頭屋敷者惣領土用熊丸讓得之畢、而稱二郎丸分、可構屋敷由、令申之条、無其謂云云、如久親申者、地頭屋敷爲一所事者、地頭一人知行一郡

地頭ノ訴訟沙汰ニ及バズ

地頭代一人ハ制限ニ非ズ

之時事也、既分讓于子息等之上、無屋敷者、居于何所、可致所務沙汰哉云云者、地頭屋敷事、久親雖申子細、於下地者、郡司進止条無相論歟、至屋敷者、土用熊丸爲惣領之間、讓得之畢、分讓村々於子息之刻、面々可構屋敷之由、及訴訟之条、爲非據之旨、郡司所申非無其謂歟、仍地頭訴訟不及其沙汰矣、

一、代官事、

右、資忠則帶承元御下知狀、不可用數輩代官之由申之、久親不領主各別之時、補代官一人之際、非制限之由申之、爰如資忠所進承元二年三月日御下知狀者、下嶋津庄地頭代等所仰條々事、一、地頭代補面々小代官之間、各依致非法、住民不安堵云云、事實者不便、早任先例、郡院一兩人之外、可停止也云々者、如彼狀者、代官一兩人者、可令補由、被仰下畢、然則、二郎丸代官一人非制限矣、

一、殺害事、

右、資忠則弘安元年十月十九日被殺害資忠下人藤太郎男畢、此條守護使泥屋左衞門尉・宮內左衞門次郞以下輩見知畢、可被行罪科云々、久親亦被殺害事不實也、資忠令殺害地頭下人矢藤太男畢、爲塞自科、及濫訴之条、無謂云々者、地頭令殺害郡司下人之由、訴申之處、至十一箇月、久親不及散狀、爲遁自科、郡司又有殺害科之旨、○及不實濫訴之条奸謀也、地頭下人矢藤太男者、於當村沙汰人王平太入道倉、自身押殺之由、申之者、地頭致殺害事、守護家人見知之由、郡司依令申、欲被尋問、亦守護人爲敵人由、資忠申之、此上無指證據之間、資忠訴訟非沙汰之限歟、次郡司殺害地頭所從由事、爲承伏之由、久親雖申之、有所存者、

指シタル證據ナキニヨリ沙汰ニ及バズ

指シタル過言ニアラザルニヨリ沙汰ニ及バズ

自今以後停止セシム
郡司、地頭所務ヲ押取ルコトハ指シタル證據ナキニヨリ沙汰ニ及バズ

卽可申子細之處、經數十月之後、及陳狀之時、始申出之上、狼藉事、卽相觸守護人之旨、久親申之、殺害事、爲實事者、訴訟何可及遲々哉、云袷、云恰、共以無指證據之間、不及沙汰矣、

一、惡口事、

右、資忠則爲恩顧仁之由、久親載訴狀畢、爲惡口之由申之、久親亦資忠先祖忠光得當郡代官職畢、何可爲惡口哉之旨申之、爰如久親所進忠光七月八日付延應二年、狀者、谷山地頭御方御代官職事、如本所申請也、御代官職給天候波牟間波、別御忠仁代官一人立候天、時々者御送向申候天、番宿直勢佐勢可候、暫毛候天難過候波牟時者、申暇天可罷出候云々者、帶此狀、久親申子細之處、爲案文之間、難被信用之由、資忠申之、於正文者、惣領帶之、可被召出之由、地頭雖稱之、如狀者、爲請所證文之由所見也、必難稱恩顧、地頭亦帶此狀、申子細之条、非指過言之間、同前、

一、苅田狼藉事、

右、資忠則苅田事、地頭承伏畢、可被行罪科之由申之、地頭亦御公事用途等、一向難澁之間、爲催促雖立點札、苅田事者不實也、名主一向押取地頭所務、致狼藉畢、可被行其科之由、陳之者、立點札之由、久親承伏畢、可被行罪科之由、資忠雖申之、爲催促公事、一旦立點札欤、依此咎、忽難被行罪科、於自今以後者、可令停止、又郡司押取地頭所務之由、雖申之、無指證據之間、同前、

一、久親父蒙御勘氣由、資忠構申不實由事、

沙汰ニ及バズ

先例ヲ守リ所務ノ沙汰致スベシ

加賀國熊坂庄雑掌、江尻泰俊ト名田幷苅田狼藉ニツキ相論ス

右、久親雖申子細、爲父被不孝之條、進證文畢、如彼狀者、以諏方入道申入子細之由、所見也、帶此狀、資忠一旦申之歟、此條非指過言之上、相論之趣、頗無其詮歟、仍同前、

一、所務事、

右、郡司則地頭条々有罪科之間、任被定置之旨、可給別納御下文之由申之、地頭亦郡司犯其咎畢、可被付于地頭之旨、陳之者、相互雖申子細、罪科事、兩方所申無指實證之間、共以被弃置、此上守先例、可致所務沙汰矣、

以前条々、依鎌倉殿仰、下知如件、

弘安十年十月三日

前武藏守《北條宣時》平朝臣（花押）
相模守《北條貞時》平朝臣（花押）

一六五

（尊經閣古文書纂東福寺文書）

加賀國熊坂庄一方雜掌与江尻左衞門尉泰俊相論名田幷苅田狼藉事、

右、如六波羅執進訴陳狀具書者、子細雖多、所詮、如雜掌解者、當庄者、領家・地頭兩職共以關東進止也、爲中分地之間、以領家職、去弘安三年被寄進東福寺畢、爲一圓之地、不可有他妨之處、泰俊寄事於福田庄菅生社下司職、濫妨所務、致苅田狼藉、當庄內可令各別之條、不帶證文之上者、止泰俊濫妨、可爲寺家進止之由、欲蒙御成敗云々、如泰俊申者、菅生天神者、以江沼郡爲御敷地、仍引募名田於當郡諸庄薗、所致不退勤行也、爲先祖相傳身、給下司職御

下文、知行經年序、田畠等雖令散在、号兼松名、社家令進止之條、見度々取帳目錄、就中當庄者、爲開發之地、卜屋敷於庄內經數代畢、仍前々領家敢無異論、當雜掌押入神領、苅取作毛畢、止雜掌濫妨、可爲社家進止之由、欲被仰下云々、爰如雜掌所進文永十年十月下知狀案者、熊坂庄預所与地頭大見肥後左衞門三郎實泰相論和与中分事、任今年二月兩方和与狀、可令致沙汰云々、如福田庄地頭狩野五郎左衞門尉忠廣給寬元々年閏七月下知狀案者、於菅生社者、忠廣可令領知之由所見也、如泰俊所進右大臣（源實朝）家八月十一日付建永二、御書者、加賀國菅生社事、於京神主職者、盛尙進止也、至下司職者、盛俊更不可相違候也云々、如遣江尻刑部丞同廿三日書博士奉書者、菅生社事、自山門猶令訴申之間、如此御返事、被仰下畢、然者、下司職者、定無相違歟云々、如建仁三年九月江間鸖熊下文者、下菅生社神官等所、可早於社敷地者如元爲盛俊沙汰云々、如下司・內檢使連署建久六年目錄者、除菅生神田云々、如建仁元年實檢使奉免狀者、菅生天神云々、如同年目錄者、菅生宮神田云々、如地頭代・預所代・實檢使等連署嘉禎四年奉免狀者、菅生天神宮云々者、當庄領家・地頭爲關東進止之間、文永十年被成中分下知畢、以領家一方、所被寄進東福寺也、爰泰俊所進右大臣家御書者、菅生社下司職不可相違之由、雖被載之、熊坂庄神田事、無所見之上、社者福田庄內也、在所爲各別歟、而建久內檢目錄・建仁・嘉禎奉免狀雖備之、或下司・內檢使、或預所代・地頭代等狀也、以彼證文等、輙難稱各別之地歟、次爲開發之地、以庄內卜屋敷之由、泰俊雖申之、其身非御家人不帶指證文之間、領家・地頭之外、不可有各別領主、次福田庄地頭給寬元下知狀案者、於菅生社者、可爲地頭沙汰之由所見也、依爲社領、可各別者、彼地頭爭可不申子細哉、次中分之後、於地頭方者、泰俊

泰俊ノ押妨ヲ停止ス

雖經訴訟、不及綺沙汰歟、限領家方、致苅田狼藉之間、就寺家之訴、富樫新介家泰・倉光五郎入道觀昭爲使者、致沙汰畢、如家泰等注進狀者、於論所作毛者、大略苅取畢、所殘作稻七十余束令苅置之處、泰俊代官泰久令持取云々、蔑如寺家、巧無道之條、可謂顯然哉、凡泰俊可爲各別領主之條、無由緒之處、寄事於菅生社下司職、押領寺領數町之條、不可然之間、停止彼押妨、所被付寺家也、但以田二町余上分沙汰、送社家之條、爲先例之由、雜掌申之、不可依違、次泰俊押領事、雖不遁罪科、依他事被断罪之間、不及其沙汰矣者、依鎌倉殿仰、下知如件、

弘安十年十月十一日

前武藏守平朝臣（北條宣時）（花押）

相模守平朝臣（北條貞時）（花押）

淡路國鳥飼別宮雜掌、地頭佐野富綱代清綱ト所務條々ニツキ相論ス

一六六

（尊經閣古文書纂石清水八幡宮文書）（註127）

八幡宮寺領淡路國鳥飼別宮雜掌与地頭佐野木工助富綱法師法名慈佛代清綱相論所務條々、

右、如六波羅注進訴陳狀以下具書等者、子細雖多、所詮、雜掌則背和与之狀、令濫妨之由訴之、地頭亦守彼狀、致所務之處、雜掌致非法之旨、申之者、如弘安元年十二月八日和与狀者、八幡宮寺御領淡路國鳥飼別宮雜掌法橋明舜与地頭木工權助藤原富綱相論所務條々、一、當庄務、守天福御下知、領家遂一庄正檢、地頭給田畠拾壹町別壹町除佛神事溝析并往古免田及佃定、以本下司跡名田畠内可引募之、可爲地頭得分事、右、本司・新補兩樣兼行之由、雖有訴訟、所詮、領家遂一庄正檢、守新補

率法、可取地頭之得分也、一、庄家犯過人検断、領家三分二、地頭三分一可遂行事、右、守新補率法之上者、存此旨、領家・地頭不可有違乱、一、山河〇〔海〕得分半分(除本年貢定)、領家・地頭可分取事、右、存此分限、領家・地頭可致其沙汰也、一、在家役幷桑・麻等(除本年貢定)、領家・地頭可致半分沙汰事、右、存此分限、領家・地頭可致其沙汰、一、地頭長日厨幷五節供者、一向可停止之、節料者地頭可取半分事、右、存此分限、領家・地頭可致其沙汰也、一、地頭文永六・七兩年、於船津押取神用米事、右、和与之上者、可免除之也、一、地頭自建長二年、押領公田貳町、(富成名、正清名、石正名、正國名、)如元爲公田分、領家進退之、地頭守新補率法、可取得分事、右、地頭日來雖押領之、自今以後者、爲領家公田、地頭守率法、可取得分也、於下地者、地頭更不可有違乱、一、同四名、自建長二年至當年、地頭抑留所當米三百十石事、右、名々所當米、地頭抑留分三百十石也、地頭雖可令弁償之、爲別儀所令免除也、一、地頭抑留公田段米事、右、段米者、領家御方得分也、而多年抑留之、所積巨多也、但和与之上者、就寛宥之儀、於日來抑留分者、可令免除之、自今以後者、地頭更不可取件段米者也、一、地頭不可相綺領家御倉、不可納取交分米事、右、地頭日來任自由、雖致其沙汰、自今以後者、不可相綺彼御倉、不可納取交分米、一向可停止也、一、船所沙汰事、右、船所沙汰者、領家管領(預カ)所計也、但爲別儀、領家・地頭兩方、就寛宥之儀、存撫民之計、可致其沙汰也、一、地頭算失(田脱カ)壹町參段大、可返付領家御方事、右、地頭日來雖引募之、件算失田一向可返付領家御方、下地以下地頭更不可有違乱、一、同算失田所當米年々地頭抑留分事、右、所當米、年々所積巨多也、但和与之上者、前々抑留分可免除、一、當別宮神事領家・地頭相共可遵行事、右、社

頭神事者、領家管領所奉行也、但就和与之儀、領家・地頭相共可致其沙汰、更不可有違乱、
一、當別宮社官（神主、祝師、別當、諸司、僧）以下職等、任先例、爲領家計、成給本所任符、可相從兩方所勘事、右、四箇職以下者、領家一向補任、往古進退也、須任先例、但且就寛宥之儀、且爲別芳意、可相從兩方所勘也、一、當別宮大般若經免等、建保五年雜免田畠貳町（地頭得分、守率法、可致其沙汰也、）建久五年同田貳段畠參段、可爲本所進退、今年作毛、任員數、可勘渡給主蓮念事、右、建保五年雜免田畠貳町分給加徵米者、守率法、可致其沙汰也、於所當幷下地者、可爲本所進退也、建久五年大般若經田貳段畠參段、云所當、云下地、可爲本所進退也、至今年作毛者、任員數、可勘渡給主蓮念也、一、藥師堂新田畠幷院主職、停止地頭違乱、任先例、一向可爲領家進退事、右、料田畠幷院主職者、領家管領也、而以地頭之所從、恩補當職之條、自今以後者、一向可停止地頭之違乱、一、地頭不可伐取社頭林等事、右、林等者、領家・地頭兩方殊加守護、可專社頭莊嚴也、地頭任自由、不可伐取之、領家御方可被付山守也、一、地頭京上幷私出行時、押取百姓牛馬、引与他人、又賣取事、右、地頭上下向之時、宛催傳馬於百姓等者、所々之例、當庄故實也、但押取百姓牛馬、或引与他人、或賣取由事、向後更不可有其儀者也、於有限之傳馬者、非沙汰之限、任先例、存撫民之計、可致隠（穏）便沙汰也、
一、地頭建治二年牛二頭馬一疋、今年牛一頭馬四疋押取之、不返与事、右、牛馬和与之上者、非沙汰之限、一、地頭抑留一庄用水、令引自分名田事、右、用水者、地頭更不可抑留之、所詮、爲兩方之計、可致一庄平均之沙汰也、一、地頭稱方違、不論善惡方、押入百姓等住宅事、右、前々全不存知之、向後又不可有其儀者也、一、當庄安正・恒吉・眞光三名所

和与狀ヲ守リ所務ヲ致スベシ

當公事以下事、右、安正・恒吉両名下地者、地頭領知之、所當米恒例臨時御公事者、如平民百姓、無懈怠、可弁償之、若致懈怠者、可被上召下地也、次貞光名者、領家召付器量百姓、云領家御方所當公事、云地頭給加徵米、如平民百姓、可令勤仕也、一、○（定）地頭陸地上洛長夫食幷海上水手食物等、任先例可下行事、右、地頭於長夫食者、一向停止之、至水手食者、令減失之由、雖有其訴、所詮、彼両箇食物者、（存脱）撫民之儀、可令下行也、一、地頭寄事於關東御領（物カ）、支配人夫傳馬、於一庄責取巨多用途事、右、有限之御物時者、隨分限可致其沙汰也、任自由、不可及非分之譴責、自今以後者、可停止之也、一、正地頭幷代官雜事及馬飼粁物等事、右、正地頭雜事者、隨分限、守先例、可勤仕之、於代官雜事者、一向可停止也、次馬飼粁事、同以可停止之、但草木者、任傍例、存分限、可致其沙汰也、一、地頭違背御下知由事、右、和与之上者、可罷雜掌之訴訟也、以前條々所令和与也、向後若背此狀、致變改、違乱之輩、可被處罪科云々、如同所進弘安二年正月廿日六波羅下知狀者、右、條々任去年十二月八日和与狀、相互可致其沙汰云々者、相互雖申子細、如彼和与狀者、爲新補率法地之間、任傍例、無過分儀、令和与之由所見也者、守彼狀、向後無違乱、可致所務也、

一、押領貞正名畠三百歩苅取作麥由事、

一、百姓名々五名內公田坪々地頭押領由事、

一、友吉名半分地頭押領由事、

右、雜掌則彼坪々和与以後、地頭押領之由訴之、地頭又往古地頭名也、今更何可及訴訟哉

庄家ニ尋問シ左右アルベシ

之旨、陳之者、往古爲地頭名歟、將又爲公田分否、尋問庄家、可有左右焉、

指シタル證據ナキニヨリ沙汰ニ及バズ

一、地頭子息房綱擬射殺家恒以下神人由事、
右、預所雖申子細、無指證據之間、不及沙汰矣、

過分ノ沙汰ヲ停止セシム

一、就下地責取加徵米事、
右、預所則責取惣田數、○〔加徵〕之由訴之、地頭又爲不實之旨、陳之者、地頭論申之上、不及子細、可令停止過分沙汰焉、

地頭ノ所行ヲ停止ス

一、撰取百姓名熟田立替地頭名薄地由事、
右、雜掌則取百姓名、立替自名薄地之由訴之、地頭又不遂正檢之間、地頭給田畠事、未治定之上、今何可及訴訟哉之旨、陳之者、地頭雖申子細、於百姓名者、以本名可相勤公事之處、地頭任雅意、立替于薄地之條、甚無謂、於自今以後者、可令停止此儀矣、

取帳ヲ召出シ沙汰アルベシ

一、押取小綱名引隱自名由事、
右、兩方雖申子細、召出取帳、可有其沙汰也、

指シタル證據ナキニヨリ沙汰ニ及バズ

一、下光弘名雜免田貳町內苅取作稻由事、
右、及苅田之由、預所雖申之、地頭論申之上、無指證據之間、不及沙汰焉、

指シタル證據ナキニヨリ沙汰ニ及バズ

一、追捕物事、
右、被追捕百姓名之由、預所雖申之、地頭論申之上、同前、
以前條々、依鎌倉殿仰、下知如件、

弘安十年十一月廿七日

前武藏守（北條宣時）平朝臣（花押）
相模守（北條貞時）平朝臣（花押）

一六七　東寺領丹波國大山庄雜掌与地頭中澤三郎左衞門尉基員・同六郎宣基・七郎基村等相論條々、

（東寺文書樂一至八）（註128）

丹波國大山庄雜掌、地頭中澤基員・同宣基・同基村等ト所務條々ニツキ相論ス

一、請所事、

右、六波羅注進訴陳狀具書子細雖多、所詮、自仁治三年至文永二年、雜掌致庄務之條、百姓散用之狀顯然也、而地頭昇蓮（基員亡父）相語一代之雜掌、所請申也、爲私請所之上者、被顚倒之、且任舊例、被避付地頭職於寺家歟、將又可被中分下地由、雜掌訴申之處、如基員陳狀者、當庄者爲承久勲功之賞、中澤小二郎左衞門尉基政拜領以降地頭三代無相違、且可爲請所之由、六波羅仁治二年御下知明白也、輙難被顚倒云々、爰如基員所進六波羅仁治二年五月廿九日下知狀者、東寺領丹波國大山庄事、長者僧正御房御教書案（副具書）遣之、如狀者、地頭非法事、依關東御教書、擬遂對決之處、爲地頭請所、任久安六年定案目錄、無懈怠可令勤仕年貢以下寺役之由、令請申之間、止其節畢云々、和与之儀尤公平歟、且任請文之旨、兩方無違乱可令致其沙汰云々者、仁治下知以後爲請所經年序畢、彼成敗難被改替之間、可令停止雜掌濫訴焉、

雜掌ノ濫訴ヲ停止ス

一、請料員數事、

右、雜掌則任昇蓮子息基定請文、可致沙汰之由申之、基員等亦被召出昇蓮請文、任彼狀、可弁濟之旨稱之、爰如雜掌所進基定文永三年十二月十四日請文案者、請申東寺領丹波國大山庄御年貢運上次第、合米貳百石內、除六十參石玖斗玖升壹合內、恒例庄家立用拾石八升七合、已上七十四石七升八合、殘米百貳拾五石玖斗貳升貳合任先例、石別三斗者、以油大豆、小豆弁之云々、自余雜物略之、右、件御年貢以下雜物等、任注進狀、可致沙汰云々、取詮、如基員所進文永三年二月十七日昇蓮請文案者、大山庄年貢注文事、見米百四十貳石無足入、立米四十參石、都合貳百石內、庄家恒例立用貳拾八石貳斗壹升壹合、殘米百七十壹石七斗八升九合石別貳斗、以油大豆弁之、云々、自余雜物略之、右、件御年貢以下雜物等每年無懈怠可致沙汰、兼又高野御拜堂之時者、傳馬五疋人夫十人可沙汰進云々者、昇蓮・基定狀等共以爲案文之處、基定狀者、基員代惠尙封裏之旨、雜掌雖申之、基員論申之上、縱惠尙雖封裏、基定爲父昇蓮被不孝畢、爭閣昇蓮狀、可用基定狀之由、惠尙可申哉、旁以難被許容之旨、基員所申非無子細歟、是一、次、於引付之座、問答兩方之時、被賞仁治御下知、於爲請所者、任久安六年定案目錄、可致沙汰之由、雜掌令申之處、彼目錄者爲平家以往狀之上、請料員數無所見歟、且如仁治御下知者、地頭各別出請文之條分明也、被召出件請文正文幷久安目錄披見之處、請料員數不可有相違之由、基員申之、而各別請文事、不存知之旨、雜掌依令申、被下基員所進案文於雜掌方之處、久安目錄之外無各別請文之條、仁治御下知文章明白之上、不及異儀之由、雜掌所申有其謂歟、仍可備進久安目錄之旨、被仰雜掌之處、執進狀等內一通者、久安六年檢注古作田事云々、於正文者、爲遷替長者之間、寺家不帶之由、雜掌令申之上、如案文者、非目錄歟、是二、次、一通者、保元々年起請田目錄

昇蓮ノ請文ニ任セ沙汰致スベシ

沙汰ニ及バス
尋究ムルニ及バズ

沙汰ノ限リニアラズ
六年以後ノ年貢ハ結解ヲ遂ゲ辨濟スベシ

沙汰ニ及バズ

事云々、彼狀又不被載仁治御下知之間、難被信用歟、是三、凡任久安目錄、可致沙汰之旨、雜掌乍自稱、不出帶之上者、任昇蓮文永三年二月十日請文、可致沙汰矣、

一、昇蓮文永二年十二月十五日請文事、

右、彼狀爲謀書之由、於引付問答之座、基員雖申之、自元不帶正文之旨、雜掌令申之上、不及沙汰焉、

次、八月十七日付文永十一年、同書狀事、爲謀書之由、同雖稱之、依非指肝要證文、不及尋究矣、

一、自弘安三年至同七年々貢未進事、

右、雜掌則未進五百六十余石之由訴之、基員亦於弘安三・四・五以上三ヶ年者、帶皆納返抄之旨、陳之者、於三ヶ年者、出皆納返抄之條、雜掌不論申之上者、非沙汰之限、次、同六年以後年貢事、遂結解、可令弁濟之焉、

一、惡口事、

右、地頭者佛法破滅大魔也、神事障難外道之由、雜掌載訴狀之處、過言也、可被引其科之旨、基員雖申之、非指惡口之間、不及沙汰矣、

以前條々、依鎌倉殿仰、下知如件、

弘安十年十二月十日

前武藏守（北條宣時）平朝臣（花押）

相模守（北條貞時）平朝臣（花押）

池頼定、池頼章ト越後國福雄庄內藥師堂免田得分物ニツキ相論ス

頼章ヲシテ所當ヲ辨ゼシム

一六八

（高橋文書）（註129）

池中務大夫頼定法師法名心覺与同宮內大夫頼□(章)越後國福雄庄內藥師堂免田得分物事、

右、心覺蒙裁許之處、頼章不遣其道之由、訴申之間、云下地、云得分物、可令沙汰付于心覺之旨、被仰守護人畢、爰如守護人尾張入道々鑒(名越公時)執進代官義行去年閏十二月十八日注進狀者、年々得分物事、頼章者可弁年々所當之由申之、心覺亦可請取作毛之旨、令申之間、不事行云々者、如御下知者、可令糺返得分之由、被載之畢、而可請取作毛之由、令申之条、甚以無謂欤、然者、可弁所當也者、依鎌倉殿仰、下知如件、

弘安十一年二月十八日

前武藏守平朝臣(北條宣時)(花押)

相模守平朝臣(北條貞時)(花押)

安藝國沼田庄雜掌實嚴、梨子羽鄉地頭小早河本佛女子淨蓮代唯心ト所務ニツキ相論ス

一六九

（樂音寺文書）（註130）

安藝國沼田庄雜掌實嚴与梨子羽鄉地頭小早河美作守法師(茂平)法名本佛女子尼淨蓮代唯心相論條々、

一、田地十四町余事、

右、訴陳之趣雖多子細、所詮、去文永四年遂當庄撿注之時、地頭門田事、依致相論、有沙汰、仁治・建長新門田者、可入勘之由、被下知畢、當鄉本門田者八町余也、其外以庄田十四町余、号本門田出田、地頭押領、無謂之由、實嚴申之處、本門田者、不可入勘之由、御下知嚴重也、以彼出田十四町、号庄田之旨、唯心雖陳之、爲本門田出田之、無指證據、

新門田ノ免否ハ雜掌ノ意ニ任スベシ

是一、且仁治・建長新門田者、任惣庄下知、免否宜任撿注使意之由、實嚴申之處、云新門田、云下知事、唯心不論申、是二、隨本門田八十余者、入交公田坪々之由、實嚴申之處、各別之旨、同不陳答、是三、然則、八十余之外、新門田者、免否宜任雜掌之意、但於本門田坪々餘殘者、不及割取矣、

實嚴ノ申ス所沙汰ノ限リニアラズ

一、樂音寺田地事、

右、本免田之外、掠籠庄田數丁之由、實嚴雖申之、天慶年中本下司所建立也、建永年中以土肥二郎遠平、被補地頭之後、爲地頭氏寺、自往古預所依不相綺、代々撿注之時、不入勘之旨、唯心陳答之處、入勘之条、實嚴不立申證據、將又非地頭氏寺之由、實嚴雖申之、本下司之外、爲誰人建立旨、(之脱カ)同不申之上、領家進止之条、無指證據、次掠籠庄田之由、同雖申之、如毎度訴狀者、爲寺內田地之旨、書載早、爲寺內田地之上者、縱雖爲本免田員數之外、不能勘落、仍雜掌所申非沙汰之限焉、

以前兩条、依鎌倉殿仰、下知如件、

弘安十一年四月十二日

前武藏守平朝臣(北條宣時)御判
相模守平朝臣(北條貞時)御判

（忽那家文書）（註131）

伊豫國忽那島忽那實重、

一七〇

伊豫國忽那嶋左兵衞尉實重法師法名性運童名弥龜与同十郎左衞門尉重康今者死去子息遠重相論条々、

養父忽那重康子息遠重ト所務條々ニツキ相論ス

遠重ノ濫妨ヲ停止シ實重ニ領知セシム

遠重ノ所領ヲ分召サルベシ

押領後ノ得分ハ糺返サルベシ

一、西浦惣追捕使職事、

一、末重名事、

右、如訴狀者、於當職者、任亡父四郎左衞門尉通重讓狀、給安堵畢、而重康致違乱云々、如陳狀者、至實重所職者、重康無其綺、而押領之由、申之條存外也云々、重訴狀云、承伏之上欲給御下知云々、重陳狀云、於彼所職者、恩給通重畢、而死去之後上取之處、實重依歎申之、又宛給畢云々、爰如性運所進本主西信(國重)實重・遠重祖父、讓嫡子通重性運亡父建長三年四月廿八日狀者、讓与忽那嶋內處分事、一、西浦惣追捕使職、一、末重名事、右、任相傳之狀、于通重所令處分實也、不可有他妨云々、他事略之、如通重讓性運建長五年二月廿九日狀者、一、惣追捕使職、一、末重名事、弥龜嫡子仁登羅須留他人乃妨不可有云々、他事略之、以和字模漢字、如性運給同八年七月九日御下文者、將軍家政所下、藤原弥龜丸可令早領知伊豫國忽那嶋內西浦惣追捕使職幷名田畠名字等載讓狀、事、右、任親父左衞門尉通重建長五年二月廿九日契狀、可令領掌云々者、於件所職者、通重爲本主西信嫡子得西信讓畢、通重讓性運、性運任彼狀、建長給安堵狀畢、而遠重爲三男之流、以胸臆令恩給由、申之條、甚爲奸謀歟、就中遠重初則不相綺之由、稱之後、亦令恩給之旨号之、先後之詞涉兩端之条、又以爲陰謀歟、然則、於當職者、停止遠重濫妨、任西信・通重讓狀等幷安堵御下文、可令性運領知、次押領科事、遠重上取彼所職之条、承伏已畢、遠重背祖父之讓幷御下文、非啻押領、剰以胸臆稱恩顧之地、濫妨他人所帶之条、頗招其科歟、然則、被注所領可被分召、次押領以後○得分事、可被糺返、次以不實爲給恩地之由、載訴狀之条、雖可有罪科、依押領之科、被分召所領之上、不能二罪歟、仍不及沙汰焉、

訴訟ヲ止ム

六波羅ヲシテ淵底ヲ尋究メシム

指シタル證據ナキニヨリ沙汰ニ及バズ

六波羅ヲシテ尋成敗セシム

平泉中尊寺・毛越寺住侶、地頭葛西宗淸・伊豆時員・葛西親時等ト陸奥國岩井・伊澤兩郡

一、國宗名事、
右、就訴陳狀、擬有其沙汰之處、止訴訟之由、實重出狀畢、此上不及異儀矣、
一、大九志田事、
右、重康則任西信讓狀、可給之由訴之、性運亦知行過廿箇年之旨陳之、爰云讓狀眞僞、云知行年記、不分明歟、然者、尋究淵底、可被注申之由、所被仰六波羅也焉、
一、重康擬殺害實重由事、
右、爲胸臆相論之上、無指證據歟、仍不及沙汰矣、
一、所從事、
右、可被尋成敗之由、所被仰六波羅也焉、
以前条々、依鎌倉殿仰、下知如件、

正應元年六月二日

前武藏守平朝臣（北條宣時）（花押）
相模守平朝臣（北條貞時）（花押）

一七一

陸奥國平泉中尊寺・毛越兩寺住侶等与葛西三郎左衞門尉宗淸・伊豆太郎左衞門尉時員・葛西彦五郎親時等相論岩井・伊澤兩郡山野幷非法否事、

（中尊寺經藏文書）（註132）

右、住侶等、則採用彼草木之處、地頭背先例、宛行公事課役之由訴之、宗淸等亦任先例致沙汰

山野幷非法ニツキ相論ス

煩ナキノ旨兩方申スニヨリ異儀ニ及バズ新儀濫妨ヲ停止ス

之外、無新儀之旨陳之、仍寺家爲件山野最中之間、依彼違乱難安堵否、遂撿見、可令注進繪圖申詞之由、被仰下沼倉少輔次郎入道行蓮・和賀右衞門五郎行盛之處、如行蓮・行盛執進去三月十九日申詞記者、住侶等申云、宗清背代々御下知、先年成煩之間、弘安八年之比經上訴之處、如陳狀者、壹岐入道定蓮以來無煩之旨載之、且山野無違乱之由、宗清代官光念同九月十六日書狀明白也、就中今年正月御沙汰之後者、不致濫妨云々、宗清代光長申云、自元無煩之間、今又同前之條、住侶等承伏云々、如去三月廿日申詞記者、住侶等申云、時員背代々御下知、山野草木違乱之上、以寺領土民、召仕狩以下雜役、宛取錢貨之間、弘安八年訴申畢、爰如弘長三年御下知狀(毛越寺・圓隆寺幷新御堂供僧教圓等与柏崎村地頭等相論事也、)者、地頭等駈仕寺領百姓事、被止之、如建治三年御下知狀(平泉白山別當顯隆与伯耆新左衞門入道經蓮相論事也、)者、於山野致違乱、以神官神人等、召仕狩獵事、被制之、所詮、惣領宗清代、自往古無其妨之旨、令申之上者、不及子細云々、時員代重常申云、於時員分者、不行新儀、不致違乱之条、住侶等不論申云々、如同廿二日行蓮・行盛注進狀者、時員代青戸二郎重茂者、不出向之間、執進訴陳計云々、如彼狀者、中尊金色堂別當賴賢則重茂御使入部以前、相語郡方土民等、乱入寺家衣河北保村、爲用水垣林散々切拂之間、加制之處、剰奪取賴賢代官以下質身代、致路次狼藉由訴之、重茂亦不實也、爲山野相論最中之間、寄事於左右、令言上之旨、陳之者、當時無煩之旨、兩方令申之上者、不及異儀歟、且如御使所進繪圖者、寺家爲件領內之間、致違乱之條、爲不便之儀歟、然則、守先傍例、可令停止新儀濫妨也、次親時分事、如同注進狀者、親時代官申子細不出向之間、不記申詞云々、親時不敍用使節之条、無其謂之上、不可違宗清・時員篇之間、子細同前者、依鎌倉殿仰、下知如件、

正應元年七月九日

前武藏守（北條宣時）平朝臣（花押）

相模守（北條貞時）平朝臣（花押）

一七二

（工藤文書）（註133）

工藤道覺代覺密、工藤盛綱ト信濃國伊那春近地ノ年貢課役ニツキ相論ス

盛綱ヲシテ河成加增課役ヲ辨勤セシム

信濃國伊那春近地小井弖工藤三郎入道道覺（忠綱）代覺密与工藤四郎盛綱相論御年貢課役對捍否事、

右、訴陣（陳）之趣雖多、覺密卽當鄕公田元六町也、而依河成被減于貳町、年來雖令弁勤其課役、去弘安八年比先政所池上弥次郎入道之時、發河成依令加增六町也、盛綱知行分公田元一段小也、依三倍加增者、可弁勤四段分加之處、弘安十年分僅弁一段分、所殘不弁三段分條無謂、加之、如亡父能綱建長三年二月六日公事配分然（狀カ）者、所領者雖（マヽ）讓与之、至（マヽ）四分限公事者、任神追配分、可致沙汰云々、就彼狀、各可有其沙汰之由、書置起請文也、任件狀文等、盛綱可勤四段課役之旨、可被仰下由申也、盛綱亡父師能公田元一段小之条勿論也、但去弘長比師能与惣領道覺（于時忠綱）相論之刻、互令和与、河原田一段地本者付忠能（綱カ）可弁一段所當、小分役者師能可弁之、於自今以後者、迄于子々孫々、不可違之由、弘長二年十二月互書違和与狀、同廿三日武藏守（北條長時）殿御時給御下知、經廿六ヶ年早、而弘安八年池上入道時、河成加增之間、盛綱知行公田小令加增一段、弁勤所當公事之条、全無過失旨陳之、爰道覺帶本主能綱幷神追男配分狀等、雖申子細、就弘長二年和与狀、武藏守殿御時給御下知、經廿六ヶ年早者、於狀文者、輙難弃破之、然則、河成加增定盛綱可令弁勤公田壹段課役之、下知如件、

正應元年十一月三日

（北條貞時）
在判

一七三　（古案記録草案〔色部文書〕）（註134）

越後國小泉庄領家雜掌、加納方三箇村地頭色部忠長等ト年貢未進ニツキ相論ス

加納地ハ年序ヲ經ルニヨリ顚倒スル能ハズ

未進米ハ結解ヲ遂ゲ究濟スベシ

代錢ヲ以テ辨ズベシ

越後國小泉庄領家一条侍従二位家雜掌与加納方三箇村色部・牛屋・粟島地頭色部三郎左衞門尉忠長法名淨忍・同五郎（氏長）法師法名先忍・七郎左衞門尉法師（長茂）法名阿忍相論年貢未進事、

右、訴陳之趣子細雖多、所詮、當庄者、地頭爲請所濟年貢之条、非指御口入、且未進所相積也、可被顚倒之由、謹（經カ）上奏、於本庄者、已被顚倒畢、加納爭可違其例哉旨、雜掌雖申之、建永之比、本庄・加納地頭各別爲請所以來、于今無相違、於本庄地頭者、背御下知、依不濟年貢之科、被顚倒畢、至加納方者、無罪科之旨、淨忍（忠長）等返答非無謂、然則、雖非御口入之請所、建永以後依經年序、輙不能顚倒、次未進事、預所以正年貢缺取交分由、地頭等□（改申カ）之、不然之旨、雜掌返答之處、無指證據、然者遂結解、守被定置之旨、可究濟、次年貢米、自往古所弁見米也、而地頭等近年一石別弁代錢壹貫之条、□之旨、雜掌申之處、本自爲代錢旨、地頭等陳之者、爲見米哉、代錢否、可見請取之充文、地頭不進彼充文之条、無謂、弁見米事、見正嘉・弘長送文幷本庄地頭弘長元年請文之旨、雜掌雖申之、如正嘉・弘長送文者、弁代錢之由所見也、次本庄地頭請文事、本庄与加納方地頭者各別云々、不可依彼例、然則、□（多分之以カ）代錢、依令弁米、不及見米沙汰者、依鎌倉殿仰、下知如件、

正應元年十二月二日

前武藏守平朝臣（北條宣時）判形
相模守平朝臣（北條貞時）判形

雑掌了覺、地頭定景ト越中國石黒庄所務ニツキ相論ス

了覺ノ訴訟沙汰ノ限リニアラズ

弘安以後ノ未進ハ結解ヲ遂ゲ究濟スベシ

初任ノ檢注ヲ遂ゲ目錄ヲ固ムベシ

西方ニ引募ルベシ

一七四　越中國石黒庄山田郷内弘瀬西方雑掌了覺与地□左近三郎定景相論所務条条、

（仁和寺文書）（註135）

一、所當米幷御服綿事、

右、訴陳之趣子細雖多、所詮、如了覺所進弘安□、雑掌教位阿闍梨与定景弘安元年令和与、雖被□承諾、於教位和与状者、不足信用、至所務者、追可有其沙汰、□□而被弃破彼和与状之間、弘安元年以前年貢等可遂結解之由、了覺雖申之、先雑掌和与以前未進事、地頭輒難弁濟歟、然者了覺之訴訟非沙汰之限、次弘安元年以後未進事、定景領□早遂結解、定景可致究濟焉、

一、新田事、

右、如兩方所進弘長二年下知狀者、實治檢注之時、載取帳畢、然則、停止地頭濫妨、可固目錄云云、而實治檢注者、依經□初任之檢注、可固目錄之旨、了覺申之處、定景承伏既畢、然者、遂初任之檢注、宜固目錄矣、

一、領家佃事、

右、如同下知狀者、任正治目錄可引募云云、如正治目錄者、領家佃三町一段三百歩云云、如狀者、佃之在所依不分明、就當鄕惣田數、可被配分之由、定景雖申之、實治以後引募西方

之条、無異儀之間、如元□

一、弘瀬郷惣追捕使職事、

一、山手事、

一、天満市事、

一、柿谷寺事、

一、漆事、

庄家ニ尋問シ左右アルベシ

右、如同下知状者、尋問庄家可有左右云云、此上不及別子細矣、

一、勸農田事、

一、松本名事、

御使入部シ尋究ムル後左右アルベシ

右、了覺則地頭押領之由申之、定景亦爲不實之旨、申之者、地頭押領否、御使入部之次、被尋究之後、可有左右焉、

一、定景追捕領家政所押取作稲等由事、

指シタル實證ナキニヨリ沙汰ノ限リニアラズ

右、柿谷寺者、地頭進止之處、弘安元年和与之時、定景所去与領家也、而依被弃破彼状、地頭如元進退下地之刻、定景追捕預所代住宅、押取件作稲等之由、了覺雖申之、追捕事、無指實證之間、非沙汰限矣、

一、河手事、

諸國平均ニ停止ス

右、兩方雖申子細、諸國平均依被停止、同前、

以前条条、依鎌倉殿仰、下知如件、

正應二年

正應二年四月二日
前武藏守（北條宣時）平朝臣（花押）
相模守（北條貞時）平朝臣（花押）

一七五　（新田神社文書）（註136）

筑前國御家人峯宗能、高松阿寂ト筑前國穂浪北郷寛能丸名田畠ニツキ相論ス

沽却地ハ宗能領知スベシ

宗成跡屋敷・名田ニツイテモ子細同前

峯弥三郎宗―能字有憚、法師法名道念与高松平四郎法師法名阿寂相論筑前國穂浪北郷寛能丸名田畠事、

右、如宰府注進狀等者、子細雖多、所詮、當名者、藤原太子道念等祖母所領也、而分讓子息等之時、沽却他人、令付主輩分領者、可取返由、安貞三年正月十六日書与讓狀於盛直道念父畢、阿寂背彼狀、令沽却之上者、可宛給之旨、道念令申之處、阿寂所進承伏狀也、爰買得輩或知行經年序之由申之、或勤仕御家人役之旨、雖稱之、背本主誡狀、沽却之至、無左右買領之條、無其謂之上、不帶安堵御下知之間、稱經年序、難被信用件沽劵、然則、於彼沽却地者、可令道念領知也、次十郎宗成跡屋敷・名田事、財得尼・同子息道円買領之間、爲御家人、云京都大番以下公事、云異國警固役、多年勤仕之由、帶守護人狀等、雖有申旨、就誡狀、被裁許之上者、子細同前者、依鎌倉殿仰、下知如件、

正應貳年四月七日
前武藏守（北條宣時）平朝臣在御判
相模守（北條貞時）平朝臣同

一七六　（秋田藩採集文書岡本又太郎元朝家藏）

□（岡本）孫太郎資親申陸奥國岩崎郡□（金成村名カ）田事、
□主故名田者、代々爲恩顧宛行之處、資親今向背□箇度、雖被下召文、不叙用之由、岩崎四郎左衞門□申之、弘安九十一月之比、以上総國雜色守吉重被下召□勘解由判官時連執進守吉申狀者、持下御敎書、令□（資カ）親号物怠（忩カ）、不及請文云々、此上可宛給論所之由、隆綱雖申□（之）、□（如）隆綱所帶延應二年御下知狀者、資親各別知行之條、分明□（也、依カ）難被付隆綱、被召上畢、而御使不到來之由、資親□尋守吉之處、如陳狀者、弘安九年十二月中旬持下御敎書□折節物忩也、不可請取之旨、申之間、投入御敎書畢云々、爰爲熊野參詣、十一月十三日罷立金成村、十二月三日入洛、同十□出京、同十八日詣本宮、同十九日詣新宮、同廿日詣那智早、□二箇所宿坊現在之上、先達者隆綱舍兄三郎左衞門尉隆時□白鳥寺住僧道尊也、守吉被相語隆綱、搆不實之□之由、資親申之處、如守吉重陳狀者、閏十二月中旬事也云々、□（閏）十二月中旬之比者、自熊野山下向之、次依先達之緣、壹箇□逗留遠江國河村庄東方、同廿七日下着金成村之由、資親書□之間、且被尋彼東方地頭相模左近大夫將監師時、且仰□留□
□金成村□

（紙繼目續カズ）

（紙繼目）

沙汰人蓮覺去年十二月廿二日起請文者、依先達所緣□閏十二月中旬之比不知定日、資親同舍弟二人壹日令逗留友□云々、如家信執進上矢田鄉地頭妙蓮・林城鄉地頭藤原□倉鄉地頭性空・薦田鄉地頭今年正月廿五日起請文等者、□（自カ）弘安九年冬之比、熊野參詣仕、同閏十二月廿七日下着金成□(村カ)之條、無其隱云々、如下矢田郷地頭代妙願同日請文者、於熊野參□(詣カ)者、無其隱承及候云々、如久世原郷地頭光隆同廿六日起請文者、□奉公自建治二年至去年十一月上旬、不退鎌倉祗候之間、不□子細云々者、資親或弘安九年閏十二月中旬之比、壹ヶ月逗留河□(村)庄東方、或同月廿七日下着金成村之條、蓮覺・妙蓮・藤原氏・性實□(等カ)起請文分明也、而背御使、不及請文之由、守吉就注進、□(性)實・資親被召上所領、及侘傺之條、不便之次第也、然則、於□彼屋敷・名田者、宛給其替於當給人、可返給資親、次御使守吉事、依難遁罪科、可改補所職於穩便仁之由、所被仰奉行人時連也者、依鎌倉殿仰、下知如件、

屋敷・名田ハ資親ニ返給フベシ
御使守吉ハ改補ス

正應二年七月九日

陸奥守平朝臣(北條宣時)(花押)
相模守平朝臣(北條貞時)(花押)

一七七

(山田文書)(註137)

薩摩國新田八幡宮所司神官、宮里郷地頭山田忠光ト免田以下ニツキ相論ス
免田ハ宮里郷ニ引募ルベシ
忠光ヲシテ鎭西等寺社修理ニ付セシム

薩摩國八幡新田宮所司神官等与當國宮里郷地頭大隅式部三郎忠光(山田)相論免田以下事、

右、如宰(マヽ)府註進狀者、子細雖多、所詮、於當宮竪義御供新並二月二日御祭饗膳新等免田者、自往古所引募當郷也、而忠光押領彼免田之上、放入使者於神領、押取身代、令沽却之由、神官等訴申之處、忠光背度々催促、不及請文云々、尤難遁其科歟、然則、於件免田者、如元可引募當郷、至身代者、爲忠光之沙汰、可令糺返也、次忠光狼藉科事、可被付鎭西寺社修理者、依鎌倉(殿脱カ)仰、下知如件、

正應二年八月二日
陸奥守平朝臣（北條宣時）在御判
相模守平朝臣（北條貞時）在御判

一七八 （薩藩舊記雜錄末吉檢見崎氏家藏）（註138）

大隅國肝付郡辨濟使兼藤、肝付郡地頭名越公時代信行・景行等ト所職押領狼藉ニツキ相論ス
代官信行ヲ改易シ臨時課役・色々損物ヲ糺返サシム

古本末吉士檢見崎權右衞門家藏

大隅國肝付郡弁濟使兼藤申、當郡地頭尾張前司入道々鑒（名越公時）代左衞門尉信行・代官景行等押領所職、令追出由事、

右、如宰府今年三月十八日注進狀者、可令安堵本職幷□宅之由、雖相觸景行等、不叙用之旨載之、仍擬有沙汰之處、道鑒令改易信行之上、任宰府下知、令安堵本職、可糺返臨時課役・色々損物等之由、今月十一日書与似（仰カ）於兼藤畢、此上者不及別子細者、依鎌倉殿仰、下知如件、

正應二年八月廿四日
陸奥守平朝臣（北條宣時）御判
相模守平朝臣（北條貞時）御判

一七九 （小早川家文書）（註139）

藤井經繼、舍弟茂久幷姉大中臣氏ト安藝國沼田庄内所務條々ニツキ

藤井四郎經継与舍弟六郎茂久幷姉大中臣氏相論条々、

一、安藝國沼田庄内吉野屋敷八町門田・眞良・佐木嶋・須並浦事、

相論ス

未處分トシテ得分親等ニ配分セラルベシ

右、訴陳之趣子細雖多、所詮、件所々者、經繼等外祖父小早河美作入道(茂平)本佛所領也、而正嘉二年七月十九日、讓与後家尼淨佛早、如狀者、淨佛一期之後者、可讓女子字松弥、若松弥無所生子、令先亡者、於眞良村者、可讓与經平息男經茂也、吉野屋敷八町門田者、爲松弥母之計、可讓与有忠之輩、於小坂村者、可讓忠茂子息福壽丸也、其子孫不断絶者勿論也云々者、彼所々者、後家尼淨佛一期之後者、經繼等母堂可相傳之由所見也、女子縱先立母雖令死去、彼子息等可傳領之處、淨佛爲一期領主、除經繼令分讓之条、甚非正儀、然則、爲未處分、可被配分得分之親等矣、

一、亡父那阿左衞門五郎政經跡事、

所見ナキニヨリ沙汰ニ及バズ

右、經繼則政經爲未處分令死去早、而祖母尼申子細之間、依難背彼命、申給御下文早、祖母尼令死去之上者、可預御配分之由申之、茂久等忽政經未處分之間、兄弟等令和与、不可有變改之由、令書起請文、給安堵御下文早、申付不實於祖母死骸之条、告言之旨、陳之者、政經未分之間、兄弟等就令和与、弘安元年十二月十三日被成御下文早、而祖母尼申子細之間、雖令和与、祖母尼死去早、經繼二男也、任傍例、可蒙御成敗之由、雖申之、祖母尼相綺之条無所見、今更不及沙汰矣、

一、茂久与姉大中臣氏令密通否事、

不分明ニヨリ沙汰ニ及バズ

右、彼是雖申子細、不分明之間、同前矣、

一、兩樣訴訟事、

殊ナル子細ナキニヨリ沙汰ニ及バズ

右、相互雖申之、無殊子細之間、同前矣、

尋究メテ左右アルベシ

一、經継押入茂久弁氏女領致追補（捕）狼藉由事、

右、被尋究、可有左右焉、

以前条々、依鎌倉殿仰、下知如件、

正應二年潤十月九日

陸奥守平朝臣（北條宣時）（花押）
相模守平朝臣（北條貞時）（花押）

薩摩國伊作庄雑掌、地頭島津忠長ト所務條々ニツキ相論ス
和与状ニ任セ沙汰スベシ

一八〇 （島津家文書）（註140）

薩摩國伊作庄雑掌与地頭下野（島津）彦三郎忠長（久長）相論所務条々事、

右、就大友兵庫入道（頼泰）々忍所取進之訴陳狀、欲有其沙汰之處、任弘安二年御下知条々、可致沙汰之由、去年十一月十七日兩方出和与狀畢、然則、任彼狀、可令致其沙汰也者、依鎌倉殿（仰脱）、下知如件、

正應三年二月十二日

陸奥守平朝臣（北條宣時）（花押）
相模守平朝臣（北條貞時）（花押）

島津忠長代了意、越後

一八一 （島津家文書）（註141）

嶋津下野彦三郎忠長（久長）代了意与越後彦三郎政國代光高相論信濃國神代郷（大田庄）地頭職事、

政國代光高ト信濃國大田庄神代郷地頭職ニツキ相論ス

忠長領知スベシ

右、訴陳狀子細雖多、所詮、大隅前司忠時領也、讓与子息久經(忠長父)之刻、後家尼西忍一期之程、可知行之旨載之畢、而忠長則久經先西忍死去之時、讓給忠長之間、給安堵御下文之由申之、光高亦西忍存生之時、不相待一期、忠長及敵對之間、經訴訟畢、依之令讓政國之旨、稱之者、西忍存生之時、致敵對之由、光高雖申之、無指實證、其上西忍者一期知行領主也、以彼讓狀、難備龜鏡、於忠長者、就本主讓、次第相傳之条、無相違之由所見也、然則、可令忠長領知之狀、依鎌倉殿仰、下知如件、

正應三年五月十二日

陸奥守平朝臣(北條宣時)(花押)
相模守平朝臣(北條貞時)(花押)

陸奥國岩城郡好島庄西方預所伊賀頼泰、地頭好島盛隆ト山ニツキ相論ス

盛隆ハ召文ニ違背ス

山ハ東方ノ例ニ準ジ沙汰スベシ

一八二

陸奥國岩城郡好嶋庄西方預所式部(伊賀)孫右衞門尉頼泰与地頭好嶋小太郎盛隆相論山事、

(飯野文書)(註142)

右、東方預所与地頭先年致相論之刻、於山者、建長六年預所蒙御下知畢、任彼例、可被裁許之旨、頼泰就訴申、及訴陳畢、而件訴陳狀等、依令紛失、帶陳狀可參決旨、下三箇度召文之處、盛隆不參之間、遣雜色之刻、如奉行人時連代善勝執進盛隆今年六月廿一日請文者、山沙汰事、四月下旬之比、令進代官又太郎畢云云者、如請文者、進置代官之由、雖載之、不能參對之間、爲矯餝歟、而盛隆違背度々召文之条、難遁其科、然則、任頼泰申請旨、於件山者、准東方之例、可令致沙汰之狀、依鎌倉殿仰、下知如件、

正應三年九月十二日

陸奥守(北條宣時)平朝臣(花押)
相模守(北條貞時)平朝臣(花押)

越後國荒河保雜掌、小泉庄牛屋條地頭色部先忍ト堺ニツキ相論ス和与狀ニ任セ沙汰スベシ

一八三

（古案記錄草案〔色部文書〕）（註143）

越後國荒河保雜掌与小泉庄牛屋条地頭色部右衞門五郎入道先忍(氏長)相論堺事、

右、就訴狀、被尋問之處、今年八月廿日出和与狀云々、然則、任彼狀、可致沙汰者、依鎌倉殿仰、下知如件、

正應三年九月　日

陸奥守(北條宣時)平朝臣判
相模守(北條貞時)平朝臣判

中野重成子息泰重、中野仲能代子息右仲・小田切實道等ト信濃國中野郷堀內・町田・志久見郷湯山ニツキ相論ス

一八四

（市河文書）（註144）

中野又太郎重成法師法名蓮乘今者死去、子息泰重与同弥五郎仲能法師法名定蓮代子息右仲幷小田切實道等相論信濃國中野郷堀內・町田及志久見郷湯山事、

右、訴陳之趣子細雖多、所詮、如泰重所進本主中野馬入道妙蓮(能成)讓妻女尼妙性之延應二年正月廿四日狀案者、中野屋敷內作壹町・々田・志久見湯山乃屋敷、娘孫仁讓天後毛、妙蓮加子孫仁可讓云々、如同狀奥書者、年來乃妻仁天候仁依天讓狀如此、出家日云々、如定蓮等所進妙蓮讓

妙性之正月廿五日（付延應二年、）狀者、中野堀內・同內作一町・志久見湯山乃屋敷（四至堺載之、）所讓渡也、出家時云々、如同所進妙蓮讓于繼子尼蓮阿（妙性娘・定蓮・實道等乃養母）四月五日（付建長二年、）狀者、年來乃妻仁天候（志加半、）讓多利志加土毛、思（和須仁）宇世良礼天候（倍土毛、）袈裟母仁（蓮阿異名）讓狀於副天讓渡須、此上子共孫共不可致違乱云々、如建長四年十二月廿八日安堵御下文者、將軍家政所下、藤原氏（号袈裟母、）可令領知信濃國中野堀內（四至堺載讓狀、）內作一町名田・在家幷志久見湯山屋敷事、右、任亡父左馬允能成法師（法名妙蓮）正月廿五日（付建長二年、）讓狀、可致沙汰云々、如實道所進弘安元年九月七日下知狀者、中野馬次郎忠能法師（法名法蓮）後家尼蓮阿与市河三郎左衞門尉重房相論中野堀內・町田幷志久見鄕湯山事、右、本主中野馬入道妙蓮延應二年正月廿五日讓妻女藤原氏之處、氏女先于妙蓮死去之間、建長二年四月五日相副彼讓、給于蓮阿畢、仍同四年十二月廿四日給安堵御下文之上者、可令蓮阿領掌云々、如同狀者、延應二年正月廿四日妙蓮讓狀事、彼狀者、重房構出謀書之由、蓮阿雖申之、妙蓮自筆之旨、陳之間、比校兩方承伏類書之處、云判形、云筆跡、無相違歟、加之、廿五日讓狀共以出帶之上、彼狀爲重房無其詮之間、難構出謀書歟、仍不及沙汰云々者、如妙蓮正月廿四日狀者、妙性一期之後者、可讓与妙蓮子孫之由、載之畢、而蓮阿相傳之後、背彼狀、以他人定蓮等、号養子讓与之條、無其謂、且（重成）蓮乘爲妙蓮嫡孫之上者、任彼遺狀、可宛給之由、泰重雖申之、改廿四日狀同廿五日、限四至堺、讓与妙性之間、先日狀者被奇（棄）破畢、而如廿四日奥書者、年來乃妻仁天候仁与里天、袈裟祖母仁（妙性異名）讓狀如此、出家日云々、妙蓮出家者廿五日也、後日賞彼狀之由、泰重雖申之、妙性先立于妙蓮死去之間、其後建長二年相副廿五日讓狀、依讓与繼子蓮阿、同四年蓮阿給安堵下文之上、弘安元年重有其沙汰、任妙蓮延應二年正月廿五日讓狀幷建長二

仲能以下ノ輩ノ知行相違アルベカラズ

泰重ノ訴ハ沙汰ニ及バズ

仲能ノ申事ハ過言ト稱シ難シ

宇佐社領肥前國大豆津別符雜掌、橫大路種經ト下司職ニツキ相論ス

種經ノ知行ヲ停止ス

年四月五日狀等、蓮阿可知行之由、被成下知畢、且蓮阿者妙蓮継子也、後日讓与継子之上者、書与妻女之先日誠狀不足證文、然則、任蓮阿讓狀等、定蓮以下之輩知行不可有相違、次如蓮阿給建長四年十二月廿八日安堵下文者、任妙蓮正月廿五日付建長二年、讓狀、可令領知云々、号蓮阿所得之妙蓮讓狀、定蓮等出帶兩通狀內、一通者延應二年正月廿五日也、一通者建長二年四月五日云々、仍違御下文畢、可被召彼建長二年正月廿五日讓狀之由、泰重雖申之、正月廿五日狀者延應二年也、四月五日狀者建長二年也、彼狀等皆以爲付年号之間、被載延應狀日付之時、被書載建長狀之付年号畢、不可有各別狀之由、定蓮等令申之上、彼兩通狀弘安元年有其沙汰、蓮阿預裁許之上者、今更不可有異儀、仍泰重所申不及沙汰、次蓮乘依不實之咎、先度聊雖蒙御勘氣、卽被原免之處、依勘氣被追放之旨、載陳狀之條、爲惡口之由、泰重雖申之、可追放之由、就被載下知狀、定蓮申子細之條、難稱過言之間同前者、依鎌倉殿仰、下知如件、

正應三年十一月十七日

陸奧守平朝臣(花押)(北條宣時)
相模守平朝臣(花押)(北條貞時)

一八五

(大川文書)(註145)

宇佐社領肥前國大豆津別符雜掌与橫大路弥三郎種經相(論下カ)□司職事、

右、如六波羅執進太宰(大)少貳經資法師法名淨惠去年六月廿九日注進狀者、爲本所進止歟、此上不及異儀、所被停止種經知行也、次年貢事、□被尋究進未有無、下地落居之上、非沙汰限者、

依鎌倉殿仰、下知如件、

正應四年正月十八日

陸奥守平朝臣（北條宣時）御判

相模守平朝臣（北條貞時）御判

伊佐信行代舜賀、舍弟伊佐幸信ト亡父有信遺領陸奥國大谷保宮家村地頭職ニツキ相論ス

一八六　（田代文書）（註146）

伊佐掃部助次郎信行代舜賀与舍弟同六郎幸信相論亡父有信法師（法名禪法）遺領陸奥國大谷保宮家村地頭職事、

右、繼母尼令押領之由、信行訴申之間、被尋下之處、如尼阿心請文者、禪法遺領者、雖令配分子息等、依無後家分、阿心不能弁申云云、仍信行与幸信所及訴陳狀也、枝葉雖多、所詮、信行則爲嫡子之處、被押領之由訴之、幸信亦當村者、亡父禪法以自筆讓、給幸信之旨陳之、爰如幸信所帶禪法弘安十年三月一日讓狀者、讓渡大谷保宮家村地頭職事、右、來壽六郎幸仁嫡子仁立天、限永代讓給早、但此内嶋田次郎加跡乃在家者、田五段（阿利）、是（波）阿波次郎信行仁讓給早、是於背天阿波二郎信行、幸信於訴訟申（佐波）、罪科乃者仁可申也、代代御下文副也、仍自筆狀如件云云、於引付之座、兩方問答之處、幸信則彼讓狀父禪法自筆之由申之、舜賀亦爲謀書之旨稱之、被召類書之處、舜賀号禪法自筆、令出帶書狀之處、禪法後家尼阿心（幸信母）令承伏早者、彼狀比校處、筆勢無相違、（是一）、次如阿心請文者、禪法遺領者、令配分子息等之由載之、信行分讓狀定令書置歟之由、舜賀雖申之、令分讓幸信・々行等之間、子息等之由、書載之旨、幸信陳詞

幸信ノ知行相違アルベカラズ
信行、謀略ノ咎ニヨリ寺社修理ニ付セラルベシ

非無其謂、是二、次以一紙狀、不可備申兩方之由、舜賀雖申之、爲父自筆云云、不及異儀、然則、於當村者、任讓狀、幸信知行不可有相違、次信行背誡狀之由、幸信雖訴之、如狀者、不定罪名之間、難被行其咎之上、信行以實書、号謀書之間、有謀略之咎、任式目、可被付寺社修理者、依鎌倉殿仰、下知如件、

正應四年六月八日

陸奥守平朝臣(北條宣時)(花押)
相模守平朝臣(北條貞時)(花押)

(岡元家文書)(註147)

一八七

澁谷致重女子辰童、妹彌陀童ト亡父致重ノ遺領ニツキ相論ス
和与狀ヲ守リ領掌スベシ

(端裏書)「關東御下知案」

澁谷平五郎致重女子辰童与同妹弥陀童相論亡父致重遺領相模國吉田庄内藤意立野・美作國河會郷内下村半分・薩摩國清色村・筑前國下長尾田地事、

右、就去年十二月十一日宰府注進、欲有其沙汰之處、去二日兩方令和与早、然者、守彼狀、向後無違乱、可令領掌之狀、依鎌倉殿仰、下知如件、

正應四年八月廿八日

陸奥守平朝臣(北條宣時)御判
相模守平朝臣(北條貞時)御判

池頼章代俊章、舍弟池頼定代時直ト越後國福雄庄名賀崎條內八王子神田ニツキ相論ス

頼章ノ訴訟沙汰ノ限リニアラズ

一八八　(高橋文書)　(註148)

□(池)宮內大夫大夫頼章代俊章与舍弟中務大夫頼定 法名心覺 代時直相論越後國福雄庄名賀崎條內八王子神田□(事)

右、訴陳之趣子細雖多、所詮、當條內藥師堂寄地事、(進脱カ下同ジ)頼章□(悉カ)依致相論、弘安八季預裁許畢、爰稱彼寄地內、押領八王子神田□(之間)、神事闕如之條無其謂、可被糺返年々作毛之由、頼章申之處□(者)、寄地內八王子神田無之、頼章所申里坪者公田也、藥師堂寄□(地)者新開田也、被召出建長正檢帳之時、神田之有無不可有其□(隱カ)由、心覺陳之者、任両方承伏、仰惣領下総大夫盛氏、被召出建長□(正檢カ)帳之處、如盛氏所進今月十六日請文者、依名賀崎八王子神田事、可備進建長帳之由、雖被仰、彼帳不隨身、但地頭一同御公事配分田數目六(錄)進覽之云云、如同所進文永六年五月十四日目六者、名(賀脱カ)崎條內神田壹段之由所見也、仍於引付座、召出両方、披見彼目六之處、俊章則爲八王子神田之由申之、時直亦爲堰神免之旨稱之、爰如頼章所進沙汰人忍拾三月十六日(無年号)和字狀者、堰神之田壹段之由載之、心覺所申神田既令符合畢、隨爲參段由、頼章申之處、如頼章所帶狀者、壹段少云云、變々申狀、頗無理之所致歟、加之、名賀崎條內有八王子神田之條、無指證據、然則、頼章訴訟旁以非沙汰之限者、依鎌倉殿仰、下知如件、

正應四年十一月廿七日

陸奥守平朝臣(花押)(北條宣時)
相模守平朝臣(花押)(北條貞時)

島津忠時女子尼忍覺代入蓮、甥島津忠長代了意ト信濃國大田庄神代郷内腰中村田在家ニツキ相論ス

忠長ノ知行相違アルベカラズ

越後國荒河保一分地頭

一八九 （島津家文書）（註149）

嶋津大隅前司忠時法師（法名道佛）女子尼忍覺代入蓮与甥下野彦三郎（島津）忠長（久長）代了意相論信濃國大田庄神代郷内腰中村田在家事、

右、訴陳狀具書子細雖多、所詮、於惣郷者、道佛文永二年六月二日、雖讓与于忠長亡父道忍（久經）、至彼田在家者、同日給与于忍覺、同四年申与安堵御下文之由所見也、而忠長押領之旨、入蓮令申之處、讓給于道忍所領内除亡立留田在家者、付于道忍之由、同八年書置後判狀畢、件狀者、道忍嫡子忠宗（忠長舍兄）所令帶也、可被召出之旨、了意依令申、於引付之座、召出正文、令披見之處、彼狀者置文也、非讓狀之上、悔返忍覺所得腰中村田在家之由、無所見之旨、入蓮雖申之、如狀者、久時仁（道忍俗名）讓与所領内於除者、久時仁付之由、書載之上、不及子細、而忍覺當知行經廿余年之旨、入蓮又雖稱之、當郷者、就道佛文永二年讓狀、後家尼西忍一期令知行、正應二年死去畢、仍不過年記之由、了意所申有其謂歟、然則、於件田在家者、任道佛文永八年狀、忠長知行不可有相違者、依鎌倉殿仰、下知如件、

正應五年四月十二日

陸奥守平朝臣（北條宣時）（花押）
相模守平朝臣（北條貞時）（花押）

一九〇 （三浦和田文書）（註150）

越後國荒河保一分地頭河村余五秀通代明俊（河口）与奥山庄一分地頭和田四郎茂長〇代（殖野）教房相論堺事、

河村秀通代明俊、奥山庄一分地頭和田茂長代教房ト堺ニツキ相論ス和与狀ニ任セ違亂ナク領知スベシ

右、擬有其沙汰之處、今年（正應五）七月十八日兩方出和与狀早、此上不及異儀歟、向後任彼狀、相互無違乱、可令領知者、依鎌倉殿仰、下知如件、

正應五年八月七日

陸奥守平朝臣（北條宣時）（花押）
相模守平朝臣（北條貞時）（花押）

一宮神官池頼章、舎弟池頼定等ト越後國福雄庄名賀崎條內藥師堂免田新開寄地ニツキ相論ス

新開地ハ收公シ藥師堂守護ハ禪朝僧ニ附任ス

一九一

越後國福雄庄名賀崎條內藥師堂免田新開寄地之事、

右、一宮之神官池宮內大夫（頼章）与同弟中務大夫（頼定）等當條內爭論之地、從弘安八季于今至不得止事、既雖三裁仰、双方每度變々申条、可謂頗迷私心歟、訴諫（陳カ）無究、而背物儀者也、於是得咎當恐伏而無言也、依爲全新開地、以後公收之、而條內藥師堂守護全禪朝僧附任、然二夫無恨期之早、此条神官神人莫敢違失者、依鎌倉殿仰、下知如件、

正應五年九月十八日

陸奥守平朝臣（北條宣時）（花押）
相模守平朝臣（北條貞時）（花押）

（高橋文書）（註151）

薩摩國伊作庄雜掌勝道、

一九二

薩摩國伊作庄雜掌勝道与地頭（島津）下野彦三郎左衛門尉（久長）忠長代了意相論所務事、

（島津家文書）（註152）

地頭島津忠長代了意ト所務ニツキ相論ス
和与状ニ任セ両方沙汰スベシ

右、就大友兵庫入道(頼泰)々忍去年十月廿日注進状、欲有其沙汰之處、去月卅日両方出和与状畢、然則、任彼状、両方可令致沙汰也者、依鎌倉殿仰、下知如件、

正應五年十二月十六日

陸奥守(北條宣時)平朝臣(花押)
相模守(北條貞時)平朝臣(花押)

(島津家文書)(註153)

一九三

薩摩國伊作庄地頭島津忠長代了意、雑掌勝道ト下司・名主両職ニツキ相論ス
和与状ヲ守リ沙汰スベシ

薩摩國伊作庄地頭(島津)下野彦三郎(久長)忠長代了意与雑掌勝道相論下司・名主両職事、

右、庄務条々、就雑掌訴訟、有御沙汰、弘安二年被裁許之時、彼両職依被付領家方、地頭越訴之間、重有其沙汰之處、去年十一月卅日両方所進和与状也、如状者、彼両職者、地頭永止訴訟訖、但宮内・伊豫倉・今田三箇名々主職者、除佛神田神主職幷公文・田所・屋敷・田畠等、所避与地頭也、年貢課役不可懈怠云々者、此上不及子細、相互守彼状、向後無違乱、可致沙汰也者、依鎌倉殿仰、下知如件、

正應六年正月十三日

陸奥守(北條宣時)平朝臣(花押)
相模守(北條貞時)平朝臣(花押)

(薩藩舊記雜錄末吉検見崎氏家藏)(註154)

一九四

大隅國肝付郡辨濟使兼石代兼藤、地頭名越公時ト肝付郡所務條々ニツキ相論ス
和与狀ニ任セ違亂アルベカラズ

大隅國肝付郡弁濟使兼石代兼藤申、當郡所務條々事、
右、就宰府正應二年三月注進狀、擬有其沙汰之處、地頭尾張前司（名越公時）入道々鑒止違乱之由、出狀之間、同八月被成下知畢、而背彼狀之旨、兼藤依訴申、今年四月重出和与狀畢、然則、任件狀、向後更不可有違乱者、依鎌倉殿仰、下知如件、
正應六年五月廿四日
陸奥守平朝臣（北條宣時）御判
相模守平朝臣（北條貞時）御判

但馬國氣比水上庄雜掌行如、地頭大田政賴ト所務條々ニツキ相論ス

一九五

（清水寺文書）

但馬國氣比水上庄雜掌行如与地頭大田左衞門太郎政賴相論所務條々、
一、正吉名事、
右、訴陳之趣子細雖多、所詮、於當庄者、云下地、云所務條々、致相論之處、去弘安五年二月相互就出和与狀、同年七月九日於六波羅成下知狀畢、爰如彼狀者、恒重・爲延・正吉事、令公平、於下地者、領家・地頭共可致沙汰之、而恒重・爲延兩名者、任下知狀無其煩、限正吉名、政賴背下知狀、致押妨之由、行如申之處、於正吉名者、亡父政綱同本名主爲員之平（爲）名負物代取流早、而間依讓与大江氏、給安堵御下文早、有限於年貢者、不可有懈怠之旨、政賴雖陳之、不備進讓狀幷御下文之間、非○（無）不審之上、政綱者、弘安四年死去早、政賴就出和与狀、給下知事者、同五年也、於令各別者、爭可書載和与狀哉、一（是）、次彼名者、爲

政頼知行分ヲ召上グベシ

沙汰ニ及バズ

當國ノ例ヲ尋問シ左右アルベシ

領家・地頭半分ノ沙汰ヲナスベシ

地頭一円之地、令知行之旨、載陳状早、於然者、何取負物代之由、可申之哉、前後之陳詞令參差了、無理之所致歟、是二、次云和与状、云下知状、書載正吉名之条、又以分明也、是三、然則、政頼難遁下知違背科、仍於當庄政頼知行分者、宜被召上矣、

一、重領名田事、

右、如同和与状之(者カ)、彼重領名田等自今以後補置名別一人之百姓、可令究濟御年貢早、課役也、若件百姓等中尚以有不法之輩者、隨被(彼カ)雜掌注申、可令改補其職者也矣、而於彼名々者、地頭一方令進退之由、行如申之處、隨注申在所、可致其沙汰之旨、雖載度々之陳状、不注申之間、不存知之旨、政頼所陳非無子細、仍不注進名字之間、當時不及沙汰焉、

一、一色畠事、

右、當庄一色田地者、一向可爲領家進止旨、政頼就載和与状、被成下知状之(マヽ)、任彼状、政頼代官左近入道好忍立堺令打渡早、至件堺田畠者、可准一色田之由、行如申之處、好忍不相觸正員、爲代官之身、打渡田畠之条、難被信用之上、縦雖打渡田地、爭可混領畠地哉、於當庄畠者、云山畠、云惣畠、領家・地頭相共可致沙汰也、載和与状之旨、政頼陳之者、一色田內之畠地者、令各別否、尋問當國之例、可有左右矣、

一、河海漁事、

右、行如則至漁者、領家・地頭相共可致半分沙汰之由、被載先下知之旨申之、政頼亦於鵜縄魚者、可爲所載和与状之間、可爲地頭進止由、陳之者、至河海漁者、准去下知状、相共可爲半分之沙汰矣、

一、西光寺畠事、

一、沓継畠事、

一、白山社事、

一、新羅宮事、

領家ノ進止タリ

右、已上四ヶ條、行如則於當庄者、佛神講田畠者、可爲領家進止之由申之、政頼忽於地頭寄進分者、可進止之上、於田地者、不載和与狀之旨陳之、爰如先下知狀者、惣神主幷惣講師職及神田講田等事、任先例、同可爲領家進止、但於地頭寄進地者、可爲地頭進止之者、彼畠者、領家寄進之地内也、而地頭背下知狀押妨由、行如申之、爰於田地者、雖載和与狀、至畠者、除之畢、當庄畠者、相共可致沙汰之由、下知狀分明之旨、政頼雖陳之、爲領家進止内条、政頼不論申之間、難混領惣畠歟、仍所爲領家進止矣、

領家進止スベシ

一、清水寺畠事、

右、行如則爲領家進止之由申之、政頼亦有由緒地頭知行之由、雖陳之、所立申(無脱カ)證據之間、領家進止之条、無異儀歟、仍可領家進止焉、以前條々、依鎌倉殿仰、下知如件、

永仁元年九月十二日

陸奥守平朝臣(北條宣時)在判

相模守平朝臣(北條貞時)在判

一九六

(東寺百合文書に五十二下至五十五)(註155)

丹波國大山庄雜掌祐嚴、地頭中澤基員ト所務ニツキ相論ス

年貢ノ員數ヲ募リ下地ヲ寺家ニ分與フベシ

東寺領丹波國大山庄雜掌祐嚴申、募年貢員數可分田由事、

右、如六波羅去四月卅日注進狀者、當庄爲地頭請所、雖備進年貢、地頭中澤三郎左衞門尉基員對捍之間、募彼寺用、可被切渡下地之由、祐嚴就訴申、尋下之處、乃貢每年雖無難澁之儀、可被切渡下地之旨、雜掌望申之上者、不可痛申之由、基員捧陳狀畢、仍訴陳狀等相副目錄進上云々、爰如祐嚴申狀者、有限寺用基員難澁之間、寺家催促依有其煩、宛年貢足、被切渡下地、欲全向後之寺用云々、如基員陳狀者、乃貢每年無難澁儀之處、及濫訴之條無道也、但、爲上裁被仰下者、募年貢之足可分田云々者、請新年貢等地頭對捍之時、寺用依及退轉、可被切渡下地之由、祐嚴申請之上、基員所不支申也、然者、募年貢之員數、可分与下地於寺家之狀、依鎌倉殿仰、下知如件、

永仁二秊十月廿三日

陸奧守（北條宣時）平朝臣判

相模守（北條貞時）平朝臣判

甲斐國深澤有經女子源氏、弟秋町信經ト同國深澤村內田・屋敷幷山林ニツキ相論ス

一九七

（小早川家文書）

甲斐國深澤有經法師法名禪心女子源氏与弟秋町（安藝）五郎次郎信經相論深澤村內田・屋敷幷山林事、

右、就訴諫（陳）、欲有其沙汰之處、今年五月六日互出和与狀早、如氏女狀者、件所領者、自祖父深澤太郎隆經法師法名禪円之手、去弘長三年二月十日雖讓得之、一期之後者、可讓与于信經之間、於弘長讓狀者、賜和与御下知之後、可渡与信經也、但至此內田壹段・畠伍段、三郎太郎入道屋

和与状ニ任セ領掌セシムベシ

敷壹所(除古作田畠定)者、當時可避与之由、依申之、以氏女自筆、書彼坪付、讓与信經早、若猶破和与状者、雖段歩、不可讓之、氏女可一圓進退云々、(取詮)、如信經状者、子細同前者、兩方和与之上者、不及異儀、早任彼状、各可令領掌之状、依鎌倉殿仰、下知如件、

永仁二年十二月二日

陸奥守平朝臣(北條宣時)(花押)
相模守平朝臣(北條貞時)(花押)

高柳宗信、舎兄高柳行泰ト亡父忠行遺領陸奥國宮城郡山村并伊豫國恒松名ニツキ相論ス

一九八

(朴澤文書)　(註156)

高柳三郎左衞門尉宗信与舎兄彌四郎行泰相論條々、亡父忠行法師(法名行崇)遺領陸奥國宮城郡山村并伊豫國恒松名事、

右、訴陳之趣子細雖多、所詮、如宗信所進行崇文永二年五月七日讓状案者、陸奥國宮城郡內山村・猪澤・暑預澤(四至堺載之)、并伊豫國恒松名地頭職事、讓渡宮熊丸(宗信童名)云々、如弘安十年二月十三日御下文者、彼讓状以下證文等令紛失之由、宗信依令申、守先例、可致沙汰之由、被載下畢、如當村本所弘安四年三月七日・同十日・同年十二月十七日・同五年十二月十八日・同六年四月十一日・同十年七月十二日・同五月廿七日請取状等者、宗信弁年貢之由、所見也、如行泰遣宗信代官郡司太郎之九月四日(不記年号)自筆書状者、大嘗米事、讓状仁被付定之間、目錄被出者、是乃分限毛相存天可致沙汰云々、如行泰所進舎兄八郎行政所得行崇文永二年五月七日讓状者、山村內在家・名田讓与行政畢、以僻事致堺相論者、可被付嫡子行泰云々者、

行崇文永二年以山村分讓子息等畢、而宗信分者、行泰自正應四年押領之由、宗信申之處、
如訴陳狀者、云分讓所々、云押領分限、不分明之間、於引付座尋問處、如宗信所進讓狀案
者、山村・猪澤・暑預澤限四至堺之由、所見也、就此狀、所給之御下文讓狀正文、依紛失、
弘安十年二月重賜御下文之由、宗信申之處、於宗信者、所讓得伊豫國恒松名許也、至山村
者、分讓八郎行政・九郎忠泰・太夫行空等之外者、行泰讓得旨、雖陳之、不帶讓狀、是一、
而繼母宗信母抑留之由、行泰雖申之、云後家存生、云死後廿餘年、行泰不及訴訟、是二、仍爲
押領宗信分領、行泰引隱自分讓之由、宗信所申、非無子細、是三、次如宗信所得讓狀案者、
猪澤・暑預澤云々、如御下文者、山村云々、爲行泰惣領之條、見行政・忠泰・行空讓狀、而宗
信掠給一圓御下文之條、有其咎之旨、行泰雖申之、於御下文者、山村之由、雖載之、守讓狀、
四至堺知行之由、宗信返答有其謂歟、是四、隨任讓狀、廿餘年知行之由、宗信載二問狀之處、
如二答狀者、無陳詞、而至三答狀、宗信廿餘年知行事、雖論申、不足信用、是五、加之、於後
家者押領畢、至宗信者、爲芳恩宛給之由、問答之時行泰令申畢、宗信知行經年序之條、可
謂承狀歟、且給恩之條無指證據、是六、次年々弁領家年貢畢、任讓狀不知行者、爭可致其沙
汰哉之由、宗信申之處、自行崇時、以恒松名得分、替山村年貢之由、行泰雖陳之、相傳之
條無指證據、是七、次備進行泰所得讓狀者、宗信分領可露顯之間、容隱畢、早行泰与忠泰
山村知行分堺相論之時、任行崇讓狀、可預裁許之由、行泰載訴訟畢、帶讓狀之條勿論歟、
是八、如行泰遣宗信代官九月四日不記年号、書狀者、大嘗米事、被付定讓狀云々、不帶讓狀者、爭
如此可書載哉、是九、然則、爲論申宗信所領分限、引隱行泰自分讓狀之條、無異儀之間、於

山村・恒松名ハ宗信ヲシテ知行セシム

行泰ノ分領ヲ召シ上グ

指シタル證據ナキニヨリ沙汰ニ及バズ

佐多定親代了親、建部親治ト大隅國佐多村内田七段・薗一所ニツキ相論ス

和与状并先下知ヲ守リ各領知スベシ

正文ナキノ間沙汰ノ限リニアラズ

山村者、守宗信所帯讓狀案文、四至堺可令宗信知行、次恒松名事、爲宗信分領之由、行泰承伏之上者、宗信領掌不可有相違、次行泰或引隠自分讓狀、或押領宗信分領之條、罪科是重、仍於行泰分領者、皆以所召上也、次押領以後得分事、被召上所帯之間、不及其沙汰焉、

一、行泰扶持惡黨否事、

右、行泰惡黨扶持之由、宗信雖申之、爲不實之旨、行泰論申之處、無指證據之上、子細同前焉、以前兩條、依鎌倉殿仰、下知如件、

永仁三年三月廿八日

陸奥守平朝臣（北條宣時）（花押）

相模守平朝臣（北條貞時）（花押）

一九九

（禰寝文書坂口忠智氏所藏）（註157）

佐多弥九郎定親代了親与同弥四郎（建部）親治相論大隅國佐多村内田柒段・園壹所事、

右、如大宰少貳經資法師法名淨惠・大友兵庫頭頼泰法師法名道忍執進訴陳狀并兩方所進證文等者、枝葉雖多、所詮、於件田・屋敷者、定親等伯母建部氏之跡也、無男子於未處分令死去畢、而定親亡父宗親与親治亡父親綱令和与之間、任彼狀、不可有相違之由、守護人（名越時章）尾張前司入道正嘉二年令下知之後、已經卅年之間、如式目者、今更不及沙汰、然則、守和与狀并先下知、各可領知焉、

一、親治号奉行人狀構出謀書由事、

右、相互雖有申旨、所詮、無正文之間、非沙汰之限矣、以前条々、依鎌倉殿仰、下知如件、

永仁三年五月一日

陸奥守平朝臣（北條宣時）（花押）
相模守平朝臣（北條貞時）（花押）

信濃國大田庄雜掌道念、大倉・石村兩郷地頭尼代能信ト年貢ニツキ相論ス
和与狀ニ任セ沙汰スベシ

二〇〇

（極樂寺文書）（註158）

信濃國大田庄雜掌道念与大倉・石村兩郷地頭尼代能信相論年貢事、

右、召調訴陳狀、欲有其沙汰之處、如道念去三月廿五日和与狀者、以見絹可擣納之由、雖經訴訟、以和与之儀、如元兩郷分每年可請取錢貳拾貫云々、此上不及異儀、早任彼狀、可致沙汰之狀、依鎌倉殿仰、下知如件、

永仁三年五月二日

陸奥守平朝臣（北條宣時）（花押）
相模守平朝臣（北條貞時）（花押）

內田致直、舍兄蓮念ト石見國長野庄豐田鄕內保賀田畠・在家・地頭職ニツキ相論ス
和与狀ニ任セ沙汰スベシ

二〇一

（正閏史料外編益田濬所藏）

內田兵衞三郎致直与舍兄蓮念相論石見國長野庄豐田鄕內保賀田畠・在家・地頭職事、

右、如六波羅所進蓮念正應三年十月廿三日和与狀者、豐田鄕內一方地頭蓮念与同村一方地頭致直年々作物以下事、被經御沙汰之刻、兩方雖支申、和与之上者、安堵事、不可支申云々者、任彼狀、可令致沙汰之狀、依鎌倉殿仰、下知如件、

永仁三年五月二日

陸奥守平朝臣（北條宣時）押字
相模守平朝臣（北條貞時）押字

二〇二　東寺領若狹國太良庄雜掌尙慶与地頭若狹二郎忠兼代良祐相論所務條々、（東寺百合文書せ一至二十八）（註159）

若狹國太良庄雜掌尙慶、地頭若狹忠兼代良祐ト所務條々ニツキ相論ス

東寺領若狹國太良庄雜掌尙慶与地頭若狹二郎忠兼代良祐相論所務條々、

勸農事、

百姓名爲陸名由事、

助國名事、

柒段參百步畠事、

依地頭非法百姓等難安堵事、

公田壹町事、

末武名事、

公文職幷藥師堂馬上免田畠事、

本百姓外宛行別役於脇在家事、

地頭佃米事、

大𦟫事、

和与狀ニ任セ所務沙汰スベシ

右、條々、任六波羅執進永仁二年四月和与狀、相互可致所務沙汰者、依鎌倉殿仰、下知如件、

永仁三年五月七日
陸奥守平朝臣(北條宣時)(花押)
相模守平朝臣(北條貞時)(花押)

二〇三

伊豫國忽那島雜掌道覺、東浦地頭重俊代蓮性・西浦地頭遠重代重繼等ト所務條々ニツキ相論ス

(長隆寺文書)(註160)

長講堂領伊与國忽那嶋雜掌道覺与東浦地頭左衛門大夫重俊法師法名西願代蓮性并西浦地頭左衛門次郎遠重代重継等相論所務条条、自余略之、

永仁三年五月廿三日
陸奥守平朝臣(北條宣時)在判
相模守平朝臣(北條貞時)在判

二〇四

大工宗仲、島津忠長代景光ト御所造營用途ニツキ相論ス

(島津家文書)(註161)

大工宗仲与嶋津下野三郎左衛門尉忠長(久長)代景光(薄葉)相論御所造營用途事、

右、訴陳之趣子細雖多、所詮、建治三年御所造營時、忠長父下野前司(久經)于時修理亮所課用途二百五十三貫七百文、致未進之間、以所領信濃國大田庄內津野郷、大工宗親宗仲父三箇年可知行之由、令契約畢、如證文者、一年中年貢二百貫、三箇年之間、所入置也、一年中二百貫有相違者、今二箇年可被知行云々、就彼狀、三ヶ年知行條、宗仲無論、爰所濟不足于二百貫之間、任證文、所殘二ヶ年可知行之由、宗仲雖申之、如景光所進弘安四年三月廿一日下知狀者、信濃國津野郷

宗仲ノ訴訟沙汰ノ限リニアラズ

伊豫國弓削島雜掌教念、弓削島三分二地頭小宮西縁子息賴行代廣行ト所務條々ニツキ相論ス

事、以新造御所御持佛堂廊用途不足、久經代限年紀、去与宗親畢、而宗親雖申子細、知行三ヶ年無相違上者、可返給于本主久經云々者、非下知狀之由、宗仲雖申之、就相論被是非之上、不及異儀、且弘安四年之成敗難改替之間、宗仲之訴訟旁非沙汰限之狀、依仰下知如件、

永仁三年七月廿九日

右近將監藤原（花押）
散位藤原朝臣（花押）
（二階堂行藤）
前出羽守藤原朝臣（花押）

二〇五

東寺領伊豫國弓削嶋雜掌教念与當嶋三分二地頭小宮兵衞次郎入道西縁今者死去、子息又三郎賴行代廣行相論所務條々、

（東寺百合文書マ一至二十）（註162）

一、末久名事、

右、如六波羅執進訴陳狀者、子細雖多、所詮、教念則當嶋者、定田貳町九段百八十歩、畠三十四町六段三十歩也、然者、可引募給田貳段貳百四十歩・給畠三町五段之處、末久名田壹町壹段八十歩・畠十三町四段令便補之條過分也、給田畠之外者、可濟年貢之旨訴之、廣行亦正嘉三年二月廿二日雜掌明鑒与地頭景行・茂忠等令和与之間、正元々年五月廿四日預六波羅下知畢、守彼狀、致沙汰之由陳之、爰如正嘉和与狀者、以末久名、任久行法師之例、一向可引募給加徵代、於百姓名給加徵者、不可取之云々、如正元下知狀者、任兩方和与狀、可致

敎念ノ訴訟沙汰ニ及バズ

尋究ムル後左右アルベシ

預所分網ハ尋究メ左右アルベシ

地頭名網ハ子細ニ及バズ

二帖網ハ尋究メ左右アルベシ

沙汰云々者、於給分之外者、可濟年貢之旨、敎念雖申之、至當名者、一向可引募給加徵代之旨、載和与狀之上者、今更不能勘落歟、然則、敎念訴訟不及沙汰矣、

一、名別八俵塩事、

右、自名之外者、不可取得分之處、背和与狀、責取他名○(塩)之旨、敎念訴申之處、如廣行陳者、或任和与狀、致沙汰之由申之、或不存知之旨載之、前後陳令參差之條、雖有疑殆、如和与狀者、山海所出事、於塩幷網者、任久行法師之例、互不可有相違云々、然則、名別塩事、爲彼例否尋究之後、可有左右焉、

一、網事、

右、敎念則當嶋網場者、自往古預所進止也、四帖網內一帖者預所得分、一帖者地頭自名分、二帖者宛行沙汰人百姓等、致神祭以下得分沙汰之處、地頭一向令押領之旨訴之、廣行亦預所分網者、依爲殺生之業、(行遍)參河僧正坊寺務之時、停止之、成塩濱、經年序畢、自余三帖網者、任久行法師之例、致其沙汰之由、陳之者、預所分網事、本所令免除否、將又地頭押領之否尋究、可有左右、次地頭名網事、敎念自稱之上者、不及子細、次二帖網事、於賴行所進建長雜掌解者、爲和与以前狀之間、難被許容之、至敎念所帶明鑒注文者、爲前預所狀之間、不足證文、所詮、如和与狀者、於塩幷網者、任久行法師之例、互不可有相違云々、然則、尋究彼例之後、可有左右矣、

一、宗貞名事、

右、如和与狀者、兩方相計、可付穩便百姓云々、而敎念則宛行地頭下人四郎次郎之間、抑

和与狀ニ任セ兩方召仕フベシ

沙汰ニ及バズ

沙汰ニ及バズ

沙汰ニ及バズ

沙汰ニ及バズ

沙汰ニ及バズ

留年貢、不從所勘之旨訴之、廣行亦爲預所之計、宛給公人畢、非下人之由、陳之者、無下人證據之上者、任和与狀、兩方可召仕之焉、

一、比季野濱事、

右、如和与狀者、可爲領家進止云々、而地頭押領之由、教念訴申之處、無其儀之旨、廣行陳之者、不立申押領證據之上者、不及沙汰矣、

一、行成名事、

右、背和与狀、令押領之由、教念雖申之、當名者爲三分一地頭茂廣分之間、不相綺之旨、於引付〇之座、頼行陳申之處、教念承伏之上者、子細同前焉、

一、山林事、

右、配分塩濱百姓等、令濟年貢之處、地頭伐取之條、無謂之旨、教念訴申之處、廣行論申之上、無實證之間、子細同前矣、

一、助成名事、

右、當名者、本所進止也、而宛行地頭下人弥太郎男之間、不弁年貢之旨、教念雖申之、地頭不相綺之由、令申之上、無下人之證據歟、子細同前焉、

一、源太郎男事、

右、依地頭之非法、責失國正名百姓源太郎男之由、教念雖申之、爲預所々行之旨、廣行陳之處、無異論之上者、子細同前矣、

一、百姓等身代事、

預所ノ所行ヲ停止ス

尋究ムル後左右アルベシ

尋究ムル後左右アルベシ

相互ニ撫民ヲ存ジ召仕フベシ

沙汰ニ及バズ

下知違背ノ咎ニヨリ廣行ノ所帶ヲ收公ス

右、百姓等依年貢未濟、取身代之時、地頭奪取之由、敎念雖申之、無指證據歟、但預所寄事於左右、取身代之條、不可然、向後可停止之焉、

一、有重名畠地六段事、

右、敎念則件畠者、公畠也、而地頭或宛行下人、或引加自名、不弁勤所當公事之旨訴之、廣行亦無押領之儀、可差申里坪之由、陳之者、訴陳之趣不分明之間、尋究之後可有左右矣、

一、時永名內池成新開田五段事、

右、敎念則爲時永名之旨申之、廣行亦爲自名內之由、稱之者、子細同前焉、

一、非分召仕百姓由事、

右、敎念則收納之最中、召具百姓於他鄉、經數月之間、當嶋令荒廢之旨訴之、廣行亦隨要用召仕之條先例也、不能訴訟之由、陳之者、相互止過分、存撫民、可召仕之矣、

(一脱カ)百姓任官事、

右、爲預所計之處、地頭任雅意致沙汰之由、敎念申之者、不及沙汰焉、

一、公文幷預(所脱カ)職事、

右、敎念則當職者、領家進止也、而地頭押領之、宛行所從等之旨訴之、廣行亦自元雖爲地頭進止、任傍例、從預所々勘之上者、不能訴訟之由、陳之者、如和与狀者、末久名之外者、不可有他名綺之由、所見也、而當職地頭進止之由、令申之條、背和与狀畢、隨如陳狀等者、宛行所從之條、廣行不論申歟、下知違背之咎、無所遁之間、所被收公所帶也矣、

一、神田畠事、

廣行ノ所帶ヲ收公ス

右、如教念申者、神田畠等者、領家進止也、而地頭恩補自名百姓藤內之條無謂云々、如廣行陳者、百姓領作之、備神祭之上者、不及訴訟云々者、地頭管領之條、已以承伏歟、末久名之外者、地頭不可相綺下地之處、宛行自名百姓事、無異論之間、子細同前焉、

廣行ノ所帶ヲ收公セラルルニヨリ沙汰ニ及バズ

一、撿断事、

右、如和与狀者、三分二者領家分、三分一者地頭分云々、而頼行不交預所、一向令張行之、行百姓弥王太郎・嶋尻三郎次郎等於罪科之旨、教念訴申之處、不實之由、廣行陳申之間、欲尋究之處、先立被收公所帶之間、不及沙汰矣、

以前條々依鎌倉殿仰、下知如件、

永仁四年五月十八日

陸奥守平朝臣(北條宣時)(花押)

相模守平朝臣(北條貞時)(花押)

二〇六 (鰐淵寺文書)（註163）

日吉社領出雲國枩治郷雜掌、一方地頭顯棟朝臣代行康ト所務條々ニツキ相論ス

和与狀ニ任セ下地中分ス

日吉社領出雲國枩治郷雜掌与一方地頭治部權大輔顯棟朝臣代左衞門尉行康相論所務条々事、

右、就訴陳狀、欲有其沙汰之處、去月廿七日兩方出和与狀畢、如彼狀者、於田畠各壹町者、可避渡于地頭、至其外下地者、令中分云々、然則、任彼狀、可令領知也者、依鎌倉殿仰、下知如件、

永仁四年九月五日

陸奥守平朝臣（北條宣時）（花押）
相模守平朝臣（北條貞時）（花押）

（中條敦氏所藏文書）（註164）

二〇七

嫡子和田茂貞、庶子和田茂泰ト亡父和田茂連ノ遺領ニツキ相論ス

和田七郎茂貞与同八郎茂泰相論亡父和田三郎左衞門尉茂連遺領越後國奥山庄内村々幷阿波國勝浦山・相模國津村屋敷・鎌倉屋地等事、

右、訴陳之趣子細雖多、所詮、如茂貞申者、彼遺領□（者カ）、永仁二年三月十日、茂連以自筆書置讓狀畢、而茂泰背彼狀、号後日讓狀、構出謀書也云々、如茂泰陳狀者、同年六月十二日、分讓男女子息之間、茂貞以下得分親等面々撰取彼讓狀、令知行畢、茂貞所進兼日讓□（狀カ）謀作也云々者、兩方所帶狀互爲謀書之由、依難［　　］付座召決之處、如茂貞所進先判讓狀者、茂連知行分三分之二幷津村屋敷者、嫡子茂貞可知行之由、所見也、而不載所領之名字、可爲三分之二之由、載讓狀之条、非本主之素意之旨、茂貞申之處、曾祖父（高井時茂）道円遺領之事、亡父茂連与和田二郎右衞門尉義基相論未定之間、［　　］所領名字之由、茂貞之所申非無子細、是一、次如狀之文章者、可爲三分之二之由載之、如右狀者、加津村屋敷之旨書条、首尾不合之由、茂泰雖申、爲嫡子相傳地之間、相加之条、不背理致、是二、次茂連永仁二年春比、無違例之儀、不可書置讓狀之由、茂泰申之處、年來所勞不快之旨、茂貞申之上、兼日書置讓狀之条、不能其難、是三、次茂□（泰カ）外自余庶子等不帶三月十日讓狀之間、不審之旨、茂泰申之處、於三分一者、雖讓得之、茂泰爲構出謀書、引隱讓狀畢、至女子等者、本自不可讓得所領之条、爲本主素意之旨、茂貞稱之、

雖可被尋究子細、不讓所領於女子之条、非謀書之難、是四、次彼讓狀爲茂連自筆之由、□(茂)貞申之、而茂泰論申之間、召出兩方承伏之類書比校處、云手跡、云判形、更無相違、是五、次如茂泰所進永仁二年六月十二日讓狀者、載面々所領名字立堺畢、而如茂貞所帶讓狀者、背嫡子分、有致違乱之讓狀者、可爲謀書云々、破先判讓狀、令書後日狀者、尤就先判誡詞、可載子細之處、無其儀之上、非自筆之間、頗有疑貽歟、是六、次執筆者實治合戰与黨人高井次郎子息禪海也、以彼僧不可用執筆之由、茂貞申之處、云曾祖父道円、云亡父茂連之時、許所領經廻之由、茂泰雖申之、閣數輩之右筆、難用執筆之仁歟、是七、次夏居村者、非茂連遺領、爲和田次郎右衞門尉義基所領之間、讓与養女虎□茂貞妹畢、而載茂貞分讓狀之条、爲顯然私曲之旨、茂貞申之處、彼村者、雖爲義基所領、所相交茂連分領也、南村松者、雖爲茂連所領、相交義基領內之間、依爲便宜之地、相互可讓与女子之由、雖令約束、於下地者、可任本主意之間、以夏居村讓与嫡子茂貞之由、茂泰雖陳之、以女子別相傳之地、爭可讓与茂貞哉、是八、次於羽黑・石曾禰以下村々者、讓与茂貞之由、雖載之、立堺之時者、条內田地大略分入茂泰分領之間、茂貞分有名無實之由、茂貞申之處、立堺於本田中事、爲本主素意之旨、茂泰雖申之、以茂貞分領田地、分付茂泰領內之条、頗非正儀、是九、次判形相違之由、茂貞申之、校合兩方□(承)伏類判之處、悉令相違、是十、次、堺繪圖者、茂貞代性眞舍弟阿光書之畢、銘者性眞手跡也、裏書者茂連自筆也、其上茂連封續目畢、可被校合類書之由、茂泰申之間、比校之處、於裏書令相違茂連自筆上、年号月日爲憯字之間、非無不審、隨而判形所不相似也、銘者、六月十二日性眞在鎌倉之間、於越後國、不□書之由、令申之處、不立申在國所見之上、云裏書、云判形、相違之間、性眞手跡之眞僞依爲

茂連遺領三分二幷相模國津村屋敷ハ嫡子茂貞ノ知行相違アルベカラズ

執筆者禪海ヲ配流ス

日吉社領出雲國柒治郷雑掌、平氏代子息朝資ト氏女知行分年貢ニツ

枝葉、不及尋究、是十一、次、茂連於越後國、永仁二年六月廿七日所書与茂貞等祖母尼之讓狀者、茂貞代官性眞手跡也、被召出彼狀、可被校合判形之由、茂泰申之間、比校之處、祖母尼所帶□者、雖爲死期之讓狀、判形不依違、茂泰所進狀者、雖爲先日狀、判形令相違畢、是十二、茂貞所帶讓狀者謀書之由、茂泰雖申之、無指紕繆、茂泰所帶讓狀幷繪圖者、謀作之条、無所遁、然則、於茂連遺領三分二幷津村屋敷者、任永仁二年三月十日讓狀、茂貞知行不可有相違、次、茂連分領三分一事、茂泰讓得之由、茂貞雖申之、茂泰不帶讓狀之由、令申之上者、爲未分歟、可被配分得分親也、次、茂泰謀書咎事、茂連遺領三分一配分之時、可被除得分親也、次、女子二人帶六月十二日一函讓狀之由、茂泰令申之間、被尋問之處、如一女子請□者、舍弟茂泰賦給之間、雖請取之、眞僞不存知云云、仍不及罪科、如二女子申狀者、彼讓狀爲實書云云、同心茂泰之上者、同配分之時、可被除之也、次、執筆者禪海罪科事、無所帶云云、仍可配流者、依鎌倉殿仰、下知如件、

永仁四年十一月廿四日

陸奥守平朝臣（北條宣時）在御判

相模守平朝臣（北條貞時）在御判

（鰐淵寺文書）（註165）

二〇八

日吉社領出雲國柒治郷雑掌与平氏代子息朝資相論氏女知行分年貢事、

右、及訴陳狀之處、當鄉事、雑掌与治部權大輔顯棟和与之間、永仁四年九月五日被成御下知

キ相論ス
雜掌ト顯棟ノ和与狀ニ准ジ其沙汰スベシ

畢、仍云雜掌、云朝資、准彼和与、可有裁許之由、申之者、可致其沙汰之狀、依鎌倉殿仰、
下知如件、

永仁五年正月十二日

陸奥守平朝臣（北條宣時）（花押）
相模守平朝臣（北條貞時）（花押）

相馬胤門養子重胤代頼俊、伯父相馬胤氏ト陸奥國行方郡高村作毛ニツキ相論ス

重胤領掌スベシ

二〇九

（相馬文書）（註166）

相馬彦五郎胤門養子孫五郎重胤代頼俊申伯□門尉胤氏押領陸奥國行方郡高村堰澤苅取作□

右、如重胤所進胤門去年八月廿四日和字讓狀者、高村堰澤□重胤仁讓渡、此重胤者、彦二郎師胤契約深加里志尓与利弖、立□一期之後者、後家分於波重胤可知行、女子一期之後者、女子分於□跡尓相宛多覧輩之中尓、聊毛煩於毛致多羅牟輩尓於弖波、爲□可宛此跡、重胤其所於波可知行、但高村内新三郎田在家□程者、知勢弖胤門之孝養於毛心安具勢佐須邊志、此屋敷尓□尓於弖者、不可知之、祖母一期之後者、重胤可知行云々、而胤氏□押領重胤分、苅取作稻之由、頼俊依訴申、度々下召符之□年四月二日請文者、不相綺云々、如重胤重訴狀者、胤氏不相綺□者、可預裁許云々、此上不及異儀、然則、於彼高村堰澤者、任□令重胤領掌之狀、依鎌倉殿仰、下知如件、

永仁五年六月七日

（伊達文書）

陸奥守平朝臣（北條宣時）□
相模守平朝臣（北條貞時）□

藤原氏女、時長ト陸奥國伊達郡内桑折郷田在家ニツキ相論ス

二一〇

（前缺）

時長相論陸奥國伊達郡内桑折郷田在家事、

右、訴陳之趣子細雖多、所詮、藤原氏則帶心圓文永六年讓狀之處、弘安六年心圓他界之後、搆謀書、追出氏女之由訴之、時長亦於當鄕者、得弘安二年讓狀、同八年給安堵御下文畢、氏女所帶狀爲謀書之旨陳之、爰心円男女子息十四人建治・弘安以兩度讓狀、分与所領畢、氏女一人不可帶文永讓狀之由、時長令申之處、氏女母死去之刻、書給彼狀之由、於引付座問答之時、氏女申之、而依母之死去、可給与讓狀者、一腹兄七郎行朝可帶同時狀之處、無其儀之由、時長所申非無子細、而行朝分者、令紛失之間、建治年中重給与之旨、氏女申之、頗難信用歟、是一、次執筆事、誰人哉之由、載時長陳狀之處、心圓自筆之旨、令自稱歟、而自筆之由、不載訴狀之旨、雖書三問狀、不顯執筆名字、問答之時、聞性令書之由、始申之、今變變之上、建治・弘安兩度讓狀聞性爲執筆否尋問處、無其儀之旨答之、限藤原氏所帶狀、用執筆条、非無疑殆、是二、次掃部助六郎入道心阿者、氏女兄也、氏女相嫁心阿子息六郎太郎之間、依彼不調、心圓追出領内、不知行方之条、一門存知之由、時長令申之處、於六郎太郎篇者、承伏畢、被追出事、一門稱不可存知、遁申之条、有其實之故歟、是三、次時長所帶狀事、爲謀書之由、兄心阿訴訟

時長ノ知行相違アルベカラズ

之時、藤原氏同可申子細之處、心阿訴訟事、不存知之旨、氏女申之、而心阿爲氏女申口、遂問答之間、氏女帶讓狀事、存知否尋問之處、兼日存知畢云々、爰氏女者、相嫁心阿子息之間、遺領相論事、尤可令存知之處、無其儀之間、彼相論之時、氏女無訴訟企之条勿論也、心阿被奇置訴訟後、令搆結歟、非無其疑、是四、次如時長所帶讓狀者、分讓男子女子之旨載之、氏女帶讓狀之条勿論之由、雖申之、氏女之外有女子五人、面々得讓狀歟、於彼狀者、皆以建治・弘安讓也、稱一烈狀者、他筆可有其難之間、搆文永狀之由、時長所申非無子細、是五、次時長所帶讓狀事、爲謀書之由、氏女雖申之、心阿訴訟之刻、時長給御下知畢、氏女難申之趣、無指紕繆歟、爰心阿越訴之時、恐謀書之難、避与田在家之旨、氏女所申也、而如時長陳狀者、以心阿相傳田在家、被付時長畢、心阿企越訴之後、令懇望之間、給彼田在家田壹町貳段在家貳宇畢、請取之、止訴訟之上者、時長所帶狀無其難之条、勿論之旨申之、有其謂歟是六、然則、於桑折郷者、任心圓弘安讓狀・安堵御下文幷正應御下知狀、時長知行不可有相違、至氏女者、可被行謀書之咎也者、依鎌倉殿仰、下知如件、

永仁五年九月十三日

陸奥守平朝臣（花押）(北條宣時)
相模守平朝臣（花押）(北條貞時)

二一一

(端書)「木屋村」

（神護寺文書）

重家、元家ト傍輩上司職ニツキ相論ス

光家ノ訴訟沙汰ニ及バズ

鹿島大禰宜中臣朝親、野本行心ト鹿島社領常陸國大枝郷ニツキ相論ス

和与状ニ任セ沙汰スベシ

狼藉ノ事ハ守護方沙汰スベシ

(前缺)

一、傍輩上司職事、

右、如六波羅注進訴陳状具書等(者脱カ)、雖子細多、所詮、如重家申者、百壽丸爲武家被管(官)身、背御制筌、補當庄上司職之条、可有其咎之由、光家雖申之、百壽丸代々爲當時之僧、非指御家人、仍光家訴訟不及沙汰云々、自余略之、

永仁五年十一月五日

奥(マヽ)陸守(北條宣時)平朝臣在御判

相模守(北條貞時)平朝臣在御判

二一二

(鹿島大禰宜家文書)

鹿嶋大禰宜(中臣)朝親与野本四郎(貞光)左衞門尉　法師(法名行心)相論當社領大枝郷事、

右、訴陳之趣子細雖多、所詮、當郷下地者、嘉禎三年以和与之儀、令中分之由、所見也、而相語不知案内代官、令和与之間、弁所當於社家、於下地者、一円可令領知之旨、行心雖申之、就和与状、自嘉禎年中相互知行、經年序之上者、今更難及違乱、然則、任彼状、可致沙汰也、次狼籍(藉)事、於守護方有其沙汰云々、其上者、不及異儀者、依鎌倉殿仰、下知如件、

永仁六年二月三日

陸奥守(北條宣時)平朝臣(花押)

相模守(北條貞時)平朝臣(花押)

美濃國茜部庄雑掌慶舜、地頭長井靜瑜代迎蓮ト年貢・絹綿色代幷收納期ニツキ相論ス

和与狀ニ任セ沙汰致スベシ

二一三

（東大寺文書）（註167）

東大寺領美濃國茜部庄雑掌法眼慶舜与地頭長井出羽法印靜瑜代迎蓮（伴頼廣）相論年貢・絹綿色代幷收納期事、

右、就永仁四年六月日六波羅注進幷訴陳狀、擬有沙汰之處、去年永仁五十月日、兩方所出和与狀也、如狀者、美濃國茜部庄年貢・絹綿色代事、合伍佰伍拾伍貫伍佰文、除摩錢可讀渡員數、絹百一疋、綿千十兩代也、此外延絹拾玖疋肆丈代伍拾貫柒佰文者、本自以代錢所成來也、除摩錢可讀渡之、右、任去弘安三年十二月和与、可被檢納之旨、雖被致沙汰、於見絹綿者、善惡之論、雖向後不可斷絕之間、以和与之儀、壹疋拾兩別、可爲伍貫伍佰色代之由、令和与者也、於濟期者、自十月上旬、任弘安三年御下知狀、年內可令寺納也、更不可致懈怠云々者、任彼狀、兩方可致沙汰之狀、依鎌倉殿仰、下知如件、

永仁六年六月十二日

陸奥守平朝臣（北條宣時）（花押）
相模守平朝臣（北條貞時）（花押）

美濃國茜部庄雑掌慶舜、地頭長井靜瑜代祐縁ト年貢・絹綿色代幷收納期ニツキ相論ス

二一四

（東大寺文書）（註168）

東大寺領美濃國茜部庄雑掌法眼慶舜与地頭長井出羽法印靜瑜代祐縁相論年貢・絹綿色代幷收納期事、

右、就永仁四年六月日六波羅注進幷訴陳狀、擬有沙汰之處、去年永仁五十月日、兩方所出和与狀

和与狀ニ任セ沙汰致スベシ

永福寺薬師堂供僧承忠法印代承成、相模國飯田郷一分地頭飯田四郎孫女藤原氏代夫小田切浄意ト供米ニツキ相論ス

藤原氏女ヲシテ早ニ辨濟セシム

也、如狀者、美濃國茜部庄年貢・絹綿色代事、合伍佰伍拾伍貫伍佰文、(除摩錢可讀渡員數、絹百一疋、綿千十兩代也、)此外延絹拾玖疋肆丈代伍拾貫柒佰文者、本自以代錢所成來也、(除摩錢可讀渡之、)右、任去弘安三年十二月和与、可被檢納之旨、雖被致沙汰、於見絹綿者、善惡之論、雖向後不可断絶之間、以和与之儀、壹疋拾兩別、可爲伍貫伍百色代之由、令和与者也、於濟期者、自十月上旬、任弘安三年御下知狀、年內可令寺納也、更不可致懈怠云々者、任彼狀、兩方可致沙汰之狀、依鎌倉殿仰、下知如件、

永仁六年六月十二日

陸奥守平朝臣(北條宣時)在御判

相模守平朝臣(北條貞時)在御判

二一五

永福寺薬師堂供僧承忠法印代承成与相模國飯田郷一分地頭飯田四郎孫女藤原氏代夫小田切五郎入道浄意相論供米事、

(相模文書)(註169)

右、當鄕內藤原氏知行分公田五段也、於供米者、年別壹斛伍斗進濟之處、永仁三・四兩年致對捍之上、五年分又難澁之由、承成申之處、如陳狀者、雖致弁、不請取之由載之、領狀之上者、早可弁濟也、次自弘安十年至正應三年供米事、浄意雖申子細、彼升者、惣領義綱弁替之間、不及訴訟之由、承成申之、隨而自先年於二番引付地頭訴申云々、可依彼左右者、依鎌倉殿仰、下知如件、

永仁六年

永仁六年七月十三日

陸奥守平朝臣(北條宣時)(花押)

相模守平朝臣(北條貞時)(花押)

二一六

粉川寺住侶等幷德大寺公孝家雜掌、紀伊國住人昌圓ト同國粟栖庄ニツキ相論ス

（高野山池坊文書）（註170）

紀伊國粉川寺住侶等幷德大寺(公孝)前內大臣雜掌申當國粟栖庄事、

右、如永仁五年七月十八日遣六波羅御教書者、湯橋四郎入道願蓮与昌円法橋依合戰相論、當庄爲闕所之處、爲寺家進止地之由之(申脱カ)、尋究可被注申云々、而如去正月廿七日同注進狀者、當庄爲寺家進止地否、仰湯淺七郎兵衞宗泰、守護代重連相尋之處、如宗泰等執進近隣地頭御家人七人請文者、寺家進止地云々、次如當給人俣野八郎入道寂一請文者、爲新恩之間、不存知云々、如所取進之調月新三郎良光・小倉大輔房綱眷・貴志能登入道行心・上田井兵衞尉助範・六十谷大進房道海・長田彌次郎入道經正・岡崎太郎良重等請文者、爲寺家進止地云々、如同三月廿九日六波羅重注進狀者、寂一爲新恩之間、不存知之旨、先度雖進上請文、其後尋出文治・建曆御下文案文・文永八年御下文等云々、如所進之文永八年二月七日御下文者、將軍家政所下、紀伊國粟栖庄住人、可令早昌円法橋爲地頭・公文兩職事、右、如申狀者、當職本證文事、文治二年三月廿一日下文・建曆二年五月十日下知狀等正文者、爲質券、入置尼眞佛許之處、令紛失之間、載其子細、可給御下文云々、仍仰前權守法師後家尼淨阿、被尋眞佛之處、如請文者、紛失之終(始脱カ)、眞佛陳狀在起請詞、進之云々、爰當庄事、領主相論之間、去々年有其沙汰、被裁許、尋問彼時奉行人

安富民部三郎泰嗣法名行位之處、如請文者、文治・建暦狀寫進安文(案)云々者、件所職等事、守先例、可致沙汰云々、爰如寺家所進保延四年三月十五日德大寺左大臣(公能)家寄進狀者、奉寄栗栖一保於粉川寺云々、如同所進久安二年四月廿九日院廳御下文者、可任粉川寺解狀幷國司廳宣永爲不輸地同寺栗栖庄一所事云々、如同所進元久二年五月廿七日御下知者、下紀伊國粉川寺所司等、可早任鳥羽・後白河二代院宣、且守德大寺左大臣家以下代々領家起請幷下文狀、且依故右大將(源頼朝)家成敗旨、停止甲乙輩濫妨、任先例、爲寺家進止寺領當國栗栖庄事云々、如雜掌申狀者、當庄則本所一圓地也、而於公文・刀禰兩職者、爲御家人領之旨、同國住人昌円搆眼前之不實、依致狼藉、可被行重科之由、雜掌訴申、尋明可注進之旨、弘安十年九月十日賜御教書、進上六波羅究訴陳畢、依本所敵對之昌円咎、忽被沒倒本所御領之條不便也云々、如同所進昌円正嘉二年十一月自筆起請者、栗栖庄公文職相論事仁与里候天、領家御爲不忠於不存候云々、如同所進昌円書狀者、昌円畏申上候、栗栖庄公文・刀禰兩職仁被補天、奉公於伊多佐牟登思事云々、如同所進文永六年十二月一日遣六波羅御教書者、當庄下司・公文職事、可爲本所進止云々、如同所進弘安十年九月十日遣六(波羅脱カ)御教書者、紀伊國栗栖庄雜掌申、公文職以下事、尋究子細、可被注申云々者、如雜掌所進昌円法橋自筆起請・同書狀等者、令懇望本所之條分明也、仍爲本所芳恩、得下文之條、無異儀歟、隨如文永六年遣六波羅御教書者、爲本所進止之由、所見也、而昌円法橋得本所下文之後、文永八年掠給御下文之條勿論歟、如彼下文者、文治・建暦下知狀等令紛失之由、所被書載也、而文治・建暦下知等紛失之由、昌円依掠申、以本所進止地、就案文、文永八年屬安堵奉行人、掠給下文歟、仍可進安堵下文間、難稱不易之成敗歟、隨文永八年給御下文之後、云昌

栗栖庄ハ寺家ニ付セラレ當給人ニハ替ヲ宛給フベシ

円法橋、云父祖、令勤仕御家人役之條、無所見、然則、昌円跡補地頭之條、令相違歟、而如六波羅注進狀、同證人等申詞者、寺家進止勿論歟、隨如本所寄進狀幷元久御下文等者、爲一圓寺領之由、所見也、仍於當庄者、被付寺家、可宛給其替於當給人也、次至雜掌訴訟者、宜爲聖断之由、所被仰也矣者、依鎌倉殿仰、下知如件、

永仁六年八月十日

陸奥守（北條宣時）平朝臣在判

相模守（北條貞時）平朝臣在判

伊達念性女子尼妙海代定佛、島津忠長代景光ト信濃國大田庄神代郷内中尾村ニツキ相論ス

二一七

（島津家文書）（註171）

伊達判官代入道念性女子尼妙海代定佛与嶋津下野三郎左衛門尉忠長（久長）代景光相論信濃國大田庄神代郷內中尾村事、

右、訴陳狀子細雖多、所詮、如妙海所進大隅入道道佛（島津忠時）正嘉二年十一月廿四日狀者、南殿仁親久於者志候之上、志深久見佐世給候倍者、信濃國大田乃神代乃中尾乃沙汰者、世佐世可給候、所乃物共此様於可存知也、穴賢云々、如狀者、一旦計付當村事之由、所見也、雖稱讓狀、而道佛後家尼西忍者、依爲妙海之伯母、以彼狀、自正嘉至于正應四年、三十余年知行之由、妙海令申之處、道佛娘尼忍覺扶持妙海之間、不限當村、充給自余屋敷・名田之上、西忍一期依令領掌中尾村、爲芳恩、自然雖送年月、正應二年西忍死去之後、改易之由、忠長申之、妙海不得別田屋敷、無扶持儀之由雖稱、如忠長所進妙海書狀等者、件村事、令懇望之、忠長亡父下

妙海ノ訴訟沙汰ノ限リニアラズ

野前司久時（久經）・忍覺等依相親同家之由、妙海承伏之間、旁以爲芳恩之由、忠長所申非無謂、仍妙海之訴訟非沙汰之限者、依鎌倉殿仰、下知如件、

永仁六年九月三日

陸奥守平朝臣（北條宣時）（花押）
相模守平朝臣（北條貞時）（花押）

紀伊國藥勝寺雑掌僧良俊・清家、勢田村半分地頭金持廣親ト所務條々ニツキ相論ス

二一八

（藥王寺所藏文書）（註172）

紀伊國三上庄藥勝寺雑掌僧良俊幷清家与勢多（又号勢田村、）半分地頭金持三郎右衞門尉廣親相論條々、

一、當寺敷地方伍町幷當鄕內免田肆町玖段半事、

右、訴陳之趣子細雖多、所詮、件寺者、依爲聖武天皇御願、以當庄本渡・岡田・多太・勢田四箇鄕內田畠等、爲一圓不輸之地、治安・治暦・延久勅免之後、應德三年被成仁和寺末寺畢、官省符幷國司免判狀明鏡也、廣親正應元年宛給勢田鄕半分地頭職、濫妨免田敷地等之條、無謂之由、良俊申之處、於三上庄下司職者、紀民部大夫良保跡也、爲平家沒收之地、右大將家（源頼朝）御代宛給隨身兼―（平字有憚）、訖、兼―孫兼友之時、被召上、所被宛行廣親父廣澄跡也、於免田者、地頭進止下地、勤寺役者先例也、寺僧追出地頭代畢、可被行罪科之旨、廣親雖陳之、兼―・兼友進止彼免田等之條、無指實證、且如官符者、爲不輸免田畠之條明白也、而於彼狀者、應德以降官符不相續、不足指南之由、廣親雖稱之、爲仁和寺末寺之役者、依

無牢籠之儀、不成給之旨、良俊返答不背理致、号往年官符、雖弃損(捐カ)、隨如廣親所帶藥勝寺下司盛包所職幷畠田五町貞應元年八月讓狀者、副進領家御下文官符案、於正文者、御室御所候云々、於東寺者、本所進止之由、所見也、号兼―跡之條、彌爲不實歟、就中、如仁安・建久・建曆・嘉祿・寛喜・寶治內撿帳者、於敷地者、爲當寺領、寺僧等加署判訖、兼―相綺者、爭不加判形哉之由、良俊申之處、依不載勢田鄕名字、爲他所事之旨、廣親雖陳之、載彼帳之下地、爲何所之由、廣親依不差申、爲當鄕事之條無異儀、加之、如弘長二年十一月御教書者、當寺下司職幷勢田地事、深志越前房乘海与湯淺藤九郎光弘相論之處、可爲本所進止之由、被成下訖、於彼狀者、地頭未補之間、掠給之旨、廣親雖申之、可爲地頭進止之條、依無指證文、掠給事、無所見之上、彼時成敗不及改沙汰、次件寺者、建立岡田鄕內蓮峯、後遷坐勢多鄕藥王寺敷地內畢、載官符之敷地者蓮峯也、當在所者、地頭進止之由、廣親雖稱之、遷造事、良俊論申之處、廣親不立申證據、次如符者、方伍町云々、當在所者、南北肆町餘之條、雜掌良眞加判繪圖分明也、町數依不符合、爲他所之由、去年九月九日於引付之坐、廣親代淨心書出之處、雖不書載境名字幷町數等、官符分明間、加判形之由、良眞記付畢、難稱領狀之上、旣爲伍町之旨、良俊返答之刻、乘憲重依不申分町數、爲伍町之條、旣可謂承伏、次如藥勝寺上座覺全永曆元年十月讓狀者、付屬藥勝寺堂舍・佛像幷寺田伍段・敷地等事云々、藥勝・藥王兩寺所相幷也、方五町可爲藥勝寺敷地者、藥王寺敷地可爲何處哉之由、乘憲雖申之、於藥王寺者、割分藥勝寺敷地內、後年依建立、如然分讓之旨、良俊返答之處、兩寺爲藤王寺建立前後、乘憲重依不差申年記、藥勝寺爲藥王寺內否不分明、如嘉祿・寛喜・

藥勝寺敷地・兎田八本所一圓進止タルベシ

寶治內撿帳者、引載方五町內畠地訖、當在所爲藥勝寺敷地之條、勿論之次第也、次如盛包讓狀者、當寺爲勢多鄉內之條顯然也、鄉內寺社可爲地頭進止之由、廣親申之處、非鄉內之旨、良俊雖陳之、如狀者、讓与藥勝寺下司職幷畠田五町事、在勢田村云々、爲當鄉內歟、但雖爲鄉內、依爲本所進止、廣親不可相綺、次弘安年中被召諸國田文之時、於當鄉者、稱御室御領之間、自六波羅、以齋藤四郞左衞門尉基永法師法名觀意・俣野八郞法師法名寂一尋申御相傳由緖之處、依不分明、被補地頭畢、今以藥勝寺、号仁和寺領之條、無謂之由、廣親申之處、被尋申御室事、良俊所論申也、而可被尋問實否寂一之旨、廣親雖稱之、如彼此記錄者、無所見之由、桑原左衞門尉近忠申之、縱以一鄉号寺領之時、依有地頭職、雖被宛行廣親、鄉內猶本所進止之地相交者、可各別之條、不及子細、仍不能尋問寂一、然則、於當寺敷地・兎田等者、一圓爲本所進止之旨、良俊所申依有其謂、廣親望非沙汰之限焉、

一、勢多鄉半分地頭職有無事、

右、鄉內兼―女子跡者、波多野佐藤左衞門尉廣能跡拜領訖、所殘藥勝寺兎田敷地之外、無段步下地、藥勝寺爲本所進止者、可宛給其替之由、問答之時、乘憲雖申之、如良俊所進久安四年撿註(注カ)目錄者、兎田之外貳町柒段云々、如建長二年目錄者、肆町伍段半云々、有地頭分下地之條分明也、而如乘憲今月廿五日申狀者、雜掌寄事於兎田敷地、押領地頭分云々、前後申詞變々之條、非無私曲、且如廣能跡給御下文案者、勢多鄉半分兼―女子跡云々、如廣澄跡給御下文者、勢多鄉半分云々、於廣能者、宛給女子跡、至廣澄者、給兼友跡之旨、雖申之、不被載兼友名字之上、依無實證、以女子跡、被均分歟、頗有疑殆、隨兎田等相論未断之程

六波羅ヲシテ知行分限幷由緒及ビ下地ノ有無等ヲ尋問セシム

者、除彼論所、可沙汰付廣親代官於當鄉之由、六波羅下知守護代唯心幷香河五郎忠景之處、如忠景等正應二年十一月注進狀者、除藥勝寺幷兎田沙汰居地頭代於勢田鄕云々、唯心引級廣親之由、良俊依申之、重下知玉井小太郎法師法名西蓮・石垣太郎左衞門尉宗明畢、如西蓮等同五年十月七日注進之狀者、勢多鄕相尋地頭補任之先例、欲沙汰地頭代之處、号當知行之仁、信濃民部入道行然歟跡沙汰人・百姓等不叙用云々、兩度注進所參差也、然則、差遣古實之仁、且尋問廣能・行然跡輩知行分限幷由緒、且尋究兼友跡及下地有無、可注之由、所仰六波羅也、

一、殺害刄傷苅田狼藉事、

六波羅ヲシテ實否ヲ傍

右、正應四年八月廿六・七日兩日廣親代貞能・定範・淨心・定村等率數多人勢、苅取當寺田畠八町餘作毛、廿八日申剋乱入寺家之間、八郎男以下五人者、忽被殺害畢、來善法師以下十一人者、依被疵、湯淺兵衞尉□法師法名淨智加實撿訖、可被行罪科之由、淸家申之處、定範者非地頭代、於貞能者、依爲藥勝寺前別當從類、廣親不及陳申、淨心・定村惡行事不實也、淸家以下數百人押寄地頭代在所之間、爲助身命雖逃去、於淨算法師宗弘男者、被殺害畢、守村男者、所被疵也、云死體、云手負人、守護代使幷御家人見知之上、相觸淨智訖、淸家等恐身科、及濫訴之旨、廣親陳之、如訴陳狀者、依爲胸臆之論、於引付之坐召尋處、殺害事、淸家載訴狀、承伏之由、乘憲雖申之、如彼訴狀者、圓心廣親代官所進狀云、注進(マヽ)爲紀伊國藥勝寺別當代打入同國勢田郡地頭政所云々、如然書載旨、良俊返答不背理致歟、凡兩方所申不分明、所詮、云苅取八町餘作毛之段、云數百人寄來事、云刄傷殺害之實否、近鄕不可有其隱歟、然者、且尋問傍鄕輩幷淨智等、且尋明證跡、可注申之旨、同所仰六波羅也、

郷輩幷淨智等ニ尋究メシム

指シタル實證ナキニヨリ沙汰ニ及バズ

六波羅ヲシテ糺明ノ後左右アルベシ

和泉國大鳥庄雜掌、地頭田代覺阿幷田代普賢丸代覺祐ト所務・檢斷等條々ニツキ相論ス

次貞能・定範爲廣親代官否事、同可究明矣、

一、廣親代官定範等伐取寺領山木由事、

右、正應四年七月廿六日伐取松百三十餘本、運越和田庄朝日村住人紀十郎男許之條、無其隱、返給彼松、可被行罪科之由、良俊雖稱之、廣親論申之處、無指實證、仍不及沙汰焉、

一、八津十郎助綱事、

右、助綱爲御家人之身、筌欒勝寺下司職、同意清家、致殺害之條、難遁罪科之由、廣親申之處、於助綱者、先年令改易之旨、良俊陳之者、云筌浦下司職事、云同心悪行之段、仰六波羅、且糺明之後、可有左右矣、

以前條條、依鎌倉殿仰、下知如件、

永仁七年正月廿七日

陸奥守(北條宣時)平朝臣御判

相模守(北條貞時)平朝臣御判

（田代文書）（註173）

二一九

(端裏書)「關東御下知案」

和泉國大鳥庄雜掌与地頭田代豐前又太郎入道覺阿幷舍弟家綱今者死去、子息普賢(基綱)丸代覺祐相論条々、

一、檢注事、

一、検断事、
一、地頭給事、
一、新田事、
一、年貢幷夫役事、

和与状ニ任セ所務致スベシ

右、就訴陳状、擬有其沙汰之處、去二月廿六日兩方出和与狀早、如狀者、所務条々先年雖及相論、条々內五箇条、去弘安八年兩方依出和与狀、同十年被成六波羅下知早、而相互注申子細、所詮、任彼和与狀幷御下知、可致所務也云々者、守彼狀、可致沙汰云々、
一、當鄉沙汰人名主・百姓等逃死亡跡事、

和与ニヨリ下地中分ス

右、如同狀者、兩条雖不載先度和与狀、今度番訴陳之間、於彼下地者、云以前、云向後、可致中分之沙汰、自余条々相互止訴訟云々者、同前、
以前条々、依鎌倉殿仰、下知如件、

永仁七年四月七日

陸奥守平朝臣（北條宣時）在判
相模守平朝臣（北條貞時）同

（小早川家文書）

二二〇

小早河佛心、小早河一

小早河太郎左衞門入道佛心（定平）与小早河□（一正）丸代頼弁相論鎌倉番役事、

正丸代頼辨ト鎌倉番役ニツキ相論ス

異國警固役勤仕者ハ鎌倉番役ヲ免ゼラル

一正丸所役ヲ辨ズルニ及バズ

右、番者、小早河次郎左衞門尉季平跡所役也、佛(心)依爲嫡流、雖相觸庶子一正、無沙汰之間、所經入公用也、仍可糺返之由、佛心訴申之處、去建治二年爲異國警固、可相向之旨、被仰下之間、令居住西國所領畢、彼警固役之仁、被免番役之條、爲傍例歟、若無御免者、兩役兼帶可爲難治之旨、一正所陳申也、如佛心重申狀者、建治二年佛心同可發向之由、被仰下云々、爰嫡庶西國居住之條勿論、然者、警固役輩被免番役之事、無異儀之間、佛心不可勤仕矣、次所經入之公用、一正可弁之由、佛心雖申之、一正元來不可勤之所役也、何可及過怠哉、非沙汰限之狀、下知如件、

正安元年六月七日

中務丞藤原(花押)

左衞門尉金刺(花押)

左衞門尉藤原(花押)

(我覺院文書)(註174)

永福寺藥師堂供僧等代承成、相模國飯田鄕地頭等ト所務條々ニツキ相論ス

二三一

永福寺藥師堂供僧等代承成与相模國飯田鄕地頭等相論條々、

一、供米收納斗事、

右、訴陳之趣子細雖多、所詮、承成則當鄕所當米每年百八十石也、以當國本斗令收納之處、正嘉二〇(年)以後、地頭令減少收納斗之由申之、地頭亦爲淸左衞門尉滿定之奉行、被定下收納斗之間、供僧所加判形也、非本斗之旨、陳之者、用當國本斗之由、承成雖申之、無實證之上、

寺庫ノ斗ヲ以テ收納スベシ

減少分斗ニツイテハ沙汰ニ及バズ

如供僧等三問狀者、地頭歎申之間、被定下收納斗之由載之、令符合地頭之申詞畢、但地頭所持斗者、供僧加判形之由、地頭雖申之、無判形之間、不足信用、爰於引付之座、問答之時、地頭出帶延應元年九月十二日御下知畢、如狀者、可用御寺斗之由、被載之、自余寺領又用寺家斗之由、承成所承伏也、彼斗者、被納置寺庫云々、然則、以寺庫之斗可收納也、次正嘉以後年々減少分、可被糺返之由、承成雖申□(之カ)、於前々斗者、兩方所申共以爲胸臆之間、就今之相論、被用寺家斗之上者、不及其沙汰焉、

地頭ノ沙汰ニテ量リ寺家使者ニ渡スベシ

□(一脱カ)、納所事、

右、於彼供米者、付送供僧等宿坊之条、爲先規之由、承成所申也、而地頭陳狀不分明之間、於引付之座、召決之處、付送鎌倉、於地頭寄宿之所、令下行寺家使者之旨、地頭申之、爰如地頭所進延應元年御下知者、飯田三郎能信返給當鄉之時、於供米者、止寺庫納、以御寺斗、直可下行佛聖(餉)・供僧幷預承仕之由、被載之、仍就彼御下知、地頭可下行之由申之、雖似有子細、付送住坊之条、可被尋證人等之由、於引付之座、問答之時、承成申之處、供僧使者下國之時、爲地頭之芳志、有付送之事云々、可謂承伏歟、但寺家使可取收納斗由、承成雖申之、爲地頭之沙汰可量渡矣、

結解ヲ遂ゲ未進アラバ究濟サシムベシ

□(一脱カ)、壇供餠幷御節供等事、

右、彼壇供者、爲供米百八十石內之由、於引付之座、兩方承伏畢、而承成則壇供幷御節供地頭對捍之由申之、地頭亦無未進之旨、陳之者、早遂結解、有未進者、可令究濟焉、

以前条々、依鎌倉殿仰、下知如件、

正安元年十月廿七日

陸奥守平朝臣(北條宣時)(花押)

相模守平朝臣(北條貞時)(花押)

上島惟盛女子宇治氏代惟久、舍兄中村惟季ト肥後國六ヶ庄中村內得恒名田畠ニツキ相論ス

氏女知行スベシ

年々得分ヲ氏女ニ糺返スベシ

入阿ノ所領ヲ分チ召ベシ

二二三

(阿蘇家文書)(註175)

(上嶋弥四郎惟盛法師法名成佛女子宇治氏代惟久与舍兄諸四郎惟季(中村)法師法名入阿相論肥後國六ヶ庄中村內得恒名田畠事)

(右、宰府)注進訴陳狀子細雖多、所詮、惟久則彼名田畠者、祖母尼□(蓮)妙、得夫願西讓狀、令讓氏女之間、亡父成佛書給避狀之處、(入阿押領之)由申之、入阿亦帶願西幷成佛惣村讓狀、二代令領知之旨陳(之、爰氏女)所進願西建長讓狀者、爲七旬以後狀之間、難被許容、正嘉(狀者、無位署之上、令)入筆□(畢、)子細同前、文永狀者、成佛不及右筆、□(仍)爲謀書之由、入阿雖申之、於建長狀者、爲願西自筆之条、(入阿承)伏之上、不可依年齡、如正嘉狀者、相副手継、讓与氏女之由載(之、雖無位署、蓮妙自筆)判形、入阿無異論歟、入筆之兩字者、爲同筆(之上、非肝要、至文永狀者、入阿師匠樂性手跡也、本自成佛自筆之由、氏女不申之間、不能其難之旨、惟久令申之處、入阿無指陳謝歟、氏女所帶狀、旁實書之条、不及異儀、然則、於彼名田畠者、任建長・正嘉讓狀、氏女可令知行、次年々得分事、任員數可糺返氏女、次押領罪科事、注入阿所領可分召也、次入阿以文永狀稱謀書罪科事、被分召所領之上、不及沙汰者、依鎌倉殿仰、下知如件、)

（正安元年十二月廿日）

（北條宣時）
陸奥守平朝臣花押

（北條貞時）
相模守平朝臣花押

二二三　（鹿島大禰宜家文書）（註176）

鹿島社權禰宜中臣則朝、鹿島社大禰宜中臣則氏代長意ト常陸國大窪郷幷鹽濱ニツキ相論ス

鹿嶋社權祢宜則朝（中臣）与同大祢宜則氏（中臣）代長意相論常陸國大窪郷幷塩濱事、

右、訴陳之趣雖區、所詮、彼所者、右大將家（源頼朝）御時、元暦元年被寄進當社以降、至則長（中臣）傳領無相違、仍則長於當鄕南方幷塩濱者、讓嫡子幹則（中臣）、至北方相賀村者、讓三男季則（中臣）則朝亡父畢、以大祢宜職及行方郡内勘納十二鄕用重名等、所宛賜次男則重（中臣）實則父、則氏祖父也、爰幹則無男子者、季則可知行彼分之由、載幹則（中臣）讓狀畢、幹則不生男子間、季則可相傳之處、爲名主等被押領之刻、季則他界、則朝雖可經訴訟、依爲幼少、於南方之沙汰者、申付實則（中臣）則氏亡父、至北方者、所申付季則弟僧嚴如也、嚴如死去之後、南北共申付實則畢、仍預置次第證文於實則之處、宛于實則身、掠給御下知之由、則朝雖申之、如則氏所進亡父實則給正應三年御下知案者、實則相副代々御下文以下證文等、得亡父則重讓狀之間、云所職、云所領、相傳之條勿論歟云々、而彼御下知以下證文紛失之由、則氏申之間、不審之處、依名主尼妙心之越訴、如去九月被成下之御教書者、正應三年成敗無相違之間、被弃置妙心之訴訟云々、妙心依不敍用正應御下知、仰御使那珂三郞左衞門尉・眞壁入道（淨敬盛時）等、被打渡當鄕之刻、彼御下知校于正文、被下案文於彼御使畢、今就

則朝ノ押領ヲ停止シ實則跡ノ輩領知スベシ

妙心之越訴、被召件案文、被經御沙汰、重預裁許之旨、則氏雖稱之、猶爲不殘子細、召出正應事書案幷具書等、披見之處、實則爲則朝代官之条、無支證之上、則氏所帶御下知案文与事書案令符合之間、實則預裁許之条、無異儀、次如則朝所進給与于季則母尼妙阿建治四年三月讓狀者、大窪鄕幷鹽濱者、雖讓膀則、不生男子者、可讓季則登見于父則長讓、仍相副本御下文、讓渡季則云々、季則相傳之条顯然之由、則朝又雖申之、非妙阿所領之上、不帶彼狀正文之間、不足信用、次妙阿讓狀者、二月六日也、而三月六日之由、則氏載陳狀畢、定令入筆歟之旨、則朝雖稱之、妙阿狀不及沙汰之間、入筆之實否不能糺明、次如同所進号實則自筆書狀者、取帳者候波須、證文五給候畢、藥王殿於母鎌倉江伊与(良カ)世滿伊良世候天、人乃見參仁母入滿伊良世候波牟登思候也、是母子一人母候祢波、職乃事母藥王殿仁土思候也云々、謂證文者、元曆御下文以下事也、預置實則之条分明之由、則朝雖申之、如彼狀者、實則爲則朝之代官、預證文之条、無證據歟、次如同所進弘安四年四月御教書案者、鹿嶋社領大窪鄕內相賀村給主藥王丸代僧嚴如申、神祭物以下事云々、則朝給主之条、顯然之由、雖稱之、彼御教書爲案文上、實則預裁許之次第、載右狀畢、加之、則朝有相傳由緖者、尤實則存日可申子細之處、夭亡以後、及濫訴之条、姧謀之由、則氏所申相叶理致畢、仍則朝之訴訟、旁非沙汰之限、然則、於當鄕下地幷塩濱者、停止則朝押領、任正應三年御下知狀、實則跡之輩可令領知矣、次則朝令夜討實則否事、於侍所有其沙汰之上、不及引付勘錄、次押領咎事、可依彼左右者、依鎌倉殿仰、下知如件、

正安元年十二月廿七日

陸奥守平朝臣(北條宣時)(花押)

相模守平朝臣（北條貞時）（花押）

（市河文書）（註177）

市河盛房、中野幸重ト信濃國中野西條內田地等ニツキ相論ス

幸重ヲシテ重ネテ得分物ヲ盛房ニ糺返サシメ下知違背ノ咎ニヨリ幸重ノ所領ヲ分チ召ス

二二四

市河新左衞門尉盛房申、信濃國中野西條內田地等事、

右、田地者、盛房与中野次郎幸重依致相論、去弘安七年十二月廿五日預裁許畢、如御下知者、於田地者、停止幸重濫妨、盛房可知行、至年□（々カ）押領得分物者、可糺返于盛房也云々、而幸重背下知、不弁得分物之□（由、盛房カ）依申之、正應三年幷去年九月雖被成御教書、猶以無音、爰幸重當參之間、同十一月以奉行人齊藤九郎兵衞尉基連・山名下野權守盛康使者、重下御教書之處、如幸重陳狀者、子細雖多、所詮、弘安七年左衞門督僧都教俊就掠申、以御使、被打渡當鄕之間、同八季地頭等返給畢、爭六・七兩年得分物、可糺返之旨、可申哉、盛房掠給先度御下知云々者、幸重可糺返得分物之条、御下知分明也、寄事於教俊難澁之条、無其謂、且此等子細盛房重捧委細訴狀之間、爲糺明、七月九日直下幸重之後、一向無音、難遁其咎、然者於得分物者、任先下知、可糺返、至下知違背之咎者、注所領、可分召之狀、依鎌倉殿仰、下知如件、

正安二季三月三日

陸奥守平朝臣（北條宣時）（花押）

相模守平朝臣（北條貞時）（花押）

（尊經閣古文書纂賀茂社文書）（註178）

二二五

加賀國金津庄雜掌祐豪、北英田保地頭代覺心ト堺ニツキ相論ス

湖ノ中心ヲ堺トナシ金津庄ニ付スベシ
打越ハ神領タルニヨリ沙汰ニ及バズ

（前缺）

狀幷康元取帳顯然之上者、云湖、云田畠、如元可被付當庄云々、如覺心申詞者、湖者自往古北英田內也、横大道南田者、以湖干上、漸々所開作來也、且如雜掌出對（帶カ）寬治立券狀者、限南湖云云、可進退海之所見無之、而雜掌押領之間、代々就訴申子細、被經御沙汰之條、御敎書幷守護注進狀分明也、但康元取帳者、雜掌押領之時事也、以自由取帳、爭可乱往古之堺哉云云者、如雜掌所進寬治立券狀者、當庄南堺者、限湖之由、所見也、於彼狀者、覺心無論、如使者註（注）進繪圖者、今論所者爲湖以東之間、爲當社領內之旨、帶康元取帳雜掌申之處、湖者當保內也、件田畠者、以湖水流落之跡耕作之間、爲當保分由、覺心雖申之、以河海立堺之時、以中心爲堺之條、爲通例之間、於湖東田畠等者、金津庄可進止之條、不及子細、隨而於西堺、塩海者當庄所進退也、何号往古之湖、可押妨以東之田畠哉、且康元取帳者、爲押領時狀之旨、覺心雖稱之、不加殊難、而帶寬喜御敎書幷守護人狀等、覺心雖申子細、如彼御敎書等者、當論所事、無所見之間、旁不足證文、然則、於彼田畠等者、以湖之中心爲堺、所被付于金津庄也、次打越事、當庄爲神領之間、任先例、不及其沙汰焉、

一、吉次・安守・重國名田等事、

一、吉次屋敷事、

一、小白山神田・公文・在家山、在小事、

一、大宮神田友重・貞廣・高廣等作名田等事、

一、友重作名田事、

一、大矢阿彌陀堂講田事、
右、如雜掌申詞者、件田畠等爲當庄內之條、見康元取帳、而弘安六年以後覺心押領之條、無謂云々、如覺心申詞者、金津庄巽者以牓示河堺之、而彼田畠・屋敷者、爲牓示河東之間、爲北莢田內之條揭焉也、但康元取帳者、如載先段、爲押領時帳之間、不能例證云々、雜掌重申云、牓示河者全不存知之、彼河者阿里河之流也、越堺爲押領田畠、覺心構出牓示河名字之條、無其謂云々、覺心重申云、子細同前、但件河者、阿里河雖流合、專号牓示河、自往古立兩方堺畢云々者、雜掌則件田畠爲當庄內之條、康元取帳分明之由申之、覺心亦金津庄巽堺者牓示河也、彼論所爲河東之間、爲當保內之旨稱之、而於牓示河名字者、不存知之、件河者号阿里河之旨、雜掌申之間、河名字雖有其論、兩河流合之由、覺心申之上、如繪圖者、河流一道也、無各別河之條、不及子細、爰今論所內、吉次・安守・重國名田幷屋敷小白山神田・公文・在家等者、爲河以西條、繪圖明白之上、康元取帳無其難、子細載先段畢、仍同所被付于當庄也、次大宮神田友重・貞廣・高廣等作田、大矢阿彌陀堂講田事、就河之東西、相互雖有申旨、如繪圖者、彼田地等者、爲河之以北、遙相隔畢、而兩方之堺不分明之間、無左右難被是非、重被尋究之後、可有左右矣、

重ネテ尋究ムル後左右アルベシ

一、大矢東山事、
右、如雜掌申詞者、如寬治立券狀者、限東大矢東山云々、而覺心越彼堺、任自由掘切山、押領若干山之條、無謂云云、如覺心申詞者、金津庄与北莢田山堺者菩提山也、此外大矢山者全不知之云々者、如寬治立券狀者、東限大矢山云云、而就山之名字、覺心聊雖申子細、如

山ハ金津庄ノ進止タルベシ

重ネテ究明ノ後沙汰アルベシ

相馬胤實、相馬重胤ト阿蓮遺領ニツキ相論ス

繪圖者、論所山一所也、隨而雜掌者帶寛治立券狀之處、當保可進退山之條、覺心不帶一紙狀之間、雜掌之所申旁有其謂、然早於彼山者、可爲當庄之進止焉、

一、塩海濱事、

右、如雜掌申詞者、塩濱南堺者往古大道也、而弘安六年於六波羅掠給下知以來、覺心押領當社領濱、剩至布坂下日角南端在家幷小畠押領之條、無謂云云、如覺心申詞者、布坂東西共守往古之堺、所知行也、且布坂西通覺心所立申之堺、則往古大道也云云者、以大道爲堺、兩方相論處、如繪圖者、論所之中間道筋非一、而以何路号往古大道之由、不註付繪圖面之間、暗難被治定堺歟、然者、重被究明之後、可有其沙汰矣、

以前條條、依鎌倉殿仰、下知如件、

正安二季三月廿三日

陸奥守平朝臣（北條宣時）（花押）

相模守平朝臣（北條貞時）（花押）

（相馬文書）（註179）

二二六

相馬孫四郎胤實与同孫五郎重胤相論□（阿）蓮遺領下総國相馬御厨内益尾村陸奥□小高村幷盤崎村内釘野事、

右、及相論之間、擬有其沙汰之處、今月十日□如彼狀等者、重胤亡父彦次郎師胤弟孫四郎□五郎胤門等、帶弘安八年六月五日阿蓮讓狀□處、師胤・々門死去之後、去々年

始天胤實代官忠□致訴訟之間、重胤雖進陳狀、於阿蓮讓狀等□書之由、令存知之間、
止相論、互任彼狀等、可知行□云云者、且守彼狀、向後無違乱、相互可致沙汰之□（狀、依鎌倉殿）
□仰、下知如件、

正安二年四月廿三日

陸奥守平（北條宣時）□（朝臣在判）
相模守平朝（北條貞時）□（臣在判）

和与状ニ任セ相互ニ沙汰致スベシ

熊谷直光、發智後家尼明法代乘信ト武藏國熊谷郷年貢幷課役ニツキ相論ス

明法、年貢ヲ直光ニ辨ズベシ

二二七

熊谷彥次郎直光（直滿）与發智二郎後家尼明法代乘信相論武藏國熊谷郷年貢幷課役事、

（熊谷家文書）（註180）

右、訴陳之趣子細雖多、所詮、當郷者、爲鶴岡八幡宮領之間、年貢以下社役、地頭所弁勤也、當郷西方者、直光惣領也、明法爲女子之跡、田壹町・在家壹宇雖令知行、不弁年貢之由、直光申之處、祖父直實法師（法名蓮性）跡惣領者、二郎左衞門尉直忠也、仍弁直忠之間、帶請取之由、乘信雖申之、明法領知田在家、爲西方内之條、於引付之座問答之時、乘信承伏畢、閣西方之惣領、弁直忠之由、令申之條、背理致之上、不帶直忠配分狀之間、直忠加催促之條、爲矯飾歟、就中請取狀者、直光於引付之座披見之時、非直忠狀之由、令申之處、爲代官請取之旨、乘信稱之、非無疑殆、其上西方内庶子數輩在之、彼輩者無對捍之由、直光申之處、乘信無陳詞、可謂勿論歟、限明法申子細之條、甚無其謂、然則、於彼年貢等者、明法可弁直光也、次弘安三年以後、明法無沙汰之間、經入畢、可召給之由、直光申之、尋究之後、可有左右者、依鎌倉

殿仰、下知如件、

正安二年閏七月廿七日

陸奥守平朝臣(北條宣時)(花押)
相模守平朝臣(北條貞時)(花押)

二二八

熊谷直光、久下光綱ト武藏國西熊谷郷堺田地ニツキ相論ス
和与狀ニ任セ相互ニ違亂アルベカラズ

(熊谷家文書)(註181)

熊谷彦次郎直光(直満)与久下左衞門九郎光綱相論武藏國西熊谷郷堺田地肆段余事、

右、就訴陳狀、擬有其沙汰之處、今年八月十六日兩方令和与畢、如狀者、光綱越堺押妨彼田之由、直光雖訴申、無押領儀之由、光綱令申之上、直光止訴訟云々者、任件和与狀、向後相互不可有違乱之狀、依鎌倉殿仰、下知如件、

正安二年九月四日

陸奥守平朝臣(北條宣時)(花押)
相模守平朝臣(北條貞時)(花押)

二二九

陸奥介景綱代圓阿、那須高頼代敎念ト陸奥國八幡庄召米以下公事ニツキ相論ス

(結城文書)(註182)

陸奥介景綱代圓阿与那須肥前左衞門太郎高頼代敬念相論陸奥國八幡庄召米以下公事間事、

右、當庄者、景綱祖父景衡之所領也、高頼爲女子跡、令相傳蒲生村畢、而致公事相論之間、有其沙汰之處、去年正月廿八日兩方出和与狀畢、如狀者、景衡跡當庄召米以下公事伍分壹者、

和与狀ヲ守リ相互ニ沙汰スベシ

爲高頼役可致沙汰云々者、早守彼狀、相互可致沙汰之狀、依仰下知如件、

正安二年十二月廿日

右近將監藤原（花押）

散位藤原朝臣（花押）

前出羽守藤原朝臣（二階堂行藤）（花押）

鹿島社權禰宜中臣實則子息大禰宜中臣則氏、大夫僧正坊忠源ト常陸國大窪鄕內鹽行倉村田・在家ニツキ相論ス

實則跡ニ返付クベシ

二三〇

（鹿島神宮文書）（註183）

鹿嶋社權祢宜（中臣）實則子息大祢宜（中臣）則氏申常陸國大窪鄕內塩行倉村田五町・在家五宇事、

右、鄕者、右大將（源頼朝）家元暦元年於當社、爲不断大般若轉讀御寄進之最初、曩祖祢宜大夫（中臣）則親拜領以降、至亡父實則五代相傳知行無相違、而大夫僧正坊忠源以件田在家、爲新平三郎左衞門尉盛貞跡、拜領之由申之、盛貞非地頭、又無名主之儀、但苽（瓜）連沙汰人稱願、限三ヶ年所買得也、若令寄附彼證文歟、依之難被沒收之由、則氏依申之、被尋問之處、當給人忠源去年十一月八日請文者、彼田在家者、依御祈禱忠拜領之間、當所之由來不存知云々、而尙沒收時盛貞相傳由緒及御沙汰否、被尋問安東左衞門尉重綱之處、如重綱請文者、爲盛貞跡、被沒收否、爲奉行不申沙汰之間、不存知云々者、當鄕社領之条、代々御下知分明也、於正應沒收之地者、人領尙以就理非被裁許、況神領難及沒收之間、於彼田在家者、所被返付實則跡也、次替事、可被宛行當給人者、依鎌倉殿仰、下知如件、

正安三年三月三日

陸奥守（北條宣時）平朝臣（花押）
相模守（北條貞時）平朝臣（花押）

二三一

鶴岡八幡宮寺供僧賢淳・良演、一分地頭加世長親ト相模國長尾郷田屋村内供田・所當未進ニツキ相論ス

地頭ノ知行ヲ停止シ供僧ニ付ス

鶴岡八幡宮寺供僧賢淳僧都・良演律師申、相模國長尾郷田屋村内供田捌段大所當米未進事、

右、壹分地頭加世孫太郎長親年々未進之由、訴申之處、可遂結解之旨、進陳狀死去畢、仍遂其節、可究濟之旨、正安元年六月被下知于子息之後、同十月雖下御教書、猶不敍用之、去年十月以奉行人政連・宗實使者、重下御教書畢、于今延引之条、難遁其咎、爰於常社供田者、地頭背下知之時、被付下地於供僧事、有先傍例、然則、於賢淳分伍段參佰步、良演分貳段參佰步者、停止地頭之知行、所付供僧也者、依鎌倉殿仰、下知如件、

正安三年五月十六日

陸奥守（北條宣時）平朝臣（花押）
相模守（北條貞時）平朝臣（花押）

（池田文書）（註184）

二三二

橘薩摩公遠、橘薩摩公綱ト肥前國長島庄内大崎村ニツキ相論ス

（小鹿島文書）（註185）

橘薩摩左衛門次郎公遠与同左馬允公綱相論肥前國長嶋庄内大崎村事、

右、如上総前司（北條）實政執進訴陳具書等者、枝葉雖多、所詮、當村者、依不被載本御下文、混嫡家相論中、申子細之處、閣彼篇、公綱竊擬給安堵御下文之条、無其謂、且如嘉禎四年十月廿

公遠ノ濫訴ヲ棄捐ス

八日御下文者、長嶋庄上村幷惣撿非所(違脱カ)云々、於上村者、被収公之、薩摩右衞門次郎公助仁治元年給之早、於撿非所者、祖父公義跡相傳早、此上者、可被召出大崎村御下文之由、雖申之、當庄者本主公蓮遺領也、分一庄爲上下、以上方号上村、以下方号下村、而以上村者、讓余一公員法師法名公阿、以下村者、所讓後家也、上村則有河上・大崎・大渡以下之村、下村亦有志保・江・牛嶋・中□(村カ)等之村、上下者是惣名也、非一村之名、且公阿雖被召上村、其內被殘大崎村早、爲上村內之条顯然也、隨公遠父祖遂不及訴訟、而今依嫡家相論之宿意、初雖申出之、父子二代知行及六十余年之由、公綱申之處、於年記者、公遠陳詞不分明、其上嫡家相論之時、當村事、及訴訟之由、同雖稱之、不立申證據者、於公遠濫訴者、所被弃捐也、但公阿跡未處分也、爰子息等以和与狀、所申子細也、可依彼左右之狀、依鎌倉殿仰、下知如件、

正安三年七月十二日

陸奥守平朝臣(北條宣時)御判
相模守平朝臣(北條貞時)御判

和田茂明、曾祖父高井時茂遺領ニツキ重ネテ訴フ

二三三

(中條敦氏所藏文書)(註186)

和田七郎茂明申、曾祖父高井兵衞三郎時茂法師法名道圓遺領事、

右、道圓建治三年十一月廿八日他界之刻、同五日分讓所領於孫子茂連・義基・兼連幷女子尼意阿畢、彼狀爲謀書之旨、意阿訴申之刻、弘安十年、茂連・義基等預裁許畢、意阿越訴申之間、重有其沙汰之處、於意阿者、被奇(棄)置越訴、至茂連等者、建治讓狀事、先度者、實書之由

奥山庄ハ當給人ニ替ヲ宛行ヒ茂明ニ返付クベシ

申之、今又謀書之旨稱之、依爲姧謀、所被召上所領也、爰如茂明越訴狀者、号建治三年四月廿八日道圓自筆目六、義基始所備進也、彼狀条々、依有紕繆、加謀難之處、不及御沙汰之条、難堪也、就中意阿越訴有其謂之間、改先日一同之儀、令各別之条、不可有其難之處、稱有變申之咎、茂連之遺領不殘段歩、被收公之条、令參差者也云々者、建治目錄事、爲先日狀之間、究明依無其詮、被奇捐(棄)之条、先日成敗無相違歟、次茂連罪名事、道圓死去之時者、茂連在京之間、不知子細、義基稱死期之讓狀、依賦与、爲實書之由、先度雖令言上、爲謀書之旨、意阿所申非無子細之間、改一同之儀畢、縱義基所帶狀等、雖被處實書、不可過謀略罪科之處、悉被召所領之条、令依違之旨、茂明所申非無子細歟、然則、於○(越後國)奥山庄者、宛行替於當給人、被返付茂連跡、至其外所領等者、未被付給人云々、如元可令領知○(次謀略咎事、任式目可有沙汰)者、依鎌倉殿仰、下知如件、

正安三年八月廿日

(北條宣時)
陸奥守平朝臣(花押)
(北條貞時)
相模守平朝臣(花押)

二三四

備後國大田庄桑原方雜掌、地頭太田貞宗ト所務條々ニツキ相論ス
庄内寺社免田ハ領家ノ進退タルベシ

高野山根本大塔領備後國太田庄桑原方雜掌与地頭太田七郎左衞門尉貞宗相論所務條々、（高野山文書寶簡集七）（註187）

一、庄内寺社事、

右、就訴陳之狀、欲有其沙汰之處、去年六月兩方出和与狀畢、如狀者、○(今)高野社・赤屋報恩

福富庄官名ハ地頭避進ムベシ
福富幷地頭進止庄官名内寺社同免田畠ハ地頭ノ沙汰タルベシ

段別一升進済スベシ

段別九合辧ズベシ

上原公文・伊尾公文・六郷惣追捕使ハ領家進退タルベシ
小世良公文・赤屋公文・六郷田所職ハ地頭ノ進止タルベシ
公文々新ハ段別一升

納所得分ハ本所ニ避進メ地頭ハ公文分津下ヲ進止ス

領家・地頭相互ニ綺アルベカラズ

寺幷平民名以下庄内寺社同免田畠等者、可爲領家進退、於彼免田畠等者、縦雖引募、福富庄官名者、地頭可避進之、次世良彦社・願成寺以下福富幷地頭進止庄官名内寺社同免田畠者、可爲地頭沙汰云々者焉、

一、地頭名・庄官名雑免胡麻事、
右、如同状者、段別壹升、如平民名、可進済云々者矣、

一、同雑免水手米事、
右、如同状者、段別九合、如平民名、可弁之云々者焉、

一、庄官事、
右、如同状者、上原公文付字賀・伊尾公文付青近・六郷惣追捕使以上三職可爲領家進退、同公文々新、号福富公文分、令缺取事、可停止之、次小世良公文・赤屋公文幷六郷田所職可爲地頭進止、同公文々新、段別壹升之外不可取之、但至領家方有限公事課役者、任先例、可弁勤云々者矣、

一、地頭庄官納所得分事、
右、如同状者、雖爲有限得分、依和与、所避進于本所也、但避進納所得分之上者、地頭代幷地頭進止公文分津下事、可被免除之云々者焉、

一、勧農事、
右、如同状者、於平民幷領家進止之郷内地者、不可有地頭之綺、至福富幷地頭進止之庄官名者、不可有領家之綺云々者矣、

浦内寺社ハ領家ノ進止、地頭門田畠内寺社ハ地頭ノ沙汰タリ

兩職共ニ領家ノ進止タルベシ

地頭・庄官名年貢ハ三箇年ニ一度結解ヲ遂グベシ

和与状ニ任セ相互ニ領掌セシム

伊豫國忽那島雜掌頼秀、東浦地頭忽那重義・西浦地頭忽那遠重・康久ト下地ニツキ相論ス

一、尾道浦寺社事、

右、如同狀者、堂崎別所分幷平民名以下浦内寺社同免田畠者、可爲領家進止、次地頭門田畠内寺社者、可爲地頭沙汰云々者焉、

一、同浦公文・惣追捕使事、

右、如同狀者、兩職共可爲領家進止云々者矣、

一、地頭・庄官名年貢結解事、

右、如同狀者、自今以後、避進領家方庄官之外(名脱カ)、於地頭下地進止分福富庄官名田畠所當者、三ヶ年一度、遂結解、可究濟云々者焉、

以前条々、和与之上、不及異議、任彼狀、兩方相互無違乱、可令領掌者、依鎌倉殿仰、下知如件、

正安四年六月廿三日

相模守平朝臣(北條師時)(花押)
武藏守平朝臣(北條時村)(花押)

二三五

(長隆寺文書)(註188)

長講堂領伊豫國忽那嶋雜掌法橋頼秀与東浦地頭孫二郎重義(忽那)・西浦地頭左衞門二郎遠重(忽那)・三郎康久(忽那)相論條々、

一、下地事、

国魂泰秀、舍兄岩間盛隆ト陸奥國岩城郡國魂村田・在家ニツキ相論ス

右、越訴之趣子細雖多、所詮、當嶋內松吉・武藤兩名者地頭分也、於其外下地者、本所進止也、地頭西願重義祖父・遠重等押領之間、就訴申、於四番引付越後入道方、爲嶋田孫六行重奉行、永仁三年五月廿三日兩方所務之由、被下知之条、所參差也、如地頭所帶元久二年五月六日御下文者、重義先祖俊平所領當嶋內東方武藤名者、家平兼平弟可致沙汰之由載之、兩名之外不可相綺之條、分明之旨、賴秀雖申之、如狀者、兼―背俊平讓狀、濫妨松吉名之間、被下歟、取要略之、

正安四年七月七日

相模守平朝臣判（北條師時）

武藏守平朝臣判（北條時村）

二三六

（大國魂神社文書）（註189）

國魂十郎泰秀与岩間三郎盛隆相論國魂村內泰秀知行分田・在家事、

右、訴陳之趣子細雖多、所詮、件田・在家者、以祖父經隆未分之跡、正應五年閏六月被配分亡父成隆跡之間、舍兄秀隆与泰秀所分領也、而盛隆訴申秀隆之處、秀高（隆カ）召文違背之間、預裁許云々、以彼御下知、帶弓箭兵杖、打入泰秀家內、搜取資財物、燒拂住宅、剰押領下地之条、難遁其咎之由、泰秀訴申之處、如盛隆陳狀者、任文永御下知、可領知之旨、預裁許之上者、難稱押領、次盛隆者正安二年二月預御下知之間、至同四月連々雖令相觸、不及承引、經數月運越資財雜具於他所、自身懸火於住宅、罷出後、盛隆放火之由、掠申之条姧謀也云々者、如盛隆

盛隆ノ押領ヲ停止ス
成隆ノ跡ヲ泰秀支配スベシ
盛隆ノ所領ヲ没収ス

所帶御下知之狀者、申破正應配分之条、無所見之上、就秀隆召文違背、盛隆預裁許、押領弟泰秀所領之条、爲非據歟、且放火事、爲泰秀所行之由、盛隆雖稱之、預御配分當知行之所領、自身令放火難退出之旨、泰秀所申爲其實歟、然則、於盛隆押領者、所被停止也、爰任本知行、可預裁許之由、泰秀雖申之、成隆之跡、于今無配分云々、可被支配也、次押領咎幷同押領物事、被召盛隆所領之条、秀隆与盛隆見于相論之篇、仍不及其沙汰者、依鎌倉殿仰、下知如件、

正安四年九月七日

相模守平朝臣（北條師時）（花押）
武藏守平朝臣（北條時村）（花押）

二三七

（市河文書）（註190）

市河盛房、小田切實道女子性阿跡ト信濃國中野西條、志久見郷湯山村屋敷・名田ニツキ相論ス
和与狀ニ任セ其沙汰致スベシ

市河新左衞門尉盛房申、信濃國中野西条・志久見郷湯山村屋敷・名田事、

右、彼屋敷・名田者、小田切實道与盛房（于時左衞門三郎）相論間、欲有其沙汰之刻、實道死去畢、女子性阿相傳之後、永仁三年正月廿日相分論所、兩方所出和与狀也、如性阿狀者、御堂四壁幷屋敷避与盛房云々、盛房止訴訟云々、仍就彼狀、可被裁許之由、同三月七日評議畢、而未被成下知狀之處、性阿又死去之間延引、而盛房依申子細、被尋性阿跡之處、如夫關屋三郎入道蓮道去四月十一日狀者、任本和与狀、可有御沙汰云々者、此上不及異儀、且任先日御事書、且就和与狀、可致其沙汰之狀、依鎌倉殿仰、下知如件、

正安四年十二月一日

相模守平朝臣(北條師時)(花押)
武藏守平朝臣(北條時村)(花押)

平氏幷妹禰々・定幹、眞壁幹重ト祖父淨敬ノ遺領ニツキ相論ス
和与ニヨリ訴訟ヲ止ム
遺領ハ幹重知行スベシ

二三三八

平氏幷妹同氏々字祢・六郎定幹与眞壁彦次郎幹重相論祖父淨敬(盛時)遺領事、

右、就訴陳狀、擬有其沙汰之處、如氏女等今年正月□連署狀者、雖番訴陳、以和与之儀、永止訴訟畢、□此上不及異儀、於彼遺領者、任淨敬正安元年十一月廿三日讓狀、幹重知行不可有相違之狀、依鎌倉[殿仰、下知如件]

乾元二季二月五日

相模守平朝臣(北條師時)(花押)
武藏守平朝臣(北條時村)(花押)

(眞壁文書)(註191)

伊豫國弓削島雜掌榮實、地頭代佐房ト所務條々ニツキ相論ス
田畠・山林・鹽濱ハ相分
下地三分二ハ領家分、三分一ハ地頭分タリ

二三三九

(東寺百合文書ヒ一至三十一)

東大寺領伊与國弓削嶋雜掌榮實与地頭代佐房相論所務条々事、

右、如去二月廿九日六波羅注進狀者、召調訴陳狀之處、今年正月十八日兩方出和与狀之間、彼狀幷訴陳狀具書等相副目六進上云々、如榮實狀者、所務以下条々、就正元・永仁御下知、雖番訴陳狀、断未來之煩、爲停當時之論、所和与也、田畠・山林・塩濱等相分下地、於參分貳者、可爲領家分、至參分壹者、可爲地頭分、次網場三箇所内壹所嶋尻者、可爲領家分、壹所

網以下所出ハ預所ト地頭半分ノ沙汰ヲ致スベシ

和与状ニ任セ相互ニ沙汰致スベシ

釣濱浦者、可爲地頭分、壹所邊屋路嶋者、網以下所出、隨出來、預所幷地頭可致半分沙汰也、固可守此旨、若於令違背者、可被處罪科云々、取詮、如佐房狀者、子細同前者、當嶋者、地頭小宮三郎兵衞尉景行幷左衞門四郎茂忠之時、依及所務之相論、可守新補率法之由、正嘉三年出和与狀之間、任彼狀、可致所務之由、正元々年被裁許之上、永仁四年重可守正嘉和与之由、被成敗畢、今又兩方出和与狀之間、旁不及異儀、然則、任和与狀、向後相互可致沙汰之狀、依鎌倉殿仰、下知如件、

乾元二年閏四月廿三日

相模守平朝臣（北條師時）〔依御禁止不被加御判〕
武藏守平朝臣（北條時村）（花押）

二四〇

安藝國三入庄一方地頭熊谷頼直後家尼妙法幷子息直明等、同國可部庄東方地頭代源秀ト三入庄狩獵・山木伐取ニツキ相論ス

（熊谷家文書）（註192）

安藝國三入庄一方地頭熊谷三郎四郎（頼直）法師法名行蓮後家尼妙法幷子息直明等申、同國可部庄東方地頭代源秀乱入三入庄致狩獵伐取山木由事、

右、六波羅注進狀子細雖多、所詮、件東方地頭遠江修理亮後家代官源秀、放入領內住人等於三入庄內集福寺山林、致狩獵之由、妙法等就訴申、雖下三箇度召文、捧請文、不上洛之間、不及糺明、仍重訴狀具書幷使者下妻孫三郎明幹・狛原五郎四郎忠時等請文、源秀狀進上之云々、爰如明幹執進源秀同年五月廿二日請文者、直明訴申候致狩獵伐取林木由事、乍閣自領狩倉貳拾餘箇所、何可狩他領哉、又伐木事、同前候、雖然、企參上可明申候云々者、有子細

源秀ノ三入庄亂入等ヲ停止ス
正員地頭ノ所領ヲ收公ス

鶴岡八幡宮供僧良印、地頭備前定證代定覺トキ相模國弘河郷供米ニツキ相論ス
地頭代ノ沙汰トシテ百姓ヲ召出シ未進アラバ辨償スベシ

者可參決之處、捧請文許、不參之條、難遊之科難遁之由、直明等所申有其謂歟、然則、(押紙)用段於向後者、乱入三入庄、致狩獵伐採山木事、一向可令停止矣、次源秀狼藉咎事、注正員所領、可被分召者、依鎌倉殿仰、下知如件、

嘉元元年十一月廿七日

相模守平朝臣(北條師時)(花押)
左京權大夫平朝臣(北條時村)(花押)

(池田文書)

二四一

鶴岡八幡宮供僧良印与相模國弘河郷地頭備前入道定證代定覺相論供米事、

右、訴陳之趣子細雖多、於彼米者、正安二年以降未進由、良印申之處、自往古直納之間、召進百姓、可遂其節旨、定覺所陳申也、爲直納地之條、良印不論申之上、如正安元年十二月三日下知狀者、供米未進事、下地爲地頭進止之上者、爲地頭代之沙汰、召出百姓、遂結解、於未進者、可辨償者、依鎌倉殿仰、下知如件、

嘉元二季三月十二日

相模守平朝臣(北條師時)(花押)
左京權大夫平朝臣(北條時村)(花押)

(鬼柳文書)

二四二

鬼柳憲義代信辨、舍兄光景・舍弟家行等ト亡父光義遺領陸奥國和賀郡鬼柳村ニツキ相論ス

憲義村々ヲ領掌スベシ

熊谷直光、木田見景長ト武藏國木田見牛丸郷國方年貢ニツキ相論ス

鬼柳左衛門四郎憲義代信辨申、亡父□(光義遺カ)領陸奥國和賀郡鬼柳村之事、

右、光義未處分、永仁五秊十月十日爲夜討被殺害畢、而兄三郎光景・弟五郎家行童名觀音等、号有讓狀、構謀書、令分領遺領之條、無謂之由、就信辨訴申、欲糺明讓狀眞僞之處、云光景、云家行、違背召文之間、依難(マヽ)謀書之咎、於彼遺領者、爲未處分之地、除光景・家行、可令支配得分親之旨、去月廿三日評定畢、爰光義子息四人内嫡子光景・三男家行者、被除得分親畢、四男鶴松丸・同母堂者、光義同時被殺害之由、信辨申之、仍於光義跡者、憲義之外無得分親歟、然則、至件村々者、可令憲義領掌者、依鎌倉殿仰、下知如件、

嘉元二秊四月廿四日

相模守平朝臣(北條師時)在判

左京權大夫平朝臣(北條時村)在判

二四三

（熊谷家文書）（註193）

熊谷彦次郎直光与木田見孫四郎景長相論武藏國木田見牛丸郷内直光知行分國方年貢事、

右、當郷内木田見小次郎長家法師法名佛念所領者、惣田數廿町余也、其内以七町六段半、立公田之間、假令以内撿三分一、□(立)公田之條炳焉也、而直光知行分者、佛念所領内宛給田二町之處、一向立公田、建治元年以來、弁國方年貢之条無謂、隨分限、可被省宛公田之由、直光申之處、當郷者、爲天神宮領之間、彼社造替之時、令支配用途之刻、直光父直高、於國方不可有公事之由、雖支申、任惣領支配、可致其沙汰之由、去弘安三年二月廿三日、景長亡父佛念預裁許

分限ニ隨ヒテ公田ヲ省宛ツベシ
建治元年以前分ハ糺返ス能ハズ

畢、直高依令違背彼御下知、於公方再三有御沙汰、同六年七月廿六日、被成下所領註（注）進御教書畢、仍云直高、云直光、多年弁來之處、今非越訴、於引付訴申之條、無謂旨、景長陳之、爰如景長所進弘安三年二月廿三日國方下知狀者、木田見小次郎長家与熊谷尼代子息直高相論天神宮造營用途事、右、兩方雖申子細、所詮、尼知行分不可（有脱カ）公事之旨、長家・重員等讓狀分明之由、直高申之間、被召出彼狀等之處、無所見歟、任惣領支配、不日可致其沙汰云々、如狀者、不可有公事之由、直高雖支申、無所見之間、可致弁之由、被裁許歟、非年貢事之上、不定公田員數之間、不可依彼下知狀、且如留守代阿聖五月十四日書狀者、熊谷尼分可弁二町分錢之由、雖載之、以阿聖私書狀、難准下知狀、凡直光知行分內撿二町之外、無餘剩之条、無異論之處、一向立于公田之条、不叶理致、然則、隨分限、可省宛公田、次建治元年以來過上分、可被糺返之由、直光雖申之、前々不及訴訟、致弁之上、始而可被省宛公田之間、於以前分者、不能糺返者、依鎌倉殿仰、下知如件、

嘉元二年五月一日

相模守平朝臣（北條師時）（花押）
左京權大夫平朝臣（北條時村）（花押）

（中條敦氏所藏文書）（註194）

越後國奥山庄雜掌圓政、中條地頭和田茂明ト所務條々ニツキ相論ス

二四四

越後國奥山庄雜掌圓政与中條地頭和田七郎茂明相論所務條々、

一、可被顚倒請所□

國政ノ訴訟沙汰ニ及バズ

訴訟ノ趣非據タルニヨリ沙汰ニ及バズ

結解ヲ遂ゲ未進アラバ究濟スベシ

右、如訴狀者、領家進止之地也、而地頭号請所、打止預所入部云々、如陳狀者、任先例、爲地頭請所、至子々孫々、不可有相違之由、仁治・寛元御下知分明之上者、爭領家進止之旨、可掠申哉云々者、如茂明所進仁治元年十月十日下知狀者、越後國奥山庄預所右近將監尚成（藤原）与地頭高井兵衞三郎時茂相論條々、一、檢注事云々、取詮略之、如寛元二年七月廿一日下知狀者、越後國奥山庄雜掌盛遠与地頭高井兵衞三郎時茂法師相論檢注間事、就尚成和与狀、如時茂法師所給仁治元年下知狀者、檢注事、被載名目之上、請所事、至于子々孫々、不可有相違云々、 仍雖不載仰詞、入篇目之間、非沙汰限歟、早停止盛遠濫訴、任先下知旨、爲地頭請所、永不可有檢注云々同前者、如仁治・寛元下知狀者、爲請所之條分明也、彼時成敗難被改替之間、國政訴訟不及沙汰焉、

一、中分事、

右、爲全向後年貢、可被折中下地之旨、雖申之、訴訟之趣爲非據之間、同前矣、

一、年貢事、

右、國政則令對捍之由申之、茂明亦致弁之旨申之者、遂結解、有未進者、可究濟也焉、

一、色代事、

右、如國政申者、以現物可收納云々、如茂明申者、仁治元年被定納法、被下知之上者、今更不及子細云々者、如仁治元年九月廿七日預所尚成和与狀者、越後國奥山庄預所尚成條々定置和与事、一、御米京定佰斛但代之時者、石別錢陸百文定、一、御服綿千兩但代之時者、拾兩別錢八百文定、右、預所与地頭成和与儀矣、令言上事由於領家之處、被聞食之由、被仰下畢、隨自先例、爲請所、至于子々

孫々、永不可有預所入部云々、他事略之、如同十月十日下知狀者、越後國奥山庄預所右近將監尚成与地頭高井兵衞三郎時茂相論條々、尙成与時茂令和与畢、如尙成去九月廿七日和与狀者、京定御米百石色代時者石別錢六百文、御服綿千兩色代之時者、拾兩別錢八百文、先例依爲請所、不可有預所入部、至子々孫々、不可有相違云々同前者、如仁治下知狀者、現色可任領家意之條顯然也、而自仁治以來六十余年濟例、今更難被改替之由、茂明雖申之、所務者不可依年記之由、被定下之上、於向後者、現色兩樣可任領家意也矣、

現色兩樣領家ノ意ニ任スベシ

以前條々、依鎌倉殿仰、下知如件、

嘉元二年十二月廿六日

相模守平朝臣（北條師時）（花押）
左京權大夫平朝臣（北條時村）（花押）

二四五

（朽木文書）（註195）

佐々木道頼後家尼心妙子息義綱代良心、甲斐爲行代清幹ト陸奥國一迫板崎郷ト苅敷郷ノ堺ニツキ相論ス

佐々木出羽入道々頼後家尼心妙今者死去、子息五郎左衞門尉義綱代良心与甲斐六郎爲行代淸幹相論陸奥國一迫板崎郷与苅敷郷堺事、

右、如訴狀者、板崎鄉百姓等名田者、自往古爲板崎鄉內、自心妙祖父大宰少貳入道□至心妙三代相傳也、知行已三十余年無相違之處、正應五年・永仁元年兩年率數多人勢、帶弓箭兵杖、苅取百姓佛阿・平太二郎・藤平二・金藤太郎・平三郞名田作稻、剰打擲刄傷蹂躪彼所沙汰人百姓等云々、如陳狀者、□（自往カ）古、爲板崎內、三代相傳、知行三十余年無相違處、去正應

五年・永仁元年兩年率數多人勢、帶弓箭兵杖、苅取百姓佛阿・平太二郎・藤平二・金藤太郎・平三郎等□（名田作）稻等、剩令打擲刄傷蹂躪彼沙汰人百姓等云々、此條刄傷打擲事、不實也、所見何事乎、苅田事、自板崎帶兵杖、夜陰令苅取之條、在地近隣無隱之上者、爭可論□（申カ）乎、於件論所之田地者、苅敷鄕前百姓藤平六男以下輩跡之公田耕作來之處、彼百姓等逃脫之後、令不作之刻、自板崎鄕令押作、心妙・爲行爲兄弟之間、不及上訴、件論所爲苅敷鄕內之條、往古堺現在之間、被尋問兩方古老人□、可被止押作由、度々雖相觸之、不紋用、還及上訴之條、尤無道也云々、重訴狀云、打擲刄傷事、近隣傍鄕見聞畢、被疵之仁現在也、爭可論申乎、次苅田事、自本爲板崎鄕內之間、令耕作之上者、依何事、夜陰可苅取乎、次論所之田地、爲苅敷鄕前百姓藤平六男以下輩跡之由事、全無其儀、彼田地自本爲板崎鄕公田、當鄕百姓佛阿等耕作之來之處、自去正應五年・永仁元年以來、致押領狼藉之條、罪科不輕云々、重陳狀云、苅田狼藉事、近隣傍鄕無隱之由、載先陳畢、次彼田地爲板崎鄕公田、當鄕百姓佛阿耕作來之處、自去永仁元年、致押作云々、此條爲苅敷鄕百姓跡公田耕作之處、彼作人逃脫之後、不作之刻、自板崎押作之由、同載先陳畢、所詮、堺相論之法、有御尋古老土民等之條通例也、件論所、爲苅敷鄕內否、平六入道・甲斐五郎左衞門尉後家尼所領住人權藤太入道・當鄕沙汰人金藤三郎等存知之、以起請文可有御尋云々、如重訴狀者、證人事、或苅敷鄕當住百姓、或相語本住百姓等立申之條、姧謀之至顯然也、不足御信用云々、如重陳狀者、堺相論之法、有御尋古老人之條傍例也、痛申證人之上者、無理之至、可足御遏迹云々者、彼兩鄕者、心妙・爲行等亡父甲斐前司入道爲蓮之所領也、於板崎者、心妙讓得之、至苅敷者、爲行傳領之條、彼是無異論歟、

板崎鄕ノ內トシテ知行相違アルベカラズ
爲行ノ狼藉ハ沙汰ニ及バズ

而兩方南北堺有其論之間、相互封繪圖之裏、定論所之後、私依難落居、及訴陳之間、於引付之座、所召決兩方也、爰如心妙訴狀者、佛阿・平太次郎・藤平二・金藤太郎・平三郎等名田者、知行已三十餘年無相違、爲行正應五年・永仁元年苅取作稻之由載之、如爲行陳狀者、年紀事、不及是非陳答之間、頗爲承伏之由、良心令申之處、件論所者、爲苅敷鄕百姓藤平六男以下之跡耕作來畢、至作稻者、自板崎苅取之旨、載陳狀之上者、年紀事、非承伏儀之旨、清幹雖稱之、作人者、佛阿・平太二郎以下也、爲藤平六等跡之條、不立申指所見之間、不足信用之上、心妙之領知不經年序者、不實之旨、爭可不載度々陳狀乎、知行過年紀之條、爲行無異論之旨、良心之所申非無子細、就中、藤平六逃脫之後、令□(押カ)作之刻、自板崎鄕雖押作之、心妙・爲行爲兄弟間、不及上訴之旨、爲行雖載同陳狀、不差申逃失之年紀之間、難被指南之上、縱雖爲兄弟、心妙越堺、於令押作自分田地者、爲行尤可申子細之處、今就心妙之訴、稱申此儀之條、旁爲矯餝陳詞歟、而彼田地爲苅敷鄕內之條、往古堺現在之間、古老人所存知也、可被尋本作人藤平六・權藤太入道・當鄕沙汰人金藤三郎等之旨、爲行又雖申之、閣近年知行之例、不及糺明往年古跡之上、藤平六以下輩者、或苅敷鄕當時居住之百姓也、或爲前住土民之旨、心妙載三問狀之處、如爲行三答狀者、爲苅敷鄕住民之條、不論申之間、不足證人、凡件論所者、知行之年紀過二十余年之條、無異儀之上、兩方加判之繪圖一同之間、旁無不審、然則、於論所者、爲板崎鄕內、義(マヽ)行之知行不可有相違、次打越事、積論所分限、可被打渡也、次爲行致刄傷打擲以下狼藉否事、近隣見聞之旨、心妙雖載訴狀、爲行論申之上、心妙不注申證人交名之間、不及沙汰者、依鎌倉殿仰、下知如件、

嘉元三年潤十二月十二日

陸奥守平朝臣（花押）（大佛宗宣）
相模守平朝臣（花押）（北條師時）

（集古文書二十八）（註196）

中澤眞直・眞光等、舎兄中澤爲眞後家代信友ト信濃國伊那郡中澤郷内中曾藏村三分一地頭職ニツキ相論ス

眞光、中曾藏村三分一地頭職タルベシ

二四六

可令早神（中澤）眞光爲信濃國伊那郡中澤郷内中曾藏村參分壹地頭職事、
右、對決之處、如眞直・眞光等申者、爲眞不儲男子者、於爲眞跡者、可讓舎弟等之由、見于眞―（氏字有憚）讓狀、而爲眞與後家女子之條、無其謂、可分給也云云、如後家代信友申者、爲眞領者中澤内八箇村・出雲國牛尾庄也、而於牛尾庄者、讓眞直、中澤内四箇村者、讓于眞光、所殘四箇村所讓後家女子也、爰眞直等併可領知之由、令申之條存外事也、眞直等妨後家女子者、可悔返牛尾并四箇村之由、載爲眞之讓狀、欲蒙御下知云云者、如後家所進眞―（氏字有憚）讓男爲眞嘉祿三年五月狀者、如此雖處分、不儲男子者可讓舎弟等也、女子者不可過在家壹宇云云、而爲眞以四箇村、讓與後家女子之條、雖似背亡父之命、眞直等本自得父之讓之上、爲眞以牛尾庄讓與眞直、以四箇村讓眞光之條、非無思慮、仍可謂相博歟、此上眞直等不及欝訴歟、但爲眞以中曾藏村、讓與家子小次郎云云、其理不可然歟、仍以彼村參分貳者、可爲眞直分、以參分一者、可令眞光爲地頭職之狀、依鎌倉殿仰、下知如件、嘉禎三年四月十一日云云者、件御下知狀者、中澤太郎爲眞後家女子・次郎眞直（圓性父）・四郎眞光拜領之處、眞直所紛（給）分御下知狀、去永仁二年二月十一日私宅炎上之時、燒失畢、被召出眞光所帶御下知狀、爲後證可預下知之由、圓性

依申之、仰眞光子息四郎太郎法師法名眞佛所被召出也、任圓性所進業父（案文カ）、可預御下知之由雖申之、無校正符案之間、不能比校、仍任眞光所進御下知文、所被寫下也者、依鎌倉殿仰、下知如件、

嘉元四年九月七日

陸奥守平朝臣（大佛宗宣）判

相模守平朝臣（北條師時）判

備後國大田庄雜掌賴覺、同庄大田方山中鄉地頭富部信連ト所務條々ニツキ相論ス

雜掌ノ訴訟沙汰ノ限リニアラズ

二四七

高野山大塔院領備後國大田庄雜掌賴覺与當庄大田方山中鄉地頭富部兵庫允信連相論所務條々、（高野山文書寶簡集十一）（註197）

一、胡麻事、

右、當庄之胡麻者大塔之燈油也、而自往古、大田方分段別壹升貳合、于今雖無相違、地頭名毎年未進之由、雜掌申之處、當庄分都合胡麻參拾餘石、大田方者公田貳百餘町也、宛取段別之間、公田分員數猶令增畢、地頭雜免者不勤公事、何可弁胡麻哉、無所濟例之由、信連陳申之時、地頭名分者、爲船賃之由、雜掌雖稱之、於運送船者、梶取引募給田之上、船賃者惣庄役也、參拾餘石之外、弁胡麻之條無支證歟、仍雜掌之訴訟非沙汰之限焉、

一、雜免事、

右、於大田方雜免者、本伍拾町、後日加五町之間五十五町也、其外稱差雜免、引募公田之間、令勘落畢、於本免者、不及子細之處、稱不可勘落、押領下地之由、雜掌申之處、五十

雑免トシテ知行セシムルヤ否ヤ尋究ムル後左右アルベシ

五町內、山中郷分者三分一、拾陸町六段大也、勘落九町餘之條、無謂之由、信連陳之、如雑掌所進弘安七年御下知者、或以土名引入地頭名之條無謂、不帶領家免狀者、可返付平民云々、或檢注之時、下知可露顯云々、如信連所進本司注文者、在雑免云々、伍拾五町雑免者、相互無論、但如本司注文者、在雑免參拾町、又申給貳拾町黑鞭村地頭別給也、但於所當者所弁濟也、云々、貳拾町者黑鞭村雑免也、所殘參拾町者餘郷之雑免也、山中郷雑免過分之間、令勘落之由、雑掌申之處、黑鞭村地頭別作之由、載本司注文者各別事也、後日書加畢、本司加證判之上、可弁所當之旨、書載之間、非雑免事之条無異儀、隨而雑免者浮免也、下地不定之間、貳拾町下地不可限黑鞭村歟、黑鞭村公田者、爲壹町餘下地之條、嘉禎目錄分明也、爭可有貳拾町雑免哉之由、信連陳之、嘉禎目錄者、相語檢注使、雖令減少、當時現作五十餘町也、其上雑免者、下地治定之由、雑掌雖稱之、黑鞭村下地不分明之上、於雑免者、雑掌不差申下地在所之間、非無不審、黑鞭村者地頭各別也、爲雑免令知行否、尋究之後、可有左右矣、

一、朽畑事、

右、彼朽畑百姓正房者領家進止也、地頭致追捕之由、雑掌申之處、地頭自名宮吉百姓也、非領家進止之旨、信連陳之、而彼正房男居住屋敷等者、爲撿注以後新開田之間、領家進止之条、弘安御下知分明之由、雑掌雖稱之、如御下知者、仁安三年留守所下文云、無主荒野山河藪澤者、可庄領云々、如永萬・仁安・文治狀者、爲院御領之旨、有所見之由、被載之、新開田可領家進止之条、無證跡之上、如嘉禎二年撿注帳者、吉田村卅一坪則朽畑也、彼田頭有朽木、依其陰田地不熟之間、暫雖令不作、伐彼木之後所令滿作也、仍号朽畑之由、信

庄家ニ尋問ノ後左右アルベシ

追捕ノ事ハ沙汰ニ及バズ

雑掌ノ訴訟沙汰ノ限リニアラズ

連申之處、雜掌所論申也、以彼坪稱朽畑否、尋問庄家之後、可有左右、次追捕事、雜掌雖申子細、無證據之間、不及沙汰焉、

一、走湯山造營用途事、

右、當庄者無臨時役之條顯然也、而信連以所務相論宿意、宛平民百姓、責取彼用途之上、召出百姓於六波羅、被召籠之條無謂之由、雜掌申之處、於彼役者諸國平均役也、非地頭新儀之旨、信連陳之、如雜掌所進建久御下知者、大番役事、依件役不可致庄家煩、守次第可勤其役云々、如弘安御下知者、大番役事、御免之上、可糺返之處、募警固役之由、令申之条無謂云々、建久御下知者、爲本司兼隆等役、不可懸百姓之由、有所見之旨、雜掌雖申之、對本司雜掌申給之上、爲大番役事歟、彼役猶不被免許、不可致百姓煩之由、被載者、寄事於左右、不可致非據沙汰由也、次弘安御下知者、被停止大番役之條分明之旨、雜掌雖稱之、是又爲大番事之上、如狀者、不被停止彼役之条顯然也、如此公事爲平均役之間、可宛百姓之條、旁無異儀、然則、雜掌訴訟非沙汰之限、次當相論者、走湯山造營奉行可致沙汰之處、隱密先日沙汰篇、於引付申子細之条、雜掌難遁一事兩樣咎之由、信連雖申之、先日沙汰次第、載雜掌訴狀之上、經評定、与奪所務一具之間、非雜掌之姧曲、仍非沙汰之限矣、

一、百姓分年貢事、

右、如弘安御下知者、地頭進止庄官百姓者、地頭相共可遂結解之處、遁申之条無謂、然者、於平民分者、不及沙汰、地頭進止名者、爲地頭沙汰可遂結解云々、而弘安七年以後不遂結解之間、訴申之處、如稱結解狀信連執進永仁元年百姓狀者、可遂年貢結解之由、被仰下之條

信連ノ地頭職ヲ收公ス

難治也、當庄收納之法、自八月・九月出徵符、郡司・定使呵責之間、弁濟之、帶返抄者也、六月一日夏收納之時、八月・九月所取置返抄等算勘之後、爲庄例返抄等無用之間、不持之捨畢、此時有未進者、雖弁之、雖取高質、不出返抄、若猶有未進者、定使等捧世利徵符、秋之時以籾壹升雖令弁納、又以不出返抄、雖然、於年貢者、無年々未進皆納畢、然而不出返抄之間、可遂結解之道難叶次第也、一庄一同定法也云々、彼狀者非結解狀歟、執進百姓自由狀之条、難遁御下知違背之由、雜掌申之處、夏收納之時、捨返抄之条庄例也、依不帶年々返抄、結解難澁之旨、捧百姓狀之間、執進畢、何可爲地頭難澁哉之由、信連雖陳之、年々算勘之後、令弃破返抄者、可帶皆納請取之處、無其儀之上、捨返抄之条、無證據歟、爲一庄例者、地頭難所持之處、令帶返抄之間、非無矯餝歟、其上雜掌不出返抄之旨、載百姓狀畢、未進之条可謂承伏歟、次每年收納之時、出物勘文之間、年貢進未所載彼狀也、雜掌定令帶歟、可被召出之由、信連雖申之、弘安之比、無惣勘文之条、御下知分明也、有惣勘文者、地頭可出帶之處、稱紛失、寄事於雜掌遁申之條、爲信連矯餝之旨、雜掌所申有其謂歟、且於地頭自名者、爲地頭沙汰、可遂結解之由、被裁許之處、難遂結解之旨、執進百姓狀之條、難遁其咎歟、次弘安御下知者、信連父有信之時也、御下知以後、雖遂八箇年、有信已死去畢、其後三箇年中致結解之旨、信連申之、有信者雖令死去、信連不遺結解之道、執進百姓狀、送年序之間、非無罪科歟、次彼狀等若無御許容者、○〔任〕雜掌注文、先可致弁之由、信連又雖申之、六波羅注進之上、度々問答之後、始申出之間、今更難被信用之由、雜掌稱之、非無子細歟、信連御下知違背之咎、旁無處于遁歟、然則、所收公當鄕地頭職也矣、

沙汰ノ限リニアラズ

一、地頭正分年貢事、

右、如同御下知者、可遂結解之由、所見也、而無沙汰之由、雜掌申之處、雖捧結解狀、雜掌不及勘返間、非地頭難澁之旨、信連雖申之、如結解狀者、有未進之由、自稱畢、雖然、于今不遣其道之條、難遁罪科之上、依御下知違背咎、召上所領之由、載先段之間、爲枝葉歟、仍非沙汰之限焉、

沙汰ノ限リニアラズ

一、地頭押作平民名不弁年貢事、

右、如同御下知者、於平民下地者、可爲領家進止云々、而彼御下知以前、百姓等耕作者、不及子細、地頭被管(官)之輩耕作地者、信連可遂結解之条顯然也、如同御下知者、地頭取作百姓名田、不弁年貢事、兩方可遂結解之由、申之上者、可依彼左右云々、不及豫儀之由、雜掌雖申之、於平民者、不及沙汰之由、御下知分明之間、難差別歟、彼下地者、爲地頭進止內否、不審之上、地頭不押作平民下地之由、論申之間、可差申坪々之旨、於引付之座、尋問之處、非庄務雜掌之間、不存知之旨、雜掌令申畢、胸臆申詞、不足許容之上、信連御下知違背咎事、載先段之間、子細同前、

沙汰ノ限リニアラズ

一、惣追捕使幷田所名年貢事、

右、彼職者地頭進止之間、同可遂結解之處、無沙汰由、雜掌申之處、惣追捕使名結解者、則出結解狀畢、雜掌不勘返者也、田所者四代相傳下人也、弘安御下知以後、屬領家畢、召賜之、可遂結解之旨、信連陳之、共以未結解之条、雖無異儀、子細同前、

一、年貢結解年記事、

沙汰ノ限リニアラズ

右、彼年貢者、可爲嘉禎以後年貢之由、雜掌申之處、前雜掌自文永二年可遂結解之旨、載訴狀上、今更難變申之由、信連申之、前雜掌者、自文永當知行之間、就知行申子細之由、雜掌雖遁申之、地頭被處罪科之間、年記事爲枝葉歟、子細同前、

物庄ノ例ニヨリ尋究ムル後左右アルベシ

一、無足參石事、

右、稱無足、三石立用每年々貢之条、無謂之由、雜掌申之處、爲先例立用來之上、雜掌今更難申子細歟、被召出公文徵符者、爲先例之條、可露顯之由、信連陳答之時、於徵符者、不及出對之由、雜掌所申也、爲先例之条顯然之間、令隱密徵符歟、但可依惣庄例歟、尋究、之後可有左右矣、

以前條々、依鎌倉殿仰、下知如件、

嘉元四年九月七日

陸奧守平朝臣（大佛宗宣）（花押）
相模守平朝臣（北條師時）（花押）

（鹿島大禰宜家文書）

鹿島社大禰宜中臣能親、常陸國石神村地頭幹胤・定幹等ト鹿島社供新米ニツキ相論ス
結解ヲ遂ゲ未進アラバ辨濟スベシ

二四八

鹿嶋社大祢宜（中臣）能親与常陸國石神村地頭六郎四郎幹胤・六郎五郎定幹等相論當社供新米事、

右、定幹等嘉元々年以來未濟之由、能親申之處、如幹胤等陸（陳カ）狀者、令究濟之間、請取分明也云々、如能親重申狀者、被召出返抄、可遂結解云々、然則、遂結解、有未進者、任被定置之旨、可致弁也、當村爲加納十二郷內否、將又有給主進止地否事、尋究之後、可有左右者、依鎌倉

殿仰、下知如件、

德治二年正月七日

陸奥守平朝臣（大佛宗宣）（花押）

相模守平朝臣（北條師時）

毛利親忠・女子大江氏、留守家明代資有ト陸奥國宮城郡岩切村ニツキ相論ス

二四九

毛利左近藏人親忠・女子大江氏与留守左衞門次郎家明代資有相論陸奥國宮城郡岩切村事、

（留守文書）（註198）

右、當村者、留守左衞門尉家政法師法名淨妙所領也、讓与妻尼眞妙之間、眞妙又永仁二年四月十日讓与孫女大江氏之時、淨妙加署判畢、任彼狀、同三年六月十二日大江氏所給安堵御下文也、而家明押領之条、無謂之由、大江氏申之處、淨妙以彼村雖讓与大江氏、於事依無芳心、悔返之、正安二年五月廿一日讓与家明畢、大江氏帶先判狀、爭可及訴訟哉之旨、資有陳之、仍訴陳所及三問答也、家明所得後判讓狀爲謀書之由、依大江氏申、欲究眞僞之處、大江氏無音之間、嘉元三年八月十七日雖遣召文、依不參上、同十月廿六日、同四年六月二日、同八月廿三日、仰神卿藏人範能催促之處、如範能執進大江氏嘉元三年十一月十八日・同四年九月十七日請文等者、可進代官之由、雖載之、不參上之間、欲有其沙汰處、去年四月并十月、或被止召文、或被閣御沙汰之間、今年四月五日重仰範能、就令催促、如範能執進大江氏去五月廿九日請文者、進代官可明申云々、雖然于今不參、難遁違背之咎歟、且當村者淨妙讓与妻尼眞妙畢、不可悔返之由、書与誠（誡カ）狀之上、讓与妻女之所領、不能悔返之旨、大江氏雖申之、眞妙者先立于淨妙

家明ノ領知相違アルベカラズ

死去畢、非離別妻之間、所讓与之所領、宜任淨妙素意歟、加之、大江氏所進讓狀者、淨妙加判形之上、就淨妙申狀、被成下安堵御下文畢、而稱得眞妙之讓、可被棄捐淨妙後判狀之由、大江氏所申無其謂、隨家明所得正安二年五月廿一日讓狀、爲謀書之由、大江氏雖載訴狀、不加指難之上、爲決眞僞、度々仰使者、雖遣召文、令違背之條、無理之所致歟、然則、於當村者、停止大江氏之濫訴、任淨妙讓狀、家明領知不可有相違、次大江氏以實書号謀書咎事、任被定置之旨、可有其沙汰者、依鎌倉殿仰、下知如件、

徳治二年十一月廿七日

陸奥守（大佛宗宣）平朝臣（花押）

相模守（北條師時）平朝臣（花押）

預所親鑒代道盛、地頭小林朝清妻女大江氏ト上野國高山御厨初任檢注幷年貢ニツキ相論ス

和与ニヨリ下地ヲ五分シ預所二分、氏女三分領知スベシ

二五〇

（東京國立博物館所藏文書）

上野國高山御厨北方内大塚□預所前隼人正親鑒代道盛与小林五郎次郎入道々義跡□得一分地頭善□六兵衞尉朝清妻女大江氏相論初任撿註（注）幷年貢以下事、

右、□（召カ）調訴陳狀、欲有其沙汰之處、去月廿二日兩方和与畢、如氏女狀者、兩郷内氏女知行分田畠・在家等、不殘段歩相分下地於五分、於貳分者、預所可被取之、至參分者、氏女可知行也、且和与之上者、云向後年貢、云以前未進、不可有其沙汰云々、道盛狀同前者、守彼狀、相互無違乱、可令領掌之狀、依鎌倉殿仰、下知如件、

徳治三年二月七日

陸奥（大佛宗宣）守平朝臣（花押）
相模（北條師時）守平朝臣（花押）

和賀盛義、庶子鬼柳憲義ト月忌用途ニツキ相論ス
結解ヲ遂ゲ未進ヲ究済スベシ

二五一　　（和賀稗貫兩家記錄）

□和賀彌二郎盛義申、右大將家（源頼朝）□御月忌用途□右一分庶子鬼柳左衞門四郎憲義致未進之旨、盛義訴申之處、如陳者、於彼月忌用途者、毎年無懈怠致沙汰、□者、早遂結解、可究濟未進之狀、依鎌倉殿仰、下知如件、

徳治三年二月七日

陸奥（大佛宗宣）守平朝臣
相模（北條師時）守平朝臣

下總國香取郡丁古村住人法願、同住人眞元ト後藤惟吉跡田畠・屋敷ニツキ相論ス

二五二　　（香取文書）（註199）

香取郡丁古村住人藤四郎入道法願与同所住人孫四郎眞元相論後藤四郎惟吉（号法願之養父）跡田畠・屋敷等事、

右、對決之處、兩方申詞枝葉雖多、所詮、如法願申者、爲後藤□（四）郎惟吉養子之上者、任弘長御下知之旨、可令安堵云々、如眞元陳申者、惟吉依爲人口仁、令追出領内之由、丁古孫三郎頼幹請文案如此云々、如法願重申者、惟吉人口事、給主一旦雖被出請文、後日爲妙覺房奉行、九ヶ年之間、經訴訟令安堵云々、如眞元重陳申者、云惟吉人口之分、云頼幹請文之段、共以

眞元ヲシテ惟吉跡田畠・屋敷ヲ領知セシム

越中國石黒庄内太海・院林兩郷地頭院林家吽代家貞、雜掌祐圓ト所務條々ニツキ相論ス

承伏也、就中如法願所進本解状者、依爲理運、欲預御載(裁)許刻、惟吉又令他界畢云々者、續調訴陳之後、雖可有御沙汰、□(先カ)付惟吉人口之篇、入門而評議罪名有無之處、云人口之分、云頼幹請文、法願承諾之上者、先年奉行人頗不能問求之歟、然而妙覺房祗候御座之間、御尋巨細日、惟吉訴訟之時具書、宿所燒失之刻紛失云々、縦雖有具書、非御沙汰之限、其故者、頼幹去弘安十一年十月廿日請文法願不及異論、隨彼請文案者、公人慈性房手跡也、爭可無許容哉、如法願所進解文者、惟吉未安堵之色目、恙自稱之餘、敵人宗眞并眞元當知行之條所見也、將又訴人不帶一紙之状、依何證據、可對揚論人哉、然者、早被奇(寄)置法願之非訴、如元任頼幹請文之旨、眞元可令領知惟吉跡田畠・屋敷之状、依仰大概下知如件、

徳治三年六月廿九日

左衞門尉(花押)

左衞門尉(花押)

二五三

(醍醐寺文書)(註200)

圓宗寺領越中國石黒庄内太海・院林兩郷地頭院林左衞門尉法師法名家吽代家貞与雜掌祐円相論所務条々、

右、召整訴陳状、欲是非之處、各所令和与也、如嘉元四年改徳治十一月廿三日家貞・祐円等連署和与状者、御年貢米事、預所毎年令下向、可致直納沙汰、同未進事、寄事於直納、百姓未進之時、地頭不相綺者、定可失公平歟、於未進者、地頭遂結解、任被定置之旨、可令究濟、

和与状ニ任セ相互ニ沙汰スベシ

大須賀朝氏子息時朝、圓覺寺雑掌智眞ト下總國大須賀保内毛成・草毛兩村ニツキ相論ス

在庄間厨雑事、爲百姓役、可致沙汰、但預所略人數、不可致過分譴責、御服綿幷糸花紙事、任先例、名別分無懈怠、可致沙汰、苅田事、預所江右衞門尉朝俊致苅田狼籍(藉)之由、家吽訴申之間、雖不知是非、不及究眞僞、被改易訖、於自今以後者、可致穩便沙汰、預所亦家吽子息宗継不敍用、預所及過言之由、雖申之、於向後者、成水魚之思、可令所務云々、此上不及異儀、任彼狀、相互可致沙汰者、依鎌倉殿仰、下知如件、

延慶元年十一月廿三日

陸奥守平朝臣(大佛宗宣)(花押)

相模守平朝臣(北條師時)(花押)

(圓覺寺文書)

二五四

(端裏書)
「御下知狀」

大須賀左衞門尉朝氏法師法名信門今者死去、子息次郎左衞門尉時朝法師法名禪眞与圓覺寺雜掌智眞相論下総國大須賀保内毛成・草毛兩村事、

右、訴陳之趣子細雖多、所詮、兩村者、祖父大須賀次郎左衞門尉胤氏法師法名信蓮去弘長三年正月廿九日永代令沽却于神四郎法師法名了義畢、雖然、先立弘長元年、限廿ヶ年、本間四郎左衞門尉法師法名取質券知行之間、了義依申子細、文永元年三月十九日以陸奥國岩城郡好嶋庄内紙谷郷、爲毛成村替、打渡之間、至弘安三年、了義所知行也、而本間四郎左衞門尉法師法名知行過約束年紀之間、任弘長三年證文之旨、避与毛成村於了義畢、仍自弘安三年至永仁五年、

禪眞ノ訴訟沙汰ノ限リニアラズ

草毛村ノ事モ沙汰ノ限リニアラズ

知行之十七ヶ年也、任新式目、可返給之由、禪眞雖申之、毛成村信蓮弘長三年放劵于了義之條、兩方無異論、而先立依入置質劵、彼年紀之程、爲毛成村之替、令知行紙谷郷畢、是則相當知行毛成村之間、過年紀之條、無異儀、隨而爲當村不足分、依打渡同保內草毛村、于今領知之條、相同毛成村知行之由、智眞所申、非無其謂歟、加之、了義正應二年五月十九日就令寄進當寺、永仁六年四月十二日被成安堵御下文之上、信蓮自弘長以降不知行、過年序之間、禪眞訴訟旁非沙汰之限、次草毛村事、爲毛成村不足分、文永元年避与之間、知行經年紀訖、仍同前、次禪眞等背信蓮誡狀之由、智眞雖申之、宛他人誡置之上、就式目、申子細之間、同前焉者、依鎌倉殿仰、下知如件、

延慶元年十二月廿五日

陸奥守平朝臣（花押）（大佛宗宣）

相模守平朝臣（花押）（北條師時）

若舍人宗重女子性阿、後家尼良忍・息男行幹ト常陸國行方郡若舍人村ニツキ相論ス

二五五　（常陸國行方郡諸家文書）（註201）

若舍人弥六宗重法師（法名性觀）女子平氏（今者出家、法名性阿）、与後家尼良忍幷息男六郎行幹相論常陸國行方郡若舍人村事、

右、村者、永仁四年七月二日一圓讓附行幹、翌年五月十九日申与安堵御下文訖、而或讓□□審、或良忍等容隱女子、今讓狀之由、就訴申、及陳狀之間、欲是非之處、性阿代仙慶所持性阿今年四月廿七日和与字狀也、如狀者、訴訟之旨載之、如行幹代政幹申狀者、可預裁許云々、

永仁ノ讓狀ニ任セ行幹ヲシテ領知セシム

然則、於當村者、任永仁讓狀御下文、行幹領知不可有相違者、依鎌倉殿仰、下知如件、
延慶二年十二月十二日
陸奥守平朝臣（大佛宗宣）
相模守平朝臣（北條師時）（花押）

烟田知幹、德宿景幹ト亡父德宿義幹ノ遺領常陸國鹿島郡德宿鄕內烟田・鳥栖・富田・大和田等ニツキ相論ス

知幹ノ訴訟沙汰ノ限リニアラズ

二五六　（烟田文書）（註202）

烟田太郎知幹与德宿孫太郞景幹相論景幹亡父又太郞義幹遺領常陸國鹿嶋郡德宿鄕內烟田・鳥栖・富田・大和田等事、
右、訴陳之趣子細雖多、所詮、義幹所領者、去嘉元々年八月廿一日悉讓与嫡子景幹之間、義幹存日申与外題之条、知幹不及異論、而如義幹祖父朝秀寶治元年十一月廿四日讓狀者、子息等依有其數、令配分者、御公事不可合期之間、相副本文書等、所讓渡嫡男幹泰也、雖向後、嫡男一向可相傳知行云々、知幹爲景幹兄之間、任朝秀狀、可預裁許之旨、知幹雖申之、号嫡子者、父祖所立之家督也、不可依生得之長男、隨又知幹号景幹兄之條不實也、非義幹子息之旨、景幹論申之處、有祖母尼正觀狀之上、國中無其隱之旨、知幹雖稱之、遺領者、景幹爲嫡子、帶一円讓狀之間、義幹不存子息儀之条、顯然之上、正觀狀者、景幹論之、雖可尋究眞僞、知幹母儀者、正觀扶持之由、知幹自稱之間、正觀狀輙雖被指南、且正觀稱令養育數年之間、雖爲一日片時、不隨逐義幹之間、爲子息之条、旁無支證、然則、云彼、云是、知幹之訴訟非沙汰之限者、依鎌倉殿仰、下知如件、

延慶三年二月七日

陸奥守平朝臣(大佛宗宣)在判
相模守平朝臣(北條師時)在判

鹿島社大禰宜中臣能親代長圓、常陸國□郷一分地頭行方幹國幷地頭中村女子等ト供料ニツキ相論ス

結解ヲ遂ゲ未進アラバ辨ヲ致スベシ

二五七

（鹿島神宮文書）（註203）

鹿嶋社大祢宜(中臣)能親代長円与常(陸國)□郷一分地頭行方与一次郎幹國幷山□地頭
中村女子等相論供料事、
右、彼供料嘉元々年以來無沙汰之由、(長円申カ)□處、如幹國幷中村女子(幹國妻)去年十一月十一□
□者、爲遂結解、帶返抄、進代官秀長□重訴狀者、雖捧請文、不遂其節上者、可□
成敗云々者、遂結解、有未進者、任被定□可致弁之狀、依鎌倉殿仰、下知如件、

延慶三年三月二日

陸奥守平朝臣(大佛宗宣)
相模守平朝臣(北條師時)

平頼資女子、兄資家ト越後國白河庄上條・安田條内田在家・下條湯河條二郎丸内名田・屋敷・地頭職ニツキ相論ス

二五八

（安田文書）（註204）

(大)□見肥後平二左衛門尉頼資女子平氏字(摩尼代)□資行与兄左衛門二郎資家相論越後國白河庄上
条・安田条內岩鷲田在家幷下条・湯河条二郎丸內法行名田參段大・同屋敷・地頭職事、
右、就訴陳狀、欲有其沙汰之處、今月十日兩方出和与狀早、如資行狀者、彼田在家等者、氏

和与状ニ任セ相互ニ沙汰スベシ

女得亡父頼資乾元二年六月廿九日讓状、令知行之處、兄資家押取讓正文、令押領下地之由、氏女訴申之處、無讓状抑留之儀、押領段又爲不實之上者、任誠文、可宛給氏女分領之旨、資家就令申之、雖番訴陳、以和与之儀、相互所止訴訟也、爰如氏女所得讓状者、無實子孫者、可付惣領資家之由、雖載之、不可依子孫之有無、於岩鷲田在家四至堺見讓状、者、限永代、而可爲氏女分之旨、資家出状之間、至法行名田・屋敷者、所避渡資家也、次岩鷲田在家者、不可致年貢沙汰之由、雖書載讓状、於本所御年貢者、可致公田肆段沙汰也云々、如資家状者、以法行名田屋敷、避渡資家之上、於岩鷲田在家者、爲氏女分、至于子々孫々、可知行也取要略之、云々者、此上不及異儀、任彼状等、相互可令領知者、依鎌倉殿仰、下知如件、

延慶三年六月十八日

陸奥守平朝臣(大佛宗宣)在御判

相模守平朝臣(北條師時)在御判

相馬胤盛代某、相馬胤實ト陸奥國行方郡八兎村・大内村ニツキ相論ス

二五九

（岡田幸胤氏所藏文書）（註205）

相馬小次郎胤盛代□(陸奥)國行方郡八兔(兎)□大内□

右、就訴陳状、欲有其沙汰之處、兩方和与畢、如胤盛去月廿七日状者、兩村者祖父胤村所領也、永仁二年爲亡父胤顯跡、胤盛者八兔(兎)村、胤實者大内村預御配分畢、而捧彼状、就申子細、雖番訴陳三問答、以和与之儀、胤實去与貳石伍斗蒔田地坪者八兎堺副、并在家貳宇高繩内大□師号三角内犂太郎、内付畠等之□(間)、向後止訴訟畢、若致違乱者、相互可被申行罪科云々、如常蓮同日状者、子細同前者、

和与狀ニ任セ相互ニ領知スベシ

周防國仁保庄下領內深野鄉地頭平子重頼、上領地頭平子重有ト板山路ニツキ相論ス

重有ニ領掌セシムベシ

鹿島社大禰宜中臣能親代長圓、常陸國大枝鄉地頭野本時重代行覺ト

此上不及異儀、然則、任彼狀、可令領知者、依鎌倉殿仰、下知如件、

應長元年八月七日

（大佛宗宣）
陸奥守平朝臣（花押）

（北條師時）
相模守平朝臣（花押）

二六〇

（三浦家文書）（註206）

周防國仁保庄下領內深野鄉地頭平子右衞門六郎重頼与上領地頭同彥六郎重有相論板山路（重有号並山、）事、

右、如守護人近江前司時仲（平）注進重頼德治三年四月廿五日和与狀者、雖及訴陳、以和与之篇、止訴訟訖、於彼山者、自今以後不可有競望云云、如重有同日同狀者、重頼止競望之旨、載和与狀之上者、可賜下知狀云云者、可令重有領掌之狀、依鎌倉殿仰、下知如件、

應長二年三月二日

（北條熙時）
相模守平朝臣（花押）

（大佛宗宣）
陸奥守平朝臣（花押）

二六一

（鹿島神宮文書）

鹿嶋社大祢宜（中臣）能親代長円申、常陸國大枝□以下事、

右、當鄉地頭野本藤四郎時重嘉元二年以來對捍之□（由、カ）長円□（申カ）之處、如時重代行覺陳狀者、嘉元

年貢對捍ニツキ相論ス

結解ヲ遂ゲ彼是究濟セシムベシ

々・二分者、依旱魃皆損之間、不能弁濟、同三・□(四)兩年分者、致弁所帯請取也、德治二年分者、雖持向不請取云々、爰如長円重申状者、嘉元々・二分事者、□可申子細、德治二年以後分者、或帯返抄、或不請取由、載陳□(状之)上者、且遂結解、且就承伏之左(ママ)、可預裁許之旨、載之者、遂結解、彼是可令究濟、但去年六月廿三日落居之處、延引之間、今日所被施行也者、依鎌倉殿仰、下知如件、

正和元年五月九日

相模守平朝臣(北條熙時)(花押)

陸奥守平朝臣(大佛宗宣)

(鹿島神宮文書)

江馬光政代貞致、預所行定ト所務條々ニツキ相論ス

二六二

□江馬越後四郎光政代貞致与預所□四郎左衞門尉行定相□(論所カ)務條々、

□(一脱カ)　行定以定田等引籠得永名否事、

右、前地頭眞壁小次郎(盛時)入道淨敬上取百姓名、依對捍年貢之咎、正安元年十一月召上地頭職、同二年八月光政拝領畢、淨敬爲開發之領主、於下地者、地頭一圓知行之間、預所無進止之地本、而行定伺新補地頭之隙、以當鄉三分二、号得永名內、押領之由、貞致申之處、預所職者、(三脱カ)善隼人正康清法師法名善清文治二年補任以來、得永名号大和田村者、預所自名之旨、行定等陳答之後、得永名預所進止之条、貞致承伏畢、無預所進止地之由、貞致所申矯餝也、是一、隨

貞致ノ訴訟沙汰ノ限リニアラズ
貞致實書ヲ謀書ト號スル咎ニヨリ寺社修理ニ

得永名者、自往古限四至堺、代々所開發知行也、此外不濫妨名主給幷平民四ヶ名以下荒野新田畠下地之由、行定申之上、預所名之外、若引籠定田等於得永名內者、云田畠里坪、云在所名字員數、貞致可載度々之訴狀歟、無其儀、是二、次如建保四年目錄者、惣田數七町八段內得永名四段六十歩也、爰如行定等亡母三善氏弘安五年讓狀者、以得永名、号大和田村、立四至堺、所引籠數十町田畠也、其田畠者公田畠也、彼狀爲謀書之由、貞致雖申之、文治之比、於當庄下地者、預所善淸依任其意、以名主給三町・鹿嶋神田五段・定田四町七段小地本、付地頭畢、其殘者、爲得永名、差四至堺、所号大和田村也、自尒以來開發之間、田數令增之旨、行定等返答有子細、是三、次於前々讓狀者、不立得永名堺、限此狀、爲增下地、書載四至堺之条、爲謀書之由、貞致雖申之、依分讓行定幷姉藤原氏、載四至堺畢、隨員數堺載讓狀之旨、所被引載正應三年安堵御下文也、以彼讓狀幷御下文、知行下地之間、先地頭淨敬無異論、經年序之旨、行定等所申非無謂、是四、次如同狀者、竹來鄉定田四町七段小・得永名四段六十歩讓渡之由載之、定田者地頭進止下地之間、混預所自名、難讓与歟、爲謀書之由、貞致雖稱之、定田者爲平(民カ)氏名、預所相綺之上、於年貢者、預所令徵納之間、同書載讓狀之条、無其難之旨、行定陳答有子細、是五、次當庄內北小幡・本木・安部田鄕等者、地頭及訴訟之時、預所太略去渡下地、將又地頭三分二知行之間、可依傍鄕例之由、貞致申之處、或預所致所務相論之時、恐其科、以預所分、去与地頭之鄕在之、或自元地頭分增預所分之鄕在之、或預所分又增地頭分之鄕在之、鄕々不同之由、行定有陳謝、是六、然則、以定田等、引籠得永名之由、貞致之訴訟非沙汰之限矣、次貞致以實書、号謀書咎事、所被付

付セラル

御使ヲ以テ四段小ノ在所ヲ糺明スベシ

光政拝領以後ノ分結解ヲ遂ゲ定置カル旨ニ任セ究濟スベシ

支證ナキニヨリ沙汰ニ及バズ

寺社之修理也、

一、定田員數事、

右、如建保目錄者、爲四町七段小之条、兩方無論、而二丁五段者、地頭知行之条、承伏已畢、所殘定田者、或稱香取・各來神田、或号荒野新田等、地頭當知行之由、行定申之處、香取神田五段・各來神田一町三段者、自往古爲兩社神田之由、貞致雖稱之、如目錄者、鹿嶋神田之外、不載自余神田之間、於彼一町八段者、以定田号神田、光政知行之条、無異儀、但殘四段小事、行定則現在地頭分荒野新田內之由申之、貞致又引籠預所名之旨、稱之者、以御使、可糺明四段小之在所焉、

一、年貢未進事、

右、當鄉內大井戶・泉・各來・竹來村等者、爲平民名、於下地者、地頭雖進止、預所相綺之上、至定田四町七段小之年貢者、所徵納也、而地頭一圓管領之、不弁年貢之旨、行定申之處、當鄉公田者二町五段之由、土民等所申也、以荒野、百姓号申大井戶・泉村之条存外也、定田者預所引籠自名內之間、不能知行、治定下地之後、可弁償之旨、雖陳之、在所幷員數見于先段者、光政拜領以後分、遂結解、任被定置之旨、可究濟矣、

一、名主見參析事、

右、善清文治初入部當庄之時、於名主見參析者、地頭致沙汰畢、其後弁來之条、傍鄉無隱、而光政抑留之由、行定申之處、自元無濟例之旨、貞致陳之者、文治以後弁來之条、無支證之間、不及沙汰焉、

以前条々、依鎌倉殿仰、下知如件、

正和元年七月廿三日

相模守平朝臣(北條熙時)(花押)

二六三

天野顯茂、天野景廣ト亡父天野觀景ノ遺領武藏國由比本郷・遠江國奥山郷避前村・美濃國柿御薗等ニツキ相論ス
和与状ニ任セ相互ニ領知スベシ

（天野文書）（註207）

天野肥後三郎左衞門尉顯茂与同次郎左衞門尉景廣相論亡父新左衞門入道觀景(景茂)遺領武藏國由比本郷・遠江國奥山郷避前村・美濃國柿御薗等事、

右、就訴陳狀、欲有其沙汰之處、去月廿八日兩方和与畢、如顯茂狀者、右、所々者、自亡父觀景之手、去正應二年三月卅日顯茂讓得之處、景廣号帶德治三年六月十七日讓狀、令押領之間、就訴申、番訴陳、相互雖申子細、所詮、以和与之儀、顯茂所得內由比本郷參分壹、（但屋敷堀內等者、參分貳乃內仁付、）美濃國柿御園半分、避渡于景廣畢、次所載正應讓狀景廣分遠江國大結・福澤幷長門國岡枝郷等者、任讓狀、景廣知行不可有相違云云、如景廣狀者、彼所々者、自亡父觀景之手、德治三年六月十七日景廣讓得之處、顯茂号得正應二年三月廿(卅カ)日讓狀、雖番訴陳、相互以和与之儀、由比本郷參分壹、（但屋敷堀內、付于參分貳內、）美濃國柿御園半分、顯茂令避之間、止沙汰畢、次号載正應讓狀景廣分遠江國大結・福澤・長門國岡枝郷者、可爲景廣分云云者、早守彼狀、向後無違乱、相互可領知之狀、依鎌倉殿仰、下知如件、

正和二年五月二日

相模守平朝臣(北條熙時)(花押)

冷泉爲相家雜掌尚弘、藤原爲世家雜掌僧覺妙ト播磨國細河庄地頭職ニツキ相論ス

二六四

（冷泉家文書）（註208）

前右衞門督（冷泉）家爲相卿雜掌尚弘与民部卿（二條）家爲世卿雜掌僧覺妙相論播磨國細河庄地頭職事、

右、就尚弘延慶二年越訴狀、被尋先度評定事書之處、令紛失之間、以覺妙陳狀、召決兩方畢、彼是所申枝葉雖多、所詮、當庄地頭職者、京極入道中納言（藤原）家定家卿之所領也、入道民部卿（藤原）家爲家卿傳領之後、正元年中雖被讓于嫡子入道大納言（藤原）家爲氏卿、條々稱有不孝、悔返之、文永十年七月廿四日・同十一年六月廿四日以兩通狀、被讓与前右衞門督家之間、任彼狀、正應二年十一月七日被裁許之處、民部卿家重依被申子細、同四年八月十四日就先判狀、所被下知也、而以正元髣髴先狀、被破文永慇懃後狀之條、違傍例之旨、尚弘令申之處、當庄者、嫡子一人相承之地也、如入道民部卿家正元々年十二月廿三日書狀者、庄々讓進多留事、西山入道須賀佐牟新奈登云事仁成且候浅猿佐、只嫡子知倍幾所々曾土、中納言入道殿書置勢給且候間々仁讓進且候云々、守祖父之讓狀、先日已被讓与之間、後日任其意、不可被改讓之旨、覺妙雖陳之、中納言家遺領者、近江國吉富庄・伊勢國小阿射賀御厨・播磨國越部庄、當庄領家職以下數箇所也、不書載當論所名字之間、暗以彼書札、難破後判讓狀歟、而十二月狀雖無所領之名字、如同十月廿四日讓狀者、吉富庄・小阿射賀御厨・細河庄所讓嫡子權中納言（爲氏）也、此內小阿射賀・細河庄領家分者、上﨟御存生之間、可讓進、其後御子息中令立嫡子給之仁仁可返給之由、可申置也、此間子細者、載狀後日可進云々、此狀爲謀書之由、右衞門督家雜掌先度雖難之、前後狀共爲自筆之間、被比校數通類書、被成實書畢、經年序之後、尚弘及虛訴之條、難被信用之旨、覺妙同雖申之、十月狀者、自建治元年至正應二年、首尾十七箇年之間、遂以不備進之、同四年越訴之時、始

北林禪尼和歌文書ヲ抑留ス

依進覽之、旁有疑殆、縱又雖爲實書、如狀者、彼所々入道民部卿（爲家）家進退任意之由、所見也、以祖父之命、讓渡當庄之旨、不載之、還爲訴人潤色之由、尙弘所申非無子細之間、先判棄破狀、頗不足證文、以當庄、可讓嫡子一人之由、有祖父之素意者、爭可不被載其子細於此讓狀乎、且如十月狀者、小阿射賀・當庄領家職、上臈二條左大臣（道良）家姬君爲家卿孫女一期之間、可讓進之由載之、如十二月狀者、小阿射賀・嵯峨上臈一期之後者、可被返付嫡子云々、狀中之子細、不符合之間、兩通狀、必難稱一具文書、加之、如覺妙所進文應元年七月廿四日狀裏書者、嫡子登弖所領奉讓事、其御身非他腹母仁毛嫡子也云々、如文永九年書狀者、細河請取志登候者、□可讓云々、當庄事、入道民部卿家自專之條、旁以明白之由、尙弘令申之上、自存日、可讓補當庄之由、被申之時、藤大納言家辭退之條、覺妙載陳狀、令承伏畢、以祖父之讓、可爲領主者、何可被固辭乎、就中有祖父本讓之條、被載十二月狀之上、兩方申詞一同也、正元兩通狀者、或無所領之名字、或不載祖父之素意、仍以本讓狀、可散不審之間、尤可出帶彼手繼之處、當庄地頭職嫡子可相傳之條、依爲矯餝容隱之旨、尙弘申之處、和歌文書以下多以北林禪尼（阿佛尼）爲相卿母儀抑留訖、彼手繼令紛失之間、自元不所持之由、覺妙陳之、自余文書等者、大略所令帶也、限祖父讓狀、紛失之由、難稱申之上、如文應狀裏書者、加樣乃事不悔返奈土申事毛樣仁与留覽土覺候、故入道殿御文、此所波女子仁不可讓、若御前仁此所々可被奉讓土候於見出弖、隨父之遺命也、其文進候奴留上波、不可有子細、已仁直奉讓同事歟云々、本主之素意、被誡女子之間、至男子者、不及子細之上、被撰渡祖父手繼之條、彼裏書炳焉也、紛失之由、爭可遁申乎之由、尙弘令申之處、稱御文者、祖父狀也、令紛失畢、號其文者、正元狀也、爲祖父狀者、同可載御字歟之由、覺妙雖加了見、如狀文者、上下爲祖父狀一通之由、所見也、隨又如覺妙所進弘安九年六月四日　院宣者、播磨國細河庄事、任父祖之讓、相傳領掌不可有相違云々、其時以祖父讓狀、同備上覽之條、顯然之由、尙弘申之處、謂父祖之讓者、入道民部卿家十二月狀也、非本手繼之旨、覺妙雖申之、以彼書狀、難稱祖父之讓歟、當庄事、嫡子之外不可讓之由、不被載彼狀之間、隱密之、就庄々之詞、加了見於正元狀、號祖父素意、擬破文永後狀之條、無異儀、而文永兩通狀事、共以爲自筆之處、覺妙問答之時、始謀書之由、雖稱之、先年兩度沙汰之時、敢以無異論之上、如今度陳狀者、或非入道民部卿自發之由載之、或不審之旨、雖號之、謀書之由、不申之、始加其難之條、不能許容、凡彼地頭職者、右大臣(源實朝)家御時、爲和歌御師範、入道中納言家拜領之間、家嫡之外、不可有競望之旨、覺妙又雖申之、彼薨御者建保也、如御下文者、承久三年九月也、年紀相違之上、縱爲御師範之時、雖被拜領之、右衞門督家爲子息傳領之條、不可有豫儀、閣此等之子細、賞正元書狀、被棄捐文永讓狀之條、正應四年之沙汰、令參差畢、然則、於當庄地頭職者、任文永兩通讓狀幷正應二年下知狀、所被付前右衞門督家也、次如文永狀之誡詞者、至子孫、致違亂者、吉富庄同可申給云々、可充給之由、尙弘雖載越訴狀、爲本所進止地之間、於關東不及其沙汰者、依鎌倉殿仰、下知如件、

正和二年七月廿日

相模守平朝臣(北條熙時)(花押)

(相模文書)

二六五

地頭職ハ冷泉爲相家ニ付ス
吉富庄ハ本所進止タルニヨリ關東沙汰ニ及バズ

淵名寺別當良尋、尼播磨局淨泉ト善佛跡屋地ニツキ相論ス
下地ハ淨泉進止スベシ
課役ハ檢見ヲ加ヘ分限ニ隨ヒテ沙汰スベシ

(北條高時)
(花押)

淵名寺別當良尋与尼播摩(磨)局淨泉相論寺領內善佛跡屋地事、

右、地者、弘安八年淨泉拜領畢、於課役者、勘一戸主分、多年沙汰送龜谷寺者也、而去年被付當寺之後、可進止下地、不然者令檢見下地、隨分限、可請取課役之由、良尋所申也者、於下地者、淨泉帶御下文知行上者、今更不能進止、至課役者、拜領之後令切開云々、加檢見、隨分限、可致沙汰之狀、下知如件、

正和二年十二月廿三日

江戸重通、江戸政重ト重代鎧・旗幷文書等ニツキ相論ス
重通嫡子トシテ相傳スベシ

二六六

(東京國立博物館所藏文書)

江戸次郎太郎重通与同彌太郎政重相論重代鎧・旗幷文書等事、

右、於祖父重益跡者、以重通父太郎次郎行重、爲嫡子永仁六年三月十七日配分早、爰行重跡又爲未分之間、及嫡庶論處、重通可爲家督之条、去年十二月五日所被裁許也、而重代鎧・旗及文書等、政重依爲當腹、抑留之由、重通申之處、就本主素意帶持之旨、雖稱之、於行重跡者、爲未分之上、證據不分明哉、且重通嫡子之条、先日成敗訖、然則、於重益跡鎧・旗・文書等者、可渡重通也者、依鎌倉殿仰、下知如件、

正和三年五月十二日

相模守平朝臣(北條熙時)(花押)

由利頼久、本庄國房ト武藏國本庄內生子屋敷・立野林幷畠地ニツキ相論ス

去狀ニ任セ頼久ニ知行セシムベシ

二六七 （根津嘉一郎氏所藏文書）（註209）

由利八郎頼久与本庄左衞門太郎國房相論武藏國本庄內生子屋敷・立野林幷畠地事、

右、正應四年十月二日下知以後、就申子細、欲是非之處、如去月廿六日兩方和与狀者、國房於下地者、前渡之、至年々得分者、糺返之条、依爲難治、以國房重代相傳領筑前國小中庄地頭職、相副代々御下文以下次第證文等、件得分之代、自明○後年辰歳、永代所避与頼久也、彼庄別相傳之上者、時家（國房曾祖父）跡御公事等、國房一切不可懸申頼久、又國房背御下知之由、永不可訴申云々者、押領得分物之代、去与所領之時、被許容之条、爲先傍例、任彼去狀、可令頼久知行者、依鎌倉殿仰、下知如件、

正和三年七月廿三日

相模守平朝臣（北條熈時）（花押）

和田義連後家尼道信代淨意、相模規時代道然・頼秉ト越後國奥山庄中條ニツキ相論ス

二六八 （三浦和田羽黑文書）（註210）

和田三郎左衞門尉義連後家尼道信代淨意与相模左近大夫將監規時代道然・頼秉相論越後國奥山庄中条事、

右、淨意則當条者、義連遺領內也、子息七郎義貞・八郎義泰確論之間、於參分貳者、任讓狀給義貞、至壹分者、爲未處分之地、可支配之旨、永仁四年十一月廿四日被裁許畢、可分給之由訴之、道然等亦義貞當知行之間、相模入道一円拜領、如先度事書者、義泰幷二女子者、依構謀書、可除得分親云々、其後一女子死去、道信者有謀書同意之咎、難競望之旨、就陳之、欲是

和与狀ニ任セ各々領掌セシムベシ

非之處、去十七日兩方和与畢、如道然等狀者、當条內田地貳拾町所去与道信也、坪々者差遣使者、以羽黑田爲先、可打渡之、山幷在家同追此分限、可付渡、其在所員數者、可見繪圖云々、如淨意狀者、避給田地貳拾町付在家山之、問、請取之、止訴訟云々、此上不及異儀、任彼狀、各可領掌者、依鎌倉殿仰、下知如件、

正和三年九月廿三日

相模守平朝臣（北條熙時）判

（池田文書）（註211）

二六九

鶴岡八幡宮供僧良尋、地頭佐々木千手丸代忠信ト相模國長尾鄕小雀村年貢ニツキ相論ス　地頭ノ沙汰トシテ百姓所帶ノ返抄ヲ駈取リ結解ヲ遂グベシ

鶴岡八幡宮供僧良尋僧都与佐々木千手丸代忠信相論相模國長尾鄕小雀村年貢事、

右、彼是所申雖區、良尋則永仁三年以來未進相續之由訴之、忠信亦社家爲直納之地、々頭不相綺之處、閣百姓地頭未進由掠申之条、無謂之旨稱之、爰當村者、云下地、云百姓、地頭進止之条、兩方無異論、請取供米之外、無社家綺上者、忠信難遁申哉、且就下地進止、懸地頭被裁許者通例也、旁爲地頭沙汰、駈取百姓所帶返抄、可遂結解之狀、依鎌倉殿仰、下知如件、

正和三年十一月二日

相模守平朝臣（北條熙時）（花押）

（高野山文書寶簡集七）（註212）

二七〇

（端裏書）
「大田庄山中鄕下地重御下知狀」

備後國大田庄山中郷地頭代覺道、雜掌朝西ト山中郷下地ニツキ相論ス

覺道ノ濫訴ヲ棄捐ス

肥後國六箇庄小山郷地頭早岐清基代隆信ト惣追捕使水原宣考代行信ト所務ニツキ相論ス

高野山大塔領備後國大田庄山中郷地頭代覺道与雜掌朝西相論當郷下地事、
右、如六波羅執進訴陳狀具書等者、枝葉雖多、所詮、雜掌与當庄寺町地頭康冬(上田)下地相論之處、康冬德治二年九月廿七日預御下知畢、加之、可守彼下知之由、横坂郷地頭有綱(富部)同十一月七日所蒙裁判也、而雜掌背兩度下知、濫妨下地之旨、覺道雖申之、雜掌与當庄桑原方地頭太田弥太郎宗有・當郷地頭有信(富部)等、下地以下相論之處、可依宗有之沙汰落居之由、有信進請文畢、爰桑原方下地事、雜掌弘安七年十一月廿七日預御下知之間、當郷事、任有信押書、可被裁断之旨、雜掌依申之、被下召文之處、可任桑原方御下知之由、有信代捧承伏狀之間、同九年閏十二月廿八日成敗畢、而覺道閣當郷下知狀、非越訴之篇、傍郷下地事、地頭稱蒙裁許、致直訴之條、無其謂之間、所被弃捐覺道濫訴也者、依鎌倉殿仰、下知如件、

正和四年十一月廿三日

相模守平朝臣(北條基時)(花押)
武藏守平朝臣(金澤貞顯)(花押)

二七一

(詫摩文書)(註213)

肥後國六箇庄小山郷地頭早岐判官代清基法師法名正心代隆信与當庄惣追捕職給主水原孫四郎宣考代行信相論所務事、
右、彼相論者、於得宗方、召調訴陳狀、有其沙汰之處、去三月四日兩方令和与之間、所被執進也、爰如行信狀者、當庄惣追捕使職事、於本補地者、致所務者也、砥河・木崎・上安永・

和与狀ニ任セ相互ニ領掌スベシ

鯰郷者、爲新補地問、自往古不相綺、而小山郷者、号新恩地、惣追捕使難相綺之由、隆信申之間、番訴陳、雖遂問答、以和与之儀、向後惣追捕使不可相綺小山郷云々、如隆信狀者、惣追捕使向後不可相綺當郷由、出狀之上者、所止訴訟也云々者、此上不及豫儀、相互無異論、可令領掌之狀、依鎌倉殿仰、下知如件、

正和五年五月十二日

相模守平朝臣（北條基時）在判
武藏守平朝臣（金澤貞顯）在判

天野景茂女子尼是勝代泰知、兄天野景廣代盛直・弟天野顯茂代朝親等ト由比尼是心遺領遠江國大結・福澤兩郷・避前村・武藏國由比郷內田畠・在家ニツキ相論ス

二七二

（天野文書）（註214）

天野肥後左衞門尉景茂法師法名觀景今者死去、女子尼是勝本名尊勝代泰知与兄次郎左衞門尉景廣代盛直・同弟三郎左衞門尉顯茂代朝親等相論由比尼是心觀景姑遺領遠江國大結・福澤兩郷・避前村・武藏國由比郷內田畠・在家源三郎作事、

右、就訴陳狀、欲有其沙汰之處、各和平畢、如朝親去月廿五日狀者、由比尼是心遺跡武藏國由比本郷內源三郎屋敷顯茂知行分・遠江國避前村等中分事、右、就于是心養女尼是勝訴訟、番訴陳、雖遂問答、以和与之儀、源三郎屋敷除打越地定、炭釜一口內三分一并避前村等半分、巨細載目六畢、・避与尼是勝者也、但避前村代官屋敷者、可爲顯茂分、同村內中邊名代官屋敷者、可爲是勝分、若彼屋敷交量避前屋敷之處、不足者、於不足分者、以顯茂分可入立之、又諏方社号大宮、・毘沙門堂等者、可爲顯茂分、八幡宮号西宮、・十二所權現者、可爲是勝分、次源三郎屋敷內社一所号二十四所宮、者、可爲

和与狀ニ任セ沙汰致スベシ

顯茂分、御堂壹所（是心墓所）者、可爲是勝分、然則、云顯茂分注文、云是勝分注文、爲後證、兩方所令加判也、於自今以後者、任彼狀、相互無違乱可領知云云、如泰知同狀者、子細同前云々、如盛直同廿七日狀者、由比尼是心遺領武藏國由比本鄕内源三郎屋敷・田畠・在家幷炭釜（景廣知行分）、遠江國大結・福澤兩村等中分事、右、就是心養女尼是勝訴訟、番訴陳、雖遂問答、以和与之儀、所去渡源三郎屋敷内田畠・在家景廣知行分幷大結・福澤半分於是勝也、但今無坪付以下委細目六之間、召上地下之注文、無後煩之様、來月中可書渡是勝方、次是心跡炭釜一口内六分壹可爲是勝分云々、如泰知同狀者、子細同前、此上不及異儀、早任彼狀、可致沙汰之狀、依鎌倉殿仰、下知如件、

文保元年六月七日

相模守平朝臣（花押）（北條高時）
武藏守平朝臣（花押）（金澤貞顯）

備後國地毗庄河北村一分地頭尼見阿代秀實、惣領山内經清ト河北村田地幷安堵下文及讓狀ニツキ相論ス

二七三

（山内首藤文書）（註215）

備後國地毗庄河北村内門田一分地頭尼見阿代秀實与惣領山内四郎三郎經清相論當村田地幷安堵御下文及讓狀事、

右、如六波羅去年閏十月狀者、秀實申、經清抑留安堵御下文・讓狀、押領田地由事、番二問答訴陳之後、兩方令和与候、仍彼狀幷訴陳狀具書進上云々、如執進經清・秀實同十月廿七日狀等者、經清抑留御下文・讓狀、押領田地之由、就見阿代秀實訴申、雖番二問二答訴陳、兩方

和与状ヲ守リ相互ニ領掌セシムベシ

以和与儀、屋敷壹所覺音舊屋敷、付西畠壹段半、并田四段者、見阿永代可被知行也、其外於門田分惣領者、任文永二年三月廿五日亡父宗光讓狀、經清可令知行也、次經清与康家同心、抑留見阿分御下文・讓狀之由、雖訴申、經清所帶御下文・讓狀之外、無各別狀之由、經清申之上者、同以和与儀、不及申子細、此上者、令停止見阿後訴畢、經清又不及子細、相互不可致違乱妨、至子々孫々、守此狀、可令領知者也云々者、此上不及異儀、兩方守彼狀、向後無相違可令領掌矣者、依鎌倉殿仰、下知如件、

文保元年十二月十二日

相模守平朝臣（北條高時）（花押）

武藏守平朝臣（金澤貞顯）（花押）

佐野增綱、佐野顯綱ト下野國佐野庄田在家ニツキ相論ス

二七四

（武澤文書）（註216）

佐野弥太郎增綱申、下野國佐野庄小見［　　］家壹宇上佐野內在家壹宇名字坪付載證文、事、

右、佐野孫次郎顯綱以當庄多奈和見鄉內田肆段在家壹□（宇カ）、正和五年四月廿四日永代令沽却之由、增綱依申之、被尋下之處、於彼田在家者、同佐野安房左衞門七郎親綱未來領主也、爲顯綱一期領主之身、爭可令沽却永代哉、仍不可被許容顯綱放券之由、親綱所支申也、爰如顯綱放券狀者、有彼田在家相違者、同鄉內以顯綱知行分別田畠、可立替之由、載之訖、可被糺明之由、增綱依申之、重被差文賢奉行之間、爲問實否、去年四月十八日以來度々雖下奉書、無音之間、同十一月十五日仰三村兵衞次郎親氏、加催促之處、如親氏執進顯綱今年三月十八日

増綱ヲシテ領掌セシムベシ

請文者、上佐野田奈和見郷内田在家於令沽却之處、親綱支申之間、其替仁件貳ヶ所田在家、任永代放券状、令打渡増綱訖云々者、爲當郷私領先々成敗訖、然則、於彼田在家者、任顯綱放券、可令増綱領掌也者、依鎌倉殿仰、下知如件、

文保二年四月廿八日

相模守平朝臣(北條高時)(花押)
武藏守平朝臣(金澤貞顯)(花押)

備後國神崎庄地頭阿野季繼代助景、雑掌行盛ト所務條々ニツキ相論ス

和与狀ヲ守リ違亂ナク領知セシムベシ

二七五

(高野山金剛三昧院文書)(註217)

備後國神崎庄地頭阿野侍從季繼代助景与雜掌行盛相論所務條々事、

右、如六波羅今年三月二日狀者、番三問答訴陳之處、兩方捧和与狀候云々、如行盛・助景同二月十七日連署狀者、當庄領家高野山金剛三昧院内遍照院雜掌行盛与地頭阿野侍從季繼代助景相論下地以下所務條々事、雖番訴陳、當寺知行之間、以別儀令和与之、田畠・山河以下之下地令中分、各可致一圓所務云々、此上不及異儀、互守彼狀、向後無違乱可令領知矣者、依鎌倉殿仰、下知如件、

文保二年十一月七日

相模守平朝臣(北條高時)在判
武藏守平朝臣(金澤貞顯)在判

美濃國中村庄雜掌觀圓、同庄下方地頭大友貞宗代上圓ト所務條々ニツキ相論ス

雜掌ノ訴訟沙汰ニ及バズ

領家進止スベキノ條支

二七六

（大友文書）（註218）

美濃國中村庄雜掌觀圓与當庄下方地頭大友左近大夫將監貞宗代上円相論所務條々、

一、岩丸名事、

一、檜物田壹町伍段事、

右、就六波羅執進訴陳狀、召決兩方畢、給恰申詞子細雖多、所詮、件所々者、領家進止之地也、地頭押領之由、雜掌申之處、當庄者、寶治二年補地頭職畢、爲本司之跡、地頭一圓進止之旨、上円稱之、爰爲領家分之條、久安元年目錄分明之由、雜掌雖申之、爲平家以往狀之上、依無正文、不足信用、加之、如前公文蓮心嘉元四年散用狀者、領家進止之條、又以炳焉之由、雜掌申之處、彼蓮心者、依不弁地頭得分、令追放畢、雜掌相語之、構出之旨、上円所返答也、而蓮心在庄之時、抑留庄家文書之間、懸于地頭訴申之處、地頭代正惠召進蓮心畢、如蓮心陳狀者、雜掌入部之始、書出文書之由載之、嘉元散用狀同書出之旨、雜掌又雖申之、彼狀等爲所載蓮心陳狀之文書之條、無支證之上、云六波羅、云關東、度々問答之時、終以不備進之、去年文保元七月廿八日對決之刻、始出帶畢、難指南之由、上円申之、非無乞索疑之間、不足證文、然則、雜掌訴訟不及沙汰矣、

一、新田貳町貳段事、

右、以本田內、号新田、領家進止之旨、雜掌申之處、開發之新田、不遂實撿之以前者、地頭所令進退也、以本田內、稱新田之條、無其例之旨、上円稱之、而載先公文蓮心嘉元散用狀之由、雜掌雖申之、彼狀難被許容之子細、見先段、領家可進止之條、無支證之間、同前

證ナシ

地頭ノ進退タルベシ

領家任符ヲ成シ兩方ノ所務ニ從フベシ

矣、

一、繪堂幷定元寺別當職事、

右、爲領家分之處、地頭押領之由、雜掌雖申之、不帶一紙證文之上、當庄內文殊寺者、可爲地頭進退之由、弘安九年十二月廿三日、地頭預裁許畢、不可依違之旨、上円所申有謂、仍同前矣、

一、公文職名田畠幷庄官給田事、

右、領家進止之由、雜掌申之處、爲本司之跡、地頭成任符、所相從兩方所勘也、於下地者、地頭一円進止、無領家綺、至年貢者、百姓直納之旨、上円稱之、而爲領家分之條、久安目六幷前公文蓮心嘉元散用狀等分明之由、雜掌雖申之、彼狀等難信用之子細、載先段畢、但地頭成任符之由、上圓又雖申之、無證據之上者、領家成任符、可從兩方所務也矣、

一、地頭知行分拾貳町壹段年貢事、

右、永仁六年以來抑留之由、雜掌申之處、於年貢者、百姓直納之上者、不實之旨、上円稱之、而如遣代官橘五兵衞入道之貞宗祖父兵庫頭賴泰法師法名道忍永仁五年九月廿九日狀者、美濃國中村上下庄地頭代道海年貢未進由事、期上洛、欲尋沙汰之處、依神事幷湯治、令下向上野國之間、存外延引、然而此程雖可歸洛、無心基之故、先當年地頭方大小年貢所出物沙汰人相共、一向令進濟雜掌方、猶所殘有無分、且注申之、且可相待歸京也云々、百姓直納之外、爲地頭沙汰、弁年貢之條炳焉之由、雜掌申之處、以百姓逃亡之跡、地頭代道海請作畢、爲彼分年貢之由、上圓雖申之、地頭方大小年貢所出物、無所殘可濟雜掌之旨、所見也、爲百

雑掌ノ申ス所其實アリ究濟セシムベシ

領家・地頭相交ハリ其沙汰致スベシ

結解ヲ遂ゲ未進アラバ辨償セシムベシ

雑掌・地頭相互ニ先例ヲ守リ沙汰致スベシ

尋究ムル後左右アルベシ

姓分年貢者、不可有此儀之由、雑掌所申叶理致歟、加之、當庄下方公田者、爲七拾壹町貳反余之條、兩方無論、此内拾貳町壹段者、地頭知行之由、於引付之座雑掌申之處、上円承伏畢、可濟年貢之條、旁不及異儀、但員數事、十二町壹段分、毎年八貫文之由、問答之時、雑掌稱之、胸臆申詞雖難指南、無過分儀之上、寄事於百姓直納、不可弁年貢之旨、地頭代令申之條、爲矯餝之間、雑掌所申爲其實歟者、云以前分、云向後、可令究濟也矣、

一、檢断事、

右、領家可相綺之由、雑掌申之處、地頭進止之由、上円雖申之、如遣當庄沙汰人之道忍永仁三年後二月十六日状者、領家相共可致沙汰之由載之、領家可相交之條分明也、互守先例、可致其沙汰矣、

一、平民在家糸綿事、

右、百姓所直進也、而地頭打止之由、雑掌申之處、直納事者、不及子細、但地頭打止之條、不實之旨、上円稱之者、召出百姓等、地頭相共遂結解、有未進者、可令弁償也焉、

一、領家方人夫傳馬以下公事間事、

右、依地頭之命、百姓等不從預所々勘之由、雑掌申之處、云雑掌、云地頭、不背舊例之旨、上円陳之、此上不及異儀、相互守先例、可致沙汰焉、

一、山野事、

右、雑掌則領家可進止之處、地頭代致違乱之由申之、地頭亦爲本司之跡、一円進止之旨稱之、互爲胸臆論之間、暗難是非、尋究之後、可有左右矣、

以前條々、依鎌倉殿仰、下知如件、

文保二年十二月十二日

相模守平朝臣（北條高時）（花押）

武藏守平朝臣（金澤貞顯）（花押）

二七七　（古案記錄草案〔色部文書〕）（註219）

色部長行、色部長直ト越後國小泉庄牛屋條ト宿田村堺ニツキ相論ス

和与狀ニ任セ沙汰スベシ

色部（宿田）九郎左衞門尉長行与同孫（牛屋）五郎長直相論越後國牛屋條与宿田村堺事、

右、就訴陳狀、擬有其沙汰之處、兩方令和与畢、如長直去二月十九日狀者、以和談之儀、論所同參分貳避渡云々、如長行同日狀者、論所參分貳避出之間、止訴訟云々、以上取詮、此上不及子細、然則、任彼狀□於繪圖所加判形也者、依鎌倉殿仰、下知如件、

文保三年三月十八日

相模守平朝臣（北條高時）判

武藏守平朝臣（金澤貞顯）判

二七八　（武澤文書）（註220）

佐野增綱、鳥居戸性智ト下野國佐野庄中鄕內田地五段ニツキ相論ス

佐野安房弥太郎增綱申、下野國佐野庄中鄕內沽却田地五段名字坪付載于沽券、事、

右、田地者、鳥居戸五郎次郎法師法名性智去正和□（五年カ）二月廿一日限五箇年沽却之間、買得之處、背沽券、不及壹□（年カ）作押領之由、增綱依訴申、爲糺明眞僞、文保元年十一月廿八日・去年四月

増綱ヲシテ領掌セシムベシ

山城國淀魚市庄雜掌嚴永、豊田師光子息師親代盛綱ト同庄下司職ニツキ相論ス

二日兩度雖下召符、無音之間、同月廿六日以三村兵衞次郎親氏、加催促之處、如親氏同年八月十六日起請文者、任被仰下之旨、度々相觸于鳥居戸五郎次郎入道候之處、不及請文云々者、性智難遁違背之咎、爰當郷爲私領之条、前々沙汰訖、然則、於彼田地者、任放券、以年紀五箇年、可令増綱領掌、次性智押領咎事、可被召過料之状、依仰下知如件、

元應元季五月廿三日

掃部允三善(花押)

兵庫允平

(太田時連)前信濃守三善朝臣(花押)

二七九

(見聞筆記拾三)

山城國淀魚市庄雜掌嚴永与豊田兵庫助太郎師光今者死去、子息弥太郎師親代盛綱相論當庄下司職事、

右、如六波羅文保元年四月廿日註(注)進狀者、鳥羽殿御領魚市下司師光濫妨事、々書壹通謹進上云々、如事書、(者脱カ)子細雖多、所詮、先可沙汰居雜掌之由、嚴密被下院宣之間、不及訴陳、以兩方所進申狀・具書註(注)進之間、就彼狀、欲是非之處、當職者、帶北條遠州(時政)吹擧之狀、勤御家人役、知行無相違、而不番訴陳、暗被裁許之條、後訴可相殘之旨、盛綱依申之、及一問答、重召決之處、如号遠州吹擧二月十二日付元久元、之狀者、豊田藏人師景事、可令見參給之由、令言上候訖、去年冬比、山門合戰之時殞今(命カ)、是隨分之勳功候、彼所帶魚市下司職祖父助兼讓狀候之上、師兼

已相當其仁、任相承之理、師兼爲件職、可令宮仕之由、被仰下候者、宜候、恐々謹言、進上江大夫判官入道殿云々、而上所爲進上者、爭無御實名哉、將又恐々之詞相違訖、加之、元久元年者、建仁四年二月廿日改元也、九箇日以前載未來年号詞之條、爲謀書之由、雜掌申之處、往年書札禮事、以當代之儀、難立申紕繆、不勘改元日數、後日記付後年号歟、不足其難之旨、盛綱返答、非無會釋之上、判形不依違歟、彼狀者、內々師兼事、被執申歟、就之本所有承諾、不被成任補、不給關東安堵御下文之間、准本御下文難号御口入之地、是一、次如六波羅貞永元年七月一日書下者、中村地頭代申對決事、早可被參決豐田藏人殿云々、号豐田藏人者、師光父爲盛事也、依爲御家人、直預催促之由、盛綱申之處、正應四年爲盛以美豆御數牧氏等、令刄傷之旨、地頭代慶円就訴申、自六波羅、被申入本所西園寺家訖、非御家人領之條炳焉由、雜掌所返答也、而不知案內之仁、就訴申、被觸申本所之旨、師光稱之、兩方所進之狀、依爲同篇、難有用捨、是二、次如六波羅天福元年十二月九日奉書者、海賊人犯用物、任白狀、可糺返之云々、取詮、如八月二日不記年号（マヽ）狀者、西淀庄住人越後房可尋問事、不日可被召進、且不可失之樣、可被廻秘計云々、如光元三年正月十二日狀者、於法金剛院前、依有殺害事、下手人左近將監者被召出訖、彼親父馬允同意之間、被召進者、可爲別圖云々、非御家人者直難給奉書之由、盛綱同雖稱之、是皆犯科人等事也、被觸申本所、於展愽者、卽依可逃失、仰彼所職人、直有其沙汰歟、是三、次如天福・寬元御敎書者、給關東御下文、令領掌所職之輩者不幾、或給本家領家下知、或以寺社惣官下文、令相傳云々、如此之族、本所違乱之時、以武家御口入、令安堵者、西國御家人之習也、於師親者、自右大將（源賴朝）家御代、爲關東御家人之由、盛綱雖申之、彼御敎書者、

師親ノ濫妨ヲ停止シ本所ノ進止タルベシ

自右大將家御時、守護人注交名、大番以下課役宛勤仕之仁、被定置之由、所見也、至師景者、不入彼名帳、不勤御家人役之間、不足准據、是四、次如六波羅建治二年正月廿八日奉書者、內裏門大番事、可爲山城國御家人役之由、自關東所被仰下也、早可被參勤豊田兵庫助殿云々、就當職、內裏番役被宛候之旨、盛綱雖稱之、建治以後依大番勤仕、難處御家人之領、是五、次爲盛關東御家人所見詮(證カ)文等有披見之由、永仁五年十二月十七日最勝園寺(北條貞時)禪門被書下之旨、盛綱又雖稱之、師親爲武家領、可知行之條、不帶證文之上者、難依彼狀、是六、次當論所者、淀河東西市場在家人等也、而師親号開發本領主之條、爲奸謀之由、雜掌依申之、於引付座、被尋問之處、在家之外無田地云々、而師親先祖以河原居在家人、立市場之間、爲開發同事之由、後日又盛綱雖稱之、師親先祖立彼市之条、不備證文之間、胸臆之詞不足信用、是七、次爲盛向背本所之間、被召放當職、送數年之處、宇都宮下野入道蓮昇于時參河守依執申、被安堵之條、書狀炳焉之由、雜掌申之、出帶之間、令披見盛綱之處、雖爲御家人領、本所無故改易之時、口入之條、難依彼狀之旨、盛綱雖稱之、以所進證文等、難号各別領主之間、屬本所懇望之條、爲勿論歟、是八、然則、於當職者、所被停止師親濫妨也、宜爲本所進止、次以遠州(北條時政)之狀、雖不被准御口入之地、就彼狀、年來知行之條、非無由緒之間、偏爲本所恩補之地、不及罪科者、依鎌倉殿仰、下知如件、

元應元年七月七日

相模守(北條高時)平朝臣(花押)

前武藏守(金澤貞顯)平朝臣(花押)

白河有忠、信濃國竹淵鄉地頭泰經等ト諏訪上宮御射山頭役ニツキ相論ス

泰經等ヲシテ白河鄉ニ寄合勤仕セシム

別符幸時、別符光綱後家尼崇惠ト武藏國東光寺修理ニツキ相論ス

二八〇

（守矢文書）（註221）

白河十郎有忠申、信濃國竹淵鄉（筑摩郡）地頭等不寄□（合諏）方上宮御射山頭役由事、

右、今年七月頭爲白河鄉役之處、依爲小所、以竹淵鄉、可□（爲寄カ）子之由、被定下畢、而不合力之旨、就有忠訴申、所被尋下也、如竹淵鄉地頭四郎泰經・孫七郎家經請文者、當鄉爲平田大夫跡、被差宛明年五月會頭役之上者、不可勤仕云々、爰竹淵鄉爲白河鄉寄子否、被尋問奉行人伊賀前司倫綱并壹岐前司政有之處、如請文者、竹淵鄉可相合白河鄉之條、無相違云々、加之、如泰經・家經所（捧）侍所之申狀者、爲白河十郎頭本、爲諏方上宮今年七月御射山御頭寄子之上者、可被免當年鎌倉番役云々者、竹淵鄉可寄合白河鄉之由、被仰下之上、泰經寄子之由、乍自稱、對有忠申異儀之條、爲姧曲歟、然則、可令勤仕之者、依將軍家仰、下知如件、

元應元年七月十二日

相模守平朝臣（北條高時）（花押）

前武藏守平朝臣（金澤貞顯）（花押）

二八一

（別符文書）

別符太郎幸時申、同左近太郎光綱後家尼崇惠不加武藏國東光寺修理由事、

右、當寺破壞之間、去正和元年幸時修造之處、別符二郎左衞門尉重光乍知行一方免田、不寄合之由、幸時依訴申、去正和三年九月廿八日以後、度々成召符畢、如重光同五年四月十九日請文者、幸時申東光寺修理事、西別符鄉者、母堂尼崇惠相傳知行之間、重光不能陳答、對當

後家尼崇恵ヲシテ修理ヲ加ヘシム

領主、可申子細云々、同年十月十四日・文保元年十二月廿八日兩度雖召崇恵不參、去年二月十八日以兩奉行人（參河藏人邦宗・清式部六郎能定）使者、所書下也、于今無音之條、難遁違背之咎、然則、可加修理者、依將軍家仰、下知如件、

元應元年七月十二日

相模守（北條高時）平朝臣（花押）

前武藏守（金澤貞顯）平朝臣（花押）

雜掌善阿、地頭木内道源代道政・圓性等ト淡路國由良庄所務ニツキ相論ス

和与狀ヲ守リ相互ニ違亂アルベカラズ

二八二

（若王子神社文書）（註222）

淡路國由良庄雜掌善阿与地頭木内下総四郎左衞門入道道源代道政・圓性等相論所務事、

右、就訴陳之狀、擬是非之處、今月廿六日兩方和与訖、如善阿狀（道政・圓性加署判、）者、地頭名未進幷塩濱年貢事、勘代錢、雖爲佰余貫文、就和与、令治定于佰貫文、可致辨之次第、載于別紙狀之上者、不及子細、地頭得分事、當庄領家職者、爲禪林寺新熊野社領、重役異他之處、所務依相交、文永・弘安・延慶度度、雖被成御下知、互交沙汰之間、相續訴訟之條、非無御沙汰之煩、爰地頭・領家共關東御分也、仍爲断向後違乱、以和与之儀、於地頭得分者、爲領家請所、令停止万雜公事、毎年錢貨陸拾貫文、爲預所沙汰、無懈怠可辨地頭方、地頭訴訟事、於六波羅、雖番訴陳、爲和与請所之上者、止訴訟訖云云、（取詮、）如道政等狀（善阿加署判、）者、子細同前、此上不及異議、守彼狀、相互不可有違乱者、依鎌倉殿仰、下知如件、

元應元年十二月廿七日

相模守平朝臣（北條高時）（花押）
前武藏守平朝臣（金澤貞顯）（花押）

長田昌遍子息貞昌、雜掌教圓ト出雲國長田郷一方地頭職ニツキ相論ス

地頭職ヲ貞昌ニ返給フベシ

二八三

（飯野文書）（註223）

長田余一入道昌遍今者死去、子息次郎貞―昌字有憚申、出雲國長田郷一方地頭職事、

右、昌遍苅取同國朱治鄕内佃貳町余作毛、追補（捕）領家政所、致狼籍（藉）之由、雜掌教圓正安之比、於六波羅訴申之時、依召文違背之咎、嘉元々年四月注進之間、同年十一月被收公所領畢、而昌遍依杵築大社頭役、給身暇下國之上、同年閏四月昌遍死去、難被處違背之由、貞―就申之、德治元年二月重注進之間、同三月三日評定有其沙汰、糺明本訴理非、可注進之旨、所被仰六波羅也、爰如六波羅正和四年十二月二日注進狀者、就去德治二年三月五日御教書、相觸領家畢、万里小路中將幷堀河局狀・雜掌盧成・兼俊請文・貞―代昌有申狀具書謹進上云云、如盧成請文者、教圓父子伺國司遷替之隙、濫妨公領之上、謀作院宣之間、被下違勅院宣、被停癈畢、貞―事、日來之次第當雜掌不存之間、不能申是非云云、如當雜掌兼俊請文者、教円者前領家万里小路中將之時、爲違勅人、被下院宣於武家之處、逐電畢、教圓日來之沙汰當雜掌不存知之間、不及巨細云云、教圓根本之訴訟者、苅田追補（捕）以下事也、不實之由、昌遍陳申之間、可被糺明實否之處、教圓者擬被處違勅罪科之時、逐電云云、當雜掌又不申子細、且尋問當給人長田太郎左衞門尉雅綱之處、如去年八月廿八日請文者、雅綱爲新給人之間、不及支申云云、然則、於彼地頭職者、被宛行其替於當給人之後、可返給貞―也者、依鎌倉殿仰、下知如件、

元應二年三月二日

相模守平朝臣(北條高時)(花押)
前武藏守平朝臣(金澤貞顯)(花押)

(小野文書)

出雲國大野庄内禰宇村地頭明知息女紀氏宮石女幷盛忠等代泰次、日野茂直ト同庄内名田畠等ニツキ相論ス

二八四

出雲國大野庄内祢宇村地頭明知息女紀氏宮石女幷盛忠等代泰次与日野又次郎茂直相論當庄内和田垣助宗守延名田畠等事、

右、如去元應元年十二月十三日六波羅註(注)進狀者、彼名田畠等者、土屋三郎左衛門忠時法師法名西願所領也、而去寛元四年八月五日讓与息女平氏前林木女之間、賜文永七年十二月十日安堵御下知狀幷同八年正月十三日六波羅施行之後、去建治元年八月九日相副安堵御下知幷手繼證文等、依令讓得宮石女、知行無相違之處、伯父日野兵衞次郎入道善光茂直亡父致押領之由、就訴申、召上善光、番二問二答訴陳之刻、善光依令他界、召出彼跡相續子息茂直、重有其沙汰之處、兩方進一問答、追進狀訖、而如善光・茂直等陳狀者、彼名田畠等者、康元二年三月十日自忠時之手、善光令讓与之、競望之間、召安西□證狀、可令裁許之處、茂直依令下國、付相馬八郎次郎胤時・片山平三入道觀知等、遣召文之處、胤時文保元年三月十日請文幷同廿一日觀知請文者、任被仰下之旨、可參決之由、度々雖相觸、茂直不及是非請文云々、起請之詞載之、而宮石女所進文永七年十二月十日安堵御下知狀・同八年正月十三日六波羅施行幷手繼證文等分明也、加之、茂直不披見文書正文、剰背使節催促、不參決之上者、無音難澁之咎無所遁歟者、此上者、於彼名

宮石女等領掌セシムベシ

小早河景宗、姉尼覺生等ト安藝國都宇庄・阿波國坂西下庄内小笠原泰清跡幷鎌倉屋地ニツキ相論ス

田畠等者、宮石女等任文書正理、可令領掌之状、依鎌倉殿仰、下知如件、

元應二年六月廿五日

相模守平朝臣（北條高時）（花押）
前武藏守平朝臣（金澤貞顯）（花押）

二八五

（小早川家文書）（註224）

小早河美作弥四郎左衞門尉景宗（本名政宗）申、安藝國都宇庄・阿波國坂西下庄内小笠原十郎泰清跡幷鎌倉屋地事、

右、越訴之趣子細雖多、所詮、彼所々者、祖父美作入道本佛（小早川茂平）之所領也、去正嘉二年子息四郎入道定心傳領後、爲後證、兼日觸達子細於六波羅、正應二年二月十六日令配分景宗幷養子長政孫女姫石等之條、云定心讓状、云長崎新左衞門入道性杲・齋藤四郎左衞門入道觀意返報、明白也、彼讓状謀書之由、姉尼覺生等先度雖難之、爲實書之旨、所被裁許也、而如定心所得本佛正嘉二年二月十九日讓状者、定心若男子不出來者、一門中以相叶意之仁、可讓之、不可讓他人之由、誡置畢、景宗非定心實子之旨、覺生等依訴申、永仁五年十月廿七日被收公本領、及侘傺之條、不便之由、景宗致越訴之間、披見先日事書之處、景宗母堂者、定心養子長政妻女也、長政不離別之間、不可生定心子息、依有本佛之誡詞、以長政子、爲實子之由、定心搆申歟云云、以山城入道光阿（伊賀光政）養女、可爲嫂之旨、契約之條勿論、然而迎取之後、定心相嫁之、景宗出生之間、長政更無夫婦儀之旨、景宗令申之上、縱又雖爲嫂腹、爲定心子之條、無疑殆者、輙（難）雖被弃捐、

就中、如定心遺性杲之書狀者、無人氣次第候之間、當時之外聞憚存候云々、就本佛之誡、爲全遺跡、定心誠可搆虛子者、爭可載如此之詞哉、景宗爲定心息男之條、爲事實歟、且弘安三年定心出家之刻、景宗母儀同落餝、經十餘年之後、云定心、云長政、所令死去也、定心相嫁之、不生景宗者、不可有此儀、加之、就定心之讓狀、正應二年八月比於六波羅、景宗申安堵御下文之間、被尋美作前司忠茂之處、遂不支申之上、定心跡大番役勤仕之後、同三年正月遺書札於忠茂之時、如返狀者、番役無爲勤仕之條、旁悅存云々、又同心之條、承悅之由載之、景宗非實子者、忠茂爭不申子細、可涉兩三年哉、隨又三郎雅平子息朝平者、鴨社氏人子也、非雅平子之旨、忠茂同雖訴之、以出羽入道道(衍カ)空返狀、被成雅平子息所領御下知也、景宗事者、定心觸申六波羅、帶性杲觀意返狀畢、一列誠內雖難被用捨之旨、景宗所申有子細歟、爰長政書狀事、弥烝兎加勞別乃子細候波志土存候云々、景宗非定心子之條、稱見于此狀、覺生先度進覽畢、非景宗母堂手跡之間、爲顯然謀書之處、先日不被究明之條、所存相貽之由、景宗載越訴狀一篇之間、被尋問覺生之處、景宗非定心子之條、先度御裁許無相違、讓狀不被處謀書、覺生雖爲女子、爲一子之處、不宛給遺領、此兩條者御沙汰參差之由、捧陳狀之後、背度々催促、不及對決之間、仰牛田新三郎入道妙道、去年十一月十七日重遣召符畢、如妙道今年二月十一日請文者、雖相觸參河國神鄉次郎藏人後家尼覺生、不及請文云々、起請文詞略之、覺生違背召符之條、無理之所致也、但先進狀者不足支證之旨、先度之兩勘一同也、依爲枝葉、不及定眞僞、凡景宗爲實子之條、云讓狀、云證跡、分明之處、稱爲嫂腹、只就推量儀、被召放重代本領之條、永仁之成敗令依違訖、件所々被寄進建長寺之間、被尋寺家之處、如塩飽右近入道了曉執

進寺家正和三年十月十八日請文者、永仁五年被寄進當寺之間、本主被收公之次第不存知云々、
屋地事、被尋壹岐前司政有畢、如政有同年六月十二日請文者、依爲新給人、旨趣不存知之間、
不及支申云々、然則、於彼所領・屋地等者、被宛行其替於寺家幷政有之後、可返給景宗也者、
依鎌倉殿仰、下知如件、
元應二年九月廿五日
相模守平（北條高時）朝臣（花押）
前武藏守平（金澤貞顯）朝臣（花押）

所領・屋地ヲ景宗ニ返給ヒ寺家幷政有ニ替ヲ宛行フベシ

二八六

（中條敦氏所藏文書）（註225）

越後國加地庄雜掌孝順与古河條內中村地頭佐々木太郎重朝女子尼道信相論檢注年貢事、
右、召調訴陳狀、欲有其沙汰之處、兩方和平畢、如去年十一月廿二日孝順狀者、就年貢檢注
事、雖及上訴、於彼古河條者、自往古爲後閑之條、地頭被立申、有其謂之間、永令止訴訟者
也、然間、向後爲無違乱、相互所出和与狀也云々、如尼道信同日狀者、子細同前者、和与之
上者、不及異儀、然則、守彼狀、相互不可依違者、依鎌倉殿仰、下知如件、
元應三年正月七日
相模守平（北條高時）朝臣（花押）
前武藏守平（金澤貞顯）朝臣（花押）

越後國加地庄雜掌孝順、古河條內中村地頭佐々木重朝女子尼道信ト年貢檢注ニツキ相論ス
和与狀ヲ守リ相互ニ依違スベカラズ

美濃國饗庭東庄內屋井郷雜掌道性、地頭土岐國清ト年貢未進ニツキ相論ス

檢注ハ先例ニ任セ遵行スベシ

未進ノ年貢ハ結解ヲ遂ゲ國清ヲシテ究濟セシム

僧源俊・宗純等、伊賀賴泰子息光貞代義直ト陸奥國好島庄八幡宮供僧職ニツキ相論ス

二八七

（秋山喜十氏所藏文書）

美濃國饗庭東庄內屋井郷雜掌道性中□年貢事、

右、地頭土岐三郎太郎國清抑留檢注、對捍年貢之旨、元□(應)二年正月依訴申、度々尋下之處無音、去年八月八日仰□(鵜)飼彌太郎忠茂遣召符畢、始忠茂執進九月十五日國清□(請)文者、進代官行親云々、行親又所進陳狀也、如狀者、土岐左衞門尉光行拜領當鄉以來、及百餘歲、領家代一度檢注未被遵行之旨、所見也、而弘安二年六月三日地頭國綱与預所空□和平畢、如和与狀者、新々田畠事、於領家代一度檢注者、任本地頭佐々木判官定綱例、地頭・預所同心可遂其節云々、可守彼狀之旨、同年九月六波羅下知畢、今更不可有異論□、雜掌捧重狀之處、行親不請取彼狀、未終沙汰之篇、歸國條無理之至分明也、然則、於檢注者、任先例可遵行、次年貢未進事、地頭無陳謝之上者、對捍之條勿論歟、不日遂結解、可究濟者、依鎌倉殿仰、下知如件、

元亨元年六月廿七日

相模守平朝臣(北條高時)（花押）

前武藏守平朝臣(金澤貞顯)（花押）

二八八

（飯野文書）

僧源俊・宗純等与伊賀前司賴泰今者死去、子息次郎左衞門尉光貞代義直相論陸奥國好嶋庄八幡宮供僧職事、

右、源俊等則當社者、右大將家(源賴朝)御時崇敬異于他也、□定置十二口供僧之条、千葉介常胤建

源俊等ノ濫訴沙汰ノ限リニアラズ

久三年八月三日奉書分明也、賴泰以預所之号、任雅意追出家內、捜取資財之由申之、義直亦稱建久狀者謀書也、預所成任符之段□御下知等炳焉之旨稱之、爰就常胤狀、僧行勝与一方預所大須賀四郞左衞門尉宗常番訴陳之上者、須依其落居之由、兩方申之間、閣今論之處、供僧職可爲預所進止之旨、去十月廿九日被裁許訖、此上不及豫議、仍源俊等濫訴旁非沙汰限之狀、依鎌倉殿仰、下知如件、

元亨元年十二月七日

相模守平朝臣(花押)(北條高時)
前武藏守平朝臣(花押)(金澤貞顯)

二八九

(中込寛量氏所藏文書)

通勝、家盛ト下地ニツキ相論ス
和与狀ヲ守リ各々領掌セシムベシ

(前缺)

坪壹段北屋敷、同卅一坪壹段、同十八里廿九坪八段、九條十六里廿五坪七段、同十七里四坪壹町、以上四町五段小者、公文給也、此外者、通勝不存知、向後任彼狀、相互可令領知、若背此和与狀、令違乱者、可被行罪科云々、家盛狀子細同前、此上不及異儀、守和与狀、各可令領掌者、依鎌倉殿仰、下知如件、

元亨元年十二月廿七日

相模守平朝臣(花押)(北條高時)
前武藏守平朝臣(花押)(金澤貞顯)

永福寺藥師堂供僧伊豫僧都嚴演、相模國飯田郷地頭飯田淨宗女子尼妙心ト供米ニツキ相論ス

結解ヲ遂ゲ未濟アラバ其道ヲ遣スベシ

留守家明、家光ト相論ス

二九〇 （相模文書）（註226）

永福寺藥師堂供僧伊豫僧都嚴演与相模國飯田郷地頭飯田四郎法師法名淨宗女子尼妙心相論供米事、

右、嚴演則文保元年以降未進相積訖、可分給下地之由訴之、妙心亦淨宗跡公田柒町壹段陸拾歩內伍段分者、妙心多年究濟惣領藤五郎家頼支配參差之間、屬齋藤右近大夫基有言上子細、向後可依彼左右、且無指雜怠、何可競望下地哉之旨、陳之者、於中分之儀者、妙心不諾之上、不及沙汰、至伍段分米者、日來弁償之条、妙心雌伏今更難遁申、然則、遂結解、有未濟者、可遣其道之狀、依將軍家仰、下知如件、

元亨二年二月廿七日

相模守平朝臣（北條高時）（花押）

前武藏守平朝臣（金澤貞顯）（花押）

二九一 （餘目文書）

（前缺）

せん日のさたこれによるゆへによつて、いゑ明これを申候といゑとも、さいきよのをもむき又もつてあいたかふ事なし、只かの地ハいゑつくのしよりやうないの間たり、かゝいへからす、しやうめうまるのことはのかれす、あふりやうのとかの間、わけめすへきしよりやう五分一也、あふりやういこふんもつをゐて、おなしくきへんすへし、つきにいへつくゆいりやうの

押領旁々沙汰ノ限リニアラズ

うち、をちのあまさいけの事、かのさいけハ、いゐあきらわかちあつかる大夫四郎かけもとのさいけのうち也、かけみつあふりやうせられて、かへつていゐあきらあふりやうするよしこれを申候条、かんほうの子細、せんとふたゝひこたふるしやうをのせをハん、これ又かのところあふりやうしかたきよし、いゐあきらこれを申ところ、かけもとのさいけハ田子大道の末也、をちあまのさいけハにしなり、いゐあきらあふりやういきなきよし、實範《しちはん》これを申候、仍ひけんのほんそちんしやうのところ、ちんしやうのことさハ、かのさいけハいゐみつあふりやうせしめなから、いゐあきらこれをあふりやうするよし、是を申候ゆゐなしとうん〱、しかもいゐあきらあふりやうこれをのへ、しやうするゆゐなし、せんとそのさたある条、しんしせしめおハん、つきにとふり弥三郎さいけ・村田ならひにたかわうほり田の事、せんとの事のしよのことくハ、あふりやうせさるよし、いゐあきらこれを申といへとも、いらんのよしあるへからす、わよのしやうをのする間、いきなしとうん〱、かのわよのしやうあんもん指南にたらさる条、けんしよう右しよふしかたし、あふりやうかた〱さたのかぎりニあらさる物、かまくら殿依仰、下知如件、

(元亨カ)けんけい二年六月廿日

相模守平朝臣《さかみのかみたいらのあつそん》

前武蔵守平朝臣《むさしのかみたいらのあつそん》

二九二

(三浦和田文書)(註227)

和田章連、伯母河村淨阿妻ト越後國奥山庄草水條内持倉・長谷・栖卷・坪穴以下ニツキ相論ス

章連ノ領知相違アルベカラズ

氏女ノ所領ノ有無ヲ尋究メ左右アルベシ

和田又四郎章連〈童名犬若〉申越後國奥山庄草水條内持倉・長谷・栖卷・坪穴以下事、

右、當庄内所々者、祖父和田左衞門四郎茂長所領也、永仁三年七月卅日就讓与亡父弥四郎兼連、嘉元々年十月五日給御外題畢、兼連徳治三年八月十三日讓給章連之間、元應二年六月十六日預御外題、二代知行無相違之處、同八月十八日伯母平氏〈河村太郎次郎入道淨阿妻〉率多勢、苅取田畠作毛、致追捕狼藉畢、任安堵外題法、仰御使、被沙汰付下地、可被糺返得分物之旨、訴申之間、同十月十八日任御外題狀、先沙汰付于章連、於理非者、追可有糺明之旨、可相觸氏女之由、仰加地筑後前司有綱・大見肥後彦三郎家長等畢、如同十二月十六日有綱・家長等注進狀者、氏女者、彼持倉・長谷以下者鍬柄條内也、非草水條之由申之、章連者爲草水條之旨、申之間、加見知爲打渡、莅彼所之刻、平氏率代官以下之多勢、走向路次、令支申之間、不及沙汰付云々、〈起請詞略之、〉如有綱等執進氏女請文者、各別支證分明之上者、難被打渡候、此等之子細、企參上可令言上候云々、〈取詮、〉爰元享(亨)元年四月三日氏女進代官眞行所進嘉元四年五月十日兼連避狀也、如狀者、垂水〈能〉女房〈仁〉一期〈能〉程奉避候長谷・持倉事云々、於眞僞者、追可被糺明之間、任御外題狀、可打渡章連之由、同八日重仰有綱等畢、仍沙汰付章連之旨、同七月廿五日所注申也、其後爲決本理非、同十月廿八日・今年二月四日兩度雖被召氏女、不參之間、同四月八日仰有綱重催促畢、如有綱同五月十八日請文者、度々雖相觸候、不及請文云々〈起請詞略之、〉者、氏女違背度々召文之條、無理之所致歟、然則、於件所々者、章連領知不可有相違、次氏女押領以後得分物幷御外題違背之咎事、尋究所領有無之後、可有左右者、依鎌倉殿仰、下知如件、

元享(亨)二年七月七日

相模守（北條高時）平朝臣（花押）
前武藏守（金澤貞顯）平朝臣（花押）

新田道定代堯海、新田宗氏ト上野國新田庄田島郷用水ニツキ相論ス
先例ニ任セ用水ヲ引通スベシ

二九三

（正木文書）（註228）

新田下野太郎入道々定代堯海申、上野國新田庄田嶋郷用水事、

右、件用水者、受新田二郎宗氏所領一井郷沼水、令耕作田嶋郷之條往古例也、而宗氏打塞彼用水堀之由、申之處、宗氏如陳狀者、打塞所見何事哉、宗氏全不違乱云々、爲向後、可成給御下知之旨、堯海申之、此上者、不及異儀、任先例、可引通之狀、依鎌倉殿仰、下知如件、

元亨二年十月廿七日

相模守（北條高時）平朝臣（花押）
修理權大夫（金澤貞顯）平朝臣（花押）

能登國得田保内志良田地頭尼心稱代賴種、得田章時子息章眞ト志良田村内田地・所當米以下ニツキ相論ス

二九四

（得田文書）（註229）

能登得田保内志良田地頭尼心稱代賴種与得田又二郎章時今者死去、子息彦二郎章眞相論志良田村田地・所當米以下事、

右、就心稱訴狀、欲有其沙汰之處、各和与畢、如章眞去年十一月十八日狀者、賴種則境和与之時、以七百苅爲二段、可弁二石二斗之旨、章時雖出狀、無沙汰之由訴之、章時亦二段內、斗代減分并代納分、彼是以壹石壹斗八升二合、可弁之由稱之、雖然、以和与儀、以一石八斗

和与状ニ任セ異論アルベカラズ

六升九合、可弁也、次貞弘之代納事、和与之上者、不可有違乱云々、如頼種同日状者、子細同前者、此上不及豫儀、向後相互不可有異論之状、依鎌倉殿仰、下知如件、

元亨三年二月廿三日

相模守（北條高時）平朝臣在判

修理（權脱カ）大夫平朝臣（金澤貞顯）

（諏訪大祝下社文書）

信濃國諏訪下宮大祝金刺時澄代久政、社領鹽尻郷東條地頭鹽尻重光ト神役用途抑留ニツキ相論ス

結解ヲ遂ゲ未進アラバ重光ヲシテ辨ゼシム

二九五

（端書）「塩尻郷東條御下知案」

諏方下宮大祝時澄（金刺）代久政申、神役用途事、

右、社領塩尻郷東條地頭塩尻次郎重光延慶二年以來令抑留神役用途之間、社家經替之由、就訴申、元亨元年九月四日・同十月四日兩度雖下召符不參、同二年正月廿八日仰近隣地頭藤澤左衛門尉信政、加催促之處、如信政去年七月三日請文者、雖相觸之、不及請文云々、（起請之詞略之）、同九月二日可給本解状之由、捧申状之間、卽雖召置之、不下給、結句令下國之旨、久政所申也、此上者難遁難澁之咎、但如解状者、任上宮例、可被付下地之由、雖載之、如此之社役對捍之時、可致弁之旨、被裁許者定例也、輙難被付之、且不載未進之員數於本解状云々者、遂結解、未進分可致其弁之状、依鎌倉殿仰、下知如件、

元亨三年七月廿七日

相模守（北條高時）平朝臣在御判

修理權大夫平朝臣(金澤貞顯)在御判

宇留野大輔僧都宏瑜、伊賀義員後家尼覺法・子息行元ト常陸國久慈東郡加志村內田一町・屋敷一所ニツキ相論ス

二九六

(常陸國奥郡散在文書)(註230)

宇留野大輔僧都宏瑜与伊賀孫次郎義員後家尼覺法・同子息彦次郎行元童名翁丸相論常陸國久慈東郡加志村內田壹町・屋敷壹所事、

右、如訴狀者、於當村者、覺法・同子息行元所領也、而宏瑜一期可知行之旨、永仁五年閏十月十一日書与去狀之間、當知行于今無相違之處、元亨二年四月押領云々、如覺法今年元亨三八月十三日請文者、於當村者、亡夫義員逢弘安非分之餘殃、被召上之間、可祈申之由、對宏瑜雖令契約、乾元二年還給之後者、子息行元一円知行之間、覺法依不進退、不去与之處、押領之由、掠申□、如行元同日請文者、於當村者、自曾祖父伊賀守義賢之手、孫子義員行元親父讓得之、當知行之處、義賢後家尼弘安合戰之時、子息三郎入道自性依令扶持之咎、被收公所帶之時、混當村被召上之間、屬平左衞門尉宗綱、就歎申、乾元二年六月廿二日給御下文畢、永仁五年者得替之最中也、爭以不知行之所領、可避与哉、又宏瑜可令領知哉、宏瑜者非御家人也、不足其器、次永仁五年之比者、行元十歲以前也、避狀之有無不存知之、隨如案文者、雖書載童名、無判之上者、不能御信用云々者、如宏瑜所進覺法・翁丸無判永仁五年閏十月十一日連署狀者、常陸國久慈東加志村內在家壹宇・田壹町能候波無於大輔阿闍梨御房仁御一期之程、止万雜公事、可進候、此故者、六字乃法於行佐勢進天候御布施仁天候也、其上爲此訴訟、就方々候天祈於申付進候故仁天候、訴訟叶候者、卽仁請取勢進邊久候、此後努々存疎略、又ハ兎角申候江

宏瑜ノ訴訟沙汰ニ及バズ

波登天、變改申候者、六字天乃仁久滿礼於子孫滿天可蒙云々、以和字模漢字、如行元所進乾元二年六月廿二日御下文者、可令早伊賀翁丸領知常陸國久慈東郡内加志村事、右、守先例、如元可致沙汰云々者、於彼田・屋敷者、任覺法・行元等連署契狀、宏瑜一期之間者、可領掌之處、覺法等押領之由、雖訴之、如宏瑜所進覺法等契狀者、爲訴訟祈禱布施、訴訟令入眼者、宏瑜一期之間、可知行之旨、書与之由、所見也、爰行元者、不加判形之上、當村者、行元返給畢、覺法非領主之間、彼狀旁以非信用之限、然者、宏瑜訴訟不及沙汰、次宏瑜爲非御家人之由、行元雖申之、被弃置本訴之上、爲枝葉之間、不能糺明者、依鎌倉殿仰、下知如件、

元亨三年九月廿三日

相模守平朝臣（北條高時）（花押）

修理權大夫平朝臣（金澤貞顯）（花押）

香取社大禰宜香取實胤、叔父實成幷從父兄弟實春等ト下總國香取郡金丸・犬丸兩名田畠・屋敷ニツキ相論ス

實成・實春等ノ違亂ヲ停止セシム

二九七　（香取社舊大禰宜家文書）（註231）

香取藏人三郎實胤申、下総國香取郡金丸・犬丸兩名田畠・屋敷等事、

右、田畠等者、實胤爲重代相傳私領、帶代々御下文處、叔父實成幷從父兄弟實春致濫妨之由、實胤依訴申、尋下訖、如實成去八月廿九日・實春同九月十日請文者、代々御下文・御外題等無相違之上者、止違乱候云々、就之可令停止向後濫妨之由、預御下知者、不可殘訴訟之旨、實胤所捧申狀也、此上不及異儀、任彼狀、自今以後不可有異論者、依鎌倉殿仰、下知如件、

元亨三年十月廿七日

相模守平朝臣（北條高時）（花押）
修理權大夫平朝臣（金澤貞顯）（花押）

原貞頼後家尼浄忍并子息頼忠、原浄忍・子息時忠ト貞頼・同子息泰貞ノ遺領ニツキ相論ス

和与狀ヲ守リ相互ニ違亂ナク領掌スベシ

二九八

（五十川清氏所藏文書）

原孫三郎貞頼後家尼浄忍并子息彦七頼―（忠字有憚）与同左衞門尉　法師（法名浄忍）及子息新左衞門尉時忠相論貞頼・同子息小三郎泰貞遺領以下事、

右、依及相論、欲有沙汰之處、今月五日和平訖、如浄忍・時忠連署狀者、就浄忍・頼―訴訟、雖番訴陳、以和与儀、所折中件所々等也、但於本屋敷并重代旗者、立替同鎧・太刀等、所避渡頼―等也、次於一期領主分返時者、同可令折中云々、如尼浄忍・頼―狀者、旨趣同前、此上不及子細、相互守彼狀、向後無違乱可令領掌焉者、依鎌倉殿仰、下知如件、

元亨三年十二月十二日

相模守平朝臣（北條高時）（花押）
修理權大夫平朝臣（金澤貞顯）（花押）

留守家任代政信、叔父留守家泰ト龜彌丸ノ所領ニツキ相論ス

二九九

（留守文書）（註232）

留守彦次郎家任（童名辰法師）代政―（信字有憚）、与叔父左衞門四郎家泰相論同龜弥丸所領事、

右、及訴陳之上、於引付之座、召決之處、兩方申旨雖多子細、所詮、如家泰所進祖父留守四郎左衞門入道浄妙正安二年五月廿一日狀者、若無男子而有女子者、讓在家參間・田伍町、所

家任ノ訴訟沙汰ノ限リニアラズ

殘者、有芳志可讓舍兄子息云云、可讓甥等中之條、本主素意分明也、背彼狀、讓兄家泰之條、參差之由、家任申之處、家泰其時無子息之間、讓家泰畢、家任又末生之上、父左衞門二郎家明者、自龜弥丸存日致對論畢、依爲敵人之子、不可有其志之間、不足競望之旨、家泰陳之、而家任末生之事、政―雖論之、家明敵對之條政―承伏畢、可相傳之甥無之、仍讓兄家泰之條、不背理致、且家明先日相論之時、就龜弥丸讓狀、家泰所預裁許也、然則、家任之訴訟、非沙汰之限者、依鎌倉殿仰、下知如件、

元亨四年六月二日

相模守(北條高時)平朝臣(花押)

修理權大夫(金澤貞顯)平朝臣(花押)

三〇〇

(田鎖文書)

閉伊員連、閉伊光頼ト閉伊光員ノ遺領陸奥國閉伊郡呂木・閉河・多久佐利・小山田・閉崎・赤前以下地頭職ニツキ相論ス

閉伊餘一員連与同□(十)郎左衞門尉光頼相論□閉伊三郎左衞門尉光員遺領陸奥國閉伊郡呂木・閉河・多久佐利・小山□(田カ)・閉崎・赤前以下地頭職□(之事カ)、

右、光員遺領者、正應元年十一月二日分讓光頼、□□同三年七月廿八日死去畢、而於彼所々者、光頼相傳□知行之條、讓狀炳焉之處、致謀書之上者、爲末處分所領配分之旨、員連正安年中及訴訟、爲訴人多年□(無カ)音之間、就光頼訴狀、度々成召符之刻、員連企參上、訴狀以下具書等悉令紛失、自然延引、重可書進本解狀□捧申狀訖、仍光頼正安三年十月十八日岡田左衞門入道奉行之時、被封下本解狀案備進之間、以彼狀、爲行重奉行、召調二問狀訴陳、召決兩方畢、

讓状ニ任セ光頼ノ知行相違アルベカラズ鍬崎・笠間ハ員連領掌スベシ員連ハ實書ヲ謀書ト號スル咎ニヨリ寺社修理ニ付ス

相互申詞雖多枝葉、所詮、光員正應三年七月廿八日令死去之條、各無異論、經所一箇年員及（マヽ）未處分訴訟、爲訴人難澁、光頼還依申付、今年四月始進二問状之間、訴訟之前後經三十五ヶ年之條、無理所致歟、就中正應元年者光員無病平生也、難及讓状沙汰、如狀者、不載位署、加判形計畢、旁爲謀書之由、員連雖申、或署位署、加判形、或無病之時、書与讓状之條、爲常習之上、宜爲本主素意之間、敢不能其難、加之、執筆大輔阿闍梨愛賓者、光員向背之仁也、讓状難執筆之由、員連亦雖稱之、於光員召仕之比者、承伏訖、至向背之篇者、不立申支證之間、胸臆之詞難被信用、隨問答之時、召類書之處、共以不所持、且依經年序、又不覺由、申之間、此外無據于糺明者、棄置員連之訴訟、任讓狀、光頼知行不可有相違、次於員連者、讓得鍬崎・笠間、當知行之由、光頼申之處、光員存日爲給分給与畢、不帶讓状之旨、員連稱之、雖然、經知行年序之條、互無論、員連宜領掌、次員連以實書号謀書之咎之事、可被付寺社修理者、依鎌倉殿仰、下知如件、

元亨四年十一月廿三日

相模守平朝臣在判（北條高時）
修理權大夫平朝臣在判（金澤貞顯）

（飯野文書）（註233）

陸奥國岩城郡好島庄西方預所伊賀頼泰子息光貞代義直、地頭好島隆

三〇一

陸奥國岩城郡好嶋庄西方預所伊賀前司頼泰今者死去、子息二郎左衞門尉光貞代官義直与地頭好嶋又太郎隆清今者死去、子息彦太郎泰行相論好嶋山事、

清子息泰行ト好島山ニツキ相論ス

正應ノ下知狀ニ任セ預所光貞沙汰致スベシ

圓繁、兼清・清種ト播磨國一方廳直職等ニツキ相論ス

右、山者、泰行祖父盛隆致違乱之時、彼山准東方之例、可致沙汰之由、正應三年九月十二日賴泰所預裁許也、而子息隆清之時、又以濫妨之間、就訴申、隆清捧陳狀死去、而賴泰依返進彼陳狀、爲有其沙汰、度々被召泰行之刻、行連宿所元亨元年炎上之時、具書紛失之間、去年十二月廿一日雖遣奉書、不參之間、仰岩崎彈正左衞門尉隆衡、加催促之處、如執進泰行去七月七日請文者、企參上可明申云々、而于今不參、難澁之咎難遁、然則、任正應御下知狀、可致沙汰者、依鎌倉殿仰、下知如件、

元亨四年十二月七日

相模守平朝臣（花押）（北條高時）

修理權大夫平朝臣（花押）（金澤貞顯）

三〇二

（廣峯神社文書）

（前缺）

雖有御沙汰、依相親不顧理非、可和与之旨、兩方申之間、令言上事由之處、任申請、可下知之旨、被仰下云々、取詮、西國輩雖不帶本御下文、以景時奉書、備御家人支證之條常例也、爭難拘彼狀之由、圓繁可掠申乎、隨小山左衞門尉朝政建仁元年三月十一日重加下知訖、是又難弃破之上、承久四年改貞應、二月八日御教書者、播磨國一方廳直職付散在別名田畠、幷恒富保下司・公文及薦江保地頭職事、爲（中原）如意丸相傳之私領、代々無過失之由、就言上、可安堵之旨、去年仰守護人令下知畢、而廳直所務事、所々地頭等尚以致其妨歟、件職爲撿断直人不嫌庄公、致犯罪沙汰之條爲先例、早停止新

議（義）濫妨、可執行云々、彼所職・名田畠等國司不可進退之段炳焉也、圓繁胸臆之謬難不足許容之由、兼清・々種返答頗叶理致歟、加之、聽直職事、貞應二年・弘長三年・弘安三年被裁許畢、不易成敗輒難改替之上、或勤仕大番役、或弁濟公事物之條、見于寛喜・嘉禎・寶治・建長・正嘉狀等、且當國守護人未補之時者、國中撿断事、依爲舊規、毎度所被仰付聽直也、海上警固已下、又守護人相共沙汰來之條、六波羅奉書等分明之間、其身爲御家人、所職關東御領之段、旁無不審、然則、於地本者、兼清領掌今更不可有相違、至年貢・課役者、遂結解、守被定置之旨、可令究濟之狀、依鎌倉殿仰、下知如件、

兼清ノ領掌相違アルベカラズ
年貢課役ハ結解ヲ遂ゲ定置タル旨ヲ守リ究濟スベシ

正中元年十二月廿一日

相模守平朝臣（北條高時）御判
修理權大夫平朝臣（金澤貞顯）御判

三〇三

（飯野文書）（註234）

陸奥國岩城郡好嶋庄西方預所伊賀前司頼泰今者死去、子息次郎左衛門尉光貞代義直申好嶋山事、

右、山者、好嶋小太郎盛隆違乱之時、任東方之例、可致沙汰之由、正應三年九月十二日頼泰所預裁許也、而一分地頭鼻關四郎基隆濫妨之旨、義直就訴申、數ヶ度雖遣召文、不敍用之間、仰岩崎彈正左衛門尉隆衡、今年四月廿二日加催促畢、如執進基隆七月廿一日請文者、企參上、可明申云云、而于今不參、難澁之咎難遁、然則、任正應御下知狀、可致沙汰者、依鎌倉殿仰、下知如件、

陸奥國岩城郡好島庄西方預所伊賀頼泰子息光貞代義直、一分地頭鼻關基隆ト好島山ニツキ相論ス
正應ノ下知狀ニ任セ預所光貞沙汰致スベシ

正中元年十二月廿三日

相模守(北條高時)平朝臣(花押)

修理權大夫(金澤貞顯)平朝臣(花押)

(內藤子爵家文書)

日向國大慈寺新阿彌陀堂雜掌朝覺、中山重綱代行源ト御佛事用途ニツキ相論ス

和与狀ニ任セ其沙汰致スベシ

三〇四

大慈寺新阿弥陀堂雜掌朝覺与中山八郎次郎重綱代行源相論御佛事用途等事、

右、重綱年々未進之間、雜掌預裁許訖、而不應下知狀之間、欲有其沙汰之處、去月廿三日各所令和与也、如行源狀者、右、御佛事用途每年貳拾七貫四百八十六文・僧膳米四石六斗四升四合貳勺者、爲美濃國二木鄉內西一色中本東脇參ヶ村田數貳拾柒町柒段之所役、地頭重綱所勤仕也、就中河野方・中山方兩方共不混惣領、令各納于寺家之處、去永仁年中以來堤破損之間、平均損亡之上、故當鄕者無足之條、無其隱、依之、自元應元年、至于正中元年六ヶ年、致未進之刻、就寺家之訴訟、預裁許之間、下知以後未濟分者弁之畢、迄于後々年課役者、以和与之儀、自當年、避渡重綱知行分富田村下地於寺家畢、每年所出物目錄在別紙、參拾貳貫五百八十文之間、寺用勘合之時、雖有四百五十文增、限永代、同所付渡也、如朝覺同日狀者、子細同前、且請取下地、所止訴訟也、若又致違乱者、守下知狀、如元可糺返錢貨云々者、不及異儀、任彼狀、可致其沙汰之狀、依鎌倉殿仰、下知如件、

正中二年五月二日

相模守(北條高時)平朝臣(花押)

修理權大夫平朝臣（金澤貞顯）（花押）

（山内首藤文書）

三〇五

山内通藤子息通宗後家尼性忍、通藤後家尼眞如ト通藤遺領備後國津田郷下村地頭職ニツキ相論ス

山内三郎左衞門尉通藤子息三郎右衞門尉通宗後家尼性忍与通藤後家尼眞如相論通藤遺領備後國津田郷下村地頭職以下事、

右、如六波羅執進訴陳之狀者、子細雖多、所詮、於當村者、子息土持丸成仁之間、性忍可知行之条、通宗讓狀明鏡也、任彼狀、性忍當知行之處、眞如相語家人菅右衞門入道光円等、正和二年七月、取籠土持丸、押領所領之條無道也、云子息土持丸、云所領、糺給之後、可被處眞如於罪科之旨、性忍訴申之處、當村下地土持丸讓得之條勿論也、而云土持丸、云所領、眞如官（管）領之、可宛給衣相節於性忍之旨、頻令懇望之間、自正和元年令知行當村、衣裳相節無懈怠送訖、性忍自筆請取數十通乍出之、眞如自正和三年押領之由、構申之條、無其謂、可被弃捐濫訴之旨、所陳申也、爰方々訴訟難執沙汰之上者、於所領幷土持丸等、眞如可管領之旨、性忍狀分明之由、雖申之、如彼狀者、相副土持丸於所領避与之條、曾無所見、將又、於彼狀者、正文披見之時、可申子細之旨、載陳狀之處、不出帶條、頗有疑貽、次送遣衣相節於性忍之條、請取狀現在之由、眞如雖稱之、件所領等性忍當知行之間、爲代官光圓沙汰、就令下行性忍之、從女妙阿給物、對光円所出請取也、（頭脱カ）光円今屬眞如之刻、以彼請取狀、号性忍扶持所見狀、備進之條、造意令招重科者也、當村地得分數百貫也、何以米八斗・錢二貫文、可立用性忍之兩三年衣相節哉之旨、性忍稱之、尤有其實、就中如性忍自筆狀者、此沙汰之事尓定弖御滿幾礼

毛候覽登弖、相節今満弖満伊羅世須候津留、取尓人於満伊羅世候云々、非妙阿之給物之由、眞如雖陳之、文章更無所見、隨彼狀不審之間、可披見正文之旨、性忍申之處、不出帶之間、不足指南、次爲物詣、相具土持丸、正和三年六月八日六波羅北方門前罷通之處、眞如以光円以下從人等、於路次奪取土持丸之間、番三問答訴陳、被經注進畢、難遁其咎之旨、性忍申之處、土持丸者、眞如扶持之處、伺物詣隙、性忍差遣林二郎爲親等於眞如住宅、無是非押取土持丸、令逃失之間、政知等依申事由於冨谷掃部左衞門尉、召置之、被渡土持丸、爲親以下輩於檢断奉行武弥五郎康嵜宿所、爲伊地知民部大夫長清奉行、被經御沙汰、於土持丸者、任性忍契約、被返于眞如、被行爲親於罪科畢、性忍致狼藉之條、分明之由、眞如雖陳之、康嵜同縁者冨谷掃部左衞門尉等不及是非沙汰、被渡土持丸於眞如之刻、爲親依有所緣、多年經廻仁也、彼珍事之時、令見継性忍之刻、召捕爲親幷下人平二郎畢、凡康嵜与爲親志磨(摩)國久木庄相論之間、年來古敵也、以彼宿意、召捕爲親之條、難遁其咎之由、雖令言上、被經御沙汰、正和四年三月廿五日厚免畢、打入眞如宿所、於奪取土持丸者、爭中間八ヶ月中可被厚免哉之由、性忍申之、兩方爲胸臆之論之上、綺(縡カ)違期畢、隨土持丸扶持之段、宜依通宗素意之間、先日狼籍(藉)事、旁不能糺明、次号土持丸代官、就眞如・性忍等相論、可申子細之旨稱之、參對畢、爲事於延引、眞如搆出訖、土持丸自身可參之由、性忍申之間、爲有其沙汰、去年四月十四日於引付之座、召出彼代官幷眞如代友秀、來五月八日引付以前可具參土持丸之旨、雖仰含、其後一向無音、無理所致也、此上重爲決理非、就兩方參對、仰友秀爲問答、可參對之由、成書下之後、去四月十五日以奉行人嶋田民部二郎行顯幷宗村等使者、催促之處、于今不參、難遁違背之咎、云

土持丸ハ性忍ニ召渡シ當村ハ土持丸成人マデ性忍知行スベシ押領物幷問答ノ事ハ沙汰ニ及バズ

理非、云難澁之篇、性忍所申旁有其謂、然則、於土持丸者、任通宗素意、被召渡于性忍、至當村者、土持丸成仁之程、性忍知行之、可加扶持、次押領物幷問答事、難稱眞如之自由押領之間、不及沙汰者、依鎌倉殿仰、下知如件、

正中二年六月十二日

相模守平朝臣（北條高時）（花押）
修理權大夫平朝臣（金澤貞顯）（花押）

大津重胤、和田茂長女子平氏代夫政世ト越後國奥山庄内鍬柄村ニツキ相論ス

三〇六

（三浦和田文書）（註235）

大津弥次郎重胤与和田左衞門四郎茂長女子平氏代夫政世相論越後國奥山庄内鍬柄村事、
右、訴陳之趣枝葉雖多、所詮、當村者、平氏曾祖父高井兵衞三郎入道々圓（時茂）所領也、重胤亡父阿日房守惠者、依爲道圓甥、弘長四年改文永三月十一日讓給守惠訖、本主道圓建治三年死去之後、茂長弘安三年以來押領之由重胤申之處、道圓閣數輩子孫、爭可避与守惠哉、彼狀謀書也、若雖爲實書、訴訟過年紀之上者、難被許容之旨、政世陳之、而自弘長四年至弘安三年、守惠管領下地畢、但、公事幷年貢者、道圓令免除之間、不可有弁勤支證之由、重胤稱之、不知行之段、可謂承伏、加之、道圓以自筆、文永九年四月十一日書置公事支配狀畢、如狀者、守惠相傳當村之條、分明之旨、重胤雖申之、本主存日縦雖免許、此狀無相違者、沒後專可弁償歟、不備請取返抄之間、頗有疑殆之上、於件正文者、惣領和田七郎茂明牢籠之時令紛失云々、如案文者、自元無判之由、所見也、輙不足指南、凡道圓芳志依難謝、雖無敵對之憚、現存之程者、不

重胤ノ濫訴沙汰ノ限リニアラズ

和田茂長女子平氏、姉平氏ト亡母平氏ノ遺領武藏國坂戸郷田畠・在家・下總國金町郷田ニツキ相論ス

和与狀ニ任セ相互ニ違亂ナク領知スベシ

申子細之條勿論、建治三年与弘安九年之中間僅爲八ヶ年之旨、重胤雖稱之、叔姪和与之地、不渡地本者、即可及上訴之處、乍帶弘長避狀、送二十三ヶ年之後、弘安九年始屬賦之由、重胤申之上者、年紀既馳過之條、敢無不審、然則、重胤濫訴旁非沙汰之限者、依鎌倉殿仰、下知如件、

正中二年七月七日

相模守平朝臣（花押）（北條高時）
修理權大夫平朝臣（花押）（金澤貞顯）

三〇七

（三浦和田文書）

和田左衞門四郎茂長女子平氏与姉平氏（富安三郎息女）相論亡母平氏（葛西新左衞門入道經蓮女子）遺領武藏國坂戸郷田畠・在家・下総國金町郷田事、

右、整訴陳之狀、擬是非之處、今年（正中二）正月廿日兩方令和与訖、如妹平氏狀者、以和与之儀、金町郷田壹町內田貳段、其外買地內朝長三郎次郎跡田伍段・屋敷之畠參段半幷稻毛新庄・坂戸郷內河面三郎跡屋敷之畠北之間々波多仁寄天參段・安藝尼跡中溝之北乃波多仁寄天田伍段、此內（參段小有公事）、避賜永代之上者、永留沙汰云々、如姉平氏狀者、子細同前、此上不及異儀、任彼狀、向後相互無違乱可領知者、依鎌倉殿仰、下知如件、

正中二年九月七日

相模守平朝臣（花押）（北條高時）

修理權大夫(金澤貞顯)平朝臣(花押)

(島津家文書)(註236)

三〇八

嶋津庄薩摩方伊作庄・同日置北郷雜掌憲俊与地頭大隅(島津)左京進宗久代道慶(山田宗久)相論所務事、

右、如大友近江守貞宗去年十二月廿五日執進同八月廿一日連暑(署)和与狀者、嶋津庄内薩摩方・伊作庄・同日置北郷下地田畠・山野・河海・撿断所務、領家一乘院雜掌左衞門尉憲俊与地頭大隅左京進宗久代道慶下地中分以下和与條々事、伊作庄條々、一、下地中分、以伊与倉河爲兩方堺、互可令一圓進止事、右、河者、自伊作庄東堺山、但、杖立峯以西者伊作庄領、峯以東者谷山郡内、向于西流融庄内之最中、所流入同庄入來名湊海也、而以彼河爲兩方堺、河以北者爲領家分、河以南者爲地頭分領、互無違越、田畠・山野・河海・撿断以下條々所務、一圓可令進止也、次於堺河者、用水漁等、相互不及制止、至向後頽渡分并河堰者、兩方不可有其沙汰焉、一、領家年貢并地頭用米同加徵米未進事、右、年貢・地頭用加徵米等、兩方共致未進之由、相互雖及相論、依下地中分、止訴訟之上者、向後更不可及沙汰矣、一、當年田畠作毛以下事、右、作毛以下所務、和与中分之上者、河北者領家一圓、河南者地頭一圓知行、相互不可有違乱者也矣、一、領家方庄廳同宿神并地頭方諏方社・地頭所・同被管(官下同ジ)輩住宅等事、右、庄廳同宿神社等者、於河以南在之、諏方大明神社・地頭所・同被管輩住屋等者、現在河以北、而下地中分之上者、明年二月中ゝ、庄廳宿神等者、取渡于河北、又至諏方社并地頭所・同被管輩住宅等者、可取移河南、若過約月不取渡者、互可被申行罪科也焉、一、宇佐宮同弥勒寺并大隅正八幡宮造營等事、右、所役等者、

島津庄薩摩方伊作庄・日置北郷雜掌憲俊、地頭島津宗久代山田道慶ト所務ニツキ相論ス

和与状ヲ守リ領掌セシムベシ

兩方寄合各可致均等沙汰矣、一、宇佐宮同弥勒寺造營析米錢、中分以前未進事、右、未進等者、下地中分之上者、兩方共付知行所領、可致其沙汰也矣、一、異國警固幷箱崎石築地用途事、右、於警固役者、任先例、可爲兩方沙汰、至石築地用途者、兩方寄合可致等分沙汰矣、一、本所御分課役事、右、本家御所造營御修理・淨光明院修理・興福寺造營寺役以下色々御公事析物等、下地中分之上者、可爲領家分役矣、一、關東御公事課役事、右、將軍御所用途幷流人事、中分之上者、可爲地頭沙汰焉、次日置北郷條々、一、兩方堺事、右、堺者、融于東西所立也、仍西者自帆湊之海、向東至于河登苦田橋、自彼橋南假屋崎、東道於世戸江、千手堂前能道於東江、自久留美野之大世多和、向東至于伊集院堺、但、七曲通也、兩方堅守此旨爲堺、北者爲領家分、南者爲地頭領、相互無違越、山野・河海・撿断已下所務各可令一圓進止之條、同于伊作庄矣、一、當年作毛以下所務事、右、中分之上者、相互可令停止其綺之條、同于伊作庄矣、一、宇佐宮同弥勒寺幷大隅正八幡宮造營等事、右、所役等者、兩方半分之段、同于伊作庄矣、一、宇佐宮同弥勒寺造營析米錢中分以前未進事、右、所役、下地中分之上者、兩方就知行、可致沙汰之條、同于伊作庄矣、一、異國警固幷箱崎石築地用途事、右、所役等同于伊作庄矣、一、本所御分課役事、右、所役等同于伊作庄矣、一、關東御公事課役事、右、所役同于伊作庄矣、以前條々、所和与如斯、此外條々相互雖番訴陳、就和与止訴訟之上者、不及異儀、兩方堅守此狀、無違越可致其沙汰也、若條々内雖爲一事令違犯者、不日可被申行罪科云々者、此上者不及異儀、守彼狀、可領掌之狀、依鎌倉殿仰、下知如件、

正中二年十月七日

相模守(北條高時)平朝臣(花押)
修理權大夫(金澤貞顯)平朝臣(花押)

島津庄薩摩方日置新御領雜掌承信、地頭島津宗久代山田道慶ト所務條々ニツキ相論ス

三〇九

（島津家文書）（註237）

嶋津庄薩摩方日置新御領雜掌承信与地頭大隅(島津)左京進宗久代道慶(山田宗久)相論所務條々事、
右、如大友近江守貞宗去年十二月廿五日執進同月二日連署和与狀者、嶋津庄薩摩方日置新御領田畠・荒野・撿断所務等領家一乘院家雜掌承信与地頭大隅左京進宗久代道慶下地以下和与分(中脫)事、一、下地中分以八幡御前放生會馬場、爲兩方堺、互可令一圓進止事、右、馬場者、融東西之間、迄同社乃前後、以彼馬場之融爲堺、馬場以南者領家分、馬場以北者爲地頭分、撿断以下々地、相互無違越、可一圓進止者也矣、一、領家年貢幷地頭用米同加徵米未進事、右、年貢・地頭用加徵米等兩方共未進之由、雖申之、下地中分之上者、向後更不可及沙汰矣、一、當年田畠作毛以下事、右、作毛以下所務和与中分之上者、云領家方、云地頭方、相互不可有違乱者也焉、一、宇佐宮同弥勒寺幷大隅正八幡宮造營等事、右、所役等者、兩方寄合各可致均等沙汰矣、一、宇佐宮同弥勒寺造營粁米錢中分以前未進事、右、未進者、下地中分之上者、兩方共付知行所領、可致其沙汰也矣、一、異國警固幷筥崎石築地用途事、右、於警固役者、任先例、可爲兩方沙汰、至石築地用途者、兩方寄合可致等分沙汰矣、一、本所御分課役事、右、本家御所造營御修理・淨光明院修理・興福寺造營寺役以下色々御公事粁物等、下地中分上者、可爲領家分役矣、一、關東御公事課役事、右、將軍御所用途幷流人事、中分之上者、可爲地頭沙

和与状ヲ守リ領掌スベシ

汰焉、以前條々和与如斯、此外所務以下和与中分之間、相互止訴訟訖、兩方共守彼状、更不可令違犯云々者、此上者不及異儀、守彼状、可領掌之状、依鎌倉殿仰、下知如件、

正中二年十月廿七日

相模守平朝臣（北條高時）（花押）

修理權大夫平朝臣（金澤貞顯）（花押）

鶴岡八幡宮右方相撲長守吉、同宮相撲奉行猿渡盛重子息盛信ト武藏國須久毛郷給田畠ニツキ相論ス

和与状ニ任セ下地ハ守吉ニ領掌セシム

三一〇

（金子文書）（註238）

鶴岡八幡宮右□（方）相撲長守吉与猿渡九郎三郎盛重今者死去、子息又三郎盛信相論武藏國須久毛郷給田畠事、

右、就訴陳状、欲有其沙汰之處、今年八月廿日和与訖、如盛信状者、彼給田畠等、亡父盛重幷盛信押領之由、爲一番引付訴申之間、雖番訴陳、就返渡下地、相互以和与儀止沙汰之間、向後聊不可有違乱、若背此状、致違乱者、可被申行罪科云々、如守吉状者、同前者、此上不及異儀、然則、任彼状、可令領掌也者、依鎌倉殿仰、下知如件、

嘉暦元年十月十二日

相模守平朝臣（赤橋守時）（花押）

陸奥守平朝臣（大佛維貞）（花押）

三一一

（多賀神社文書）（註239）

近江國多賀社神官兼御家人多賀基綱・盛永等、青蓮院領住人定賴ト馬上役ニツキ相論ス

近江國多賀社神官兼御家人多賀太郎左衞門尉基綱并盛永等与青蓮院領同國後三條住人定賴相論馬上役事、

右、如元亨二年十一月十六日六波羅注進狀者、基綱等与定賴相論馬上役事、申入本所、召出定賴番訴陳畢、而當社者爲得宗領之由、基綱等申之、訴陳具書等相副目錄進上候云々、就之、自得宗方、被与奪問注所之間、所賦出引付也、訴陳之趣子細雖多、所詮、基綱等則彼役者、先例爲犬上東西郡之所役勤仕之間、撰郡內器量之族差定之處、定賴違背之條、難遁罪科之由訴之、定賴亦於件社役者、云其所、云其氏、所勤來也、當保往古無當社神事勤仕例之旨陳之、爰如基綱等所進建長三年七月廿七日六波羅下知狀者、神官与家盛相論之時、家盛任先例、可相從神事之由載之、如正元々年九月十一日下知狀者、當郡十七箇鄕可勤仕當社祭使役之由、所見也、任此下知、六波羅成施行畢、就中、如文永六年十月七日下知狀者、神官實信等与日吉社領八坂庄官慈願等及對論之日、兩郡御家人并庄官等、自往古令勤仕祭使馬上役之條、無異儀、任正元關東御下知幷建長六波羅下知、守舊規、庄官等可相從當社神事云々、不易之成敗輙難被改替、而彼御下知等者重代氏人等之相論也、不足他所之例、且可守舊規云々、當保者不勤來之上、爲凡□《(下カ)》輩役之間、難勤仕之旨、定賴雖申之、後三條保爲郡內之條、無異論之間、難對捍有限之神役歟、御家人・庄官皆以勤仕之條、見于文永下知、隨又定賴者、治□藤七之末葉也、藤七勤仕馬上役之上、就神官之訴、山門領河瀨庄公文行心等可從彼役之旨、乾元二年五月廿三日於六波羅被成下知之旨、基綱等令申之處、藤七者外戚之遠類也、件役勤仕事、爲不實之旨、定賴雖稱之、於乾元下知狀者、不論申之間、尤足傍例歟、加之、當保勅旨田事、可

馬上役ハ定頼勤仕スベシ
定頼ノ狼藉ニツイテハ實證ナキニヨリ沙汰ニ及バズ

停止多賀平太貞重等新儀妨之旨、貞應元年七月十二日被成關東御下知幷六波羅施行之旨、定頼雖号之、件勅旨田可止多賀社新儀濫妨之旨、被成下畢、非社役對捍事之間、不足潤色之旨、基綱等之所申有其謂、然則、於彼役者、任度々下知、定頼可勤仕也、次定頼相語山門公人、拔捨社家差符、及狼藉之條、難遁其咎之旨、基綱等雖載訴狀、不實之旨、定頼論申之上、無殊實證之旨(間カ)、不及其沙汰者、依鎌倉殿仰、下知如件、

嘉暦元年十二月廿三日

相模守平朝臣(赤橋守時)(花押)
修理大夫平朝臣(大佛維貞)(花押)

海老名宗心、加賀國與・淺野兩保雜掌信智等ト下地以下ニツキ相論ス

三一二

(海老名文書)

海老名太郎忠國法師法名宗心與(興)加賀國與・淺野兩保雜掌信智等相論下地以下事、

右、如六波羅執進訴陳狀具書等者、枝葉雖多、所詮、宗心則各別知行之條、建保御下知幷領家請取狀以下分明之處、預所賢證等新儀非法之餘、押領下地半分幷公文職以下所職・名田、剩打入地頭屋敷、致追捕刄傷之由申之、雜掌亦宗心帶建保御下知等之旨、所構申處誕(虚カ)也、當保者、領家・地頭中分之條、被載仁治・建長御下知幷分帳畢、仍領家・地頭各別知行之間、相互不混亂之旨申之、爰如宗心于時在俗進本所之目安狀者、小坂庄私有中分子細歟、雖然代々依爲各別知行、兩保者無其儀、經百餘廻之處、當庄禪林寺法皇(龜山)御管領之刻、寄事於惣庄中分、被割取之間、欲訴申時節、被返進禪定殿下(二條兼基)御所之間、所愁申也云云、如捧六波羅之訴狀者、欲被申入

本所二條禪定殿下、被行當保預所賢證等於狼藉咎事、當保者爲忠國重代相傳開發領、下地幷
公文職以下所職・名田畠等無相違之處、賢證等致新儀非法之餘、押領下地半分幷公文職以下
所職・名田云々、爲顯然違目之間、禪林寺法皇御押領經何箇年哉之由、於引付之座、被尋宗心(于時在俗)
之處、自文永年中、至乾元二年云々、數十年之間何不及上訴哉之旨、被問之處、忽變先言、被
尋惣庄御管領年限歟之由、令存申畢、禪林寺法皇御時者、無御押領之由、返答之條、甚姧謀
也、於宗心目安狀者、雜掌載追進狀、再三申子細之處、宗心不及異論之間、賢證押領之由申
之條、眼前不實也、伺領家遷替之隙、企姧訴之條、無異儀、(是一)、次仁治三年御下知者案文也、
隨(海老名)忠行者(于時在俗、忠行子息、維則曾祖父)仁治二年死去畢、以死去之身、內內申入領家之旨、不可被載之、如同分帳者、道一
加署判畢、道一與維家(宗心祖父)爲敵人之間、不可有此儀之上、地頭分之由書載之地、雜
掌當知行也、建長下知者免田之論也、非中分下地之上、義理悉參差之間不審也、恐押領以下罪
科、構出今案狀等之旨、宗心雖申之、於仁治下知正文者、海老名左衞門五郎維則所持之間、仰
維則、召出引付之座、令披見之處、無相違之上、中分之條分明也、而或當庄私中分之由、載目安
狀、或被引載忠行申詞於彼下知畢、而二年死去之由掠申之條甚姧曲也、(是二)、次分帳事、道一與維
家敵人也、以道一狀、維家爭可雌伏哉、敵對之條寬元二年御下知顯然之由、宗心雖申之、預所道
禪與地頭忠行(道一父)可中分之和談之間、可折中之旨、仁治三年被下知之間、同四年道一(于時在俗)書出
中分狀畢、寄事於後年之下知、爲敵人之由申之條謀計也、(是三)、次如同狀者、地頭分之由書載之
地、雜掌爲當知行之旨、宗心雖申之、背分文、領家令押領者、可訴申其由之處、當保者宗心重代
相傳無相違之處、預所賢證押領下地半分之旨、及訴訟畢、而爲中分地之由、雜掌申之時者、又預

二箇保ニ關スル宗心ノ濫訴ヲ棄却シ仁治下知狀幷分帳ニ任セ中分知行スベシ

所令押領分帳內之旨申之條、爲姧謀歟、是四、次如建長下知者、加賀國御家人與(興)六郎維家與當國小坂庄預所覺禪相論當庄內興保白山金劒宮免田壹町內七段事、右、對決之處、如維家申者、去仁治四年三月之比、領家・地頭中分當庄云々、下地折中之條、又以分明也、而加種々繆難、剩構出今案狀等之旨、宗心申之條、頗招罪科歟、是五、次如宗心追進陳狀者、小坂庄與(興)・淺野去建保年中令各別之條、御下知以下證文等明白也、將又地頭當知行之條、云散用狀等、云領家年貢請取等炳焉也云々、又云、公文職事、自往昔以來知行無相違之條、證文分明之上、領家狀顯然也云々、宗心自本不帶此狀等、而所持之由構申虛誕之旨、雜掌載申狀之間、於引付之座、被尋問宗心于時在俗之處、建保下知事者、爲建曆下知之處、書先(失カ)畢、被(彼)狀等者預忠泰之條、忠泰從人佐時等連署請取狀明白也、仍宗心不所持云々、建曆下知者、忠行就家(興)滿宗心曾祖父讓拜領之狀也、忠行嘉祿三年以當庄內興・淺野兩保、讓維家畢、隨仁治四年令折中之間、何各別知行之條、建曆御下知分明之由可書載哉、就中如彼陳狀者、件御下知以下證文等宗心所持之由、令申之條顯然也、而預忠泰之條、佐時等狀明白之由、宗心雖稱之、請取彼狀等之條無所見、宗心帶建保御下知以下證文之由、及僞訴之處、被糺明之時、或書先(失カ)之由号申、或寄事於佐時請取狀、不帶之旨道(遁カ)申之條、甚謀計也、是六、次淺野保者、又六郎家衡相傳之地、此內宗心田貳段餘、就家衡和與狀、所令帶六波羅下知狀也、無(興カ)保者、六郎貞泰惣領主也、而宗心兩保地頭之由、載訴狀之上、如狀者、爲兩保一圓地頭之旨令申歟、造意之企綺絶(綷カ)常篇是七、者、彼兩保爲中分地之條、仁治下知幷分帳・建長下知狀分明之處、不折中之由及姧訴之條、甚姧謀也、然則、於件二箇保者、被弃置宗心濫訴、住(任)仁治下知狀幷分帳、知行不可有相違、次預所賢證以下致刄傷狼藉由事、如宗心本解者、預

預所賢證ノ刄傷狼藉ハ虚誕ナリ

宗心ノ濫訴ヲ棄捐ス

宗心姧訴ノ罪科ハ沙汰ニ及バズ

所非法之餘、押領下地及刄傷云々、押領不實之一(上カ)、刄傷又以虚誕之條、不及不審之由、雑掌所申有其謂、次宗心抑留本解狀幷具書之間、申付書下、經三ヶ年之後、嘉元三年十月出帶狀云、預所賢證去年乾元元二月三日、淨圓幷仲助以下數輩打入地頭政所、追捕色財寶云々、宗心乾元二年重狀者、無淨圓・仲助名字、構不實始書加之由、雑掌所申爲事實歟、次同狀云、刄傷久吉・國方男畢、守護代道性檢見狀備進云々、如乾元重訴狀者、追捕注文・狼藉人交名先進之旨、雖載之、道性狀先進之由不載之、自本爲不實之間、無檢見狀之條顯然也、而送三箇年之後、今俄所僞申也、仲助熊野參詣之跡、稱有殺害事、道性率多勢追捕資財、與耻辱於妻子畢、仍仲助帶本所御擧(狀脱カ)、就訴申、爲伊知地彌三郎奉行、嘉元二年二月申付御教書於道性畢、案文進覽之、宗心得彼敵對之隙、依語取檢見狀歟、嘉元三年十月始稱案文、令備進之間、難被指南之由、雑掌所申叶理致歟、次道性妻與宗心爲從父兄弟之由、雑掌雖申之、彼狀守護人不執進、將又不被尋道性之間、不足刄傷證跡、仍緣者有無不及糺明者、追捕・刄傷事、無指證據之間、所被弃捐宗心濫訴也、次宗心姧訴科事、謀訴之趣委細見狀狀(衍カ)右、仍雖可被罪科、就他事構謀書之間、所被罪也、仍不及沙汰者、依鎌倉殿仰、下知如件、

嘉暦二年八月廿五日

相模守平朝臣(赤橋守時)(花押)

修理大夫平朝臣(大佛維貞)

(熊谷家文書)(註240)

熊谷直經、繼母尼眞繼

三一三

熊谷小四郎直經与繼母尼眞繼代了心相論眞繼亡息余次直繼直經兄所領事、

代了心ト亡兄直繼ノ所領ニツキ相論ス

右、訴陳之狀、問答之趣子細雖多、所詮、直經等亡父彥次郎直滿所領者、武藏國熊谷鄕內田屋敷・同國木田見鄕內田在家・美濃國金光寺內田畠・安藝國三入本庄內田地・同國吉木村三分一但、此地者、笠間下野入道押領間、於六波羅訴申之由、直經申之、等也、德治三年改延慶、四月廿一日、於半分者直繼、至半分者讓給直經于時童名虎次郎之時、無子者何礼仁天母、兄弟乃中仁可知行之由、載誡句早、直繼無一子、而元享(亨)二年九月廿五日死去之刻、母尼眞繼押領熊谷鄕內知行分之條、無謂之由、直經申之處、直繼子息虎一丸見存事、世以無隱之處、無一子之由、掠申之、押領木田見・金光寺・三入所領等之條、難遁罪科、直滿所領者、永仁五年分讓直繼之間、直繼死去之刻、眞繼一期之後者、讓与虎一丸之間、知行不可有相違之處、稱德治三年之讓、搆出謀書之旨、了心陳之者、号永仁讓狀者、義理條々雖參差、不帶正文之旨、眞繼申之上者、不能是非、至德治之狀者、直滿自筆也、任誡文、可預裁許之由、直經申之處、手跡者雖相似、判形相違之由、了心稱之、自筆已承伏早、至判形者、德治年中改判之旨、直經申之處、了心不能重難、實書無異議歟、而如直滿三月二日不記年号、自筆和字狀者、何与利毛余次加於能古々仁天候奈留、悅覺候云々、是則虎一出生事也、德治之讓、縱雖無相違、有子息之上者、不及所領競望之由、了心申之處、於狀者、爲直滿自筆之由、直經承伏早、但、如直滿遺直經七月廿一日不記年号、自筆和字狀者、余次加子乃虎、此十四日仁死候奴云々、如同廿七日同狀者、禁忌事伊久良程仁天候邊幾哉覽、委久便宜仁仰良礼候邊久候云々、死去之條分明也、爭見存之由、可僞申哉之由、直經申之處、於問答之座、始進覽之條、爲顯然謀書之由、了心雖難之、比挍眞繼所進直滿書狀之處、爲同筆之旨、所見也、直繼雖令生虎丸、先年死去之處、眞繼爲遁誡文、搆虛子、号虎一之條、無異議、爰依伺聞沙汰之形勢歟、

直經領知スベシ

經數日之後、号直滿閏三月廿日不記年号、自筆之狀、所追進也、如端書者、余次加產子能夜古曾淺猿久候倍云々、元應元年男子出生之條無論、閏三月者正和三年也、彼所生以前有別子之條顯然、以別人死去之所見狀、取成虎一丸死去支證之條、奸謀之旨、了心申之處、眞継廻種々秘計、構虛子之間、直継子一人歟、二人歟、被令申定之後、可言上違目之旨、先問答之時、再三令申之處、虎一之外有別子之由、終不申之間、治定于一人之後、進覽死去之證狀早、失術計、構謀書追進之條、難遁重科之由、直經稱之、而有兩人子之條、代官依不覺悟、就尋問在國之正員、進所見狀之條、不足其難之旨、了心雖申之、元來帶此狀者、先問答之時、同可進覽之處、無其儀、不審惟多之上、爲端書之間、有入筆之難、爲疑狀所被弃捐也、然則、於直継知行分者、任直滿誡文、可令直經領知、次眞継所進直継元享(亨)二年九月廿二日讓事、如狀者、讓渡志滿伊羅勢候所領事、虎一仁給候、永仁五年乃直滿能讓狀仁任天、御知行候倍久候、御一期之後波、虎一仁思食宛邊久候、若此童何奈留事毛候波牟時波、唯御計登志天、誰仁毛心安幾人仁給邊久候云々、以和字模漢字、如号直滿永仁讓之案者、讓与辰虎直継童名云々、号虎一者、今之虛子也、爭可爲同名哉、將又眞継若得此狀者、直継死去之、則木田見・金光寺・三入所領等、直經當知行也、爭不經訴訟、就直經元享(亨)二年十二月十七日本解狀、及四ヶ年令難澁陳狀、正中二年二月十七日始屬賦、以見存虎一無躰之由、掠申之、直經押領彼所々之由、捧訴狀、被賦寄之後、同年四月九日可進初答狀哉、綺遲引之條、作出虛子之後、未來領主之由、構謀書之故也、直継無子之上者、不可有讓狀之旨、直經所申有其謂、將又熊谷圖書助入道西忍(直時)遺領相論之時、女子尼蓮忍代訴申直継之時、捧請文早、奉行人性昭所書銘也、可被挍合彼判之由、直經申之間、

眞繼ヲ遠流ニ處ス

鶴岡八幡宮供僧圓重、地頭長江政綱ト相模國北深澤郷供新田供米ニツキ相論ス

政綱ヲシテ供米ヲ究濟セシム

比挍之處、筆勢點畫相違早、謀書無異議、次眞継謀書之咎事、無所領云々、可處遠流、次同人謀略咎事、被處流刑之上、不及沙汰者、依鎌倉殿仰、下知如件、

嘉暦三年七月廿三日

相模守平朝臣（赤橋守時）（花押）

三一四

（相承院文書）（註241）

鶴岡八幡宮供僧大夫法印圓重与長江弥弥（衍カ）左衞門尉政綱相論相模國北深澤郷内供新田壹町五段〇（大）分供米事、

右、正和三年以來政綱致未進之由、圓重訴申之處、如政綱陳狀者、當鄕者、自往古里坪治定之間、供僧等每年遂撿見、隨得田面々作人、致直納之條古例也、云田數、云作人、政綱不存知之間、給注文、可遂進未結解云々者、政綱爲地頭、乍進止下地、寄事於作人、遁申之條、甚無其謂之上、以一問答訴陳、可遂問答之旨、圓重依申之、可返進訴狀之由、去六月廿日以奉行人安威新左衞門尉資脩并齋藤九郎兵衞尉基連使者、雖成書下、于今抑留、無理之所致也、然則、於彼供米者、政綱可究濟之狀、依鎌倉殿仰、下知如件、

嘉暦三年八月十二日

相模守平朝臣（赤橋守時）（花押）

三一五

（東寺百合文書せ一至二十八）（註242）

常陸國信太庄雜掌定祐、地頭遠江守政・遠江幸壽丸ト同庄內本郷一方分役ニツキ相論ス

錢ハ員數ニ任セ沙汰致スベシ

員數ニ任セ沙汰致スベシ

遠江國村櫛庄雜掌定祐、地頭馬場谷禪尼ト同庄伊佐地郷寺用米ニツキ

（附箋）「關東下知信太」（端裏書）「百四十三」

常陸國信太庄雜掌定祐申、年貢條々、

一、當庄內本鄉一方分役事、

右、地頭遠江式部大夫守政去正中元年以來、至于嘉暦三年、所積分錢五貫文對捍之由、定祐依訴申、尋下之處、下給本解可遂結解之旨、守政代利澄就捧狀、去六月九日雖被下彼狀、依不進陳狀、同七月四日加催促之上、八月四日以使者、重相觸訖、而于今無音、不遁難澁之咎歟、然則、於彼錢者、任員數可致沙汰也、

一、同鄉一方分役事、

右、地頭遠江幸壽丸正中二年以來、至嘉暦三年、所積分錢四貫文對捍之由、定祐依訴申、尋下之處、下給本解、可進陳狀之旨、去二月廿五日幸壽丸代道忍就捧狀、同五月二日雖被下彼狀、依不進陳狀、同六月八日加催促之上、八月四日以使者、重相觸訖、而于今無音、難遁難澁之咎、仍同前、以前兩條、依鎌倉殿仰、下知如件、

元德元年十一月七日

相模守（赤橋守時）平朝臣（花押）

（桂文書）

三一六

最勝光院領遠江國村櫛庄雜掌定祐申、當庄內伊佐地鄉寺用米事、

右、當鄉寺用米者、年別拾石六斗六升六合六勺也、而嘉暦三年以來無沙汰之由、就訴申、仰

相論ス
馬場谷禪尼ヲシテ員數
ニ任セ糺返サシム

備後國大田庄雜掌良信、
同庄山中横坂郷一分地
頭富部有冬ト所務條々
ニツキ相論ス

平民名下地幷同名內佛
神田畠ハ領家ニ避進ム
國安名ハ地頭進止タリ
年貢ハ領家方ニ辨ズベ
シ
領家方公事ハ平民百姓
ノ如ク勤仕セシムベシ

地頭馬場谷禪尼當年六月四日・閏六月廿四日兩度雖成遣奉書、不及散狀之間、八月四日以奉行人文永能定使者、付遣重奉書訖、雖然、于今無音、難遁違背之咎、然則、嘉曆三年以來分、任員數可令糺返之狀、依鎌倉殿仰、下知如件、

元德二年十月廿七日

右馬權頭平朝臣（北條茂時）（花押）
相模守平朝臣（赤橋守時）（花押）

三一七

（高野山文書寶簡集六）（註243）

備後國大田庄雜掌良信与當庄山中横坂郷一分地頭富部又三郎有冬相論所務條々事、

右、如六波羅執進良信・有冬去年元德二十月三日連署狀者、和与高野山大塔領備後國大田庄雜掌良信与同庄山中横坂郷一分地頭富部又三郎有冬相論年貢以下所務條々、

一、當郷平民名下地事、

右、當郷內有冬知行分下地者、可爲地頭進止之由、亡父有綱存日德治二年十一月七日被成關東御下知之間、地頭于今所令管領也、爰文永二年以後年貢未進事、就雜掌訴訟、於六波羅被經御沙汰、遂結解、可致其辨之旨、正和元年十月七日被成御下知畢、然而、依返抄紛失、難遂其節之間、以和与之儀、平民名下地幷同名々內佛神田畠等者、悉永代所避進領家方也、但於國安名者、猶可爲地頭進止、彼名年貢者、以皆現米、可辨領家方也、同領家方公事、如平民百姓、可令勤仕、全不可有懈怠矣、

地頭加徵・公文粁ハ百姓等地頭方ニ辨ズベシ
課役ハ勸農ノ時人夫三ヶ度召仕フベシ
宿直ハ平民・地頭名百姓等毎夜一人勤仕スベシ
關東人夫役ハ善信置文ニ任セ相違アルベカラズ
地頭ノ異論ヲ止ム
年貢三分二ハ現米、三分一ハ色代デ辨濟スベシ
得分ヲ四分ニ相分ツ
平民名幷別作内山野ハ領家進退タルベシ
地頭名々内山野ハ地頭ニ進止セシム
雜掌ノ訴訟ヲ止ム

一、所避進領家方平民名地頭得分幷課役事、
右、於地頭得分者、任本司（大田光家）注文、可致其沙汰、但至地頭加徵・公文々粁者、鑁阿上人幷本地頭善信（三善康信）十箇条置文分明之間、任彼狀之旨、百姓等可辨地頭方、次課役事、毎年勸農之時、人夫三ヶ度可召仕之、次宿直事、平民幷地頭名百姓等相共爲巡役、守次第、毎夜一人可令勤仕之、次關東人夫役事、任善信十ヶ条置文、不可有相違、此外者不可有地頭方之公事課役焉、
一、星小守別作事、
右、年來雖致相論、於向後者、所止地頭異論也、但至地頭得分者、任先例、可致其沙汰矣、
一、地頭名年貢事、
右、吉富・智門・則澤・熊丸者、爲地頭雜免、不可有領家方公事課役、至年貢者、現米參分貳、色代參分壹可令辨濟、領家方自余色々濟物者、如元可致其辨焉、
一、撿断事、
右、相分其得分於四分、預所壹分、預所代壹分、正地頭壹分、惣追補（捕）使壹分可取之、於地頭代得分者、任善信置文、可取之矣、
一、當鄉內山野事、
右、於平民名幷別作內山野者、一向可爲領家進退、至地頭名々內山野者、可令地頭進止、相互不可有違乱焉、
一、文永二年以後地頭年貢未進事、
右、自文永二年、至元德元年地頭未進分、和与之上者、止雜掌訴訟畢、更不可有後日違變

和与狀ニ任セ相互ニ沙汰スベシ

之儀云々者、

以前條々相互守彼狀、向後無違乱可致沙汰者、依鎌倉殿仰、下知如件、

元德三年四月七日

右馬權頭平朝臣（北條茂時）（花押）

相模守平朝臣（赤橋守時）（花押）

三一八　（東寺百合文書せ一至二十八）（註244）

常陸國信太庄雜掌定祐、地頭駿河高長・近江政親ト同庄大岩田・安見鄉・飯岡鄉等役ニツキ相論ス

高長、員數ニ任セ沙汰スベシ

政親、員數ニ任セ沙汰スベシ

常陸國信太庄雜掌定祐申、年貢條々、

一、當庄內大岩田・安見鄉等役事、

右、地頭駿河式部大夫高長元德元年分錢拾參貫參拾七文對捍之由、依訴申、同二年六月七日・閏六月廿四日兩度雖尋下、依不及散狀、今年元德三四月四日以兩奉行人使者、重相觸訖、而于今無音、不遁難遁之咎歟、然則、於彼錢者、任員數、可致沙汰也、

一、同庄內飯岡鄉等役事、

右、地頭近江兵庫助政親同年分錢拾壹貫五十文對捍之由、依訴申、尋下之處、違背之條、同于先段、仍同前、

以前兩條、依鎌倉殿仰、下知如件、

元德三年五月廿七日

右馬權頭平朝臣（北條茂時）（花押）

相模守（赤橋守時）平朝臣（花押）

永福寺薬師堂供僧嚴演、相模國飯田郷一分地頭飯田家頼ト供米ニツキ相論ス

家頼知行分ハ下地ヲ中分シ一方ヲ寺家ニ付スベシ未進ノコトハ沙汰ニ及バズ

遠江國原田庄雜掌直瑜、細谷郷地頭原忠益ト所務ニツキ相論ス

三一九

（神田孝平氏所藏文書）（註245）

永福寺薬師堂供僧伊豫法師嚴演申、相模國飯田郷一分地頭飯田五郎家頼不弁供米事、

右、自正中二年、至嘉暦二年未進參石壹斗可究濟之由、去元年十二月七日成敗之後、去年四月廿五日直雖遣奉書、不叙用之間、同六月五日・今年三月二日詑（就カ）二宮右衞門五郎忠行加催促詑、如執進四月廿五日請文者、致弁帶返抄之處、申付御教書之條、難堪次第、令參上、可明申之旨、雖載之、于今無音、於弁償之段者、不實之由、嚴演所申也、家頼難遁下知違背之咎、然則、於家頼知行分者、中分下地、以一方可付于寺家、次未進事、相分地本之上、不及沙汰之状、依將軍家仰、下知如件、

元徳三年八月廿七日

右馬權頭（北條茂時）平朝臣（花押）

相模守（赤橋守時）平朝臣（花押）

三二〇

（東寺文書射一至十二）（註246）

遠江國原田庄雜掌直瑜与細谷郷地頭原小三郎忠益相論所務事、

右、整訴陳之状、擬成敗之處、今月十五日兩方和与訖、如直瑜状者、一、年貢事、所詮、以和与之儀、於向後年貢者、以當郷弘長目錄（但以後目錄令出帶者、就是非可有其沙汰、）爲公田數、至當郷惣領忠益分者、以

段別貳百文錢貨、不論旱水風損、毎年十一月中可令究濟、若背此狀、致未進者、任先例、可被成現米者也、但國中平均大損亡之上、當庄半損以上損亡之時者、以使節被遂撿見、任實正可被定損得也、次庶子分等者、出徵符上者、〇云年々對捍之篇、云向後現米之段、各別被訴申之、可爲上裁之間、忠益不可相綺、面々可明申子細之旨、被出和与狀之間、直瑜止訴訟畢、仍於向後者、守彼狀、相互可有其沙汰者也、一、御佃米事、一、鄉司正作米事、兩條於惣領分者、同毎年十一月中可令究濟、若令對捍者、可被行其咎之由、被出狀之間、子細同前、一、三昧堂疊代綿事、一、田率糸事、一、兵士米事、一、麥地子事、一、山畠小紙事、一、綾被物事、一、白苧以下色々雜物事、條々毎年不違先例、隨分限可致沙汰也、若令對捍者、同前之由、被出狀之間、子細同前、一、惣撿事、御下知之上者、不可有異議之由、被出狀之間、子細同前、一、百姓在家事、任先例、可有其沙汰之由、被出狀之間、子細同前云々、如忠益狀者、旨趣相同、此上守彼狀、互可致所務也者、依鎌倉殿仰、下知如件、

元德三年十二月廿七日

右馬權頭平朝臣(北條茂時)(花押)
相模守平朝臣(赤橋守時)(花押)

(吉田藥王院文書)(註247)

和与狀ヲ守リ互ニ所務致スベシ

三二一

常陸國吉田社雜掌祐眞、同社神宮寺別當成珍ト神宮寺別當職幷山本鄉

常陸國吉田社雜掌祐眞与當社神宮寺別當權少僧都成珍相論當寺別當職幷山本鄉正和五年以來年貢・檢注以下事、

年貢・檢注ニツキ相論ス

和与狀ニ任セ訴訟ヲ止ム

年貢未進ハ結解ヲ遂グベシ

檢注事ハ惣鄕ノ例ニヨルベシ

右、及訴陳之間、擬是非之處、兩方和平訖、如成珍去年元德三八月廿日狀者、當寺者自往古爲公家・武家兼帶之御祈禱所、云異國蜂起之時御教書、云每年關東政所卷數請取、顯然之處、本所一圓進止之由、雜掌祐眞就訴申、雖番一問答、任先例、向後每年爲本所奉轉讀四季大般若經、可捧卷數之由、雜掌祐眞被出和与狀之上者、不可有子細、次山本鄕內成珍知行分年貢正和五年以來未進事、依致弁帶請取、遂結解畢、檢注事者可依惣鄕例云々、如祐眞同月廿四日狀者、旨趣相同、此上不及異儀、守彼狀、互不可違越也者、依鎌倉殿仰、下知如件、

元德四年四月二日

右馬權頭(北條茂時)平朝臣(花押)

相模守(赤橋守時)平朝臣(花押)

(永光寺文書)　(註248)

三二二

(附箋)「鎌倉殿下知狀右馬權頭平朝臣・相模守平朝臣兩花押」

村井知性女子伴氏、舊夫吉見圓忠ト能登國志々見保內田畠・屋敷ニツキ相論ス

女子伴氏ノ知行相違アルベカラズ

村井又次郎入道知性女子伴氏申、能登國志々見保內田壹町五段・屋敷・畠壹段事、

右、田畠等者、舊夫吉見二位律師圓忠所領也、去嘉曆四年三月十五日讓給氏女之間、知行無相違之所、去年三月令離別之後、乱妨下地之由、依訴申、爲糺明所下召符也、如圓忠同七月十六日請文者、以彼田・屋敷讓与之後、乱妨不實候、氏女下人等耕作云々、而如氏女重狀者、讓狀承伏之間、押妨之咎不可遁申云々、此上不及異儀、然則、於件田畠等者、任圓忠讓狀、氏女之知行不可有相違者、依鎌倉殿仰、下知如件、

正慶元年五月廿七日

右馬權頭平朝臣(北條茂時)(花押)

相模守平朝臣(赤橋守時)(花押)

佐々木義綱長男時經代明祐、岡成景光息男景治・友景ト越中國岡成名ニツキ相論ス

三二三

(朽木文書)(註249)

佐々木出羽五郎左衞門尉義綱(朽木)今者死去、長男四郎兵衞尉時經代明祐与岡成又次郎大夫景光今者死去、息男六郎景治幷孫子次郎友景相論越中國岡成名事、

右、訴陳之趣枝葉雖多、所詮、當名者、足利尾張三郎宗家(斯波)跡也、義綱爲召捕惡黨人之賞、嘉元二年十二月二日令拜領訖、景治・友景伺雜給之隟、僅避出田地陸段、以殘田畠・在家等、号市安・松重名押領、無謂之由、明祐申之處、市安・松重非岡成名內之條、本領主盛景(岡成)建長二年十二月十七日讓狀・文永六年十二月十日取帳分明也、時經爭可及競望哉之旨、景治・友景雖陳之、就件讓狀土帳等、未賜安堵御下文、又不預下知狀云々、輙不足指南、凡安貞年中景治等先祖寄附遠江守朝時(北條)以降、地頭書与代官職宛文於本主子孫之條、景治・友景承伏之上、景治祖父景長捧建長讓狀、得地頭宗家弘長二年八月三日下文畢、如狀者、下散位淸原景長、可令早領知越中國西條鄕內岡成名田畠事、右、守親父盛景建長二年十二月十七日讓狀、可令領掌云々、市安・松重爲各別地者、尤可書顯名字歟、別載岡成一所之間、讓狀謀書露顯之由、明祐之所難、非無子細、是一、次市安名建保三年二月四日沽却于他人訖、加之、依京都大番事、宛松重名地頭、正應二年四月十一日已後致支配課役之旨、景治等同雖申之、建保放劵狀之眞

岡成名ハ時經ニ付セラルベシ

友業等知行分モ時經ニ渡サルベシ

僞對捍、雖補地頭、難致糺決、如大番催促狀者、又松重爲岡成名外之段、曾無支證之上、景治曾祖父時景之時、避渡朝時云々、但以其子孫、多令補地頭代畢、近年爲稱御家人、恣誘取守護代狀歟、敢難許容、是二、市安・松重兩名本御下文者、惣領松重彥太郎信光帶持之由、景治申之間、所召問信光也、如信光進覽仁平四年十月廿日讓・正治元年七月十九日・同十月十一日狀等者、或以松重名田畠山野、讓与信遠(松重)旨載之、或信遠任仁平狀、預守護代裁許之由、所見也、以法之證文、爲綺之躰、䠙踦(マヽ)之上、号本御下文、雖副進元久二年三月二日狀、無正文之間、輙不能信用、是三、隨相尋之(マヽ)足利又三郎宗氏(斯波)(宗家息)之處、如延慶二年三月廿九日請文者、岡成名父祖領知事、承久兵乱之比、地頭・名主大略歸遠江守朝時之刻、安貞年中各以所領令寄附、即可補代官職之旨、就望申安堵訖、所務之次第爲治息代々賜宛文、濟年貢畢、宛身依不領掌、不帶證狀云々、田地陸段之外、無寄進儀之際、不可有餘剩之由、景治等稱申之条、頗可稱矯飾、是四、就中、景治・友景不終沙汰之篇歸國、仍爲問答、數箇度下奉書之後、仰小泉四郎藏人義重々所觸遣也、如執進景治・友景散狀者、岡成名不知行之處、寄事於岡成、掠申之条存外也、企參上可明申云々、去年十月已前召對、被成敗之間、詫(就カ)義重(小泉)同十二月十二日猶加催促畢、如景治今年三月十八日・友景同十九日請文者、可參上之旨、雖載之、于今不參、違背者又無所遁、是五、然則、於彼市安・松重者、爲岡成名內、宜被付于時經、次岡成五郎兵衛尉友業・同掃部太郎女子尼妙心・同四郎兵衛入道娘豐原氏・平池三郎後家尼妙心知行分事、就明祐之訴、相觸之處、難澁之篇、相同先段、此上停止彼輩之綺、可被渡時經、子細同前者、依鎌倉殿仰、下知如件、

正慶元年九月廿三日

右馬權頭(北條茂時)平朝臣在判

相模守(赤橋守時)平朝臣在判

山城國葛原庄領主快乘・道行等、多聞丸・若狭房ト濫妨狼藉ニツキ相論ス

多聞丸等ノ濫妨ヲ停止ス

三二四

(東寺百合文書ホ三十六至五十五)(註250)

(端書)「關東御下知」

山城國葛原庄領主快乘・道行等申、濫妨狼藉事、

右、如當年六月七日六波羅注進狀者、山城國葛原庄領主快乘・道行等申、多聞丸幷若狭房濫妨所務之由事、彼多聞丸等号左馬寮(菊亭前左府)雜掌、率人勢追捕百姓家內、濫妨下地、責取得分物之由、快乘等就訴申、可召給旨、今年正月十八日・二月廿日申入之後、三月十七日重以奉行人宣秀・賴連、雖觸申、尙以不被召出彼等候、仍快乘等重申狀以下具書相副目六謹進上云々、此上者、難遁難澁之咎、然則、可停止濫妨、次抑留物幷罪科事、向後不可申子細之由、快乘等申之、不及異儀矣者、鎌倉殿依仰、下知如件、

正慶元年十一月二日

右馬權頭(北條茂時)平朝臣在判

相模守(赤橋守時)平朝臣在判

三二五

(朽木文書)(註251)

佐々木義綱長男時經代明祐、松重景朝子息景式代覺賢ト越中國岡成名ニツキ相論ス

佐々木出羽前司義綱（朽木）法師法名種義今者死去、長男四郎兵衛尉時經代明祐与松重清新大夫景朝今者死去、子息八郎景式代覺賢相論越中國岡成名事、

右、就訴陳之狀、於引付之座、召決兩方訖、粭給（給恰カ）申詞雖區、所詮、明祐則當名者、足利尾張三郎宗家跡也、種義募勸賞、嘉元二年十二月二日拜領之處、景式等僅避出田陸段、以殘下地、号市安・松重名、恣令押領之由訴之、景式亦市安・松重非岡成名内之條、本領主盛景（岡成）本名時景建長二年十二月十七日讓狀・文永六年十二月十日取帳炳焉之旨陳之、爰岡成六郎景治・同次郎友景等備件讓狀土帳、雖支申、不賜安堵御下知等之間、難指南之由、評定既訖、今更不及豫議之上、景式先祖安貞年中寄附遠江守朝時（北條）已來、至于宗家之時、書与代官職宛文於本主子孫之旨、景式所自稱也、隨而景式祖父景長捧父盛景讓狀、得宗家弘長二年八月三日下文早、如狀者、下散位景長、可令早領知越中國西條鄉内岡成名田畠事、右、守親父盛景建長二年十二月十七日讓狀、可令領掌云々、市安・松重自元爲別名者、尤可書顯名字歟、爭可引載岡成一所哉、於讓狀者、任雅意改之由、明祐申也、非無疑貽、加之、依京都大番事、宛松重地頭、正應二年四月十一日已後被支配課役之旨、景式同雖論之、松重爲岡成名之外、可各別之段、支證不分明、凡景式曾祖父盛景雖避渡朝時、至代官職者、多分補盛景跡輩云々、爲稱御家人、近年誘取守護代狀歟、敢不足許容之上、本御下文者、惣領松重彦太郎信光帶持之由、景式等令申之間、尋問之處、或雖獻覽仁平・正治讓狀等、爲狀之躰謗踦（マヽ）也、或雖副進元久御下文案無文（正脱カ）云々、輒難取信、且如前地頭足利又三郎宗氏（斯波）延慶二年三月廿九日請文者、岡成名父祖領知事、承久兵亂之時、地頭・名主大略歸遠江守朝時之刻、各寄附所領、即望補代官職之旨、所見也、

市安・松重ハ岡成名內トシテ時經ニ付セラルベシ
景業知行分モ時經ニ付スベシ

市河榮忍子息助房、中野幸重後家尼圓阿ト信濃國中野鄉西條內田地得分物ニツキ相論ス

以田地陸段、号岡成名、其外不可有餘剰之由、景式返答不審之上、當名誠可限陸段者、盛景縦雖寄進之、朝時不可領狀歟、況盛景子孫面々難競望地頭代之旨、明祐之所申非無謂、然則、於彼市安・松重者、任先度成敗、爲岡成名內、宜被付于時經、次松重介四郎能景今者死去、息男景業知行分事、度々遣召符、仰使者小泉四郎藏人義重、去年十二月十二日就加催促、適雖參上、外祖母尼妙蓮今年七月廿日他界之由稱之、不終沙汰之篇歸國云々、難澁至極之上、相論之旨趣又不違景式番之間、旁不及異儀、仍子細同前者、依鎌倉殿仰、下知如件、

正慶元年十一月二日

右馬權頭平朝臣(北條茂時)在判
相模守平朝臣(赤橋守時)在判

三二六

(市河文書)(註252)

(附箋)「抑留物事正慶元十二月」

市河左衞門入道榮忍(盛房)今者死去、子息助房申、信濃國中野鄉西條內田地得分物事、

右、得分物事、榮忍与中野次郎幸重依致相論、可糺返之由、弘安七年十二月廿五日・正和(安)二年三月三日榮忍預裁許畢、無沙汰而幸重死去、仰子息孫太郎秀幸度々加催促之處、如正中二年三月請文者、於亡父幸重跡所領者、不殘段歩一円讓給母堂円阿云々、就之、嘉暦四年六月十四日以來、雖仰円阿、不承引之間、今年七月八日仰常岩弥六宗家之處、如執進円阿同八月廿六日請文者、市河左衞門入道榮忍今者死去、子息助房代秋厳申、中野西條內田地得分物事、捧過

圓阿ヲシテ得分物ヲ辨償セシム

分注文之間、爲齋藤九郎兵衞尉奉行、可被勘定員數由、依申之、有其沙汰之處、差違對捍之旨、掠申之條無謂、企參□（上カ）可明申之由載之、爰基連奉行展轉之後、被差改高實奉行□（之カ）間、所觸仰也、寄事於本奉行人、進自由請文、數月不參、難遁下知違背之咎、於論物者、不日可弁償、至違背咎者、可分召所領參分壹也者、依鎌倉殿仰、下知如件、

正慶元年十二月廿三日

右馬權頭平朝臣（北條茂時）（花押）
相模守平朝臣（赤橋守時）（花押）

市河助房代秋嚴、中野幸重後家尼圓阿ト信濃國志久見郷内三ヶ村春近年貢ニツキ相論ス

助房ニ年貢一倍ヲ辨濟スベシ

三二七

（市河文書）（註253）

市河左衞門六郎助房代秋嚴申、信濃國志久見郷内石橋・壺山・細越三ヶ村春近年貢事、

右、年貢者、中野次郎幸重今者死去、後家尼円阿去正安二年以來、毎年錢五百文對捍之間、爲惣領經替畢、任傍例、可糺給之由、依訴申、爲糺明、去年七月四日以來度々成召文之上、仰常岩弥六宗家、今年六月十九日加催促之處、如宗家執進円阿子息中野孫太郎入道契昌（秀幸）八月四日請文者、於彼御年貢者、公田所役也、至三ヶ所在家者、非公田之間、不弁年貢、隨助房亡父榮忍（盛房）不及訴訟、經四十余年畢、馳過年紀之間、不可及御沙汰、凡円阿及八旬中風所勞之間、以子息契昌相加判形候、此等子細以代官可言上云々者、于今不參難遁之條、無理所致歟、然則、於件年貢者、以一倍可弁濟助房之狀、依鎌倉殿仰、下知如件、

正慶元年十二月廿七日

右馬権頭平朝臣(北條茂時)(花押)
相模守平朝臣(赤橋守時)(花押)

註

（1）高野山文書（寶簡集七）建久六年六月八日某施行狀

（2）青方文書元久元年八月廿二日關東裁許狀案、同建永二年六月四日將軍家政所下文案

（3）青方文書建久七年七月十二日前右大將家政所下文案、同建永二年六月四日將軍家政所下文案

（4）東寺百合文書（京二十七至三十八）建保二年十一月四日關東御教書案、同元仁二年四月二日關東裁許狀案

（5）醍醐寺文書建保四年二月十五日關東裁許狀案、同貞應元年八月八日關東裁許狀案、田中忠三郎氏所藏文書文治元年十二月日多米正富解狀案、同文治二年正月日多米正富解狀案、同文治二年二月十一日北條時政下文案、同元久元年十二月日醍醐寺法橋上人位繼尊解狀案

（6）武雄神社文書建仁二年正月廿八日藤原守門讓狀、同元久元年四月廿二日藤原家門解狀、同建永元年十月十五日大宰府守護所牒

（7）長隆寺文書元久二年十一月十二日關東下文案、同天福元年十二月十日關東裁許狀案

（8）吾妻鏡建久元年五月十二日條

（9）『古文書研究』三號一〇六～一一七頁參照

（10）壬生文書建保四年八月十七日將軍家政所下文、諸國庄保文書承久三年後十月日行官御祈願事所下文

（11）香取社舊大禰宜家文書建永二年十月日關白前左大臣近衞家實家政所下文寫

（12）上妻文書文治二年五月六日關東下文案、同文治二年六月廿七日大宰府廳下文案、同建久四年六月十九日將軍家政所下文案、同建久四年八月十七日上妻庄領家施行狀案、同建仁三年四月十日關東御教書案、同建永二年八月廿八日關東御教書案、同承元二年正月十七日筑後國守護所下文案、同建曆三年五月三日筑後國守護所下文案

（13）醍醐寺文書元久二年三月十三日關東裁許狀案、同貞應元年八月八日關東裁許狀案、田中忠三郎氏所藏文書文治元年十二月日多米正富解狀案、同文治二年正月日多米正富解狀案、同文治二年二月十一日北條時政下文案、同元久元年十二月日醍醐寺法橋上人位繼尊解狀案

（14）壬生文書承元元年十二月日將軍家政所下文、諸國庄保文書承久三年後十月日行官御祈願事所下文

（15）中條敦氏所藏文書建久三年十月廿一日將軍家政所下文、同建久三年十月廿一日將軍家政所下文、同元久二年二月廿二日關東下知狀、同嘉禎四年四月四日平氏尼讓狀、同にんち二ねん四月十七日平氏尼讓狀、同仁治二年五月一日將軍家政所下文

（16）青方文書建保七年六月三日沙彌定西讓狀案、同せうきう元年十一月二日藤原道澄讓狀案、同安貞二年三月十三日關東裁許狀案、同寛元四年十一月廿二日某下文案

(17) 高野山文書(寶簡集二十三)承久三年九月廿日後高倉院院宣、同九月廿日源雅清添狀、同承久三年九月廿一日東寺長者御教書、同(續寶簡集二十)承久三年九月廿二日六波羅下知狀、同(又續寶簡集九十六)貞應元年九月十三日關東裁許狀

(18) 三寶院文書承久四年正月日醍醐寺解狀、同承久四年四月五日北條義時書狀

(19) 前田家所藏文書貞應元五月六日北條義時書狀、同貞應元八月十七日右衞門權佐賴勝書狀

(20) 仁和寺文書貞應二年十二月廿四日關東裁許狀

(21) 益永文書貞應元年十一月日關東裁許狀案

(22) 石清水田中家文書貞應元年八月廿一日六波羅下知狀、前田家所藏文書貞應元年八月廿一日六波羅下知狀

(23) 醍醐寺文書元久二年三月十三日關東裁許狀案、同建保四年二月十五日關東裁許狀案、田中忠三郎氏所藏文書文治元年十二月日多米正富解狀案、同文治二年正月日多米正富解狀案、同文治二年二月十一日北條時政下文案、同元久元年十二月日醍醐寺法橋上人位繼尊解狀案

(24) 高野山文書(寶簡集二十三)承久三年十二月廿四日關東裁許狀案、同(又續寶簡集九十六)貞應元年七月十日紀伊國南部庄年貢注進狀案

(25) 益永文書貞應元年七月七日關東裁許狀案

(26) 薩藩舊記雜錄弘安七年七月一日關東下知狀案

(27) 宗像神社文書文永十一年六月十八日沙彌淨惠注進狀案

(28) 廣峯神社文書建保四年八月廿八日行光奉書、同曆仁元年十二月日播磨國守護代沙彌願西解狀

(29) 仁和寺文書貞應元年七月七日關東裁許狀

(30) 東寺百合文書(京二十八至三十七)建保二年十一月四日關東御教書案、同元久元年九月六日關東裁許狀案

(31) 到津文書嘉祿元年十一月廿三日關東裁許狀案、高牟禮文書嘉祿元年十二月廿三日大宰府守護所牒

(32) 比志島文書(年月日缺)薩摩國山門院地頭所務和与狀案

(33) 鹽釜神社文書建久四年三月七日將軍家政所下文案

(34) 龍造寺家文書承久三年六月廿二日六波羅御教書案、同嘉祿二年二月日佐嘉御領小地頭等連署請文案、同嘉祿三年三月廿三日關東御教書案、同八月一日沙彌某書狀案

(35) 鏑矢記安貞二年八月廿三日關東御教書案

(36) 靑方文書建久七年七月十二日右大將家政所下文案、同元久元年八月廿二日關東裁許狀案、同建永二年六月四日將軍家政所下文案、同承元二年七月日尋覺讓狀案、同承元三年二月日尋覺讓狀案、同建保七年六月三日沙彌定西讓狀案、同せうきう元年十一月二日藤原道澄讓狀案、同承久三年五月廿六日關東裁許狀案、同寛元四年十一月廿二日某下文案

(37) 鹿島神宮文書元久二年八月二十三日關東下文、鹿島大禰宜家文書承久三年五月三十日關東下知狀

(38) 賀茂別雷神社文書文治三年十月五日右大將家政所下文、同承久四年三月日右大臣家政所下文、同建長六年八月日前

太政大臣家政所下文
(39) 宗像神社文書寛喜三年三月日國司廳宣案、同寛喜三年四月五日官宣旨案、同文永十一年六月十八日宗像大宮司長氏注進狀案
(40) 吾妻鏡文治二年十月一日條、賀茂別雷神社文書貞永元年十月廿七日六波羅施行狀案
(41) 神護寺文書天福元年九月十七日六波羅裁許狀、同應長二年三月日福井庄東保宿院村地頭代澄心重申狀
(42) 二階堂文書嘉元三年六月日鮫島蓮覺申狀案
(43) 東大寺要錄天福元年八月廿三日六波羅施行狀
(44) 長隆寺文書元久二年五月六日關東裁許狀案、同承元二年潤四月廿七日關東下文案、同貞永元年七月廿七日六波羅裁許狀案、同六月三日二階堂行村書狀案、忽那家文書建長六年三月八日關東裁許狀案、同正應元年六月二日關東裁許狀案
(45) 熊谷家文書建久二年參月一日熊谷蓮生讓狀、同十二月一日武藏國熊谷鄉內地頭熊谷直國堀內免除狀、同(承久三年)六月十二日熊谷直國自筆書狀、同承久三年九月六日關東下知狀、同承久三年九月十八日關東下知狀、同嘉禎元年十一月十二日安藝國三入庄地頭得分田畠等配分注文、同嘉禎二年正月九日前周防守親實請文、同弘長三年七月廿日關東裁許狀、同文永元年五月廿七日關東裁許狀、同文永二年五月十日關東御教書
(46) 高野山文書(又續寶簡集百四十三) 建永二年八月六日三善康信讓狀案、同建保五年六月八日三善善信置文、同貞應二年九月十六日關東下知狀、同貞應二年十一月日三善康繼・同康連署陳狀、同十月五日大田大藏丞陳狀案、同(又續寶簡集五十) 七月十一日三善康連書狀案、同九月廿一日三善康連請文案、同(寶簡集五) 嘉禎元年十月廿五日關東御教書、同(寶簡集七)天福二年二月十三日六波羅御教書、同嘉禎元年十一月廿六日六波羅施行狀、高野山興山寺文書嘉禎三年七月七日關東裁許狀
(47) 山內首藤文書承久三年七月廿六日關東下知狀、同文應二年二月廿八日千光寺領備後國地毗庄本鄉內領家職田數目錄案、同文永四年十月廿七日關東裁許狀
(48) 高野山文書(又續寶簡集百四十三) 建永二年八月六日三善康信讓狀案、同建保五年六月八日三善善信置文、同貞應二年九月十六日關東下知狀、同貞應二年十一月日三善康繼・同康連連署陳狀、同十月五日大田大藏丞陳狀案、同(又續寶簡集五十) 七月十一日三善康連書狀案、同九月廿一日三善康連請文案、同(寶簡集七)天福二年二月十三日六波羅御教書、同嘉禎元年十月廿五日關東裁許狀、同嘉禎元年十一月廿六日六波羅施行狀
(49) 松浦山代文書十二月廿五日六波羅探題北條重時書狀、同天福元年五月廿九日武藤資能請文案、同嘉禎四年十月廿七日六波羅裁許狀、同嘉禎四年十月卅日大宰府守護所下文、同曆仁二年正月廿七日六波羅御教書、同延應元年五月廿五日關東御教書、同延應元年六月十六日六波羅施行狀、同延

応元年六月十八日預所某下文、同延應元年九月廿日大宰府守護所下文
(50) 武雄神社文書建仁二年正月廿八日藤原守門讓狀、同元久元年四月廿二日藤原家門解狀、同元久二年四月廿五日關東裁許狀、同建永元年十月十五日大宰府守護所牒、同建保三年十月九日大宰府守護所牒、同嘉禎三年五月十日藤原家門讓狀、同嘉禎三年八月廿五日藤原家門讓狀
(51) 小鹿島文書寛喜三年三月廿七日將軍家下文案、同嘉禎四年十二月四日將軍家政所下文案、同延應元年六月日橘公業讓狀案、吾妻鏡延應元年十一月五日條
(52) 大友文書仁治三年二月十八日關東裁許狀、同仁治三年三月廿六日大友頼泰施行狀案、同建長八年八月十一日關東裁許狀案
(53) 中條敦氏所藏文書嘉禎四年四月四日平重茂後家讓狀、同仁治元年九月廿七日奥山庄領家預所藤原尚成和与狀、同仁治二年五月一日將軍家政所下文、同寛元二年七月廿一日關東裁許狀、同弘長四年三月十一日高井時茂讓狀、同建治三年十一月五日高井時茂讓狀、同弘安元年五月十八日將軍家政所下文、同弘安十年九月一日關東裁許狀、同正安三年八月廿日關東裁許狀、同にんちにねん十一月十四日平重茂後家尼讓狀、中條町役場所藏文書けんち三年四月廿八日沙彌道圓讓狀案、同けんち三年四月廿八日沙彌道圓讓狀案、同けんち三年四月廿八日沙彌道圓讓狀案
(54) 小早川家文書正嘉貳年七月十九日小早川本佛讓狀、同貞應二年六月安藝國竹原庄地頭得分注文寫、同(年月日缺)安藝國都宇・竹原幷生口島庄官罪科注進狀寫、同(貞應二年)三月十二日安藝國巡檢使平盛綱請文寫、同仁治元年閏十月十八日安藝國巡檢使平盛綱書狀寫、同仁治元年十二月三日六波羅施行狀寫、同寛元三年十一月廿一日關東下知狀寫
(55) 大川文書文治二年四月廿九日綾部幸房讓狀、同正治二年壬二月日藤原幸明讓狀案、同建仁元年四月十九日藤原幸明注進狀、同建保五年九月十四日肥前國高來郡內宇佐宮領立券文、同天福二年七月日肥前國司廳宣、同嘉禎二年二月九日藤原幸村讓狀案、同仁治元年閏十月六日關東御教書案、同仁治二年八月廿二日關東裁許狀、同仁治二年十月十五日肥前國守護所下文案、同仁治二年十一月十二日大宰府守護所下文案
(56) 大川文書文治二年四月廿九日綾部幸房讓狀、同正治二年壬二月日藤原幸明讓狀案、同建仁元年四月十九日藤原幸明注進狀、同建保五年九月十四日肥前國高來郡內宇佐宮領立券文、同天福二年七月日肥前國司廳宣、同嘉禎二年二月九日藤原幸村讓狀案、同仁治元年閏十月六日關東御教書案、同仁治二年五月二日關東裁許狀案、同仁治二年十月十五日肥前國守護所下文案、同仁治二年十一月十二日大宰府守護所下文案
(57) 大友文書延應元年十二月九日關東裁許狀、同仁治三年三

月廿六日大友頼泰施行狀案、同建長八年八月十一日關東裁許狀案

(58) 三寶院文書承久四年正月日醍醐寺解狀、同承久四年四月五日關東裁許狀、同承久四年四月五日北條義時書狀、

(59) 香取社舊大禰宜家文書承元三年三月十七日將軍家政所下文案

(60) 相良家文書寬元貳年五月十五日肥後國人吉庄起請田以下中分注進狀、同寬元四年三月五日相良長頼讓狀、同寬元四年三月五日相良長頼讓狀、同建長元年七月十三日關東裁許狀、同(年月日缺)肥後國山北西安寺石堂碑文

(61) 松浦山代文書寬元二年七月廿七日六波羅施行狀、同寬元二年八月十八日大宰府守護所下文

(62) 中條敦氏所藏文書仁治元年九月廿七日越後國奥山庄領家預所藤原尚成和与狀、同仁治元年十月十日關東裁許狀

(63) 祇園社文書元久二年九月十六日太政官符

(64) 權執印文書寶治元年十月廿五日關東御教書案、同建長元年八月十一日六波羅御教書案

(65) 柞原八幡宮文書嘉祿二年八月十八日關東裁許狀案、同寶治二年七月廿七日六波羅施行狀案

(66) 狩野亨吉氏蒐集文書正元二年三月十二日六波羅裁許狀案

(67) 入來院家文書寶治元年八月五日伴信俊・同信忠・同信資連署起請文

(68) 矢島幾氏所藏文書建長三年二月五日藤原能綱讓狀案、同建長三年二月六日藤原能綱讓狀案、同建長三年十二月十四日將軍家政所下文案、同正應元年十一月三日關東裁許狀案

(69) 詫摩文書建長五年七月卅日關東裁許狀案、同文永八年二月十日關東裁許狀案

(70) 秋田藩採集文書(岡本又太郎家藏)弘安八年四月廿三日將軍家政所下文案、同弘安八年四月廿三日關東下知狀案

(71) 詫摩文書建長四年十二月廿六日關東裁許狀案、同文永八年二月十日關東裁許狀案

(72) 詫摩文書建永元年八月日沙彌行西讓狀案、同貞應三年五月廿一日關東下文案、同肥後國守護代右衞門尉某遵行狀案

(73) 忽那家文書元久二年五月六日關東裁許狀案、同承元二年潤四月廿七日關東下文、同六月三日二階堂行村書狀

(74) 高千穗神社文書建長六年四月廿六日關東裁許狀案、同正和三年四月日十社大明神神主宗重申狀案

(75) 古案記錄草案嘉祿三年四月九日將軍家下文案、同建長七年三月廿七日將軍家政所下文案、同文永七年八月廿五日色部行忍讓狀案、同文永七年十二月十四日關東下知狀案、同文永七年八月廿五日色部行忍讓狀案

(76) 臺明寺文書文治三年三月日平重澄寄進狀案、島津家文書文治四年十月日薩摩國伊作庄立券狀案

(77) 大友文書保安三年十一月十九日清原某處分狀案、同治承二年七月八日清原道良處分狀案、同治承二年七月八日清原道良處分狀案、同延應元年十二月九日關東裁許狀案、同仁

治三年二月十八日關東裁許狀案、同仁治三年三月廿六日散位藤原某施行狀案

(78) 春日神社文書（正嘉二年）十二月廿四日關東御敎書案、同正嘉三年三月五日春日社供目代延尊置文

(79) 青方文書承元二年七月日尋覺讓狀案、同承元三年二月日尋覺讓狀案、同りやくにん元年十二月廿五日源持・源等和与狀案

(80) 多田神社文書正安元年十一月十日六波羅裁許狀案

(81) 熊谷家文書（承久三年）六月十二日熊谷直國自筆書狀、同承久三年九月六日關東下知狀、同承久三年九月十八日關東下知狀、同文暦二年七月六日關東裁許狀、同嘉禎元年十一月十二日安藝國三入庄地頭得分田畠等配分注文、同嘉禎二年正月九日前周防守親實請文、同文永元年五月廿七日關東裁許狀、同文永二年五月十日關東御敎書

(82) 宗像神社文書文永八年十一月十九日關東裁許狀案、同文永十一年六月十八日宗像氏業注進狀案、同八月八日少貳經資書狀案

(83) 熊谷家文書（承久三年）六月十二日熊谷直國自筆書狀、同承久三年九月六日關東下知狀、同承久三年九月十八日關東下知狀、文暦二年七月六日關東裁許狀、同嘉禎元年十一月十二日安藝國三入庄地頭得分田畠等配分注文、同嘉禎二年正月九日前周防守親實請文、同弘長三年七月廿日關東裁許狀、同文永二年五月十日關東下知狀、同正安元年十月十二日六波羅裁許狀、同元德三年三月五日熊谷直勝讓狀、同嘉暦四年四月三日熊谷直經自筆避狀、同嘉暦三年七月廿三日關東裁許狀

(84) 秋田藩採集文書（小泉昌堅藏）文永九年四月五日關東裁許狀案

(85) 中尊寺經藏文書文永九年六月廿三日關東裁許狀

(86) 市河文書建久三年十二月十日將軍家政所下文、同建仁三年九月廿三日關東下文、同貞應三年十一月十一日關東下知狀、同建長四年十二月廿六日將軍家政所下文、同建長四年十二月廿八日將軍家政所下文、同建長六年十二月十二日將軍家政所下文、同（年月日缺）中野仲能・同助清申狀、同文永二年五月廿五日將軍家政所下文、同文永十一年二月廿日將軍家政所下文同、文永十一年六月十五日關東御敎書、同弘安元年九月七日關東裁許狀、同正應三年十一月十七日關東裁許狀、同（年月日缺）中野仲能重申狀、同正安二年三月三日關東裁許狀、同正安二年十一月八日關東裁許狀、同正安四年十二月一日關東裁許狀、同正慶元年十二月廿三日關東裁許狀、同正慶元年十二月廿七日關東裁許狀

(87) 小早川家文書正嘉貳年七月十九日小早川茂平讓狀案、同嘉禎四年十一月十一日一條入道太政大臣家政所下文案寫、同仁治四年二月日安藝國沼田新庄方正檢注目錄寫、同建長四年十一月日安藝國沼田本庄方正檢注目錄寫、同文永元年三月十二日將軍家政所下文、同應長元年八月廿四日六波羅

御教書案、同をうちやう二年二月八日尼如心譲狀案

(88) 橘中村文書文永二年三月一日六波羅御教書

(89) 山内首藤文書承久三年七月廿六日關東下知狀、同嘉禎二年九月四日關東裁許狀、同寛喜二年壬正月十四日山内重俊譲狀、同建長元年八月廿一日山内宗俊譲狀、同文應二年二月廿八日千光寺領備後國地毗庄本郷内領家職田數目錄案、同ふんゑい五ねん三月尼めうかい置文

(90) 飯野文書文永九年五月十七日關東裁許狀

(91) 野上文書文永七年五月六日關東御教書案、同文永七年六月十四日大友賴泰書下案

(92) 池田文書文永七年十二月三日關東裁許狀、相承院文書寶治二年正月廿二日良傳譲狀、同建長元年六月十九日別當隆辨供僧職補任狀、同文永參年九月廿六日幸猷譲狀

(93) 相承院文書寶治二年正月廿二日良傳譲狀、同建長元年六月十九日別當隆辨供僧職補任狀、同文永七年閏九月十日關東裁許狀、同文永參年九月廿六日幸猷譲狀

(94) 詫摩文書建長四年十二月廿六日關東裁許狀案、同建長五年七月卅日關東裁許狀案、

(95) 宗像神社文書文永元年五月十日關東裁許狀案、同文永十一年六月十八日宗像氏業注進狀案、同八月八日少貳經資書狀

(96) 高野山文書(寶簡集七)文永七年十二月廿一日備後國大田庄内桑原方和与狀、同弘安九年閏十二月廿八日六波羅施行狀

(97) 結城文書文永元年十月十日關東裁許狀

(98) 靑方文書承元二年七月日尋覺譲狀案、同承元三年二月日尋覺譲狀案、同承久元年十一月日藤原道澄譲狀案、同安貞二年三月十三日關東裁許狀案、りやくにん元年十二月廿五日源持・源等和与狀案、同正元元年七月十六日關東裁許狀案、同文永十年九月一日關東御教書案

(99) 飯野文書文永六年十二月十二日關東裁許狀

(100) 住心院文書文永元年十月廿五日關東裁許狀、中尊寺經藏文書弘安二年二月三日永榮置文、同弘安三年五月廿五日永榮譲狀

(101) 醍醐寺文書文治二年正月日多米正富解狀案、同文治二年二月十一日關東下文案、同元久元年十二月日僧繼尊愁狀案

(102) 熊谷家文書文永十一年正月廿七日關東御教書

(103) 高野山金剛三昧院文書嘉禎四年三月廿五日足利義氏寄進狀、同嘉禎四年三月廿五日足利義氏寄進狀、同嘉禎四年五月十一日關東下知狀、同嘉禎四五月十二日足利義氏書狀、同弘安二年十月廿八日關東裁許狀、同嘉元三年十二月十五日散位親鑒下知狀

(104) 田代文書文永元年十一月廿一日關東下知狀、同建治二年七月廿日菅原有政代僧淨心和与狀、

(105) 宗像辰美氏所藏文書弘安八年七月三日關東裁許狀、宗像神社文書正應六年七月日宗像社神官等重申狀

(106) 市河文書建久三年十二月十日將軍家政所下文、同建仁三

年九月廿三日關東下文、同貞應三年十一月十一日關東下知狀、同建長四年十二月廿六日將軍家政所下文、同建長四年十二月廿八日將軍家政所下文、同建長六年十二月十二日將軍家政所下文、同（年月日缺）中野仲能・同助清申狀、同文永二年五月廿五日將軍家政所下文、同文永二年閏四月十八日關東裁許狀、同文永二年五月廿五日將軍家政所下文、同文永十一年二月廿日將軍家政所下文、同文永十一年六月十五日關東御教書、同正應三年十一月十七日關東裁許狀、同（年月日缺）中野仲能重申狀、同正安二年三月三日關東裁許狀、同正安二年十一月八日關東裁許狀、同正安四年十二月一日關東裁許狀、同正慶元年十二月廿三日關東裁許狀、同正慶元年十二月廿七日關東裁許狀

(107) 烟田文書天福二年十月廿一日平秀幹讓狀、同寶治元年十一月廿四日平朝秀讓狀、同寶治元年十二月四日關東下文、同正應二年八月十八日平義幹寄進狀、同正中二年二月廿七日平景幹讓狀、同嘉元元年八月廿一日平義幹讓狀、同延慶三年二月七日關東裁許狀

(108) 高野山文書（寶簡集二十四）弘安三年八月廿日六波羅御教書

(109) 有浦文書文永三年七月廿九日源房讓狀案、同建治三年十月廿四日少貳經資書狀案、同弘安二年十月八日關東裁許狀案、同元德元年十二月廿三日沙彌某連署和与狀案

(110) 有浦文書文永三年七月廿九日源房讓狀案、同建治三年十月廿四日少貳經資書狀案、同弘安二年十月八日關東裁許狀案、同正應四年四月廿六日關東御教書案、同正應四年六月廿九日平某施行狀案、同元德元年十二月廿三日沙彌某連署和与狀案

(111) 古案記錄草案文永七年八月廿五日色部行忍讓狀案、同文永七年十二月十四日關東下知狀案

(112) 高野山金剛三昧院文書嘉禎四年三月廿五日足利義氏寄進狀、同嘉禎四年三月廿五日足利義氏寄進狀、同嘉禎四年五月十一日關東下知狀、同嘉禎四年五月十二日足利義氏書狀、同建治二年八月二日關東裁許狀、同弘安五年四月廿九日關東御教書、同嘉元三年十二月十五日散位親鑒下知狀

(113) 佐藤進一氏『鎌倉幕府訴訟制度の研究』一二五頁參照

(114) 入來院家文書けんち三ねん六月廿四日澁谷定佛置文案、同けんち三ねん九月十三日澁谷定佛讓狀案、同けんち三ねん十月廿一日澁谷定佛置文案、同けんち三ねん十月廿一日澁谷定佛置文案、同建治三年十二月一日澁谷定佛置文案、同弘安元年五月十八日澁谷定佛後家尼・同重通訴狀案、同弘安元年六月三日關東下知狀案、同弘安元年八月十四日關東御教書案、同（年月日缺）澁谷爲重陳狀、同（年月日缺）澁谷定佛後家尼妙蓮等重訴狀

(115) 海老名文書文治二年六月日關東下文案、同嘉禎元年十一月廿二日盛重讓狀案、同弘安貳年三月五日沙彌願念讓狀案、同正中元年十二月廿日源季茂讓狀案

(116) 平河文書建久二年五月三日良峯師高讓狀案、同建長四年

三月廿五日肥後國人吉庄南方寅岡名地頭職相傳系圖、同建長五年十一月五日沙彌觀阿讓狀案、同（年月日缺）平河道照申狀

(117) 北野社文書正治二年六月十四日關東下文案、同嘉祿三年八月廿一日關東下文案、同弘安三年四月七日六波羅裁許狀

(118) 薩藩舊記雜錄貞應二年四月日關東裁許狀案、延時文書寛元四年十月廿九日關東御教書案、薩藩舊記雜錄弘安九年十一月五日關東裁許狀案

(119) 鹿島大禰宜家文書弘安九年七月廿九日關東裁許狀

(120) 宗像辰美氏所藏文書建治三年九月十一日關東裁許狀案、宗像神社文書正應六年七月日宗像社神官等重申狀案

(121) 鹿島大禰宜家文書弘安七年十二月廿四日關東裁許狀

(122) 薩藩舊記雜錄弘安七年七月一日關東裁許狀案

(123) 神田孝平氏所藏文書弘安十年六月廿八日六波羅施行狀

(124) 神田孝平氏所藏文書弘安十年六月廿八日六波羅施行狀

(125) 三浦和田文書建治三年十一月五日高井道圓讓狀案、同永仁五年二月廿日關東御教書、同弘安元年五月十八日將軍家政所下文案、中條敦氏所藏文書永仁四年十一月廿四日關東裁許狀、同正安三年八月廿日關東裁許狀

(126) 山田文書けんち二年九月十三日大隅式部太郎忠實讓狀案、同建治三年九月日谷山資忠訴狀案、同弘安二年七月日行念陳狀案、同正安二年七月二日鎭西裁許狀案

(127) 尊經閣文庫所藏文書文永七年八月十三日散位某問狀、同弘安元年十二月八日地頭佐野富綱・淡路國鳥飼別宮雜掌明舜和与狀、同弘安二年正月廿日六波羅裁許狀、同正應元年五月十七日六波羅施行狀

(128) 東寺百合文書（に三十六至四十）文永三年十二月十四日大山庄領家得分注進狀案、東寺百合文書（に三十下至三十五）文永三年十二月十四日大山庄地頭源基定請文案、東寺百合文書（に五十二至五十五）永仁二年十月廿三日關東裁許狀案、同永仁三年閏二月廿日六波羅施行狀案、同永仁三年三月八日大山庄地頭中澤基員請文案、東寺百合文書（マ二十一至三十八）永仁三年三月八日大山庄地頭中澤基員分田坪付注文

(129) 高橋文書正應四年十一月廿七日關東裁許狀、同正應五年九月十八日關東裁許狀

(130) 樂音寺文書弘安五年七月廿五日尼淨蓮書狀案、同正應元年十一月五日六波羅施行狀案、同正應五年正月日地頭淨蓮代淨圓陳狀、小早川家文書正嘉貳年七月十九日小早川本佛讓狀案、同文永元年三月十二日將軍家政所下文

(131) 忽那家文書承元二年閏四月廿七日關東下知狀、同建長六年三月八日關東裁許狀、同建長八年七月九日將軍家政所下文、同正應元年九月十七日六波羅施行狀、同德治三年二月一日忽那性運讓狀、同元應元年六月五日北條宣時御教書

(132) 中尊寺經藏文書永仁二年十二月廿五日關東御教書、同嘉元三年三月日平泉中尊寺衆徒申狀

(133) 矢島幾氏所藏文書建長三年二月五日藤原能綱讓狀案、同

建長三年二月六日藤原能綱讓狀案、同建長三年十二月十四日將軍家政所下文案、同建長四年八月七日關東裁許狀案

(134) 古案記錄草案建長七年三月廿七日將軍家政所下文案、同文永七年八月廿五日沙彌行忍讓狀案、同建長七年十月廿四日關東裁許狀案、同文永七年十二月十四日關東裁許狀案、同弘安二年十月廿六日關東裁許狀案、同けんち二ねん六月十九日色部忠長讓狀案

(135) 仁和寺文書寶治二年十一月越中國石黑庄弘瀨鄉內檢帳、同弘安元年七月五日越中國石黑庄內弘瀨鄉東方領家地頭和与狀、同弘安元年七月五日越中國石黑庄內弘瀨鄉高宮村領家地頭和与狀、同延慶四年二月十七日越中國石黑庄弘瀨鄉內竹內地頭藤原定繼請文、同延慶四年二月十七日越中國石黑庄內弘瀨鄉重松名吉五方實檢帳、金澤圖書館所藏文書弘長二年三月一日關東裁許狀案

(136) 新田神社文書正應二年十月日國分友兼重申狀案

(137) 山田文書正應三年九月日大隅忠光重申狀案

(138) 薩藩舊記雜錄正應元年七月廿九日少貳經資書下案、同正應二年八月十一日少貳經資書下案

(139) 小早川家文書正嘉二年七月十九日小早川本佛讓狀案、同文永元年三月十二日將軍家政所下文

(140) 島津家文書正應貳年十一月十七日薩摩國伊作庄領家雜掌地頭代等和与狀、同正應五年十一月卅日薩摩國伊作庄內日置北鄉領家雜掌地頭代和与狀、同正應五年十二月十六日關東裁許狀、同正應六年正月十三日關東裁許狀

(141) 島津家文書承久三年五月八日關東下知狀案、同嘉祿三年六月十八日島津忠久讓狀案、同嘉祿三年十月十日將軍家安堵下文、同嘉祿三年十月十日將軍家安堵下文案、同弘安四年四月十六日島津久經自筆讓狀、同弘安八年七月三日將軍家政所下文、同正應五年四月十二日關東裁許狀、同永仁六年九月三日關東裁許狀

(142) 飯野文書正和五年九月四日沙彌某召文、同元亨四年十二月七日關東裁許狀、同正中元年十二月廿三日關東裁許狀、同正慶元年八月十八日伊賀盛光重訴狀

(143) 古案記錄草案嘉祿三年四月九日將軍家下文案、同建長七年三月廿七日將軍家政所下文案、同文永七年八月廿五日色部行忍讓狀案、同文永七年十二月十四日關東下知狀案、同文永七年八月廿五日色部行忍讓狀案、同文永七年十二月十四日關東下知狀案、同建長七年十月廿四日關東裁許狀案、同文永七年八月廿五日色部行忍讓狀案、同文永七年十二月十四日關東下知狀案、同弘安二年十月廿六日關東裁許狀案、同けんち二年六月十九日色部忠長讓狀案、同正應元年十二月二日關東下知狀案、同永仁六年五月十一日宿田阿忍讓狀案、同乾元二年□三日關東下知狀案、同永仁六年五月十一日宿田阿忍讓狀案、同しやうきやう二年三月廿一日宿田長行讓狀案、同正中二年正月十八日尼誓佛讓狀案、同建治二年八月三日牛屋氏長讓狀案、同正應五年十月廿日關

東下知狀案

(144) 市河文書建久三年十二月十日將軍家政所下文、同建仁三年九月廿三日關東下文、同貞應三年十一月十一日關東下知狀、同建長四年十二月廿六日將軍家政所下文、同建長四年十二月廿八日將軍家政所下文、同建長六年十二月十二日將軍家政所下文、同（年月日缺）中野仲能・同助清申狀、同文永二年閏四月十八日關東裁許狀、同文永二年五月廿五日將軍家政所下文、同文永十一年二月廿日將軍家政所下文、同文永十一年六月十五日關東御教書、同弘安元年九月七日關東裁許狀、同（年月日缺）中野仲能重申狀、同正安二年三月三日關東裁許狀、同正安二年十一月八日關東下知狀、同正安四年十二月一日關東裁許狀、同正慶元年十二月廿三日關東裁許狀、同正慶元年十二月廿七日關東裁許狀

(145) 大川文書正中二年十二月十三日關東御教書案、同嘉暦元年十二月□某陳狀案、同嘉暦二年十月十六日鎭西御教書案、同嘉暦三年十二月十六日鎭西御教書案、同かりやく四ねん四月廿三日藤原幸蓮讓狀案

(146) 田代文書嘉禎二年四月五日關東下知狀、同文永元年十一月廿二日關東下知狀、同永仁三年三月十五日菅原信行讓狀

(147) 岡元家文書正應元年六月廿七日關東下知狀

(148) 高橋文書弘安十一年二月十八日關東裁許狀、同正應五年九月十八日關東裁許狀

(149) 島津家文書承久三年五月八日關東下知狀案、同嘉祿三年六月十八日島津忠久讓狀案、同嘉祿三年十月十日將軍家安堵下文、同弘安四年四月十六日島津久經自筆讓狀、同弘安八年七月三日將軍家政所下文、同正應三年五月十二日關東裁許狀、同永仁六年九月三日關東裁許狀、同（永仁六年）九月廿五日左衛門尉盛景書狀

(150) 三浦和田文書正應五年七月十八日奥山庄地頭和田茂長代・荒河保一分地頭河村秀通等代連署和与狀、同元德三年六月五日海老名忠顯和与狀、三浦和田中條文書正應五年和与狀勘文、反町十郎氏所藏文書奥山庄荒川保相論和与繪圖

(151) 僞文書なるべし。高橋文書弘安十一年二月十八日關東裁許狀、同正應四年十一月廿七日關東裁許狀

(152) 島津家文書正應貳年十一月十七日薩摩國伊作庄領家雜掌地頭代等和与狀、同正應五年十一月卅日薩摩國伊作庄内日置北郷領家雜掌地頭代和與狀、同正應三年二月十二日關東裁許狀、同正應六年正月十三日關東裁許狀

(153) 島津家文書正應貳年十一月十七日薩摩國伊作庄領家雜掌地頭代等和与狀、同正應五年十一月卅日薩摩國伊作庄内日置北郷領家雜掌地頭代和与狀、同正應三年二月十二日關東裁許狀、同正應五年十二月十六日關東裁許狀

(154) 薩藩舊記雜錄弘安六年十一月十七日伴兼石・兼藤連署和与狀、同正應元年七月廿九日少貳經資書下案、同正應二年八月十一日少貳經資書下案、同正應二年八月廿四日關東裁

許状

(155) 東寺百合文書（に三十六至四十）文永三年十二月十四日大山庄領家得分注進狀案、東寺百合文書（に三十下至三十五）文永三年十二月十四日大山庄地頭源基定請文案、東寺文書樂一至八弘安十年十二月十日關東裁許狀案、東寺百合文書（に五十二下至五十五）永仁三年閏二月廿日六波羅施行狀案、同永仁三年三月八日大山庄地頭中澤基員請文案、東寺百合文書（マ二十一至三十八）永仁三年三月八日大山庄地頭中澤基員分田坪付注文

(156) 朴澤文書弘安十年三月十三日關東裁許狀案

(157) 禰寢文書正嘉二年九月廿一日建部親綱和与狀

(158) 金澤文庫古文書永仁參年三月廿五日信濃國大田庄雜掌道念和与狀、同（年月日缺）大倉・石村兩郷永仁沙汰具書

(159) 東寺百合文書（ヒ一至三十一）永仁三年八月十日六波羅施行狀

(160) 長隆寺文書正安四年七月七日關東裁許狀案

(161) 佐藤進一氏『鎌倉幕府訴訟制度の研究』一二七頁參照

(162) 東寺百合文書（せ一至二十八）永仁四年八月十三日六波羅施行狀、同正元元年五月廿四日六波羅御教書、東寺百合文書（マ二十至三十）乾元二年正月十八日伊豫國弓削島庄領家・地頭代和与狀案、白河本東寺百合古文書（六十四）永仁四年十二月廿日關東裁許狀、新田英治氏「〝白河本東寺百合文書〟所收伊豫國弓削島庄關係史料の紹介」（『鹽業時報』一九卷五號所收）參照

(163) 鰐淵寺文書六月廿五日北條時宗書狀、同永仁五年正月十二日關東裁許狀、同永仁五年八月廿日關東御教書、同正安二年後七月十九日六波羅御教書、同正安三年十月四日後宇多上皇院宣

(164) 中條敦氏所藏文書弘安十年九月一日關東裁許狀案、同正安三年八月廿日關東裁許狀案、三浦和田文書建治三年十一月五日高井道圓讓狀案、同永仁五年二月廿日關東御教書、同弘安元年五月十八日將軍家政所下文案

(165) 鰐淵寺文書六月五日北條時宗書狀、同永仁四年九月五日關東裁許狀、同永仁五年八月廿日關東御教書、同正安二年後七月十九日六波羅御教書、同正安三年十月四日後宇多上皇院宣

(166) 相馬文書永仁四年八月廿四日相馬胤門讓狀

(167) 東大寺文書永仁五年正月廿六日東大寺學侶等申狀案、同永仁五年九月日東大寺學侶等申狀案、同永仁五年十月日東大寺雜掌慶舜・茜部庄地頭代沙彌迎蓮年貢和与狀、同永仁五年十月日茜部庄雜掌法眼慶舜申狀案、同永仁六年六月十二日關東裁許狀案、同永仁七年正月廿一日六波羅施行狀、同永仁七年正月廿一日六波羅施行狀、『岐阜縣史』通史篇中世所收小泉宣右氏「東大寺領美濃國茜部庄」參照

(168) 前註參照

(169) 我覺院文書正安元年十月廿七日關東裁許狀、保阪潤治氏

所藏文書正和四年十二月卅日關東御教書、相模文書元亨二年二月廿七日關東裁許狀、神田孝平氏所藏文書元德三年八月廿七日關東裁許狀

(170) 高野山池坊文書永仁六年九月廿四日六波羅下知狀寫、與國寺文書永仁七年三月日粉河寺衆徒定狀、同永仁五年十一月十五日粉河寺衆徒定狀

(171) 島津家文書永仁六年四月六日鎭西探題北條實政書狀、同(永仁六年)九月廿五日左衞門尉盛景書狀

(172) 藥王寺文書正安三年正月十一日藥勝寺沙汰次第注文

(173) 田代文書建治二年和泉國大鳥庄上村地頭方注進狀、同正應三年九月八日六波羅御教書案、同應長元七月廿日後宇多上皇院宣案、同應長元年八月十二日六波羅裁許狀案

(174) 相模文書永仁六年七月十三日關東裁許狀、同元亨二年二月廿七日關東裁許狀、保阪潤治氏所藏文書正和四年十二月卅日關東御教書、神田孝平氏所藏文書元德三年八月廿七日關東裁許狀

(175) 阿蘇家文書正安二年九月六日鎭西施行狀、同延慶二年六月廿六日鎭西裁許狀

(176) 鹿島神宮文書正安三年三月三日關東裁許狀

(177) 市河文書建久三年十二月十日將軍家政所下文、同建仁三年九月廿三日關東下文、同貞應三年十一月十一日關東下知狀、同建長四年十二月廿八日將軍家政所下文、同建長六年十二月十二日將軍家政所下文、同文永二年閏四月十八日關東裁許狀、同文永二年五月廿五日將軍家政所下文、同文永十一年二月廿日將軍家政所下文、同文永十一年六月十五日關東御教書、同弘安元年九月七日關東裁許狀、同正應三年十一月十七日關東裁許狀、同(年月日缺)中野仲能重申狀、同正安二年十一月八日關東下知狀、同正安四年十二月一日關東裁許狀、同正慶元年十二月廿三日關東裁許狀、同正慶元年十二月廿七日關東裁許狀

(178) 溫故古文抄正安二年七月十二日六波羅施行狀案

(179) 相馬文書文永九年十月廿九日關東下知狀、同こうあん八年六月五日相馬胤村後家阿蓮讓狀、同正應二年二月廿日平某讓狀、同永仁御配分系圖

(180) 熊谷家文書建久貳年參月一日熊谷蓮生讓狀、同十二月一日武藏國熊谷鄉內地頭熊谷直國分堀內免除狀、同承久貳年十二月一日武藏國熊谷鄉恒正名名寄帳、同承久三年九月十八日關東下知狀、同貞永元年八月廿一日關東下知狀、同貞永元年十一月四日關東下知狀、同文曆二年七月六日關東裁許狀、同永仁六年八月六日鶴岡八幡宮寺放生會用途請取狀、同元德三年三月五日熊谷直勝讓狀、同嘉曆三年七月廿三日關東裁許狀

(181) 熊谷家文書建久貳年參月一日熊谷蓮生讓狀、同十二月一日武藏國熊谷鄉內地頭熊谷直國分堀內免除狀、同承久貳年十二月二日武藏國熊谷鄉恒正名名寄帳、同承久三年九月十八日關東下知狀、同貞永元年八月廿一日關東下知狀、同貞

永元年十一月四日關東下知狀、同文曆二年七月六日關東裁許狀、同永仁六年八月六日鶴岡八幡宮寺放生會用途請取狀、同正安二年八月十三日久下光綱和与狀、同元德三年三月五日熊谷直勝讓狀、同嘉曆三年七月廿三日關東裁許狀

(182) 結城小峰文書寶治二年十二月廿九日關東下文、同弘安九年八月二日那須資長讓狀

(183) 鹿島大禰宜家文書正安元年十二月廿七日關東裁許狀

(184) 池田文書正安四年二月廿五日將軍家御教書

(185) 小鹿島文書嘉禎四年十二月四日將軍家政所下文案、同仁治元年閏十月十三日橘薩摩公業讓狀案、同（年月日缺）將軍家政所下文案

(186) 三浦和田文書永仁五年二月廿日關東御教書、中條敦氏所藏文書建治三年十一月五日高井時茂讓狀、同弘安十年九月一日關東裁許狀案、

(187) 高野山文書（寶簡集七）文永七年十二月廿一日備後國大田庄內桑原方所務和与狀、同文永九年正月廿日關東裁許狀、同嘉曆四年四月廿三日六波羅裁許狀、同（寶簡集八）正安二年六月廿九日備後國大田庄嘉禎檢注目錄、同正安三年六月廿一日備後國大田庄桑原方領家地頭和与狀

(188) 忽那家文書元久二年五月六日關東裁許狀、同建長六年三月八日關東裁許狀、長隆寺文書貞永元年七月廿七日六波羅裁許狀

(189) 大國魂神社文書正應五年閏六月十四日陸奥國岩城郡國魂村田畠在家配分狀

(190) 市河文書建久三年十二月十日將軍家政所下文、同建仁三年九月廿三日關東下文、同貞應三年十一月十一日關東下知狀、同建長四年十二月廿八日將軍家政所下文、同建長六年十二月十二日將軍家政所下文、同文永二年閏四月十八日關東裁許狀、同文永二年五月廿五日將軍家政所下文、同文永十一年二月廿日將軍家政所下文、同文永十一年六月十五日關東御教書、同弘安元年九月七日關東裁許狀、同正應三年十一月十七日關東裁許狀、同（年月日缺）中野仲能重申狀、同正安二年三月三日關東裁許狀、同正安二年十一月八日關東下知狀、同正慶元年十二月廿三日關東裁許狀、同正慶元年十二月廿七日關東裁許狀

(191) 眞壁文書正安元年十一月廿三日沙彌淨敬讓狀

(192) 熊谷家文書嘉元二年七月十六日六波羅施行狀

(193) 熊谷家文書建治元年七月五日關東裁許狀、同嘉曆三年七月廿三日關東裁許狀

(194) 中條敦氏所藏文書仁治元年九月廿七日越後國奥山庄領家預所藤原尚成和与狀、同仁治元年十月十日關東裁許狀、同寬元二年七月廿一日關東裁許狀

(195) 朽木文書文永二年九月廿三日甲斐爲時讓狀、同文永五年九月十日關東下知狀

(196) 集古文書（二十八）正和元年七月七日六波羅裁許狀案

(197) 高野山文書（寶簡集七）弘安九年閏十二月廿八日六波羅施行

狀、同(寶簡集八)正和五年閏十月十五日雜掌經壽備後國大田庄文書請取狀

(198) 留守文書文暦元年十一月廿九日關東下知狀、同建治二年閏三月十一日將軍家政所下文、同永仁三年六月十二日關東下知狀、同正安二年五月廿一日沙彌淨妙讓狀

(199) この裁許狀は佐藤進一氏が『鎌倉幕府訴訟制度の研究』(三八〜四二頁)で論及された雜人奉行による裁許狀と思われる。

(200) 醍醐寺文書正嘉元年八月廿二日關東裁許狀案、同寛喜三年八月廿八日前權僧正成賢讓狀案、同弘安八年三月十二日龜山上皇院宣案、同正安四年八月廿七日後宇多上皇院宣案、同嘉暦四年八月十二日後醍醐天皇綸旨案

(201) 常陸國行方郡諸家文書正應五年八月八日平宗重讓狀、同元德三年二月五日若舍人行幹後家法阿和与狀

(202) 烟田文書天福二年十月廿一日平秀幹讓狀、同寶治元年十一月廿四日平朝秀讓狀、同寶治元年十二月四日關東下文、同弘安元年十一月三日關東裁許狀、同正應二年八月十八日平義幹寄進狀、同正中二年二月廿七日平景幹讓狀、同嘉元元年八月廿一日平義幹讓狀

(203) 鹿島神宮文書德治二年四月七日關東御教書

(204) 安田文書乾元二年六月廿九日平賴資配分狀、同正中貳年二月八日平資家讓狀

(205) 岡田幸胤氏所藏文書弘安八年正月四日相馬胤顯所領配分狀、同永仁二年八月廿二日關東下知狀、相馬文書永仁二年御配分系圖

(206) 三浦家文書德治三年四月廿五日平子重賴和与狀

(207) 天野文書文保元季六月七日關東裁許狀

(208) 冷泉家文書正和二年八月九日六波羅施行狀

(209) 根津嘉一郎氏所藏文書正和五年二月廿二日北條種時施行狀

(210) 三浦和田羽黑文書けんかう三ねん三月廿二日比丘尼道信讓狀案

(211) 相承院文書に同一文書あり。

(212) 高野山文書(寶簡集七)弘安九年閏十二月廿八日六波羅施行狀、同正和四年二月十四日備後國大田庄雜掌朝酉書狀

(213) 詫摩文書建長八年十月三日將軍家政所下文案、同正和元年十二月廿一日早岐清基讓狀案、同正わ三ねん三月十日早岐清基置文案

(214) 天野文書正和二年五月二日關東裁許狀

(215) 山内首藤文書文永二年三月廿五日山内宗光讓狀

(216) 武澤文書正和五年九月七日關東下知狀、同元應元年五月廿三日鎌倉問注所裁許狀

(217) 高野山金剛三昧院文書文保貳年二月十七日雜掌行盛・地頭代助景連署和与狀

(218) 大友文書文保二年二月二日關東御教書

(219) 古案記錄草案文永七年八月廿五日色部行忍讓狀案、同建

長七年十月廿四日關東裁許狀案、同弘安二年十月廿六日關東裁許狀案、同永仁六年五月十一日色部阿忍讓狀案、同乾元二年□三日關東下知狀、同建治二年八月三日牛屋氏長讓狀案、同正應五年十月廿日關東下知狀案、同(年月日缺)牛屋長直讓狀案

(220) 武澤文書正和五年九月七日關東下知狀、同文保二年四月廿八日關東裁許狀、佐藤進一氏『鎌倉幕府訴訟制度の研究』一二三頁參照

(221) 守矢文書寛元四年十一月七日將軍家安堵下文

(222) 若王子神社文書元應元年十二月廿六日地頭沙彌圓性・沙彌道政・雜掌善阿連署和与狀、同元應二年三月九日六波羅施行狀

(223) 飯野文書永仁七年二月十一日關東下知狀

(224) 小早川家文書正應二年二月十六日小早川定心讓狀、同(年月日缺)小早川景宗本領安堵申狀案

(225) 三浦和田羽黑文書文永三年七月十三日加地重朝讓狀案、同文永七年十二月十三日關東裁許狀案、同けんかう三ねん三月廿二日比丘尼道信讓狀案、中條敦氏所藏文書元應二年十一月廿二日雜掌孝順・佐々木重朝女子尼道信和与狀

(226) 相模文書永仁六年七月十三日關東裁許狀、我覺院文書正安元年十月廿七日關東裁許狀、保阪潤治氏所藏文書正和四年十二月卅日關東下知狀、同神田孝平氏所藏文書元德三年八月廿七日關東裁許狀

(227) 三浦和田文書建治三年十一月十五日高井時茂讓狀案、同弘安元年五月十八日將軍家政所下文案、同元亨元年七月廿一日佐々木有綱打渡狀、同元亨三年十月日和田章連訴狀案、中條敦氏所藏文書元弘三(月缺)九日和田章連申狀案

(228) 正木文書元久二年八月日關東下文、同建保三年三月廿三日將軍家政所下文案、同弘安元年十月三日岩松道受讓狀

(229) 得田文書建長七年八月廿二日將軍家政所下文

(230) 常陸國奥郡散在文書乾元二年六月廿二日關東下知狀

(231) 香取社舊大禰宜家文書正安貳年七月廿八日大禰宜實幹避狀、同正安三年五月日關白前太政大臣家政所下文、同乾元二年四月十二日大禰宜實幹・同實秀連署和与狀、同乾元二年四月十二日大宮司實康等連署避狀、同嘉元二年卯月廿二日大宮司實秀等連署和与狀、同嘉元二年十一月十一日大宮司實康讓狀、同嘉曆貳年八月廿一日前大禰宜實胤讓狀、同嘉曆貳年八月廿一日前大禰宜實胤配分狀

(232) 留守文書元亨四年六月十九日藤原家明讓狀

(233) 飯野文書正應三年九月十二日關東裁許狀、同正和五年九月四日沙彌某召文、同正中元年十二月廿三日關東裁許狀、同正慶元年八月十八日伊賀盛光重訴狀

(234) 飯野文書正應三年九月十二日關東裁許狀、同正和五年九月四日沙彌某召文、同元亨四年十二月七日關東裁許狀、同正慶元年八月十八日伊賀盛光重申狀

(235) 三浦和田文書建治三年十一月五日高井時茂讓狀案

(236) 島津家文書元亨四年八月廿一日薩摩國伊作庄并日置北郷領家雜掌憲俊文書渡狀、同元亨四年八月廿一日薩摩國伊作庄并日置北郷領家地頭和与狀、同（元亨四年）八月廿六日薩摩國伊作庄并日置北郷領家方行壹書狀、同元亨四年十二月二日薩摩國伊作庄并日置北郷領家雜掌地頭代和与狀、同正中二年十月廿七日關東裁許狀、同元徳元年十月五日鎭西裁許狀、同元徳二年十二月廿日鎭西裁許狀

(237) 前註參照

(238) 金子文書嘉曆元年八月廿日藤原盛信和与狀

(239) 多賀神社文書嘉元二年十月廿日關東御教書

(240) 熊谷家文書（承久三年）六月十二日熊谷直國自筆書狀、同承久三年九月六日關東下知狀、同承久三年九月十八日關東下知狀、文暦二年七月六日關東裁許狀、同嘉禎元年十一月十二日安藝國三入庄地頭得分田畠等配分注文、同嘉禎二年正月九日前周防守親實請文、同弘長三年七月廿日關東裁許狀、同文永元年五月廿七日關東裁許狀、同文永二年五月十日關東下知狀、同正安元年十月十二日六波羅裁許狀、同元徳三年三月五日熊谷直勝讓狀、同嘉曆四年四月三日熊谷直經自筆避狀

(241) 相承院文書文永七年閏九月十日關東裁許狀、同文永七年十二月三日關東裁許狀、同嘉元二年三月十二日關東裁許狀、同正和三年七月十三日關東御教書、同正和三年十一月二日關東裁許狀

(242) 東寺百合文書（せ一至二十八）元徳三年五月廿七日關東裁許狀

(243) 高野山文書（寶簡集七）嘉禎元年十月廿五日關東裁許狀、同嘉禎元年十一月廿六日六波羅施行狀、同（寶簡集六）元徳二年四月廿三日六波羅裁許狀、同（寶簡集十）元徳二年十月三日備後國大田庄雜掌一分地頭和与狀

(244) 東寺百合文書（せ一至二十八）元徳元年十一月七日關東裁許狀

(245) 相模文書永仁六年七月十三日關東裁許狀、同元亨二年二月廿七日關東裁許狀、我覺院文書正安元年十月廿七日關東裁許狀、保阪潤治氏所藏文書正和四年十二月卅日關東下知狀

(246) 東寺百合文書（こ）元徳三年十二月十五日原田庄雜掌直瑜・地頭原忠益和与狀、東寺文書（射一至二十）建武二年十月廿三日雜訴決斷所牒

(247) 吉田藥王院文書嘉曆二年八月廿一日吉田社神宮寺別當成珍讓狀案、同元徳三年八月廿四日吉田社領雜掌祐眞和与狀案

(248) 永光寺文書元亨三年十月九日瑩山置文案、同嘉曆四年三月十五日吉見圓忠讓狀案、同元徳三年四月廿九日秋田城介召文案

(249) 朽木文書正慶元年十一月二日關東裁許狀案

(250) 東寺百合文書（ホ三十六至五十五）嘉曆三年十一月一日後醍

醐天皇綸旨案

(251) 朽木文書正慶元年九月廿三日關東裁許狀案

(252) 市河文書建久三年十二月十日將軍家政所下文、同建仁三年九月廿三日關東下文、同貞應三年十一月十一日關東下知狀、同建長四年十二月廿六日將軍家政所下文、同建長四年十二月廿八日將軍家政所下文、同建長六年十二月十二日將軍家政所下文、同（年月日缺）中野仲能・同助清申狀、同文永二年五月廿五日將軍家政所下文、同文永二年閏四月十八日關東裁許狀、同文永二年五月廿五日將軍家政所下文、同文永十一年二月廿日將軍家政所下文、同文永十一年六月十五日關東御教書、同弘安元年九月七日關東裁許狀、同正應三年十一月十七日關東裁許狀、同（年月日缺）中野仲能重申狀、同正安二年三月三日關東裁許狀、同正安二年十一月八日關東裁許狀、同正安四年十二月一日關東裁許狀、同正慶元年十二月廿七日關東裁許狀

(253) 前註參照

補遺

日奉直高、忠久ト武藏國多西郡地主職ニツキ相論ス
直高ノ父弘直、文治三年十二月十二日地頭ニ安堵サル
忠久ハ直高ノ祖父宗弘ノ假名狀ヲ帶ス
判形依違ス
直高ヲ以テ地主職ニ補任ス

藤原三子、宇佐大宮司公仲・廣經ト豐前國江嶋別符小犬丸名等ニツキ相論ス
三子ヲシテ領知セシム

補一　（川上忠塞一流家譜）

下　武藏國多西郡内二宮神官百姓等、
　可令早以日奉直高爲地主職事、
右、直高与忠久對決之處、直高者元暦二年六月九日祖父宗弘帶讓与嫡男弘直證文之上、弘直爲地頭之條、文治三年十二月十二日武藏前司入道所成下之國符顯然也、忠久者治承五年十月十日宗弘帶讓賜久長之假名狀、而此狀判形与直高所令帶之證文判形依違之間、被尋類判之處、直高之伯父小河二郎自宗弘之手、所分得小河鄕讓狀之判形与分賜弘直之讓狀判形同事也、仍任文書道理、以直高所補任地主職也、神官百姓等宜承知不可違失、故下、
　建暦三年九月一日
遠江守（中原親廣）源朝臣（花押影）

補二　（益永文書）（註1）

（前缺）
妻領之由、三子（藤原）所申非無其謂歟、然則、停止公仲（宇佐）宿禰幷廣經之押妨、可令三子領知之狀、依仰下知如件、
　承久二年九月三日
陸奧守（北條義時）平在御判

宇佐忠輔、宇佐大宮司公仲ト豐前國下毛郡内神領地頭職ニツキ相論ス
公仲押領ス
公仲ノ妨ヲ停止シ忠輔ヲシテ領知セシム

補三

（益永文書）（註2）

可令早依相傳道理、停止大宮司（宇佐）公仲宿禰并兼直等濫妨、如本以（宇佐）忠輔領知豐前國下毛郡秣糸永名・同乙王丸・秋實・椿庄・重末以下神領内散在光永小名田畠等地頭職事、

右、件所領等者、有相傳由緒、領知無異論之處、太（マヽ）宮司公仲宿禰無指故、寄事於左右、致押領云々、如申狀者、甚以不便也、早停止彼妨、如本可令領知、但於有限神役者、不可致懈怠之狀、依仰下知如件、

承久二年十二月廿七日

陸奥守（北條義時）平朝臣在御判

建春門院法華堂、河内國小和田地頭高木左近將監ト大和田庄ニ對スル濫妨ニツキ相論ス
高木將監ヲシテ寺用課役ヲ辨勤セシム

補四

（久我家文書）

可令早停止爲河内國小和田地頭高木左近將監濫妨同國建春門院法華堂領大和田庄事、

右、訴狀云、故將軍（源頼朝）右大將家御時、當庄[□]地致莫大勤之由、依令申披、不可補地頭之由、蒙仰畢云々者、如狀者、小和田地頭之所行甚自由也、大小之字分明也、何故可混合哉、早停止大和田妨、有限寺用課役、任先例、可令辨勤也者、依仰下知如件、

承久三年十一月[□]（十七日カ）

陸奥守（北條義時）平（花押）

補五

（地藏院文書）

小木曾庄預所、地頭ト庄務ニツキ相論ス

地頭代新儀ヲ巧ム

自由新儀ヲ停止シ預所ノ庄務ニ從ハシム

可令早停止爲無量壽院領美濃國小□(木カ)曾庄地頭背景廉法師例、押取庄務、不用預所使事、

右、訴狀偁、當庄地頭景廉入道之時全無妨庄務、而逝去之後彼女子相傳之刻、代官等巧新儀、追上京都使、有限寺用等併抑留云々者、事若實者、當地頭代所行甚不穩便、早任先例、相從預所庄務、可停止自由新儀之狀、依仰下知如件、

貞應元年七月十三日

陸奥守平(北條義時)(花押)

吉備津宮神官供僧、新補地頭ト放生會大頭役・流鏑馬役ニツキ相論ス

地頭御家人役

新補地頭ヲシテ勤仕セシム

補六 （九條家文書）（註3）

可令早守先例、無懈怠勤行、備中國吉備津宮放生會大頭幷流鏑馬事、

右、如神官供僧訴狀者、御放生會大頭役者、國中無双大營、嚴重殊勝之勤行也、依之諸庄保地頭御家人等於差頭人、巡年勤行以降、未聞闕怠之例、而今國中庄保併被成新地頭之間、任先規雖付頭符、或稱給勳功之賞、或號非本主、無信用、然間以往不退御放生會既以擬令退轉、且是天下安穩御祈禱也、不言上事由者、有其恐者歟、次流鏑馬者、同諸鄕地頭御家人役也、子細同前、略之、雖爲新補之地頭、爭可遁恆例有限本役之神事哉、慥守先規、無懈怠可致其勤也、兼又社家寄事於左右、不可張行新儀、神不稟非例之故也、互以可守先例、若不用此狀、猥於對捍輩者、隨散狀、可改定所職之狀、依仰下知如件、

貞應二年六月卅日

陸奥守平(北條義時)在御判

親直、光村ト所務條々ニツキ相論ス

親直ノ申ス所其證ナキニアラズ
折中ノ法ニツキ成敗スベシ
貞永元年十二月四日關東裁許狀ナルベシ

補七　（田代文書）（註4）

（前缺）第也、先例以給田壹丁勤所役之由、承及者也、而雜免參町在家肆宇事、先例不分明也、此御成敗之後、地頭得分如無之間、所憤申云々、□（如）親直申者、當庄舍人拾伍名半內、殿下御方七名半、宜秋門院（藤原任子）□（御）方三名　近衞禪定殿下（基通）御方五名也、於禪定殿下御方者、依爲□（各カ）別、親直不及訴訟、而先例給餘田之員數、名々不同也、或十餘丁、或五町也、給田之外、於餘田者、辨濟有限所當、敢不勤仕雜役、各依爲□役之身也、折中御下知狀事、舍人等猶雖貽訴訟、爲斷地頭之濫妨、□（任）被仰下、不申及子細、而至被破彼狀者、任前地頭兩人時永安永幷親盛光村親父之例、欲蒙成敗、彼輩全無妨舍人等之雜免在家云々、如□申者、拾伍名半事、先例勿論也、名別給田壹町之外、無屋敷□田之由、雖令存知、如舍人等注進狀者、各各田數分明也、爰重召問□（光）村之處、亡父親盛之時、庭弱雜色男一人、補置代官之間、不及召仕□（雜）役、適任道理、欲召仕之時者、百姓等或號大番、或稱神人、搥大鐘□不敍用、自然默止早、光村在京奉公之今、爭不召仕百姓哉云々者、□（親）盛之時、召仕之由光村不申之、寄事於在京、稱申之條、已爲新儀□、仍先例不勤雜役之旨、親直所申非無其證、所詮、就折中之法、□（可）成敗之由被下　殿下御教書之間、被下知重時（北條）・々盛（北條）等之處、任彼□（御）教書、人別可引募給田壹丁・雜免參町・在家肆宇之旨、成下知了、（以下缺）

補八　（香川景繼氏所藏文書）（註5）

安藝國八木村地頭香河景信幷代官貞助、當村住人有家・家重・有房・利家・前預所珍喜・又代官實印・親成代宗言等ト條々ニツキ相論ス
有家等兄弟四人ヲ流刑ニ處ス
珍喜ハ已ニ滅亡セシムルニヨリ沙汰ノ限ニアラズ
珍祖・親成ニハ炳誡ヲ加フ
高繁・景依ハ罪科ニ行ハルベシ
山僧
實印・良弁ハ其咎ニ處セラルベシ
房圓ハ所當ノ罪ニ行ハルベシ
殺害下手人ハ配流スベシ

（前缺）

剰相語彼三人代官高繁・實印・良弁・景依、或追捕地頭又代官貞國男之住宅、令振神寶於地頭倉本、或押領地頭職、所補代官也、綷之濫觴起從有家等訴訟之上、已致交沙汰歟、所行之企甚以不敵也、然則、有家・家重・有房・利家兄弟四人者召下關東、可被處流刑焉、

一、珍喜・珍祖・親成事、

右、面々申詞枝葉雖區、彼三人之輩爲五ヶ寺預所之身、或押領八木村公文職、充行家房男、或濫妨地頭職、補任代官之條、子細見于狀、右、所行之企甚以濫惡也、但於珍喜者、已令滅亡之間、非沙汰之限、至珍祖・親成者、可被加烔(炳)誡之由、可經　奏聞也焉、

一、高繁・景依事、

右、所犯之條、具見先條、早懸在所、召下關東、可被行罪科焉、

一、實印・良弁事、

右、子細同前也、但彼等爲山僧歟、言上貫首、召下關東、可被處其咎焉、

一、房圓豎者事、

右、殺害家房男、追捕住宅之條、房圓令領狀歟、然則、同言上貫首、召下關東、可被行所當之罪焉、

一、房圓殺害下手人事、

右、懸守護人被召出之、可令配流之由、可被仰六波羅焉、

□(一)、貞助幷貞國男事、

沙汰ノ限ニアラズ

右、如有家等申者、房圓与貞助令同心、所殺害家房也云々、如貞助申者、全不令値遹(遇カ)之云々、爰被尋下房圓之處、如彼申詞者、貞助不与彼殺害云々者、無其遹(過カ)歟、非沙汰之限焉、□□(以前)十ヶ條、依鎌倉殿仰、下知如件、

寛元參年三月廿八日

武藏守平朝臣(北條經時)（花押）

惟久、惟景ト所務ニツキ相論ス

當村半分ハ惟久領掌スベシ

補九

（石田文吉氏所藏文書）

（前缺）

三日結死去之時、書給契狀之由、惟久雖申之、如彼狀者、非自筆之上、無類判之間、不足信用云々、如惟久申者、結死去之時者、惟久所參鎌倉也、彼契狀者、結乳母冷泉女之手跡也、以結口筆令書彼狀云々者、件異(書カ)狀事、以結口筆冷泉女令書否之條、於若宮(鶴岡八幡宮)被書起請、於彼女□□(之傍カ)社家使者、被守其失之處、如小別當審快幷宣命使淸範去年閏十二月十一日注進狀者、自去五日□(至)于今日七箇日之間、冷泉女無其失、但彼女依月水事、今朝巳時各令退出畢云々、而非月水之由、惟景雖申之、如□(審)快等同十三日重狀者、惟景有申旨之間、遣使者令□□(實見カ)彼血畢云々、此上月水事勿論歟、然則、當村半分事、□(止カ)惟景之濫訴、任結之契狀、可令惟久領掌之狀、□(依)□(鎌)倉殿仰、下知如件、

寶治三年正月十日

左近將監平朝臣(北條時賴)（花押）

相模守平（北條重時）朝臣（花押）

（青方文書）

補一〇

出雲國大野庄地頭明長、雑掌承印ト百姓跡ニツキ相論ス
雑掌地頭田畠在家幷加徴ヲ押領ス

出雲國大野庄地頭明長与雑掌承印相論所職幷給田百姓跡事、

一、被押止地頭田畠在家幷加徴事、

右、如明長申者、件田畠在家加徴者、當庄地頭得分也、且地頭自名之條、當庄重代公文清正注文分明也、又於加徴者、就本補新補一方致沙汰事、諸國諸庄傍例也、而雑掌押領之間、親父季成申子細之刻、可取加徴之由、自領家被仰下之間、存公平罷過之處、今猶抑留之條、無術次第也、任先傍例、就一方可致其沙汰之由、可被仰下云々、如承印申者、先沙汰人状不足證據之上、於六波羅明長所出寶治二年注文也、而今嘉祿注文增減顯然也、且公文入道・雑掌田數地請詞目錄案文進之、（但彼所得替、）次加徴事、當庄先例取加徴、且季成嘉祿三年自筆状案進之云々者、如明長所進前公文清正嘉祿三年注文者、得弘御名（地頭名）云田幷在家注文、云地頭名貳拾七宇（分田廿六丁二反六十歩）、正作四丁五反六十歩、前々地頭例如此云々、而承印依爲前沙汰人、彼注文不足信用之由注申之、如同所進承印又申状者、前公文頼景非相傳、不帶一紙證文之處、清正爲重代之上、帶證文之間、任道理成給公文云々、加之、承印以當庄公文賴景注文、備新給田證文歟、然則、清正注文輙難被棄置、仍件地頭名不有相違矣、次加徴事、先例不取之由、季成之時申子細、自領家充給之條者、承印承伏已早、仍承印所進季成自筆状者、今懇望領家、被免加徴之由所見也、隨季成之時、蒙領家免許之由、云明長、云承印、乍申之、

加徴ハ地頭ヲシテ取ラシムベシ

至懇望狀、不覺悟之由、明長狀不得其心、承印者又季成之時、蒙領家免許、二代已取來加徵、始抑留之條、無其謂、且蒙一任之免許、永代募之定習也、然者件加徵今更不能預所抑留、地頭可令取之矣、

自余略之、

建長五年十二月廿日

最（北條時頼）相摸守平朝臣御判

極（北條重時）陸奧守平朝臣御判

高城信久、小河季張ト薩摩國高城郡甑下島郡司職ニツキ相論ス

新補地頭

西國御家人ハ御下文ヲ給ハラズ知行ス

天野遠景

千葉常胤

補一一

（高城氏文書薩摩高城村沿革史所收）

高城太郎信久与小河宮內左衞門太郎季張（マヽ）相論薩摩國高城郡甑下島郡司職事、

右、對決之處、如信久申者、重代之所職也、地頭・郡司爲各別之條、國例也、而寶治元年爲新補之地頭、令混領之條、無其謂云々、如季張申者、前地頭代々進止之間、私所成下文也、而信久致不忠、上島三郎入道成佛年來依（マヽ）致沙汰□（由カ）中之間、充給了、信久者、寶治以前一兩年依爲地頭所讓、令知行許也、全非相傳、且信久非指關東御家人、不帶證文、何可訴申哉云々、信久申者、執進守護人擧狀者、澁谷六郎太郎重秀遂問注了、非御家人之由、可掠申哉、西國御家人雖不給御下文、所知行來也、高城郡司職事、藤內民部大夫遠景（天野）所執進之伊集院下司者八月狀所預御成敗也云々、季張申者、何以他所證文、可備當島證文哉云々、爰信久（所カ）不進永久（御）被下文之者、平家以往狀也、如文治二年府官（宣カ）者、高城郡司職事、非當島文書、凡常胤（千葉）以後代々

地頭進止異儀ナキニヨリ沙汰ノ限ニアラズ

淡路國都志郷地頭金子重高代子息重氏、預所行宗・公文俊宗・山僧堯禪ト所務條々ニツキ相論ス

平家沒收ノ地梶原景時ヲ地頭ニ補ス

重氏、公文職ハ地頭一圓進退ト申ス

地頭之時、不帯各別證文之間、爲地頭進止之條、無異儀、然者非沙汰限者、依將軍家仰、下知如件、

建長六年正月廿日

相模守平朝臣（北條時頼）

□□守平朝臣（陸奥）（北條重時）

（九條家文書）（註6）

補一二

（端裏書）「文應元年九月十八日下知要段、爲守護一見國ニ下了」

淡路國都志郷地頭金子左衞門尉重高法師法名高佛代子息次郎左衞門尉重氏与預所左衞門尉行宗并公文預所當公文之由申之、地頭前公文之由申之左近將監俊宗及山僧阿闍梨堯禪相論所務條々、

一、公文職事、

右、對決之處、如重氏申者、當鄕者爲平家沒收之地、梶原平三景時始被補地頭畢、當公文俊宗祖父源次郎家平爲平家方、於一谷討死畢、爲其跡、公文地頭一圓致沙汰畢、景時得替之後、周防藏人高盛知行、高盛得替之後、三條房（局）知行之、其後爲承久合戰勳功、佐野左衞門尉景盛拜領之、依寶治勳功賞、重高法師令拜領畢、仍重氏追景盛之例、致其沙汰者也、代々於公文職者、地頭一圓進退之間、以地頭下文令補公文職畢云々、此外中略之、要段自余略之然則、平家沒收之刻、始被補景時、得替之後、周防藏人高盛被補地頭、高盛得替之後、被補三條局畢、三條局得替之後、佐野左衞門景盛被補之、景盛得替之後、今重高重氏之父

重氏ノ申ス所子細ナキニラズ

地頭ハ器量ノ仁ヲ撰ビ兩方ノ所務ニ相從フベシ

作毛等ノ事ハ沙汰ノ限ニアラズ

被補之、如此地頭代々之間、兼―（平）・信平・信道・俊信・弁覺・俊宗、弁覺外殘輩者、本主爲宗平之子孫之間、自國司被補公文職之由、雖載系圖不進前々國宣、進嘉禎三年九月國宣計之處、地頭以俊宗令補公文事者同年四月也、俊《ヒ》宗《ヒ》俊宗自地頭補公文之後、被改易歟之間、備後日國宣、同心預所、代々自國司稱被補之、及對決之條、前後不符合歟、本主宗平兼帶下司・公文之間、下司計沒收之由、無指證據歟、仍景時以來地頭進止之由、重氏所申非無子細、然者地頭撰補器量之仁、可相從兩方之所務矣、

一、俊宗并湛西作麥事、

右、如重氏申者、對于地頭（種々脱カ）現所當（不カ）之間、改易公文職、點定同作麥之處、行宗・堯禪代官等拔捨件札、令苅取之上、依湛西訴訟、地頭稱收公俊宗跡、無指誤之處、同亦苅取湛西作麥之條無道也、可被糺返件麥云々、此外中略之、者、地頭致非據沙汰之、可觸訴六波羅之處、俊宗乍得地頭下文、以國宣拔地頭點札、令苅作稻之條、雖爲自由之所行、被付公文職於地頭之上、彼作毛等事非沙汰限矣、

自余條々略之、

以前條々、依將軍家仰、下知如件、

文應元年九月十八日

武藏守平朝臣（北條長時）　判

相模守平朝臣（北條政村）　判

淡路國都志郷地頭金子重高代子息重氏、預所行宗・公文俊宗・山僧堯禪ト所務條々ニツキ相論ス
平家沒收ノ地
梶原景時ヲ地頭ニ補ス
重氏、公文職ハ地頭一圓進止ト申ス
重氏ノ申ス所子細ナキニアラズ
地頭ハ器量ノ仁ヲ撰ビ兩方ノ所務ニ相從フベシ

補一三

（九條家文書）（註7）

（端裏書）「文應關東下知用段」

淡路國都志郷地頭金子左衛門尉重高法師法名高佛代子息次郎左衛門尉重氏与預所左衛門尉行宗并公文預所當公文之由申之、地頭前公文之由申之左近將監俊宗及山僧阿闍梨堯禪相論所務條條、

一、公文職事、

右、對決之處、如重氏申者、當郷者爲平家沒收之地、梶原平三景時始被補地頭畢要段ハ是マテ、當公文俊宗祖父源次郎家平爲平家方、於一谷討死畢、依爲其跡、公文地頭一圓致沙汰畢、景時得替之後、周防藏人高盛知行、高盛得替之後、三條房（局）知行之、其後爲承久合戰勳功、佐野左衛門尉景盛拜領之、依寶治勳功賞、重高法師令拜領畢、仍重氏追景盛之例、致沙汰者也、代々於公文職者、地頭一圓進止之間、以地頭下文令補公文職畢已上要段、中間略之、自是又要段、景時以來地頭進止之由、重氏所申非無子細、然者地頭撰補器量之仁、可相從兩方之所務巽、

以前條々、依將軍家仰、下知如件、

文應元年九月十八日

武藏守（北條長時）平朝臣 判
相模守（北條政村）平朝臣 判

淡路國都志郷地頭金子

補一四

（九條家文書）（註8）

淡路國都志郷地頭金子左衛門尉重高法師法名高佛代子息次郎左衛門尉重氏与預所左衛門尉行

重高代子息重氏、預所行宗・公文俊宗・山僧堯禪ト所務條々ニツキ相論ス

平家沒收ノ他

梶原景時ヲ地頭ニ補ス

重氏、公文職ハ地頭一圓進退ト申ス

行宗、公文職ハ地頭一圓ニ非ズト申ス

重氏、平家沒收ノ所々ハ地頭・公文兼帶ト申ス

宗并公文〔預所當公文之由申之、地頭前公文之由申之〕左近將監俊宗及山僧阿闍梨堯禪相論所務條條、

一、公文職事、

右、對決之處、如重氏申者、當鄕者爲平家沒收之地、梶原平三景時始被補地頭畢、當公文俊宗祖父源次郎家平爲平家方、於一谷討死畢、依爲其跡、公文地頭一圓致沙汰畢、景時得替之後、周防藏人高盛知行、高盛得替之後、三條局知行之、其後爲承久合戰勳功、佐野左衞門尉景盛拜領之、依實治勳功賞、重高法師令拜領畢、仍重氏追景盛之例、致沙汰者也、代々於公文職者、地頭一圓進退之間、以地頭下文令補公文職畢、而俊宗現種々不當之間、今年三月之比改易公文職之處、屬預所、爲國司進止之由掠申之條、無其謂云々、如行宗申者、公文職全非地頭一圓之儀、於家平者、依爲下司職景時以下代々地頭給、彼跡令知行之條勿論也、公文職者、始拜領當鄕之時、宗大太郞兼〔平字有憚〕(丹)爲公文職、依無其身咎、更無相違、至于地頭高盛知行之時、安堵之時者、自國司被補公文畢、信平死去之後、子息信道同被補畢、信道死去之後、子息俊信傳領、俊信死去時、舍弟舟後坊湛西不申事由、於國司致公文振舞之間、其時預所左衞門尉行廣無謂之由申之、於有限公事者、可爲田所沙汰之由令下知畢、件下知狀八月五日〔付嘉禎二年〕進覽之、湛西改定之後、以能部蓮光房弁覺可爲公文職之由給國宣、擬令知行之處、當公文俊宗依申子細、於國司可爲公文職之由、給國宣并預所副文、于今令知行者也、彼國宣副下文進覽之、爲國司進退之條明白也、何地頭一圓之由可申哉云々、重氏申云、於家平等一門者、爲平家方致合戰之忠之間、不安堵者也、無身咎令安堵者、兼—等爭不帶安堵御下文哉、平家沒收之所々、當國中景時拜領之地、有其數、是皆地頭・公

文兼帯之條勿論也、何限都志郷公文可為各別乎、所々注文進之、其上國司代々被下任符之由雖令申、彼狀等不及出對之間、為地頭進退令補之條勿論、且前公文信道者、三條局為地頭職時、有不快事被改易之刻、承久兵亂出來之間、被改三條局、景盛拜領之時、信道与俊宗罷下鎌倉、大望于景盛之許（以下缺）

犬石・毗沙石、辰石ト常陸國磯部郷半分預所職ニツキ相論ス

補一五

（楓軒文書纂三十七）（註9）

（前缺）

令拜領畢、成親□　□讓給□　□之寛元三年二月卅日讓給子息能行・高重等畢、而同年十月廿日□（高）重父ノ一期之後者、辰石可傳領之由、祖母書給讓狀之間、高重死去之□（後）者、可領知之處、繼母藤原氏押領之條、無其謂、任祖母後判讓狀可□給云々、如則秀申者、當職者成親後家令相傳之條勿論也、而□　□筆分讓能行・高重等畢、高重又相分之、讓給娘犬石・毗沙石等畢、所帶祖母讓狀者、為謀書之由、執筆僧良圓令書起請文畢、何可被自筆讓狀哉、且高重存日件謀書事、就訴申、正元二年被成問狀御教書畢、雖然、未進請文、剰可充給職之由、令掠申之條、無其謂云々、慈□（性）申云、辰石所帶讓狀為謀書之由、令申之條、無其謂欤、良圓狀事、窈誘□間不足證文、隨又如彼狀者、祖母令加判之由、所見也、次問狀御教書事、成親後家後夫充水牧左近將監高綱被成下之間、不覺悟、且於正文者、則秀□時令帶欤云々、則秀申云、令申先段畢云々、爰如慈性所進祖母讓辰石寛元三年十月十八日和字狀者、常陸國中郡庄内鹿島神領磯部郷預所職者、依為大中臣氏相傳私領、半分於分天、讓中太・彌次郎二

犬石・毗沙石等ニ領掌セシムベシ

人畢、但彌次郎一期之後、彌次郎娘辰石可領掌、背此狀、餘子供仁天毋、別人仁毋雖讓、不可用云々、如則秀所□(進)大中臣氏讓高重寬元三年二月卅日和字狀者、常陸國中郡庄內磯部鄉神領預所職者、大中臣氏相傳所領也、而彼所於二仁分天、嫡子能行・彌次郎高重仁讓畢、讓狀於二仁書天、各仁給畢、自今以後彌次郎高重仁讓多留方、畠□(一)段大仁天毋、須邊天何子共仁毋孫子仁天毋、不可讓、爲後代證文、自筆仁天書畢、若自今以後、子共中仁毋、□(孫子中カ)仁毋、我□(爲得讓由)雖有申者、□(不可有曾)自筆、不可用於他筆者、可爲謀書云々、如高重讓犬石・毗沙石等文應二年五月十二日讓狀者、各可領知云々、如則秀執進寶治元年三月八日良圓起請文者、十月十八日夜、大中臣氏繼子左近將監景高申狀仁、彌次郎所領於辰石仁讓給江登申候志加波、大中臣氏者讓滿志幾由遠被申□(天)、彌与波良禮候之處、景高口筆仁天、後讓狀於良圓令書候之間、大中□(臣氏)已正念違天、前後不覺仁見江給之時、女房達手於取抑天、後文□(仁判)波世良禮候幾、大中臣氏辰石仁讓覽登云詞一毋不候誓狀略之云々者、辰石帶祖母後判讓狀、可充給當鄉預所職之由、雖申之、祖母讓高重畢、高重分讓犬石・毗沙石等畢、讓与高重狀者自筆也、辰石所帶狀者他筆也、閣平生自筆之讓狀、難被用前後不覺之時他筆讓欤、然則、於磯部□(鄉)半分預所職者、任高重讓狀、可令犬石・毗沙石等領掌之狀、依將軍家仰、下知如件、

弘長三年三月十三日

武藏守平朝臣（北條長時）（花押影）

相模守平朝臣（北條政村）（花押影）

肥前國御家人青方能高、舍弟白魚弘高ト所從ニツキ相論ス
文永三年頃ノ裁許狀ト推定

補一六

（青方文書）

肥前國御家人青方太郎能高与舍弟白魚彌次郎弘高相論□（所）從葵女幷荒太郎男事、

右、擬尋決兩方之□（處）、不可及訴訟之由、能高出押書畢者、任彼狀、弘高可令進退服仕葵（以下缺）

周防國御家人与田朝保、僧源尊女子ノ夫貞遠ト与田保公文職ニツキ相論ス

公文職ハ朝保ニ領知セシムベシ

補一七

（東京大學法學部所藏文書）（註10）

校本案了

周防國御家人与田武者三郎朝保与僧源尊今者死去女子夫貞遠相論當國与田保公文職事、

右、對決之處、子細雖多、所詮、建保五季御教書者、公文職可沙汰付地頭朝兼朝保父之由、被裁之間、守護成施行畢、而源尊非御家人之處、始被成寬元・建長御下知之條、令相違歟、以後至于寬元源尊知行之條、爲朝兼代官之由、朝保所申非無其謂、然則、任建保御教書幷寬元元季朝兼讓狀・同季安堵御下文等、於當職者、朝保可令領知也者、依鎌倉殿仰、下知如件、

文永五季六月廿日

相模守平（北條時宗）朝臣御判

左京權大夫平（北條政村）朝臣御判

補一八

但馬國雀岐庄預所通貞、地頭太田政繼ト相論ス和与狀ニ任セ中分ス

法勝寺領但馬國雀岐庄領家坊門三位入道預所通貞与地頭太田左衛門三郎政繼和与中分事、　（廣橋家關係文書）（註11）

右、任今月十四日和与狀、兩方可令致沙汰之狀、依　鎌倉殿仰、下知如件、

文永十年十一月十六日

武藏守（北條義政）平朝臣判

相模守（北條時宗）平朝臣判

補一九

安原高長・伊達尼妙法、尾張守公時ト但馬國小佐鄉內恆富名幷二分地頭職ニツキ相論ス高長等ノ知行相違アルベカラズ

安原兵衞尉高長幷伊達尼妙法与尾張守公時相論但馬國小佐鄉內恆富名幷二分方地頭職事、　（反町弘文莊待賈文書）

右、就高長等訴訟、擬有其沙汰之處、公時今年弘安二八月十九日出避狀畢、任彼狀、高長等知行不可有相違者、（依脱カ）鎌倉殿仰、下知如件、

弘安二年十月十三日

相模守（北條時宗）平朝臣（花押）

補二〇

仁和寺領丹波國和智庄雜掌、地頭片山道緣後家幷子息萬歲丸ト所務ニツキ相論ス

仁和寺領丹波國和智庄雜掌与地頭片山左衛門入道々緣後家幷子息萬歲丸（脱アルカ）所務事、　（片山文書）（註12）

右、如六波羅去年七月六日注進狀者、預所・地頭成和与、可申（中）分之由、出兩方狀之上、不及別子細、守彼狀、相互可致其沙汰狀、依鎌倉殿仰、下知如件、

和与状ヲ守リ相互ニ沙汰スベシ

天野景朝、福田兼重ト條々ニツキ相論ス

景朝、當庄内七箇郷ヲ知行スト稱ス

兼重、兼貞福田郷地頭ニ補任サルト稱ス

天野遠景

景朝、文永六年後判ノ下文ヲ給フト稱ス

弘安六年九月　日

駿河守平朝臣（北條業時）
相模守平朝臣（北條時宗）

（福田文書）（註13）

補二一

天野肥後五郎景朝与福田四郎兼重相論條々、

一、肥前國彼杵庄内福田郷事、

右、就景朝訴状、尋明子細可注申之、去文永八月（年カ）十二月七日被仰大宰少貳經次（資カ）見之處、如所取進之訴陣（陳カ）状以下具書等者（雖脱カ）、子細多、所詮、如景朝申者、當庄内於七箇郷者、景朝給御下文、令知行之處、福田四郎兼重張行種々惡行、追出景朝、出（致カ）狼藉、事（實脱カ）者被行罪科、至名主職者、可景朝充給之云々、如兼重申者、此條不實也、於惡行事者、不覺悟之、至福田郷者、兼重高祖隈平（三脱カ）兼盛治承五年令傳領之間、嫡男兼貞右大將家（源頼朝）之御時、文治二年賜地頭職御下文、同年十月（マヽ）取遠（天野）景（法脱カ）師（景朝高祖父）施行、令領掌之處、被攻貴賀嶋之時、兼貞同渡行、依企討死（令カ）候、兼貞之舎弟兼信可爲當村地頭職之由、同五郎重（賜脱カ）御下文、（經脱カ）九十餘年之間、無一塵之煩、令知行之處、今景朝始背（右脱カ）大將家御下文、爲名主之由、掠申之條無謂、追出景朝由事虚言也、景朝苅取兼重所領作畠云々、如景朝申者、故武藏前司（北條泰時）入道殿御時被定置當庄御家人之由（時カ）、兼重父兼俊被除之ノ（畢カ）、又文治年中兩度給御下文由、縦雖被成之、景朝文永六年給後判御下文之上者、先（脱アルカ）御下文也、就中件御下文事、先々無申旨、一向爲地頭進止、弁年眞（貢）了（畢カ、下同ジ）、景朝致

兼重、本地頭ト稱ス

景朝、兼重ノ祖父兼信福田郷名主職ヲ改易サルト稱ス

天野遠景、彼杵庄・藤津庄ノ惣地頭ニ補任サル

京都大番役

狼藉由事不實也、凡自曾祖父遠景治(法カ)師、至泰景之時、或得地頭充文、或帶代官等下知伏(狀カ)、爲地頭進止云々、如兼重申者、武藏前司入道殿御時被定置御家人云々、此條就守護方、令勤仕大番以下御公事輩、不從催促之間、依注申被載御教書歟、何依之給(右脱カ)大將家御下文□□、無相違御家人等可申子細哉、然者兼重爲本地頭之間、有限惣地頭得分守先例、致沙汰之處、景朝致種々(狼脱カ)藉、及放火了、而遮及濫訴之條(脱アルカ)、所庶幾也云々、如景朝申者、於文治御下文者、卽被召返了、何可爲各別地頭御家人哉、次祖父和泉前司政景(天野)之時、承久二年福田郷与浦上郷堺相論之時、兼重祖父兼信致放火狼藉之故、被改易福田郷名主職了、經年序之後、子息兼俊申之間、所返与也、爲各別地頭御家人者、爭無御沙汰哉云々、如兼重申者、件文治御下文者、御(マヽ)(右脱カ)拜大將之時、不限此御下文、皆以被召返了、雖然就此御下文、景朝曾祖父遠景法師守護之時、成施行了、不及御不審歟、次或得代官充文、或就地頭之成敗、令安堵所職由事不實也云々者、如景朝所進建仁三年十月五日遠州禪門(北條時政)下知案者、彼杵・藤津庄(惣脱カ)地頭職事、右、件職者、民部入道(天野遠景)蓮榮(景カ)被補任了、庄內小地頭御家人等事、任故右大將家御時例、蓮榮(景カ)可令奉行也、小地頭等可從(被從カ)(惣地頭脱カ)被所勘也、但帶御下文小地頭等事、不可成庄內之沙汰、任故殿御時例、可令奉行云々、如嘉禎三(年脱カ)十二月廿九日關東御教書案者、肥前國彼杵庄御家人等者、自故(右脱カ)大將家時(御脱カ)、令勤仕京都大番以下所役了、而今富次郎・子息三郎・同四郎・大村七郎太郎・先富(マヽ)三郎・戸町藤次・千綿太郎・時津四郎・長崎小太郎・浦上小大(太)夫等以新儀以致之(不脱カ)(由脱カ)、範經申之、事實者甚無道也、早任先例可合(令カ)勤仕、若猶令難澁者、可令注申所職田畠云々、如景朝曾祖父和泉前司政景外題案者、如申狀者、尤以包信所

兼重所進ノ文治二年八月十三日右大將家下文平包貞、彼杵庄內地頭ニ補任サル

文治五年十二月八日右大將家下文平兼信ヲ地頭ニ補任ス

小地頭ハ惣地頭ノ所勘ニ従フベシ

行甚不當也、早件堺任舊跡可爲浦上之由、就中迄兩度令燒失塩屋之條罪科之至、無物取喩(マヽ)者、爲向後傍輩、慥行過失、可令追出其身云々、如兼重所進文治二年八月十三日右大將家御下文案者、下、肥前國彼杵庄內手隈幷老手村地頭職事、補任、平包貞、右、偁件兩村者、包貞之親父字隈平三包盛所帶云々、而包(盛脱カ)爲藤津庄沙汰人藤七助兼致(被カ)殺害由所(申脱カ)也、仍爲相承父之跡、子息包貞所令補任地頭職也、(但脱カ)於有限年貢以下雜事者、用領家使、任先例、無懈怠可致其勤云々、如同年十月十九日景朝高祖父(マヽ)遠景連暑(署カ)施行(狀脱カ)者、下、肥前國薗木庄內手隈野幷老手村、可任鎌倉殿御下文旨、以平包貞爲地頭職事、今年八月十三日御下文今日到來偁、件兩村者包貞之親父字隈平三包盛所帶云々、而包盛爲藤津庄沙汰人藤七助兼、被殺害之由所申也、仍爲相承父之跡、以子息包貞所令補任地頭職也、但於有限所當年貢以下雜事等者、用(マヽ)領家使、任先例、無懈怠可令致其勤以下者、早任鎌倉殿御下文之旨、以平包貞、可(令脱カ)爲彼村地頭職云々、如同五年十二月八日右大將家下文案者、下、肥前國彼杵庄內手熊野幷老手村地頭職事、補任、平兼信、右、件所職充給平兼貞了、兼貞攻貴賀嶋之時、渡行彼嶋、致忠勤之ノ(衍カ)間、爰今件兼信依爲舍弟、可(所カ)令補任地頭職(也脱カ)(於脱カ)、但有限課役者、隨領家進止(之脱カ)、任先例、可令勤仕云々、如同年三(六脱カ)月十九日遠景連暑施行狀者、下、肥前(國脱カ)彼杵庄內手熊野幷老手村、可任鎌倉殿御下文之旨、令平□(兼信爲カ)地頭職事、右、去二(十脱カ)月八日御下文今月十九日到來偁、件所職充給平兼貞了、而兼貞政(攻)貴賀嶋之時、渡行彼嶋、致忠勤之間、爰已了、(脱アルカ)今件兼信依爲舍弟、所令補任地頭職(也脱カ)云々、景朝則於名主職者、或代々得地頭充文、或就代官下知狀、令案(安カ)堵了、加之、如遠州禪閤(北條時政)(門)建仁三年下知狀者、於小地頭等者、可從惣地頭所勘之由被載

下文ヲ帶スル小地頭ニハ妨ヲナスベカラズ

兼重ノ證文謂アルニヨリ景朝ノ訴ヘ沙汰ニ及バズ

惣地頭得分ハ先例ニ任セ兼重辨ズベシ

沙汰ノ限リニアラズ

沙汰ノ限リニアラズ

之、至下地者、爲地頭進止之處、兼重等不從所勘之由雖申之、如彼狀等者、帶御下文之小地頭等事、不可成妨云々、可進止下知之條、敢無所見歟、次如關東嘉禎三年御教書者、當庄御家人等被書載之處、兼重父被除之了、非御家人之由、景朝雖申之、就守護人催促、勤仕大番役輩等難澁之時、依注申之、被成御教書之由、兼重令申之處、景朝不論申歟、次帶景朝曾祖父和泉前司政景外題狀案、雖(申カ)子細、兼重論申之上、爲私狀之間不足指南、次(如脫カ)兼重所進右大將家文治二、三兩通御下文案者、爲(地脫カ)頭職之條無異儀歟、但無正文之由、景朝雖申之、就此御下文、景朝之高祖父遠景法師成施行之間、兼重備證文之條有其謂歟、凡如兩方所進證文等者、惣地頭不可成妨之由分明也、仍景朝可相□□□□下地之由雖申之、不及沙汰、次惣地頭得分事、任先例、兼重可致其弁也、

一、狼藉事、

右、相互雖申子細、非刃傷狼藉之上、爲胸臆相論之間、非沙汰之限矣、

一、惡口事、

右、景朝任貪欲之由、兼重載訴狀之條、爲惡(口脫カ)之由、景朝雖申之、非過害之間、同前、

以前條々、依鎌倉殿仰、下知如件、

弘安六年十二月一日

駿河守平朝臣(北條業時)

相模守平朝臣(北條時宗)

白井兼景・同舍弟岡本業氏、布施宗康ト上野國府中勾田村ニツキ相論ス

勾田村ハ圓善ニ知行セシム

兼景等ノ訴訟ハ沙汰ノ限ニアラズ

補二二

（長府毛利文書）

白井馬二郎兼景法師・同舍弟岡本七郎業氏与布施太郎左衞門尉宗康法師法名圓善相論上野國府中勾田村事、

右、訴陳之趣子細雖多、所詮、當村者、秋田城介義景法師法名觀智所領也、仍以彼村幷同國小深鄉預所職、建長元年四月相博圓善祖父康尙所領河內國觀心寺之條、安堵御下文等炳焉也、而本主平氏寬喜四年賣与兼景等母平氏畢、爲兼景等所領之由、雖申之、如兼景度々訴狀者、爲觀智所領之由自稱畢、相並觀智令知行之條、無指證據、隨如兼景所進觀智十一月二日不記年號書与平氏養母治部入道後家和字狀者、勾田在家公事間事、二宇內一宇濟物之外、公事一期之間、兎志申候也、其由於御意江可有云々、治部入道者觀智家人也、如狀者、可謂芳恩之地歟、爰兩方問答之條、觀智者預所也、兼景等者爲地頭之由、雖申之、爲地頭之旨、不載度々訴狀之上、不帶指證文、然則、於彼村者、圓善知行依不可有相違、兼景等訴訟非沙汰之限者、依鎌倉殿仰、下知如件、

弘安七年十一月廿日

左馬權頭平朝臣（北條貞時）（花押）

陸奥守平　朝臣（北條業時）（花押）

補二三

（大井文書）

（前缺）

頼郷ノ讓狀ニ任セ知行セシムベシ

右、訴陳之趣子細雖多、所詮、彼所爲所領之條勿論也、自餘略之、任頼郷讓狀、可令知行者、依鎌倉殿仰、下知如件、

弘安十年八月廿七日

前武藏守（北條宣時）平朝臣在判
相模守（北條貞時）平朝臣在判

造東大寺周防國雜掌、与田保公文朝保ト所職幷年貢ニツキ相論ス

雜掌、与田保公文職ハ國司ノ進止ト稱ス

建仁和与狀

覺朝、与田保公文職ハ地頭兼帶ト稱ス

補二四

（東京大學法學部所藏文書）（註14）

造東大寺周防國雜掌与同國与田保公文朝保法師法名覺朝相論所職幷年貢事、

右、如守護人前上總介（北條）實政注進訴陳狀具書者、子細雖多、所詮、如雜掌申者、當國諸郷保書生・公文・田所等可爲國衙進止之旨、去貞永元年被成下宣旨幷關東御下知之上、當保公文職代々爲國司進止之條、證文炳焉也、且關東寛元御下知分明之上、建長元年覺朝舍兄朝貞与源尊條々相論之旨、以建仁和与狀、爲兩方龜鏡、預御下知之間、彼和与狀既承伏早、仍寛元御下知不可有相違之處、文永五季覺朝掠給御下知早、依覺朝等之相論、輙難被改本所之成敗歟、次年貢事、覺朝寄事於文永五季御下知、抑留之條無謂云々、如覺朝申者、當保公文職・同名田等者、代々地頭兼帶之條、建保五季御下知・守護人施行・寛元々年安堵御下知文等明白也、而源尊女子生阿稱有祖父朝俊和与狀、寛元御下知及對論之間、文永五季覺朝給御下知早、如狀者、源尊非御家人之處、始被成寛元・建長御下知之條、令相違之上、建保以後源尊知行爲覺朝代官之由、所申非無其謂之者、被裁之、隨又公文名事、覺朝与舍兄定西相論之間、同九

雑掌、濫訴ヲ致スハ奸謀ナリ

覺朝ノ押領ハ證據不分明

雑掌ノ訴訟沙汰ノ限ニアラズ

年貢未進ハ結解ノ後左右アルベシ

堺兼俊・頼俊、大内弘貞後家尼代貞宣ト相模

季所給御下知也、雑掌同意于生阿、請取彼棄置文書、致濫訴之條奸謀也、次貞永宣旨幷關東御下知者、一國書生・公文職事者非与田保事、次年貢事、全不致未進□、爰雑掌所進貞永元年宣旨幷關東御下知者、諸〔郡〕鄉書生・公文・田所職事、守先例、於領家・國司進止所職者、地頭更不可妨之旨、被載之、覺朝押領之條、證據不分明之間、不足指南、次如源𨸶給寛元・建長御下知者、先々國司成敗之條、顯然之上、彼御下知難被棄破之旨、雑掌雖申之、□(建)保五季依成御敎書、守護令施行早、地頭進止之條勿論歟、次寛元・建長御下知事、未定法以前被裁許之間、不及異儀、次建保御敎書事、廿余年不披露之旨、被載寛元御下知之由、雑掌同雖申之、源𨸶源𨸶為覺朝代官令知行之旨、請申之間、不能其難歟、如建保御敎書者、可沙汰付地頭之旨、有所見之上、寛元々年被成安堵御下文早、地頭進止之旨、覺朝所申旁以非無其謂之間、文永五季成敗無指相違歟、然者雑掌訴訟非沙汰之限、次年貢未進事、兩方雖申子細、結解之後可有左右焉者、依鎌倉殿仰、下知如件、

弘安十年十月十三日

前武藏守平朝臣(北條宣時) 御判

相模守平朝臣(北條貞時) 御判

補二五

（朝覲行幸部類記裏文書）

堺三郎兼俊幷□頼俊与大内介弘貞後家尼代貞宣相論相模國二宮□事、

右、訴陳之趣子細雖多、□田畠者、重代相傳私領也、右大將(源頼朝)□可為請所之由、曾祖

國ニ宮田畠ニツキ相論ス

貞宣ノ陳ズル所謂ナキニアラズ

兼俊ノ申ス所信用ニ足ラズ

□兼〔　〕御〔　〕布參拾端之外無別煩之處、預所〔　〕子細、
二位家(北條政子)御時、任先例、爲請所可停止〔　〕了、背彼狀、依充課公事、
□令〔　〕書等押領下地之由、兼俊等所訴申也、〔　〕二宮尼時充
給俊□所令〔　〕令改易之旨、貞宣陳之、□兼俊爲領主之條、不帶證文歟、爰被抑留文書□備
後前司康持(町野)〔　〕入□(道)入蓮狀分明之由、兼俊雖申之、如件狀者、□(堺)三郎申文書事、可校□
云々、爲一色名證文之條無所見之上、全不抑留之□、貞宣所陳非無其謂、是一、次兼俊□伊賀前
司政康(町野)同令召仕之間、□此□充○(行)給恩〔　〕恩給之條、兼俊不論申、是二、次代々
相承〔　〕兼俊同雖□(申カ)之、地頭者爲□以〔　〕不帶一紙、於可被尋地頭之由、
兼俊所申不足信用、是三、〔　〕以後家尼補傍官□司由事、兼俊雖□(申カ)〔　〕如
傍例者、非制限之旨、貞宣陳〔　〕目〔　〕可有其科之由所見也、仍今更不及〔　〕
〔　〕在京由事、兼俊等同雖訴申、尼爲在京人弘貞〔　〕之上、令在國〔　〕申也、此上同
前者、依鎌倉〔(殿仰、下知如件、)〕

正應〔　〕日

〔　〕(北條宣時)陸奥守平朝臣　在御判
〔　〕(北條貞時)相摸守平朝臣　〔　〕(在御判)

補二六

（東京大學法學部所藏文書）（註15）

周防國与田保地頭光朝、公文朝保ト條々ニツキ相論ス

覺朝、加徵公事ヲ地頭ニ辨勤スルノ條論ジ申サズ

地頭方加徵公事ヲ除クノ由寛元元年ノ讓狀ニ載セズ

覺朝ノ陳狀不分明

公文名加徵公事ヲ免許セズ

公文名ノ事和与狀ニ載セザル由光朝申ス所謂アリ

周防國与田保地頭六郎光朝与公文三郎朝保法師（法名覺朝）（光朝叔父）相論條々、

一、公文職（付十箇名）幷散在名加徵公事間事、

右、就越訴尋究之處、子細雖多、所詮、自往古依弁勤加徵公事、本主覺念（光朝祖父）讓与次男覺朝之後、背國衙、不從地頭朝貞（光朝父）者、可爲朝貞沙汰之旨、載寛元二季誡狀畢、背彼狀、覺朝正應四季預裁許之條、相違之由、光朝申之處、自往昔公文弁勤加徵公事於地頭之條、覺朝不論申（是一）、而於公文職者、各別讓得之間、不可弁勤之由、覺朝雖陳之、地頭方加徵公事除之由、不載寛元々年讓狀（是二）、其上如覺念寛元二年誡狀者、次男忠顯（覺朝俗名）背國衙、不從地頭朝貞、致疎略者、公文職散在名田畠一向可爲地頭沙汰、又於三郎作田畠加徵公事者、可致弁（云々）、相從地頭之儀者、可弁勤加徵公事之事、□□加徵公事不見此狀之由、被載先下知之條、無其謂、加徵公事之外、可從何事哉、可被差色目之由、光明申之處、如覺朝陳狀者、返答不分明（是三）、且三郎作田畠加徵公事可弁勤之由、載同狀後段畢、作田畠亘公文名之處、非公文名之處、非公文名事、爲地頭分三名之旨、被載下之條、令相違歟、地頭分三箇名猶可弁加徵公事於嫡子方之由、於書載者、背國衙、爭可免許公文名加徵公事哉（是四）、隨如忠顯同時押書者、公文職事、任父讓狀、雖給關東御下文、自今以後者、不可背地頭次郎之令（命カ）、若於違其命者、任入道放文之旨、公文職散在名田畠等可爲次郎沙汰、又加徵公事不可懈怠仕（云々）、公文名加徵公事載覺念誡狀覺朝押書條炳焉之由、問答之時光朝申之處、彼誡狀幷押書者、建長七年地頭分三箇名等和与之時、令棄破之旨、覺朝代子息五郎宗保雖陳之、於公文職者、彼時敵人源尊知行之間、公文名事不載和与狀之由、光朝所申有其謂（是五）、次彼押書者爲謀書之

覺朝押書狀ハ謀書ニアラズ

覺朝ノ陳詞謂ナシ

光朝ノ了見理致ニ叶フ

子細ニ及バズ

由、宗保雖申之、於件押書者、覺念以自筆書置案文之旨、載弘安七年訴狀之處、如覺朝陳狀者、件案文事、先段委細言上早云々、於先段者、彼狀事、全分（マヽ）不載之歟、於彼押書者、度々不論申之處、今始爲謀書之由令申之條、不可然是六、次於公文名等加徵公事者、不可弁勤、成煩者覺朝可申給地頭職之旨、號覺念建長二年十月後判狀、覺朝構出之追進早、不載加徵公事於先判狀者、稱後判狀、爭可備進哉之由、光朝申之處、於彼後狀者、經三十余年、弘安八年依追進不決眞僞、先度被棄置之條、雖無相違、就此狀加徵公事之事、載寬元先判狀之條、無□儀是七、次覺朝敵人源尊申、給公文職之後、朝貞依訴申、任先例、可弁勤之由、預裁許早、覺朝文永五秊還補早、不申破先下知者、不可違失之由、光朝申之處、不可依源尊相給成敗之旨、覺朝陳詞無謂是八、就中覺朝返給間、公文名并公事相論之處、如同九年十月下知狀者、正義以下十箇名事、可爲公文分、對捍加徵公事由事、任父覺念并朝保和与狀及建長御下知、可致沙汰云々、號彼御下知者、爲建長七年和与三箇名事之旨、覺朝雖申之、如三箇名和与狀者、於加徵者雖致弁、至公事者、不可有云々、於彼三名事者、爭可被載公事事哉、號覺念狀者寬元誡狀也、稱建長御下知者、爲元秊裁許事之由、光朝了見旁所叶理致也是九、加之、如其時覺朝訴狀者、公文名加徵事、定西朝貞法名或以十箇名內九箇名、稱地頭名令濫妨之間、有何餘殘可弁濟哉、被停止彼張行、欲致沙汰之趣之、（マヽ）雖進承伏狀、不及御沙汰之由、光朝申之處、如覺朝陳狀者不實也、給正文可申子細云々、其後經秊月問答之時、於光朝所進覺朝陳狀案者、所進之由宗保雖申之、不進先度陳狀案文之條、無謂之間、雖被召出正文、爲公文名下知狀之由、見先段之上、不及子細是十、然則、於公文職并在散（散在カ）名田畠

公文職幷散在名田畠ハ定西跡ニ付ス

者、覺朝背先例幷度々下知、不弁勤加徵公事之間、任覺念寬元誠狀・自身押書、所付定西跡也焉、自餘條々略、

以前條々、依鎌倉殿仰、下知如件、

永仁三季五月十六日

陸奥守平朝臣（北條宣時）御判
相模守平朝臣（北條貞時）御判

最勝光院領遠江國原田庄細谷郷雜掌、地頭原秉泰ト郷務ニツキ相論ス

本家一圓ニ沙汰致スベシ

補二七　（東寺百合文書こ三十九至七十四）

最勝光院領遠江國原田庄細谷郷雜掌与地頭原小三郎秉泰法師（法名道圓）相論本家方預所可郷務否事、

右、訴陳之趣枝葉雖多、所詮、當庄本家者最勝光院也、領家者隨心院僧正坊跡也、而領家職相論之間、依對捍本家方年貢、就本家訴訟、以細谷郷止領家綺、一向被付本家上、可全所務之由、雜掌雖申之、領家方預所自往古居住本郷、止徵納年貢、□（過カ）分令運進本家之間、本家方更不相綺所務云々、而今割分當庄、以細谷郷付本家、以本郷以下被付領家、可致所務、就中細谷郷者、最狹少之上、令混亂（領）本家・領家者、可□（爲カ）細谷郷之地頭歟也、然則（本家一圓）任先例、可致其沙汰者、依鎌倉殿仰、下知如件、

永仁三年九月九日

陸奥守平朝臣（北條宣時）御判

相模守平朝臣《（北條貞時）》御判

尾張國大縣宮雜掌信氏、原高國ト兩條ニツキ相論ス

補二八

（九條家文書）

尾張國大縣宮雜掌信氏与原彌三郎高國相論兩條□事、

右、如六波羅注進狀者、子細雖多、□（所詮、當カ）村者、爲開發領主、曩祖高春壽永三年給御下文畢、而□收公申披子細、承元三年返給、以來無別牢籠、勤仕御家人役之由、帶壽永御下文幷□（承）元御下文案及文永以後大番勤仕書下等、高國雖□壽永御下文者、高春可安堵本所之旨被成下畢、強可知行當村之條、無所見歟、隨又如高國所進元久□□（年）四月日下文案者、尾張國二宮高直跡所職名田畠地頭職事、中務丞國盛、右、件所職名田畠等、依令同意、□（付カ）高直、池田新次郎行重子息爲行男蒙御勘當之間、以國盛可爲彼職云々、而承元三年返給之由、備御□（下カ）文案高國雖稱之、彼狀依不帶正文、不足指南歟、壽永御下文以後被收公之條、高國自稱畢、不帶還補狀上者、何可號本領主哉、爰堀尾三郎朝綱与原彌三郎高□劵畠地相論之時、就承元下文等、正元々年高信預下知畢、彼下文今雖不帶正文、已被載正元下知狀之間、旁非本所進止之旨、高國申之、而如彼狀者、承元下文等爲案文歟之由所見也、正文所持之條無實證歟、爰件畠地非本所成敗地之旨、載正元下知狀畢、此論所則當村內也、彼時成敗難被改之由、高國雖申之、畠地在所不載名字之間、爲當村內之條無其證歟、隨朝綱非指本所雜掌、他人相論之下知狀不足今潤色歟、就中雜掌所進八月廿二日付承久三年御教書者、於當社者不補別地頭、一圓被付本所之由所見也、隨承久以後不帶別御下文歟、爰以正元御

各別ノ下文ヲ帯セズンバ御家人ノ號アルベカラズ
本所ノ進止タルベシ

本所一圓進止タルベシ

教書幷文永以來大番役勤仕之書下等、雖備御家人之證據、爲近年事之間、不足信用歟、將又如高嗣等書狀者、或書出私領實檢目錄狀、或捧別進物畢、本所進止之條可謂勿論歟、而爲宮中捌拾余町外之間、有限上分沙汰之外無本所綺由、高國又雖申之、當村爲社領、濟年貢之條已承伏畢、加之、其身爲社官從社命之條、無異論歟、不帶各別御下文者、何可有御家人之號哉、而抑留檢注、背本所命之間、雜掌所訴申旁有其謂歟、然者於當村者、可爲進止本所焉、

一、田所職事、

右、雜掌則爲本所恩職之處、自去文永年中號御家人、有限年貢以色代弁之、不勤夫役以下公事、剩抑留檢注、違背本所之由訴之、高國亦件職爲相傳地、右大將家（源賴朝）御時給御下文以來勤仕御家人役畢、次年貢以下事、任先例、不致懈怠、次檢注事、先々實檢之地任古帳遂其節畢、無抑留儀之旨陳之者、於當社者不補別地頭、承久年中被付本所之間、一圓進止之處、高國依爲社官、充給當職畢、而募御家人號、違背本所之條、無其謂之由雜掌訴申之處、帶壽永御下文幷承元御下文案文、高國雖申子細、承久以後本所一圓之條雜掌申者、當職者宮中捌拾余町內也云々、於宮中者、本所一圓之條高國承伏畢、此上不及異儀、仍同前矣、

以前兩條、依鎌倉殿仰、下知如件、

永仁三年九月十二日

陸奥守平朝臣（北條宣時）在判
相模守平朝臣（北條貞時）在判

伊豫國弓削島雜掌教念、弓削島三分一地頭小宮茂廣代廣行ト所務條々ニツキ相論ス

雜掌教念ノ訴訟沙汰ニ及バズ

茂廣押領セシムルヤ否ヤ尋ネ究ムル後左右アルベシ

久行法師ノ例ヲ尋ネ究メ左右アルベシ

久行法師ノ例ヲ尋ネ究メ左右アルベシ

補二九

東寺領伊豫國弓削嶋雜掌教念与三分一地頭小宮三郎次郎茂廣代廣行相論條々、（國立國會圖書館所藏白河本東寺百合古文書六十四）（註16）

一、末久名事、

右、如六波羅執進所（訴）陳狀者、子細雖多、所詮、當名者田壹町壹段八十歩・畠拾參町四段也、爲新補地頭之間、給田畠之外者、可濟年貢之處、茂廣一向引募之條、無謂之由、教念雖申之、如正嘉和与狀者、以末久名、任久行法師之例、一向可引募給加徵之代之、如正元下知狀者、任和与狀、可致沙汰之者、此上今更不能勘落之間、雜掌訴訟不及沙汰焉、

一、網事、

右、教念則三帖網内一帖者預所分、二帖者充給沙汰人百姓、致神祭以下得分沙汰之處、地頭近年押領之由訴之、茂廣亦預所分網者、依爲殺生之業、參川（行遍）僧正坊寺務之時、停止之、經年序之由、陳之者、預所分網事、本所令免除否、將又茂廣令押領否尋究之、可有左右、次二帖網事、茂廣雖無陳詞、如和与狀者、鹽幷網事、任久行法師之例、互不可有相違之、而二分方地頭賴行与教念相論之時、可尋究久行法師例之旨、今年四月二日評定畢、可依彼左右矣、

一、名別八俵鹽事、

右、背和与狀、責取他名鹽之由、教念申之處、如茂廣（有脱カ）陳者、不分明歟、爰如和与狀者、山海所出事、於鹽幷網者、任久行法師之例、互不可相違之者、子細同前、

敎念ノ申ス所謂ナシ

一、惡口事、

右、如茂廣二答狀者、網事、雜掌寄事於供僧、掠申欤、將又供僧言行相違、爲服藥訴申欤、之(マヽ)爲惡口之由、敎念所申非無其謂、仍罪名事、見狀左焉、

地頭職ヲ收公ス

一、行成名事、

右、敎念則押領當名、抑留年貢之旨訴之、茂廣亦先年可爲地頭請所之由、觸之間、致沙汰之由陳之、而無請所證據之旨、雜掌申之處、引付問答之時、茂廣所捧建治三年九月廿八日預所狀也、如狀者、充行行成名主職事、唯蓮(脫有カ)所之彼狀、不備注進之間、有疑貽之上、先預所狀也、難被信用之旨、雜掌所申有其謂歟、爰當名事、止妨可被付穩便百姓之旨、載和与狀之處、茂廣管領之條、難遁其咎之間、所收公地頭職也矣、

沙汰ニ及バズ

一、檢斷事、

右、背和与狀、茂廣一向令張行之由、敎念申之處、茂廣論申之上、無證據之間、不及沙汰焉、

沙汰ニ及バズ

一、山林事、

右、充給百姓等、濟年貢鹽之處、地頭任雅意伐取之旨、敎念申之處、如茂廣陳者、不伐取之、無實證之間、同前、

向後停止セシムベシ

一、百姓身代事、

右、年貢未濟之時、取身代之處、以地頭之威、奪取之由、敎念申之處、不相綺之旨、茂廣陳之者、無證據之間、子細同前、但預所寄事於左右、取身代之條、不可然、向後可令停止

矣、

相互ニ過分ヲ止メ召仕フベシ

一、地頭非分召仕百姓事、
右、收納之最中、召具百姓於他鄕、經數月之條、無謂之旨、敎念申之處、隨要用召仕之條、爲先例之由、茂廣陳之者、相互止過分、存撫民可召仕焉、

領家ノ進止タルベシ

一、公文職事、
右、當職者領家進止之處、號一分方公文、充行于所從源三郞等之旨、敎念雖申之、無實證歟、隨自元不相綺之旨、茂廣陳之者、可爲領家進止矣、

領家ノ進止タルベシ

一、光助名事、
右、當名者、領家進止之處、茂廣押領之、自弘安二年、充行于西念・戒忍等、抑留所當・公事之旨、敎念申之處、茂廣論申之上、無證（實脱カ）歟、子細同前、

久行法師ノ例ニ任セ左右アルベシ

一、國淸名事、
右、號請所、充賜又太郞太夫、領家分鹽十俵・地頭分鹽十俵、可致沙汰之旨、計定之條、無道也、如元可被付下地於預所之由、敎念申之處、百姓爲請所、弁件鹽者也、茂廣不相綺之旨陳之、爰如和与狀者、於鹽幷網著、可任久行法師例之、可依彼左右焉、

沙汰ニ及バズ

一、百姓鹽手事、
右、下行小分用途於百姓等、取巨多鹽之間、年貢減少之基也、可被停止之旨、敎念申之處、不實之由茂廣陳之、無實證之間、不及沙汰矣、

一、預置犯科人於百姓等由事、

沙汰ニ及バズ

沙汰ニ及バズ

沙汰ニ及バズ

兩方沙汰致スベシ

攝津國輪田庄地頭佐久間長盛ノ女子ノ夫藥師寺義清代道智、与田重

右、地頭下人勘當之時、預置百姓之間、有其煩之由、敎念申之者、子細同前、

一、國延名事、

右、領家進止之處、以源三郎男、破却鹽屋、致濫妨之旨、敎念申之處、不實之由、茂廣陳之者、無實證之上者、子細同前、

一、百姓任官事、

右、爲預所計之處、地頭任雅意致沙汰之旨、敎念申之者、子細同前、

一、入海物事、

右、可致折中沙汰之處、地頭一方押取之條、無謂之旨、敎念申之處、不存知之由、茂廣陳之者、兩方可致沙汰、但主出來之時者、可令糺返之焉、

以前条々、依鎌倉殿仰、下知如件、

永仁四年十二月廿日

陸奥守平朝臣(北條宣時)判

相模守平朝臣(北條貞時)判

(九條家文書)(註17)

補三〇

(朱書)「地頭所進關東下知狀案」

攝津國輪田庄地頭佐久間兵衞太郎長盛女子平氏今者死去夫藥師寺次郎左衞門尉義清代道智与田所七郎左衞門尉重清法師法名寂心今者死去子息師重相論條々、

清子息師重ト條々ニツキ相論ス

一、田所名内地頭給所當事、

道智ノ訴訟沙汰ノ限ニアラズ

右、所當師重未濟之由、道智雖申之、於地頭給者、以自名内引募畢、至田所名者、弁有限加徵米之外、無他役之旨、師重陳答之上、閣地頭自名、引募田所名之條、違式目歟、仍道智訴訟非沙汰之限矣、

師重、加徵米ノ辨ヲ致スベシ

一、同名加徵米事、

右、道智則師重抑留之由訴之、師重亦致弁之處、不出返抄之旨陳之者、不帶返抄之上、可致其弁焉、

抜要段、自餘略之、

嘉元二年十月七日

相模守（北條師時）平朝臣在判
左京權大夫（北條時村）平朝臣在判

補三一

（赤木文書）

赤木家忠三男忠光代子息忠澄、嫡男盛忠ト家忠遺領信濃國吉田郷田四段、小池郷在家貳宇ニツキ相論ス

赤木左衛門尉家― 忠字有憚 三男三郎忠光代子息忠澄与嫡男孫三郎盛忠相論家―遺領信濃國吉田郷田肆段・小池鄕在家貳宇事、

右、遺領者、弘安九年六月爲清式部左衛門尉職定奉行支配之處、四男忠員分依參差、正應三年六月以嫡子忠綱 盛忠父 ・次男忠朝・忠員知行分、重被配分訖、爰忠澄則盛忠背弘安御下文押領之由申之、盛忠亦正應配分之時、爲惣領分充給之旨、依陳之、欲是非之處、今年三月廿五

和与状ニ任セ沙汰致スベシ

鹿島社大禰宜能親代長圓、常陸國行方郡大崎郷内吉河春幹等ト鹿島社供新米ニツキ相論ス
結解ヲ遂ゲ未進アラバ辨ヲ致スベシ
地頭押妨ノ名田・屋敷ハ尋究ノ後左右アルベシ

日和与訖、如盛忠和字状者、右、田在家等者、盛忠親父忠綱乃充給留正應三年六月二日御下文内登雖相存、以和与之儀去渡云々、如忠澄状者、盛忠押領之間、多年雖訴申、以和与儀請取畢云々、此上不及異儀、任彼状、可致沙汰者、依鎌倉殿仰、下知如件、

嘉元三年六月七日

相模守平朝臣（北條師時）（花押）

補三二

（楓軒文書纂所收鹿島社文書）

（常陸國）鹿島社大禰宜能親代長圓与常陸國行方郡大崎郷内吉河孫四郎春幹・成井村地頭三郎太郎入道良圓・大崎彦太郎幹高・六郎太郎助幹・相賀郷地頭平氏・山田郷地頭牛熊丸・行方余一太郎幹貫・小幡郷地頭六郎太郎幹―（知字有憚）四六村地頭輔行・行幹・行時等相論當社供新米以下事、

右、地頭等嘉元々年以來對捍之由、長圓就訴申、尋下之處、如地頭等請文陳状等者、各致弁帯請取之由所見也、然則、遂結解、有未進者、任被定置之旨、可致弁、次地頭等押妨給主進止名田・屋敷由事、尋究之後、可有左右者、依鎌倉殿仰、下知如件、

嘉元四年十二月廿日

陸奥守平朝臣（大佛宗宣）（花押）

相模守平朝臣（北條師時）

補三三

肥前國河上社雜掌家邦、山田庄領家兼地頭北條隨時代行眞ト守山村ニツキ相論ス

和与狀ヲ守リ異論ナク相互ニ所務スベシ

（實相院文書）（註18）

肥前國河上社雜掌家邦与山田庄領家兼地頭遠江守（北條）隨時代（平野）行眞相論守山村事、

右、就宰府注進訴陳狀具書、欲有其沙汰之處、令和与訖、如行眞今月廿日狀者、當村下地幷新田檢注以下所務可付領家之由、雖番訴陳、所詮、閣所存、所止訴訟也、向後不可違亂、次領家職事、本自當知行無相違之上、有限本田號起請田壹町四段貳丈中所當米、自今以後不可有對捍之由、社家出狀之上者、不及子細、依爲社領成和与儀之間、於以前未進者、所被奉免也云云、如家邦同日狀者、守山地頭職事、賜御寄進御下文、社家知行之處、或被返付下地、或打止新田檢注收納之條、無謂之旨、依領家訴訟、雖番訴陳、以和与之儀、止訴訟之由、令出狀之上者、不及子細、次領家職事、社家本自不可對捍、以前未進者奉免之間、不可致沙汰云云、此上不及異儀、守彼狀、向後相互無異論可致所務者、依鎌倉殿仰、下知如件、

正和四年十一月廿三日

相模守平朝臣（北條基時）御判
武藏守平朝臣（金澤貞顯）御判

補三四

中村道覺後家尼音阿、中村宗廣・藥師丸ト武藏國三山郷内屋敷壹所・播磨國三方西小野村

（中村文書）

中村八郎　法師法名道覺後家尼音阿申武藏國三山郷内屋敷壹所・幡（播）磨國三方西小野村内田七段廿歩・在家壹宇幷御薗田參段事、

右、田在家者、中村馬允光時後家尼光阿之所領也、光阿依□養音阿子息十郎家政、永仁三年

內田在家并薗田ニツキ相論ス

田在家ハ音阿領掌スベシ

押領以後ノ得分ハ所領ノ有無ヲ尋究シ左右アルベシ

二月廿日相副御下文、讓与家政訖、而家政同六月二日讓音阿之處、中村馬三郎時廣押領畢、時廣死去之後、子息新三郎宗廣・藥師丸同押領旨、音阿依訴申、正和三年二月四日以後度々雖下召符、依不敍用、以岡部孫六入道々海催促訖、如執進同八□(月)廿日宗廣等請文者、企參上可明申云々、猶以無音之間、去□(年)五月十五日・同八月廿五日以道海重催促畢、如道海十一月十一日起請文者、度々雖相觸不及請文云々、背數ヶ度召符不參之條、無理之所致也、然則、於件田在家等、(者脫カ)任家政讓狀、可以音阿領掌矣、次宗廣等押領咎并押領以後得分物事、尋究所領之有無、可有左右者、依鎌倉殿仰、下知如件、

正和五年六月廿七日

相模守平朝臣(北條基時)（花押）

武藏守平朝臣(金澤貞顯)（花押）

大前黑若丸、伯父明尊ト周防國大前今富名内屋敷壹所ニツキ相論ス

明尊ノ領知相違アルベカラズ

補三五

（三浦文書）

大前黑若丸与伯父伊豫房明尊相論周防國大前今富名河原里三十六坪内西寄屋敷壹所事、

右、如守護人尾張前司時仲(北條)執進訴陳狀等者、所詮、□彼屋敷者、嘉元三季得祖母尼妙阿讓知行之處、明尊□旨訴之、明尊亦彼坪者嘉元二季明尊得一圓讓之處、□母長壽女致違亂之間、經訴訟畢、替面於子息、及兩樣訴□(訟之カ)條、無謂之旨陳之、□黑若丸去季十二月十日所出避狀也、如□(同カ)狀者、於向後者、止訴訟、永代避与下地畢、黑若不□物之時□女子跡仁天母共仁加判形云々、取詮、此上可預裁許之由、明尊□狀明尊領知不可有相違者、依鎌倉仰、下知如件、

文保元年八月十三日

相模守平朝臣（北條高時）（花押）
武藏守平朝臣（金澤貞顯）（花押）

紀伊國富安庄雜掌經清、地頭代頼行ト所務條々ニツキ相論ス
地頭一圓庄務ヲ致シ預所相綺ベカラズ
御代一度ノ檢注先例ナシ
和与狀ヲ守リ互ニ改變スベカラズ

補三六

（國立國會圖書館所藏根岸文書）

紀伊國富安庄雜掌經清与地頭代頼行相論所務條々、

右、如六波羅執進去々年（正和五）閏十月廿五日兩方連署和与狀者、一、年貢未進事、右、雜掌則年貢未進陸百余石・錢陸百余貫之旨訴之、地頭□當庄每年內檢之處、於地頭名者、不遂其節、以旣得分致弁之間、自康元々年御下知以來、至當年、所積年貢過上分米參千余石・錢貳千○余貫之旨陳之、所詮、云所務、云年貢、相互依有其煩、於向後者、當庄永代爲地頭請所之儀、不論損否、每年以五十貫、可弁濟京都、此上者、庄務事、一向地頭一圓致其沙汰、預所不可相綺庄務、一、御代一度檢注事、右、雜掌雖申子細、檢注事、無先例之上者、所止訴訟也、以前兩條守和与狀、互不可改變、若於背此旨者、可被處罪科云々者、此上者、不及異儀、守彼狀、可致沙汰之狀、依鎌倉殿仰、下知如件、

文保二年五月廿七日

相模守平朝臣（北條高時）（花押）
武藏守平朝臣（金澤貞顯）（花押）

能登國高畠庄內小柴村地頭得田章實、同國大町保地頭代重隆ト小柴村ト大町保トノ堺ニツキ相論ス

兩方和与狀ヲ出ス

寶治御判繪圖

山野田畠ハ一圓小柴分領タリ

折中セシメ北ハ一圓小柴ニ去渡シ、南ハ一圓大町保分タリ

在家參宇ハ小柴分タルベシ

地獄谷用水ハ大町ト小柴ト一日充管領スベシ

和与狀ヲ守リ相互ニ違亂ナク沙汰スベシ

補三七

（宮內廳書陵部所藏古文書）

能登國高畠庄內小柴村地頭得田彥次郎章―（實字有憚）与同國大町保地頭代重隆相論小柴村与大町保堺事、

右、爲四條左衞門尉泰知法師（法名）奉行、永仁四年十二月十三日被棄置訴訟畢、章―越訴之間、召調陳狀、擬有其沙汰之處、今年（元亨元）六月十二日兩方出和与狀畢、如重隆狀者、右、大町保与小柴村堺相論事、大町保者、正□（嘉二カ）年三月廿八日二位入道于時文章博士茂範卿拜領畢、而文永元年之比章―（祖父圓久）押妨狼藉之間、言上子細之處、□被成下御敎書、止押妨畢、仍自文永□（元カ）年至于弘安八年、當知行廿ヶ年無相違之處、弘安八年始圓久雖企訴訟、依過年記、閣自訴畢、而又自永仁二年（祖父圓久）訴訟相續、章―始訴申之處、至于同四年過年記之由、有御沙汰、預御下知畢、而正和二年始章―依致越訴、可遂使節由、雖被仰下、所詮、以和与儀、章―所進寶治御判繪圖之墨通、於至于横大道下天、自横大道上之、於山野田畠者、（此內宿在家貳宇、社一宇在之、）一圓可爲小柴分領也、次自白石上山堺者、峯通往古堺也、自横大道下者、御判繪圖墨通与大町當知行堺中間田畠事、令折中北者一圓去渡小柴畢、南者一圓可爲大町保分也、次横大道下仁宿在家參宇、同可爲小柴分也、但自横大道下者、依令折中參宇在家之、以北田者、在家通於可付小柴也、仍於彼在家、以北之大町分田者、以折中內小柴分田、可入立大町由、章―承諾畢、次地獄谷用水事、和与上者、大町与小柴一日充可管領（云々）、如章―同狀者、子細同前、各和平之上、不及異儀、向後守彼狀、相互無違亂可致沙汰之狀、依鎌倉殿仰、下知如件、

元亨元年十二月十六日

相模守平朝臣（北條高時）（花押）
前武藏守平朝臣（金澤貞顯）（花押）

（反町弘文莊待賈文書）

通勝、家盛ト相論ス
和与狀ヲ守リ領掌スベシ

補三八

（前缺）

坪壹段北屋敷同卅一坪壹段・同十八里廿九坪八段・九條十六里廿五坪七段・同十七里四坪壹町、以上四町五段小者、公文給也、此外者通勝不存知、向後任彼狀、相互可令領知、若背此和与狀、令違亂者、可被行罪科云々、家盛狀子細同前、此上不及異儀、守和与狀、各可令領掌者、依鎌倉殿仰、下（知脫）如件、

元亨元年十二月廿七日

相模守平朝臣（北條高時）（花押）
前武藏守平朝臣（金澤貞顯）（花押）

（米澤圖書館所藏色部文書）

補三九

（前缺）

三月□三答狀之處□
難宜違背之□、且如長直（牛屋）所進證文□
□巳□牛屋・粟嶋之名字小嶋村□

譲与惣領之間、不□(可)有其□長□載重訴狀、當村爲長直分領内之條不備也、□
之上、爲訴人難澁之間、旁不及子細□(彼カ)所□
□長直之訴□依鎌倉□(殿仰、下知如件、)
元亨二年十二月廿三日
相模守平朝臣(北條高時)在判
修理□(權大夫平朝臣在判)(金澤貞顯)
(水府志料所收)(註19)

補四〇

藤原氏女、土淵貞重ト武藏國土淵郷在家壹宇ニツキ相論ス
在家ハ藤原氏女ニ領掌セシム

(前缺)
藤原氏申□　□(武藏)國土淵郷在家壹宇事、
右、土淵五郎貞重法師(法名定喜)所帶也、文保□年五月廿日買得之間、□十二日預裁許訖、□
□年定喜押領無謂、可蒙成敗之由訴申之條、爲決眞僞、遣召符之處、如小河小太郎季
泰執進定喜今年四月廿七日請文者、乍當知行掠申之條、姧訴云々、恐罪科遁申之上者、不及
申子細、可成給御下知之旨、重所持解狀也、然則、於彼在家者、藤原氏領掌不可有相違之狀、
依將軍家仰、下知如件、
嘉曆四年八月七日
相模守平朝臣(北條守時)(花押影)

金澤稱名寺雜掌光信、東盛義女子尼明通・舍弟東胤義ト上總國周東郡内深谷・胡麻窪内田畠等ニツキ相論ス

明通知行分參分壹ハ稱名寺ノ知行相違アルベカラズ

越中國二上新庄雜掌盛基、佐野郷地頭水卷景高ト條々ニツキ相論ス

補四一　（金澤文庫古文書）

金澤稱名寺雜掌光信申上總國周東郡内深谷、胡麻窪内田畠等事、

右、東六郎盛義所領參分壹者、去元亨元年六月□（廿二）日被寄附當寺訖、彼田畠爲盛義跡之間、仰□（守）護人足利讃岐入道（貞氏、義觀）、欲分付之刻、盛義女子尼明通爲外戚、相傳所領之由、就支申、雖及相論、明通舍弟兄東彌六胤義、對光信番訴陳之處、爲齋藤九郎兵衞尉基連（奉行脱カ）、任盛義相傳之實、可分付參分壹□（於寺）家之由、被裁許訖、明通相傳手繼狀、胤義□之同狀也、先而被棄捐之間、今更不足□（爲支）證、然則、於明通知行分參分壹者、爲盛義跡、寺家領知不可有相違者、依鎌倉殿仰、下知如件、

正慶元年十二月二日

右馬權頭平朝臣（北條茂時）御判

相模守平朝臣（赤橋守時）御判

補四二　（宮内廳書陵部所藏土御門家文書）

越中國二上新庄雜掌盛基与佐野郷地頭水卷左□（近）將監景□（高）法師法名信佛相論條々、

一、正檢事、

右、如盛基訴狀者、任先例、可遂行之由、文永二年雖被成御下知、或年者寄事於大番役、或年者稱關東經廻、難澁之、同六年庭出對之時者、可遂居合之由申之、不及敍用、且可依雜掌計之□、載信佛書狀畢、而又可依□　□無其謂、任本庄□遂行云云、如信

雜掌盛基遂行セシムベシ

新田内參町半ハ公田ニ加ヘラルベシ

播磨國大部庄幷魚住泊ヘノ守護使ノ亂入ヲ停止ス

佛陳狀者、［　　　　］出向于田頭之□（處）、□（盛）基背國例、下細令取之間、作人□歎□（申）［　　］盛基書狀者、本田者就建久帳、可遂坪合之由載之、而今變改、無［　　］庄例者所務各別也、只可依國中庄薗之例云云者、於北國者、下細遂檢注之條、更無其例、所詮、且守國中庄公之例、且存撫民之儀、雜掌可令遂行矣、

一、建久以後建保以前新田所當事、

右、如地頭給建保六年御下知狀者、爲地頭之名田、開發荒野、以段別能米二斗、爲所當、可令弁濟云云、如盛基所進地頭則高承元元年注文者、以新田内三町半、可爲公田之由載之、爰件注文者、爲建保御下知□（以）前狀之間、爲新田內、一向可［　　　　］雖申之、則高注出之［　］不及別子細歟、但、件田建久正檢［　　　　］年々所當者、不及沙汰□度檢注以後者、彼新田内參町半者、可□（被）加公田也、

一、建保以後新田所當事、

右、可弁年々所當之由、盛基雖申之、正檢以前者、任傍例、不及沙汰、檢注［　　　］（以下缺）

（内閣文庫所藏雜古文書）

〔増訂版第二刷追補〕

補四三

（端裏書）
「將軍□□（家下）文案大部庄不可入部守護使由事」

將軍家政所下　播磨國大部庄（加東郡）幷魚住泊住人□□（等所カ）

可早停止守護人使亂入事、

右、件兩所彼使亂入、令煩土民之間、不安堵□、犯人出來之時者、自庄家可召出也、可□（停カ）止使亂入之由、東大寺南無阿彌陀佛□（所カ）令申給也、然者可停止守護人使亂□（入カ）狀、所仰如件、以下、

建仁三年五月十七日　案主清（實成）（原）□

知家事□

令右兵衞少尉藤原（行光）在判

別當前大膳大夫中原（大江廣元）朝臣在判

散位藤原（行政）朝臣在判

（集古文書十二）

別符能行、別符行助ト武藏國別符鄕ニツキ相論ス

補四四

下　武藏國（幡羅郡）別符鄕百姓等所

可早令自當鄕內車石赤木奧宮以通千（于）長止呂小道、自河西爲次郎行助分致知行、以同小道東相加太郎能行分、爲地頭致知行事、

惣田數貳（百脱カ）伍拾貳町參段小內建仁三年九月検注定

太郎能行分佰參町壹段大

次郎行助分佰參町壹段大

四郎行直分貳拾町

後家分拾町

能行ト行助ニ分給セシム

小林三郎妻分拾町
女子三人分陸町各貳町

右、別符鄕事、兄弟相論之間、或遂問注對決、或經次第沙汰之後、去建仁二年九月令大和前司(源)光行朝臣并右衞門次郎光俊等加實檢之處、惣田數貳佰伍拾貳町參段小也、但本田百廿四町內、如本配分者、太郎分五十町、次郎分五十四町內後家分十町、小林三郎妻分十町、女子三人分六町各二町、次郎分廿八町也、而今太郎方餘田廿町九段大、次郎方餘田百七町三段大也、此內以廿二町加次郎分廿八町爲五十町、所殘八十五町三段大相加太郎餘田廿町九段大、定百六町三段小也、其內能行分五十三町一段大、行助分五十三町一段大、本新相并各百三町一段大也、但親父行隆法師契約者、當鄕能行・行助共半分可知行之由、見于問注所之勘狀、仍自車石赤木奧宮以通于長止呂之小道、自河之西爲行助分、以同小道東所相加能行之分也、件東分內有肆拾壹町壹段小之田、此內於八町九段六十步者、可爲行助分、田并在家者、如元不可有相違、抑此事度々經沙汰之處、能行所申有其謂歟、仍所分給彼境也者、依鎌倉殿(源實朝)仰、下知如件、以下、

元久元年十二月十八日

清　　　　原(清定)(花押)
前右京進中(仲業)原(花押)
左衞門尉平(花押)
前大膳大夫中原朝臣(大江廣元)(花押)

近江國住人俊光、良範ト近江國蒲生郡散在田畠兼次名幷成安名ニツキ相論ス
俊光ニ知行セシム

加賀國額田庄ノ地頭職ヲ停止ス

補四五　（尊經閣所藏文書）

近江國住人俊光申
　蒲生郡散在田畠兼次名幷成安名事、
右、名等、得讓令知行之處、去年四月爲良範被致妨云々者、任讓狀、可令俊光知行之、但又良範有訴訟者、可令蒙問注之狀、依鎌倉殿仰、下知如件、
　元久二年五月廿三日
　　　　　　　　　遠江守平（北條時政）（花押）

補四六　（中院家文書）

下　加賀國額田庄（江沼郡）官等
　可早停止地頭職事、
右、地頭代官寄事於左右、寃庄官百姓、割取年貢內、懈怠公事之由、其訴出來、加之、年來之間、不被補地頭云々、仍可令停止地頭職之狀、所仰如件、以下、
　元久二年五月廿八日
　　　　　　　　　清　　原（清定）判
　　　　　　　　　前右京進中原（仲業）判
　　　　　　　　　左衞門尉平判
　　　　　　　　　前大膳大夫中原朝臣（大江廣元）判

中臣政親、中臣則永ト三箇條ニツキ相論ス
身代ヲ糺返サシム
京都ノ裁許ヲ蒙ルベシ
狼藉ニ於イテハ追ッテ沙汰アルベシ

豊後國六郷山所司等、

補四七

（塚原賢三氏所藏文書）

（前缺）

本之處、凌礫彼女、取身代三人畢云々者、至于□□數者、兩方申狀依無證跡、難知實說、於今者□糺返彼身代、永非可令抑留之故也、

一、可蒙京都裁(許脱カ)屋敷・三昧畠事、

右、政親(中臣)則帶　殿下(近衞家實)政所下文、則永(中臣)亦帶國司外題、然則共可蒙京都裁許矣、以前三箇條、太略如此、兼又於狼藉者、追可有沙汰之狀、所仰如件、以下、

承元四年七月九日　　案主

知家事惟宗(花押)

令圖書允清(清定)原(花押)

別當相模守平朝(北條義時)臣(花押)

書博士中原朝(師俊)臣(花押)

右近衞將監源朝(親廣)臣(花押)

武藏守平朝(北條時房)臣

散位中原朝(仲業)臣(花押)

（松平文庫所藏「自坂東御教書之寫」）（註20）

補四八

豊後國六郷山所司等申、當山執行領・兩子山院主職以下谷々石屋々々等事、

秉直法師等ト當山執行領・両子山院主職以下ニツキ相論ス

圓豪ニ元ノ如ク領知セシム

地頭武者朝貞、公文源尊ト周防國与田保所務條々ニツキ相論ス

（右脱カ）爲將軍家御祈禱所、圓豪領知之處、秉直法師等令濫妨、成御願違亂之由、所司等訴申之間、被尋下之處、如豐前大炊入道（大友親秀）寂秀今年九月日注進狀者、雖相觸秉直法師等、不及是非散狀之由、執申上者、停止秉直法師等濫妨、任　所司解狀、如元當山執行圓毫（マヽ）可令領知之旨、依鎌倉殿仰、下知如件、

安貞二年十一月廿五日

武藏守（北條泰時）｜

相模守（北條時房）同

補四九

周防國与田保地頭武者次郎朝貞与公文僧源尊相論條々事、　（東大寺文書）（註21）

一、末松名事、

右、對決之處、如朝貞申者、當國楊井庄地頭左近將監盛家名田也、而建保年中越當保之堺、令押領之時、自國司被收公盛家名田等了、且任建保五年國宣・承久四年守護人・貞應元年內代官下知等、朝秉（朝貞父）年來進退之間、百姓遠高證文進之、依源尊訴、自天福之比、目代（所）押領彼名田也云々、如源尊陳者、末松名自國司被收公之條勿論也、自楊井庄亂入當保致狼藉之時、上件妨（止カ）、保司所令進退也、朝貞出帯建保國宣者、非給彼名田等狀也、楊井庄狼藉時、朝秉在京、依爲當保被付下之刻、取持正文也、於件名者、國司成敗也、（源尊）不及申子細云々者、如朝貞所進建保五年國司廳宣者、可令早任舊條等停止与田保・楊井庄堺事、右、盛

關東御敎書・國宣ヲ召出シ左右アルベシ

家巧非論、定押領○〔國領、〕猥盗取作物、引取作畠之條、甚以不當歟、此上猶於令違背國宣者、可令停癈盛家國領名田云々、如狀者、与田保与楊井庄堺相論事歟、末松名事、不被載之歟、同時所進守護人承久四年二月下文云、可早任御敎書、且依國宣、爲地頭進止、死亡跡內末松名事云々、如狀者、可爲地頭進止之由、雖載之、不副進關東御敎書幷國宣之間、所殘不審也、被召出彼狀可有左右矣、

一、弓成名事、

右、如朝貞申者、件名田者、源尊語取盛康敵人後家證文、訴申國司之間、陸奥入道成下知狀、其狀年來所不知及也、次守護代下文者、〔朝貞出帶之守護代下知狀者〕承久三年七○貞應元年也、破前判後判也、田畠事者、武家御成敗之處、掠申國宣案無術之次第也、就中源尊二十八年無妨由事、朝兼与源尊無不和儀之間、無違亂、此十余年以前一年令押作成、自國方被上之間、爲鎭喧嘩、所罷過也、又去々年彼名畠五六段許朝貞雖令耕作、依源尊訴訟、自國分被苅取了云々、源尊申云、請取盛康敵人證文由事、爭可請取他人證文哉、於彼名田者、自建久令進退之上、帶建保國司下知、于今無相違、然而畠一町許朝貞自寬元三年令押領之條、希代所行也、以守護代下知前後相違事、所仰上裁也、次寬元三年朝貞五六反依令押領、訴申國司之間、沙汰未斷之程、兩方使者相共令苅置一所之處、朝貞令押取了云々、朝貞申云、彼名田不知之時、爭任建保國宣幷守護人下知等、朝貞不進退哉、次同名畠四反等自寬元三年進退之條、不及子細、次朝貞苅取作毛由事、朝貞在京也、如承及者、自國方令押取云々、源尊申云、縱雖成不和之思、年來名田等、爭可有相違哉、次同名畠作毛事、朝貞者雖爲在京跡、彼代官幷押取

國司ノ成敗タルベシ

了、自國方□令押取了云々者、如源尊所進承久二年留守所下文者、可令早停止盛保新儀妨、如元源尊領作弓成名田畠等事云々、如狀者、源尊可領知之旨載之、即朝貞任建保國司廳宣・承久守護人下知之狀、可領掌旨雖申之、如彼兩通狀々、不被載弓成名字狀、就中自建久至于寛元々年、源尊領知之由、令申之處、無不和儀之間、不致其妨之旨朝貞陳之、頗可謂雌伏歟、但源尊不覺之關東御下知、宜爲國司成敗矣、

一、公文爲地頭加徵事、

右、如朝貞申者、彼加徵米、自承久元・二年至于寛喜元年濟米之處、其後一向對捍畢、可被辨濟云々、如源尊申狀者、當保地□(頭職)源尊親父湛与朝貞祖父朝俊令和与之間、自國方所令補任也、如和与狀者、給田五□(丁)在家十五宇、公文職子々孫々不可有相違、○(永)令免去(許カ)了、背此三ヶ條者、請取證文可有相違云々、而朝秉不用彼給田之間、於公文名加徵者、充件給田不辨之、於增給田分之加徵米者、可辨也云々、朝貞申云、源尊名田者二十六町三反余也、且如加徵散用狀者、於五町給田者除之云々、正月給分、其外加徵一向抑留之條無謂云々、源尊申云、加徵者段別三升也、五町分者一石五斗歟、如和与狀者、給田云々、而今除加徵許、加除年前分之間、充所當分不辨之云々、朝貞申云、加徵者反別五升也、地頭進退者加徵許也、爭可進退年貢所當哉云々、源尊申云、加徵事、當初者雖令取三升、當時者令取五升歟、當保者以五町給田、令和与地頭之間、○(一向)給田之由所令申也云々者、如朝貞所進嘉祿元年公文加徵散用狀者、田二十六町三反小・除田六町九反・定田十一丁六反二百歩、分米五石三斗余云々、隨自承元二年至于寛喜元年辨濟之、自嘉祿對捍之由令申之處、源尊無指陳答歟、如建仁和与狀者、

給田五町之由雖載之、如嘉祿散用狀者、公文給二町云々、彼五町給○者、地頭内免之由、所申

加徴ヲ辨償セシムベシ

也、然(者)□内免五町之外加徴者、可令辨償矣、

以下八四號狩野亨吉所藏文書

(一)□、在家十五宇外田畠事、

在家人等屋敷外田畠ノ公事ヲ對捍スベカラズ

右、如朝貞申者、件□任和与狀、無違亂之處、他所田畠等令耕作之、不從公事云々、如源尊申者、彼在家人等敷地之外、他所田畠於令○耕作者、有限公事爭可令難澁哉云々者、在家人等於令○耕作屋敷外田畠者、爭可對捍公事哉之由、源尊承伏之上、爲勿論歟矣、

一、本田畠加徴事、

地頭、免田ニ加徴スベカラズ

右、如朝貞申者、當保定田五十五町七反小畠九町一反等也、而安貞二年預所重喜法橋以當保内給田三丁、令替□進退外之新田了、如此交替之上者、於定田畠者、雖爲國司奉免之地、可被加徴之處、天神田五反、惣社宮田四反、同社三反、御館講田二反、野寺一町、一宮一町五反、驛家□町令除之、源尊出□條、無其理云々、如源尊申者、以給田三町令替地頭進退也、新田事勿論也、但定田畠内令除諸免田事、源尊非自由之例、任國文書除之云々者、如朝貞所進安貞二年保司重喜法橋狀者、与田保本田五十五丁七反小之外、以加作畠九町一反、奉替于給田三丁了、但爲申立尊光院領也、若不立申彼御領者、加作之證文、更不可爲證文、可任地頭之心云々、重喜縱雖出和与狀、給田三丁之外、可徴納諸免田等加徴之由、訴申之條、頗忘沙汰之法歟、所詮、就同文書、可除諸免田分加徴之由、源尊所陳非無其謂、然者、件免田等者、地頭不可被加徴矣、

一、源尊擬違背地頭事、

朝貞ヲシテ苅田以下損物ヲ返却セシム

右、如朝貞申者、源尊与朝貞爲對決在京之處、源尊注申条々於國司之刻、被成下知狀歟、是則爲違背地頭也、有子細者、可令言上武家歟云々、如源尊陳者、朝貞親父覺念与源尊寛元三年遂對決之、如關東御下知者、公文職不可有相違、苅田稻幷屋敷可糺返云々、又仁治三年六波羅御下知云、保司佃五反公文田一丁作毛幷百姓農具牛馬可糺返云々、而不糺返之間、所訴申也云々、朝貞申云、○《公文》名田耕作事、不及違乱、次苅田稻以下物等覺念沙汰也、次六波羅下知事、覺念令參洛、雖被下召文、源尊不上洛之間、默止了云々、源尊申云、覺念与朝貞親子也、爭可不糺返哉、六波羅召夫（符カ）事、其年依國万公事□參也、次年雖上洛、覺念在國之間、不及申云々者、如源尊所進寛□御下知者、□沙汰付公文職於地頭之旨、乍給御下知、不披露之、嘉禎四年讓地頭職於朝貞、給安堵御下文之後、去年追出源尊之條、覺念所行奸謀也、次追捕物事、於覺念領狀、苅田稻幷家々□可糺返云々、而覺念不敍用御下知、不糺返損物者、源尊□可令言上關東之處、無左右訴申國司之條、雖無其謂、朝貞爲顧覺念之所犯、還致濫訴之條、事与意相違歟、且背關東・六波羅下知○《狀》、不被□以下損物之條、所行之至招罪科歟、然者、可糺返苅田以下損物等矣、

一、榎田五反幷小□田一反事、

右、如朝貞申者、件名□用也、而建保之比、云所當、云國物、令難濟逃散之間、地頭致其弁領掌之處、文暦年中依源尊訴訟、自保司二三ヶ年、雖被押作、于今地頭所令進退也、且貞用還住之時、有子細者、源尊可致沙汰之處、無其儀死去之後、令濫妨之條、無謂云々、如源尊申者、建保之比、貞用云所當米、云國物、難濟之間、地頭致其弁、令進退由事、極

ム 源尊ニ名田ヲ領知セシ

虚言也、貞用引与于源尊證文進之、建保以後源尊進退來之處、嘉禎之比、成濫妨之間、賜國宣被止其妨之後、自寛元々年地頭所令押領也、而自建保地頭進退之由、令申之條、今案也云々者、如源尊所進建保五年貞用引文者、与田保百姓越智貞用相傳私領田事、在林榎田五反在江泊一反□各坪付略之、曳進元者、爲弁償二ヶ年官物、熊野山分米私領田二ヶ所、限永代造新券、所曳与正義公文假名也、若此後本文書出來者、在地不可用云々、如同所進國宣不記年月、者、榎田五反被押領朝兼由事、如申狀者、源尊相傳之處、朝兼無由緒令押領云々、相尋子細、任道理可成敗云々、如此等狀者、源尊進退之條所見也、且朝貞弁替貞用之肩累、領知彼名田等之由、雖申之、帶證文否、被加覆問之處、○爲訴人之身、不知及證文有無、朝兼現在也、可相尋子細之由、遁申之後、自去年于今不進覽之條、無其謂歟、然者、源尊帶證文之上者、可令領知件名田矣、

一、船門田三反幷本折田畠七反同山田一反事、

右、如源尊申者、件□源尊相傳也、而所從延友下作之間、延友宛給延友下人爲重之時、可賣永地之由、結構之時、親父湛与令取返之日、爲重依令書起請文、如本預給之處、□田畠年貢未進代、限永年引進保司重喜法橋了、源尊申子細之時、重喜書狀進之、就狀請取直物、源尊進退之處、地頭自仁治三年押領之條、無其謂云々、如朝貞申者、彼田畠等爲重引渡保司之刻、源尊申子細之時、雖被召決之、保司請取件名田等之後、地頭可致勸農之由、書狀付文曆三年、進之、而重喜得替之後、令取持沽文幷書狀之條、姧謀也云々者、如源尊所進承久四年爲重起請文者、件船門坪○内本折坪二ヶ所坪々田、自今以後永地不□張行

他所他庄正義事、一言愚不可申云々、如同所進▨安貞二年爲重引与保司狀者、爲重名田畠事、二丁三反内坪付略之、依二ヶ年所當未進、限永代引進安房殿實也、但公文正義少々被押領事僻事也、雖向後不可有相違云々、如狀者、爲重書与起請於源尊之後、稱未進代、以彼名田、引与保司之條、爲自由所行歟、如同所進十一月八日付仁治三年、重喜書狀者、船广（マヽ）本折田淨光房限永代宛給了、武者入道致押領云々、事實者無謂云々、如同所進延應二年三月安清保司下人歟、請取者、六丈布十段云々、旁非無由緒歟、而如朝貞所進三月十五日付暦仁三年、重善書狀者、名田事、能々可有沙汰、適爲地頭之身、四郎房耕作之外、併可令勸農云々、以和字模漢字起請詞略之、就狀朝貞耕作之條、頗雖似有其謂、爲重爲下作之身、引渡所當未進代之條、姧謀之企也、源尊爲本名主、任先例可令領作彼名田等矣、

以前八ヶ條、依鎌倉殿仰、下知如件、

建長元年七月廿（日脱カ）

相模守平朝臣（北條時頼）在御判

陸奥守平朝臣（北條重時）在御判

（飯野文書）（註22）

源尊本名主トシテ名田ヲ領作セシム

補五〇

預所伊賀光泰、一分地頭好島泰隆ト陸奥國好島庄所務條々ニツキ相

（前缺）

當□

一、□所當事、

論ス

地頭ノ沙汰トシテ弁濟セシムベシ

以下一一九號飯野文書

相互ニ打引トシテ其沙汰致スベシ

右、□之趣、子細雖多、所詮、如建保三年十二月廿二日政所下文者、開發常々荒野、爲地頭別名、三箇年以後免除雜公事、可弁濟町別所當准布拾段之由載之、而地頭所開發之荒野參町也、寶治以後所當可弁濟之由、光泰(伊賀)令申之處、可爲地頭別名之旨、被載下文之間、預所不可相綺之由、泰隆(好島)雖申之、三箇年以後可弁所當之條分明也、加之、於當庄者、寶治以後被充召關東御年貢之間、重役之地也、何可令抑留有限之所當哉、早爲地頭之沙汰、可令弁濟也矣、

一、荒野打引事、

右、兩方雖申子細、所詮、如光泰所進嘉禎二年四月七日御下知案者、陸奥國好島庄内荒野事、右、件荒野者、預所大須賀左衞門尉通信承久三年雖給御下文、在京之間無沙汰、近年欲勵沙汰之處、地頭等稱有往古之田代、令押妨云々者、於寛喜飢饉以後所令荒廢之本新田者、預所・地頭相共爲打引所令耕作也、至」其外常々荒野者、任承久御下文、通信早可令開作云云、爰泰隆所領好嶋浦田内公田數拾町荒癈之處、号不作、不濟所當之間、年貢闕怠之基也、且當庄東方預所通信已給打引御下知之間、准彼例、光泰所申非無子細、然者、於泰隆知行分公田荒癈跡者、相互爲打引、可致其沙汰焉、

一、黑葛緒勘料絹事、

右、建長年中實撿之時、始引募給田之間、每年勘料絹貳疋可致沙汰之由、令契約之旨、光泰雖申之、於勘料者、引募給田之時、致其沙汰歟、重不遂實撿者、何爲每年之役、可令弁濟哉、然者、今度入勘以前者、不及其沙汰、但爲新給田、令引募之條、更忘公益畢、惣撿

檢注使ノ計タルベシ

之時、可勘落否、可爲撿注使之計矣、
以前條々、依鎌倉殿仰、下知如件、
文永六年十二月十二日
相模守平朝臣（北條時宗）（花押）
左京權大夫平朝臣（北條政村）（花押）
（高野山文書又續寶簡集五十八）

補五一

遠江國那賀庄百姓等、唯願ヲ用フベカラズト一味神水シテ訴フ

張本ノ仁ヲ流罪トス

（端裏書）「那賀庄傍例御下知案」
關東御下知狀案百姓違背預所一味神水罪科事、
遠江國那賀庄御下知狀云、
次百姓等不可用唯願之由、湌神水突鐘事、所行之企、不可不誡歟、於張本之仁者、召下其身、可被流罪矣、自餘條々略之、
以前條々、依鎌倉殿仰、下知如件、
文永十年八月十日
武藏守平朝臣（北條義政）在御ー
相模守平朝臣（北條時宗）在御ー
（生桑寺文書）

補五二

放火ノ事

地頭職ヲ召上グ

（前缺）

可掠申哉、次放火事、性實　關東參上之間、不存□□、爰召決兩方日、搦取正王法橋、被召預于人之條、□□下云、在國代官狀炳焉之由、衆徒申之、備進之處、□□之處、□□於□

（中間缺）

職者、依彼咎被召上畢、至當山者、所被梓（停）止地頭□□可致御祈禱之精誠、次可被糺返追捕物之由、衆徒□□之、被召上地頭職之上、不及沙汰者、依鎌倉殿仰、下知□（如件）、

永仁四年□

陸奥守平（大佛宣時）□

相模守平（北條貞時）□

園城寺領遠江國内田庄雜掌忠秀、同庄下郷地頭内田致朝代忠能ト年貢以下ニツキ相論ス

延慶二年九月ノ狀ヲ守

補五三

（内田家文書）（註23）

園城寺領遠江國内田庄雜掌忠秀□（与）同庄下郷地頭八郎左衛門尉法師（内田致朝）法名定願代忠能相論年貢以下事、

右、去延慶二年九月有其沙汰、被裁許畢、就彼下知狀、兩方及相論之間、依番訴陳、欲糺明之處、□令和与畢、如忠秀・忠能去十二日狀者、田貳拾伍町貳段四丈・屋敷拾宇・畠・山野・江河・荒野等、以和与之儀、中分下地畢、有分殘田畠・在家者、後日可折中、次於井新者、兩方可半分沙汰云々者、此上不及異儀、然則、守彼狀、相互向後不可有違亂之狀、依鎌倉殿仰、

リ、相互ニ違亂アルベカラズ

野中正行、資時ト豐前國野中郷內資時分領ニツキ相論ス

冠師野村

下知如件、

正和三年十二月廿七日

相模守平朝臣（北條熙時）判

（柳野一美氏所藏文書）

補五四

（端裏書）「關東御下知案むまの次郎ひやうゑ□（たカ）まはるけち也□」

野中次郎入道正行与兵庫馬次郎兵衞資時相論豐前國野中郷內資時分領事、
右、擬召夫之處、如資時去十八日和与狀者、就西妙當郷太主讓狀等、正行訴申之間、資時令參上之條、申披子細之上、所詮、以資時知行內冠師野村東限河中、西限唐門大尾、南限岩原谷、北限□（犬谷）、河江原寺居垣本糸永田四條二里廿六坪五段、廿七坪八段、中津河岩木壹町、椋本七段、江副參段卅、令和与畢、此外田畠山野等者、資時幷舍弟等無相違可領知也、向後互不可有違亂云々、如正行同日和与狀西行父融念加署者、以資時分領冠師野村東限河中、西限唐門大尾、南限岩原谷、北限犬谷、幷河江原寺居垣本糸永田四條二里廿六坪五段、廿七坪八段、中津河岩木壹町、椋本七段、江副參段卅、所令和与也、□

（以下缺）

註

(1) 益永文書承久二年十二月廿七日關東裁許狀寫、同承久三年八月日宇佐嗣輔申狀、同承久三年十二月十一日關東御教書寫、同貞應元年七月七日關東裁許狀寫、同貞應元年十一月日關東裁許狀寫

(2) 益永文書承久二年九月三日關東裁許狀寫、同承久三年八月日宇佐嗣輔申狀、同承久三年十二月十一日關東御教書寫、同貞應元年七月七日關東裁許狀寫、同貞應元年十一月日關東裁許狀寫

(3) 九條家文書建武五年八月日吉備津宮雜掌覺胤申狀案

(4) 田代文書貞和三年七月田代了賢重陳狀

(5) 香川景繼氏所藏文書寛元四年八月十九日六波羅施行狀

(6) 九條家文書永仁四年十二月卅日關東下知狀案、同永仁五年三月廿九日六波羅施行狀案、同永仁七年四月六日關東下知狀

(7)(8) 前註參照

(9) 一〇七號文書と同一文書なるも、塙文書の前缺部分を一部補えるにより、補遺として收錄す。

(10) 東京大學法學部所藏文書弘安十年十月十三日關東裁許狀案、同永仁三季五月十六日關東裁許狀案

(11) 廣橋家關係文書文永十年十一月十四日但馬國雀岐庄領家・地頭和与狀案

(12) 片山文書弘安三年十月十八日將軍家政所下文案、同弘安五年二月三日地頭平盛親・預所藤原行綱和与狀案、同弘安五年八月九日法印某書狀案、同弘安五年八月日地頭平盛親・預所藤原行綱和与狀案、同弘安七年二月九日六波羅施行狀案

(13) 本文書用語・內容に檢討の要あり。後考を俟つ。

(14) 東京大學法學部所藏文書文永五季六月廿日關東裁許狀案、同永仁三季五月十六日關東裁許狀案

(15) 東京大學法學部所藏文書文永五季六月廿日關東裁許狀案、同弘安十年十月十三日關東裁許狀案

(16) 東寺百合文書（マ一至二十）永仁四年五月十八日關東裁許狀、東寺百合文書（せ一至二十八）永仁四年八月十三日六波羅施行狀、同正元元年五月廿四日六波羅御教書、東寺百合文書（マ二十一至三十）乾元二年正月十八日伊豫國弓削島庄領家・地頭代和与狀案、新田英治氏「〝白河本東寺百合文書〟所收伊豫國弓削島庄關係史料の紹介」（『鹽業時報』一九卷五號所收）參照

(17) 九條家文書永仁六年正月八日橘義清和与狀案、同永仁六年二月二日六波羅裁許狀、同嘉元二年二月八日六波羅御教書案、同嘉元二年三月廿一日六波羅御教書案、同德治二年三月十二日六波羅裁許狀案

(18) 河上神社古文書寫元德四年正月日河上社雜掌家邦重陳狀寫

(19) 水府志料文保二年十二月十日關東下知狀寫

(20) 松平文庫所蔵「自坂東御教書之寫」安貞二年八月十六日關東御教書寫、同安貞二年十二月廿七日豐後國守護大友親秀下文寫、同安貞三二月廿七日豐後國守識大友親秀請文寫、『大分県立宇佐風土記の丘歴史民俗資料館研究紀要』六號所收網野善彦「豊後国六郷山に関する新史料」參照

(21) 狩野亨吉所藏文書八四號文書の前缺部分を補へるにより、補遺として收錄す。畠山聰氏の教示による。

(22) 飯野文書一一九號文書の前缺部分を一部補へるにより、補遺として收錄す。『中世の東国』8號所收「好島荘調査報告(一)」一〇ページ參照

(23) 內田家文書弘安二年《（マヽ）》二月五日內田致朝書下寫、同弘安十年十二月十八日關東下知狀寫、同永仁三年八月廿一日北條時村問狀寫

あとがき

私が鎌倉幕府の相論に對する裁許狀に關心を持ちはじめたのは、九州大學大學院修士課程在籍中のことであるから、かれこれ十五年程前になる。當時鎌倉御家人研究のため、竹內理三先生の鎌倉幕府法の演習に出席させていただいていたが、鎌倉幕府法の研究において、法令の解釋が主な研究となることは避けられぬことであった。しかし私は前々から、法は立法者の思想なり方針を示すものであっても、法の存在卽現實に施行されたものとすることに對する普遍的疑問を有していた。この疑問に對する解答が示されぬ限り、法の解釋による論爭も思想史上の論爭に過ぎなくなる。このような疑問の根底には、新憲法第九條の戰爭放棄の規定にもかかわらず、現實にはまぎれもない軍隊が存在し得るという、法と現實との相違をまざまざと見せつけられたことが、大きな要素となっていたことは否定出來ない。このことは法解釋さらには歷史史料解釋に對する不信ともなり、さらにいえば歷史學そのものに對する不信感へ發展する可能性も大いにあった。遠い將來新憲法第九條だけが歷史的史料として斷片的に存在する場合を想定した時、はたして現實には軍隊が存在したことを斷言出來る歷史家がいるであろうか。さらにこの條文の解釋だけで、軍隊の存在を否定する歷史家と軍隊の存在を主張する學者が論爭した場合、後者が論爭に勝ち得る可能性があるのであろうか。若しその可能性が絕無に近いとすれば、現實に軍隊が存在している事實を知る限り、法令解釋さらには史料解釋の相違による論爭の無意味さを痛感せざるを得ないのである。しかも今日、これに類する歷史學上の論爭が、しばしば行なわれていると私は思う。

このような鎌倉幕府法解釋に對する疑問にとりつかれ、この疑問を解決しなければ、歴史學の研究そのものを續けることすら不可能な狀態にあった時、勿論この疑問に對する根本的解決を與えてくれるものではなかったが、私に研究を續ける意慾を與えてくれたのが、鎌倉幕府法の判例を示す裁許狀の存在であった。早速鎌倉幕府裁許狀の蒐集を意圖したのであるが、當時全國の鎌倉時代の史料を見る機會に惠まれていなかったので、私はまず鎭西裁許狀の蒐集をはじめた。幸い蒙古襲來後の特殊事情による相論の頻發によって、數多くの鎭西裁許狀が發せられたことから、短時日のうちに約二百通弱の鎭西裁許狀を蒐集することが出來た。この蒐集した鎭西裁許狀の處理にあたって、先述の如く私は史料解釋に對する不信感が全く氷解していたわけではないので、極力主觀的史料解釋を排することによって、一つの結論を導き出すことを意圖した。それは史料解釋による立論を避けて、具體的裁許狀について訴人、論人、勝訴になった者を莊園領主、御家人、非御家人の各階層別に分類し、それを數量的に示すことによって、內在する諸問題を析出し、さらに鎭西探題が勝訴を與えた者を同じく數量的に分析することによって、鎭西探題の基本的姿勢をさぐり、さらにその結果鎌倉幕府に對する諸階層の反應から鎌倉幕府滅亡の原因の究明を意圖したものである。このことはこのような方法により數量的に處理することによって、主觀や解釋の入る餘地は法令解釋の場合と比較してきわめて少ないと考え、さらにデーターを大量に蒐集することにより、それでもなお避けることの出來ない主觀的價値判斷による誤りを是正し、歴史學における史料解釋の相違による論爭の繰返えしを克服したいとの意圖によるものであった。その結果は昭和三十一年十一月熊本縣立女子大學で開催された西日本史學會秋季大會日本史部會で「鎭西探題裁許狀について」と題して口頭發表し、さらに昭和三十二年三月に提出した修士論文『鎭西御家人の研究』に「鎭西探題裁許狀」の一章を設け、その後昭和三十三年三月史淵七十五輯に「鎌倉幕府滅亡の歴史的前提——鎭西裁許狀の分析――」として發表した。

しかし鎭西採題はあくまで鎌倉幕府の一出先機關に過ぎず、鎌倉幕府の基本的政策及びその性格を知るためには、關東裁許狀、六波羅裁許狀の蒐集・分析が必要であることを痛感し、その後も蒐集に努めていたのであるが、昭和三十五年九月東京大學史料編纂所に轉勤したことによって、それまで見ることの出來なかった全國的鎌倉時代の文書を見る機會に惠まれ、關東・六波羅裁許狀蒐集は大いに進むことになった。蒐集した關東・六波羅裁許狀の處理方法は、鎭西裁許狀の場合と全く同じ方法で處理した。そして一應の結果は、昭和三十八年四月東京大學史料編纂所の第七十八回研究發表會で「關東・六波羅・鎭西裁許狀の蒐集と分析」と題して口頭發表し、さらに史學雜誌第七十七編第一號に「鎌倉幕府裁許狀の分析」と題して發表した。その結論部分をここに引用すれば、次の通りである。

以上鎌倉幕府裁許狀五二六例について、階層別分類による數量的把握と、前・中・後期の數量的變化によって、鎌倉幕府の裁許の際の基本方針の究明を意圖した。史料殘存の偶然性その他の諸々の惡條件によって、必ずしも所期の目的を達成出來なかったが、全體的にみれば、鎌倉幕府が寺社莊園領主に豫想以上の勝訴を與えていることが數量的に明らかとなり、訴人、論人の階層分析により、既成特權を鎌倉幕府權力によって保護されることを期待した寺社莊園領主階層と、これら既成特權を非合法手段によって侵犯しつつあった地頭・御家人階層を浮彫りにすることが出來た。又鎌倉幕府訴訟制度下における非御家人、凡下輩がきわめて不利な立場にあったことも示している。このように總體的には鎌倉幕府が寺社莊園領主を擁護したことは否定出來ないが、時代的推移による鎌倉幕府の方針の變化という點では、初期において調停者の立場にあったものが、中期に動搖し、後期に古代勢力擁護に廻ったのではなく、むしろその逆であり、鎌倉幕府は初期において古代勢力と妥協して地頭・御家人の非法狼藉を停止していたが、中期以後は現實の在地における地頭・御家人層の要求を、具體的裁許の場において認める調停者の立場にあったと主張したい。寺社莊園領主と地頭・御家人との間の相論において、和與が急激に增大していることはかかる傾向の反映であった。しかしながら在地における古代勢力との對抗關係を克服して、領主制の確立を意圖し、それに對する鎌倉幕府の强力な支持を要求してやまなかった地頭・御家人層にとって、鎌倉幕府の現狀維持、共存政策を目的とする調停者としての態度は彼等の期待を裏切るものであり、「鎌倉幕府の限界」と映じたであろう。しかしこのことは、鎌倉幕府が後期において古代勢力擁護に廻ったと評價すべきではなく、鎌倉幕府は地頭・御家人擁護政策を行ったにも拘らず、彼等の要求が鎌倉幕府の政策を乘り越えた急進的なものであったと評價すべきである。したがって鎌倉幕府が主體的に古代勢力擁護に政策轉換したのではなく、あくまで地頭・御家人の要求との關連において、相對的に古代勢力擁護的色彩が浮彫りされたものと考える。後期において、鎌倉幕府が主體的に古代勢力擁護に政策轉換しなければならぬ客觀的條件は存在しない。しかしたとえ相對的なものであっても、地頭・御家人の現實の要求が、鎌倉幕府の裁許によって妨げられる時、このような具體的裁許への不滿がやがて鎌倉幕府への失望となり、廣汎な倒幕勢力の擡頭の一原因となったものと思われる。」

その間蒐集筆寫した裁許狀は二〇〇字詰原稿用紙で二千枚を越えた。その文書目錄は「鎌倉幕府裁許狀の分析」の中に掲出したが、その內容はきわめて豐富であり、問題は多岐にわたり、研究テーマが數多く內包されていることを、筆寫しながら痛感していた。しかし私が史料解釋に對する不信感の立場を堅持する限り、あえて種々の主觀的價值判斷を交えた史料解釋による論文を發表することは、私自身の氣持を欺くことなしには出來ぬ行爲である。

このことは私が敗戰を中學二年の時に經驗し、價值觀の逆轉のショックを受けた、いわゆる教科書を墨で塗り潰すことを命じられた世代に屬した精神的後遺症として、今日なお主觀的價値判斷の客觀的妥當性に對する抜き難い不信感となって殘っていることに起因している。たとえすぐれた考證過程の論理性を誇示して歷史を敍述しても、なお事實としての歷史がはるか彼方に存在し、見えざる全智全能の神の嘲笑を受けているという懷疑的態度を脫し得ないことは、まさにこの後遺症の現れといえよう。しかし今日の歷史研究の主流が、史料解釋によることは私といえども否定出來ないし、それに代る方法を模索しているが、直ちにそれに代る方法論が確立出來る可能性も少い。したがって私のような史料解釋に對する不信感や疑問、さらに發表に對し、自からを欺く氣持を全く感じない人々に提供して、利用していただくのがよいのではないかと愚考し、ここに蒐集した裁許狀を刊行することにした。

刊行にあたっては、最初自費出版によって同學の人々に頒布することを意圖したのであるが、さきに自費出版した「九州地方中世編年文書目錄――鎌倉時代篇――」の頒布事務の煩雜さにいささか辟易していたので、試みに吉川弘文館社長吉川圭三氏に御相談したところ、厄介な史料集の刊行にもかかわらず、同社より刊行することを御承諾いただき、日の目を見ることとなった。同社長の御好意に對し衷心よりお禮申し上げる次第である。

蒐集の過程にあっては數多くの方々の御敎示御指導を受けた。今日このように刊行出來たのも、これらの方々の學恩に負うことがきわめて大きい。モスクワでの第十三回國際歷史會議御出發直前の御多忙中にもかかわらず、本書刊行のために序文をいただいた竹內理三先生は、私が昭和二十七年四月九州大學國史學科に進學した時の唯一人の敎授であられ、まさに古文書學、歷史學の「いろは」から、學問一般に對する態度まで手に取って御指導いただいた名實共に恩師である。したがって不肖の弟子である私は、正直なところ先生の前に出ると今でも恐い。生來怠惰な私は、先生にお目にかかる機會があると、日頃あたかも勉强しているかのような御報告をしなければならない羽目に追い込まれる。いつもいつも不勉强の辯解ばかりをするわけに行かぬので、いや應なしに勉强せざるを得ない結果となったのである。このことが積り積って本書刊行に至ったというのが實情である。したがって本書の刊行も、レポート提出の心境というのがいつわらない氣持である。そのほか鎭西探題裁許狀蒐集の頃から種々御敎示、御助言いただいた川添昭二氏、石井進氏、折に觸れて各種裁許狀の存在を御敎示いただき、又その解讀等にも御助力いただいた玉村竹二氏、五味克夫氏、新田英治氏、百瀬今朝雄氏、福田榮次郎氏、小泉宜右氏、笠松宏至氏、坂本賞三氏等に對しても衷心よりお禮申し上げる。さらに刊行に際して、校正校合に終始御協力いただき、私の不注意による間違いの指摘や、體裁の統一に適切なアドバイスをいただいた吉川弘文館編集部の渡邊清氏に深甚な感謝の意を捧げる。

そして私が歷史學を專攻することに極力反對し、終に私のわがままを許してくれた兩親に對し、本書をもって報告に代えたいと思う。又原稿作成のかなりの部分の筆寫は愚妻の助力によるものである。しかし私は主義として無償による助力は求めず、私が得た給料以外の收入から、少額とはいえ必ず筆寫料を支拂った。しかしここ數年は、育兒等の多忙と低賃金を理由に、筆寫を拒否されることも少くなかった。これを機會に「滅私奉公」の精神への理解と涵養を期待するものである。

あとがきを書き終った私の心境は、永年手鹽にかけて育ててきた農作物を收穫してまさに市場に出荷しようとする農夫の心境に近いものであろうか。收穫を終えた安堵感と手離すことへの不安感・寂寞感の交錯した心境である。

昭和四十五年八月五日

瀬野精一郎

増訂版のあとがき

昭和四十五年に本書上・下を刊行して以來、早いもので十七年を經過したことになる。この十七年という歳月は、私が鎌倉幕府裁許狀の蒐集を意圖し、刊行するまでに要した歳月十五年を上廻っている。この間、幸いにして多くの研究者に御利用いただいたことは、私の喜びとするところである。刊行後も、鋭意その補充、字句の校正上のミス、誤讀、脱落、句讀點の誤り等の訂正に努めた。

補遺については多くの研究者よりの御敎示によるもの、新しく紹介されたもの、私が見落していたもの等があり、關東、六波羅、鎭西裁許狀を通じて計七十三通（既刊補遺三通を含む）を補うことができた。既刊分の字句等の訂正も、御利用いただいた方々からの御指摘等により、今回の増訂版では、上・下卷を通じて實に五一〇箇所餘の多きに及んでいる。この中には、刊行後、原本の所在が明らかになったことによる訂正、よりよい寫本の出現による場合が多いが、これらの訂正を要する文書が研究論文に引用されているのを見るたびに、利用者が誤り等に氣付いておられるかどうか、いつも氣になっていた。そこで機會があれば増訂版を刊行するのは、編者としての責務であると考えていた。今回吉川弘文館から増訂版刊行の話があった時、刊行後十七年間に増補訂正したあらゆるものを盛り込むことを條件に承諾した。このことは技術的にかなり困難な點もあったが、吉川弘文館には編者の要望をすべて受け入れていただいた。その意味で増訂版が刊行できたのは、偏に吉川弘文館の御協力によるものである。勿論今後も訂正に努めるつもりでいるので、お氣付の點は御敎示いただくようお願いする。鎌倉遺文の完成を間近に控え、十七年前と研究條件は變化している。しかし鎌倉遺文に漏れているものも若干含まれており、裁許狀を抽出した史料集として御利用いただけるものと思っている。

昭和六十二年八月三十一日

編者

増訂版第二刷のあとがき

昭和六十二年に増訂版を刊行して以來、七年を經過し、増訂版第二刷を刊行することになった。増訂版を刊行後も補充に留意してきた。その間多くの研究者から、脫漏文書の指摘、誤讀、句讀點の誤り等の御教示等をいただいた。さらに鎌倉遺文四十二卷の刊行が完了したことにより第二刷では關東裁許狀十二通、六波羅裁許狀十通、鎭西探題裁許狀六通を新たに加えることができた。これにより補遺文書の總數は關東裁許狀五十四通、六波羅裁許狀二十二通、鎭西探題裁許狀二十五通、計百一通となる。試みにこの百一通の補遺文書について鎌倉遺文と對照したところ、關東裁許狀補遺文書五、六、七、八、一二、一三、一四、一六、一八、二一、二七、三五、四〇、四二、四八、四九、五〇、五三、五四號文書、六波羅裁許狀補遺文書一、八、九、一〇、一一、一三、一四、一六、一七、一八、二〇、二一號文書、鎭西探題裁許狀補遺文書六、二〇、二一、二二、二四、二五號文書の計三十七通は、鎌倉遺文に未收錄の文書であることがわかった。又今回の刊行のため、補訂した部分は上・下卷を通じて約三百箇所以上に及んでいる。この補訂については、編者の求める厄介な注文を、前回同樣吉川弘文館では全面的に受け入れていただいた。本書が刊行できたのは吉川弘文館の御協力によるものであり、記して感謝の意を捧げるものである。

（平成六年八月十五日）

編者略歴

昭和六年、長崎縣佐世保市に生れる
昭和二十九年、九州大學文學部史學科卒業
昭和三十二年、九州大學大學院文學研究科國史學專攻修士課程修了
九州大學史學科助手、東京大學史料編纂所助教授などを經て、
現在、早稲田大學文學部教授、文學博士

〔主要編著書〕
鎭西御家人の研究　青方文書（一・二）　南北朝遺文―九州編―（一～七）　歴史の陥穽　鎌倉遺文無年號文書目錄

增訂鎌倉幕府裁許狀集 上
關東裁許狀篇

昭和四十五年 九 月二十五日 第一版第一刷發行
昭和六十二年十一月 十 日 增訂版第一刷發行
平成 六 年十一月 十 日 增訂版第二刷發行

編者 瀬《せ》野《の》精《せい》一《いち》郎《ろう》

發行者 吉川圭三

發行所 株式會社 吉川弘文館
郵便番號 一一三
東京都文京區本鄕七丁目二番八號
電話〇三―三八一三―九一五一〈代〉
振替口座〇〇一〇〇―五―二四四

印刷＝共立社・製本＝誠製本

増訂 鎌倉幕府裁許状集 上（オンデマンド版）
関東裁許状篇

Digital Publishing

2017年10月1日　発行

編　者　瀬野《せの》精一郎《せいいちろう》
発行者　吉川道郎
発行所　株式会社 吉川弘文館
〒113-0033 東京都文京区本郷7丁目2番8号
TEL 03(3813)9151(代表)
URL http://www.yoshikawa-k.co.jp/

印刷・製本　株式会社 デジタルパブリッシングサービス
URL http://www.d-pub.co.jp/

瀬野精一郎（1931～）
ISBN978-4-642-72515-6